HEYNE

Das Buch

In der fernen Zukunft hat sich die Menschheit in der gesamten Galaxis ausgebreitet. Interstellare Megakonzerne haben mithilfe von seelenlosen Kampfrobotern alles unter ihre Kontrolle gebracht. Einer dieser Bots wurde nun ausgemustert und soll ein Team von Wissenschaftlern auf ihren gefährlichen Missionen beschützen. Also ein denkbar schlechter Zeitpunkt für den Bot, um ein eigenes Bewusstsein zu erlangen und über die eigene Rolle im Universum nachzudenken …

»Tagebuch eines Killerbots« ist ein Roman in vier Teilen, die im Original unter dem Reihentitel *The Murderbot Diaries* veröffentlicht wurden. Sie wurden dreimal mit dem Hugo Award ausgezeichnet, wurden für den Philip K. Dick Award nominiert und gewannen außerdem den Nebula Award, ALA/YALSA Alex Award und Locus Award Der Roman ist unter dem Titel *Murderbot* von Apple TV+ als TV-Serie groß verfilmt worden.

Die Autorin

Martha Wells ist *New York Times*-Bestsellerautorin und hat eine Vielzahl an Science-Fiction- und Fantasy-Romanen und Kurzgeschichten und Essays geschrieben. Ihr Werk wurde mit vielen Preisen ausgezeichnet. Martha Wells lebt mit ihrer Familie in College Station, Texas.

diezukunft.de

MARTHA WELLS

TAGEBUCH EINES KILLERBOTS

Roman

Aus dem Amerikanischen von Frank Böhmert

WILHELM HEYNE VERLAG
MÜNCHEN

Das Buch ist im Original als
THE MURDERBOT DIARIES (All Systems Red, Artificial Condition, Rogue Protocol, Exit Strategy) bei Tor.com Books erschienen.

MIX
Papier | Fördert gute Waldnutzung
FSC® C014496

Penguin Random House Verlagsgruppe FSC® N001967

4. Auflage
Deutsche Erstausgabe 11/2019
Redaktion: Sven-Eric Wehmeyer

in der Penguin Random House Verlagsgruppe GmbH,
Neumarkter Straße 28, 81673 München
produktsicherheit@penguinrandomhouse.de
(Vorstehende Angaben sind zugleich Pflichtinformationen nach GPSR.)

Umschlaggestaltung: DAS ILLUSTRAT, München,
nach einer Originalvorlage von Christine Foltzer
Umschlagillustration: Jaime Jones
Satz: Christine Roithner Verlagsservice, Breitenaich
Druck und Bindung: GGP Media GmbH, Pößneck
Printed in Germany

ISBN: 978-3-453-32034-5

diezukunft.de

Inhalt

I

Systemausfall

1

Nach dem Hacken meines Chefmoduls hätte ich glatt zum Massenmörder werden können, aber dann war mir klar geworden, dass ich auf den kombinierten Feed der Entertainmentkanäle zugreifen konnte, der über Firmensatellit reinkam. Seitdem waren gut 35.000 Stunden mit eher wenig Mordtaten vergangen, aber wahrscheinlich auch, keine Ahnung, knapp 35.000 Stunden konsumierter Kinofilme, Serien, Bücher, Theaterstücke und Musik. Als gefühllose Mordmaschine taugte ich definitiv nicht.

Ich erfüllte auch weiterhin meine Funktion, inzwischen bei neuen Klienten. Gerade wartete ich sehnsüchtig darauf, dass Dr. Volescu und Dr. Bharadwaj ihre Prospektion beendeten und wir ins Habitat zurückkehrten, damit ich mir Episode 397 von *Aufstieg und Fall des Waldmonds* ansehen konnte.

Ich gebe zu, dass ich abgelenkt war. Der Auftrag war bis jetzt eher langweilig gewesen, und ich spielte mit dem Gedanken, den Statuswarnkanal nach hinten zu packen und lieber zu schauen, ob ich über den Entertainmentfeed an Musik rankam, ohne dass HabSystem die außergewöhnliche Aktivität protokollierte. Das ließ sich im Feld schwieriger bewerkstelligen als im Habitat.

Das aktuelle Erkundungsgelände bestand aus einer öden Insel in Küstennähe mit einem Auf und Ab niedriger, flacher Hügel, deren dichtes schwarzgrünes Gras mir bis an die Knöchel reichte. In Sachen Flora und Fauna war nicht viel los, bis auf eine Handvoll vogelähnlicher Viecher in unterschiedlichen Größen und einige schwebende Blasenkreaturen, die vermutlich harmlos waren. Die Küste war mit großen kahlen Kratern übersät; bei einem davon nahmen Bharadwaj und Volescu gerade Proben. Der Planet besaß einen Ring, der von unserer gegenwärtigen Position aus den Himmel beherrschte, wenn man aufs Meer hinausschaute. Diesen Himmel sah ich mir gerade an und stocherte mental im Feed herum, als der Kratergrund explodierte.

Ich hielt mich nicht mit einem verbalen Notruf auf, sondern schoss den optischen Feed meiner Feldkamera zu Dr. Mensah rüber und sprang runter in den Krater. Während ich den sandigen Hang hinuntereierte, konnte ich schon über Notkanal hören, wie Mensah jemanden anbrüllte, den Hopper hoch in die Luft zu kriegen. Sie waren rund zehn Kilometer entfernt, konnten uns also unmöglich noch helfen.

Widersprüchliche Befehle fluteten meinen Feed, aber die ignorierte ich. Selbst ohne abgesägtes Chefmodul hätte der Notfallfeed jetzt Priorität erlangt, und der war ebenfalls chaotisch. Das automatisierte HabSystem forderte Daten an und wollte mir gleichzeitig welche schicken, die ich gar nicht brauchte, und von Mensah kam die Telemetrie des Hoppers. Die brauchte ich genauso wenig, aber sie ließ sich immerhin leichter ignorieren als HabSystem, das gleichzeitig abfragen und liefern wollte.

Mitten in dem Durcheinander landete ich unten im Krater. In meine beiden Arme sind kleine Energiewaffen integriert, trotzdem griff ich nach der großen Projektilwaffe am Rücken. Der Feind, der gerade aus dem Boden geborsten war, hatte ein richtig großes Maul, also hatte ich auch Bedarf nach einer richtig großen Wumme.

Ich riss ihm Bharadwaj aus der Mundöffnung, zwängte mich ersatzhalber selbst rein und feuerte als Erstes den Schlund runter und dann nach oben, wo sich hoffentlich das Gehirn befand. Keine Ahnung, ob die Reihenfolge so stimmt; dafür müsste ich erst nochmals den Feed meiner Feldkamera abspielen. Jedenfalls hatte jetzt ich Bharadwaj, und das Vieh ging leer aus und verschwand wieder unten in seinem Gang.

Sie war bewusstlos und blutete aus schweren Verletzungen am rechten Bein und an der rechten Rumpfseite durch den Anzug. Ich ließ die Waffe im Holster einrasten, um Bharadwaj mit beiden Armen tragen zu können. Am linken Arm hatte ich den Panzer verloren und auch einiges vom darunterliegenden Fleisch, aber meine nichtorganischen Teile funktionierten noch. Wieder drang ein Schwall Befehle vom Chefmodul durch, und ich packte sie nach hinten, ohne mich erst mit der Decodierung aufzuhalten. Bharadwaj, die keine nichtorganischen Teile besaß und nicht so leicht zu reparieren war wie ich, hatte jetzt eindeutig Priorität, und mich interessierte mehr, was mir MedSystem über den Notfallfeed mitteilen wollte. Aber zuerst musste ich sie aus dem Krater schaffen.

Währenddessen hockte Volescu auf dem angesengten Felsen und hatte dichtgemacht, wobei ich durchaus mitfühlen konnte. Mich betraf diese Gefahrenlage deutlich weniger, und ich fand es hier auch nicht gerade besonders toll. »Dr. Volescu, Sie müssen mich jetzt begleiten.«

Er reagierte nicht. MedSystem empfahl eine Beruhigungsspritze und *blablabla*, aber ich presste bereits einen Arm um Dr. Bharadwaj, damit sie in ihrem Anzug nicht verblutete. Mit der anderen Hand stützte ich ihren Kopf, und mehr als zwei Hände sind mir nicht gegeben. Ich sagte meinem Helm, dass er sich zusammenlegen sollte, damit Volescu mein Menschengesicht sehen konnte. Ein schwerer Fehler, falls der Feind zurückkam und mich erneut biss; ich brauchte die organischen Teile meines Kopfes schließlich. Ich gestaltete meine Stimme fest, freundlich und sanft und sagte: »Dr. Volescu, alles wird gut, okay? Aber Sie müssen jetzt aufstehen und mir dabei helfen, Ihre Kollegin hier rauszuschaffen.«

Das drang durch. Er kämpfte sich hoch und stolperte zu mir herüber. Er zitterte noch immer. Ich wandte ihm meine unversehrte Seite zu und sagte: »Nehmen Sie meinen Arm, okay? Schön festhalten.«

Er schaffte es, sich unterzuhaken, und ich zog ihn den Krater rauf, während ich Bharadwaj an meine Brust drückte. Ihre Atmung war rau und verzweifelt, und ich bekam null Infos von ihrem Anzug. Meiner war über der Brust zerrissen, also zog ich meine Körperwärme hoch, weil das vielleicht half. Der Feed hatte sich inzwischen beruhigt; offensichtlich konnte Mensah mit ihren Führungsrechten alles außer MedSystem und dem Hopper stummstellen, und über den Hopperfeed war nur zu hören, wie alle einander hektisch anzischten, still zu sein.

Ich fand in der Kraterwand schlecht Halt – weicher Sand und lose Kiesel –, aber meine Beine hatten nichts abbekommen, und ich schaffte die beiden Menschen lebend raus. Volescu wollte sich gleich wieder hinsetzen, aber ich lockte ihn noch ein paar Meter vom Rand weg für den Fall, dass dieses Ding da unten eine größere Reichweite hatte als angenommen.

Ich wollte Bharadwaj nicht hinlegen, weil in meinem Bauch irgendwas ernsthaft kaputt war und ich nicht wusste, ob ich sie anschließend noch mal hochbekam. Ich spulte meine Feldkamera ein Stück zurück und sah, dass ich von einem Zahn oder vielleicht einer Cilie durchbohrt worden war. Meinte ich eine Cilie, oder war das was anderes? Killerbots bekommen einfach keine anständigen Bildungsmodule, außer es geht ums Töten, und selbst dann sind es nur die Billigversionen. Ich suchte gerade im Sprachenzentrum von HabSystem, als nahebei der kleine Hopper runterkam. Während er im Gras aufsetzte, ließ ich den Helm zugehen und undurchsichtig werden.

Wir verfügten über zwei Standardhopper: einen großen für Evakuierungen und diesen kleinen für die Erkundungen. Er bot in der Mitte eine geräumige Kabine für die menschliche Crew und außen zwei Kammern für Ladung, Material und mich. Mensah saß am Steuer. Ich stiefelte los, langsamer als normalerweise, weil ich Volescu nicht verlieren wollte. Als die Rampe sich herabsenkte, sprangen Pin-Lee und Arada raus, und ich wechselte zur Sprachkommunikation. »Dr. Mensah, ich darf ihren Anzug nicht loslassen.«

Sie brauchte eine Sekunde, um zu begreifen, worauf ich hinauswollte. »In Ordnung, bring sie rauf in die Mannschaftskabine.«

Killerbots dürfen nicht zusammen mit den Menschen fliegen, daher benötigte ich eine ausdrückliche Zutrittsgenehmigung. Mit meinem geknackten Chef konnte mich zwar nichts aufhalten, aber ich ließ besser niemanden merken, dass ich frei handeln konnte, erst recht nicht die aktuellen Klienten. Schon allein, um zu vermeiden, dass meine organischen Komponenten vernichtet und der Rest von mir nach Teilen ausgeschlachtet wurde, die sich vielleicht noch gebrauchen ließen.

Ich trug Bharadwaj die Rampe rauf in die Kabine, wo Overse und Ratthi hektisch Sitze entfernten, um Platz zu schaffen. Sie hatten ihre Helme abgelegt und die Anzugkapuzen heruntergezogen, sodass ich ihre entsetzten Gesichter sehen konnte, als sie durch die Löcher in meinem Anzug mitbekamen, was von meinem Oberkörper übrig war. Zum Glück hatte ich den Helm geschlossen.

Genau deshalb fliege ich lieber bei der Ladung mit. Eng an eng mit Menschen und augmentierten Menschen ist zu peinlich. Zumindest peinlich für diesen Killerbot hier. Ich setzte mich mit Bharadwaj im Schoß auf den Boden, während Pin-Lee und Arada Volescu reinschafften.

Wir ließen zwei Packs mit Feldausrüstung und einige Instrumente zurück, die immer noch im Gras lagen, wo Bharadwaj und Volescu gearbeitet hatten, bevor sie runter in den Krater gegangen waren, um Proben zu nehmen. Normalerweise trug ich diese immer mit rein, aber MedSystem, das Bharadwaj mit den Resten ihres Anzugs überwachte, stellte klar, dass es eine dumme Idee wäre, sie loszulassen. Die Ausrüstung dagegen erwähnte niemand. In einem Notfall leicht ersetzbare Gegenstände zurückzulassen mag naheliegen, aber ich hatte schon für Klienten gearbeitet, die gewollt hätten, dass ich den blutenden Menschen ablege und die Sachen reinhole.

Bei diesem Auftrag jedoch sprang Dr. Ratthi auf und sagte: »Ich hole die Kisten!«

»Nein!«, rief ich, was ich nicht hätte tun sollen; ich soll immer respektvoll mit den Klienten reden, selbst wenn sie sich aus Gedankenlosigkeit gerade umbringen wollen. HabSystem könnte dergleichen protokollieren und eine Bestrafung durch das Chefmodul auslösen. Wenn ich es nicht gehackt hätte.

Zum Glück rief der Rest der Crew auch gerade »Nein!«, und Pin-Lee merkte an: »Das lässt du mal schön bleiben, Ratthi!«

Ratthi sagte: »Ach stimmt, keine Zeit. Entschuldigt!« und schlug auf den Schalter für die Notschließung der Luke.

Nur deshalb behielten wir unsere Rampe, als darunter der Feind hochkam, das Riesenmaul voller Zähne oder Cilien oder mit was er sich sonst durch den Boden fraß. Der Hopper bekam ihn voll auf die Kameras, und sein System speiste uns allen die Großaufnahme hilfreicherweise direkt in den Feed. Die Menschen schrien auf.

Mensah zog die Kiste so schnell und brutal hoch, dass ich fast umkippte und alle, die noch nicht saßen, auf dem Boden landeten.

In der anschließenden Stille, als alle erleichtert nach Luft schnappten, sagte Pin-Lee: »Ratthi, wenn du dich abmurksen lässt …«

»Dann bekomme ich es mit dir zu tun, schon klar.« Ratthi rutschte die Wand noch ein Stück weiter runter und winkte ihr matt zu.

»Das ist ein Befehl, Ratthi. Lass dich nicht abmurksen«, sagte Mensah im Pilotensitz. Sie klang ruhig, aber dank meiner Securityrechte konnte ich über MedSystem ihren rasenden Puls sehen.

Arada zog das Notfall-Medipack raus, damit sie die Blutung stillen und Bharadwaj stabilisieren konnten. Ich versuchte, ein möglichst gutes Instrument zu sein. Ich klammerte die Wunden, die sie mir zeigten, versuchte Bharadwaj mit meiner sinkenden Körpertemperatur zu wärmen und hielt den Kopf gesenkt, um nicht mitzubekommen, wie sie mich anstarrten.

Leistungszuverlässigkeit bei 60 % und fallend

Unser Habitat ist so ziemlich das Standardmodell, sieben miteinander verbundene Kuppeln auf einer einigermaßen planen Ebene über einem schmalen Flusstal, direkt daneben unsere Energie- und Wiederaufbereitungsanlage. Wir besaßen ein Umweltsystem, aber ohne Luftschleusen, weil die Planetenatmosphäre atembar war, wenn auch auf lange Sicht nicht besonders gut für Menschen geeignet. Den Grund weiß ich nicht, weil ich vertraglich nicht dazu verpflichtet bin, mich dafür zu interessieren.

Wir hatten uns für den Standort entschieden, weil er genau in der Mitte des zugewiesenen Gebiets liegt und auf der Ebene zwar überall Bäume stehen, diese aber nur vielleicht fünfzehn Meter hoch sind und eine flache, sehr lichte Krone besitzen, sodass sie kaum dazu taugen, sich unbemerkt anzuschleichen. Dass sich irgendwas durch Tunnel nähern könnte, hatten wir freilich nicht in Betracht gezogen.

Das Habitat ist mit Sicherheitstoren versehen, aber als der Hopper landete, war das Haupttor laut HabSystem bereits geöffnet. Dr. Gurathin hatte eine Tragbahre vorbereitet und lenkte sie zu uns raus. Overse und Arada hatten Bharadwaj stabilisieren können, also legte ich sie drauf und ließ den Menschen den Vortritt ins Habitat.

Sie eilten zur Krankenstation, ich blieb stehen und wies den kleinen Hopper an, sich zu verriegeln und abzudichten, dann verriegelte ich die Außentore. Über Securityfeed wies ich die Drohnen an, den Perimeter auszuweiten, damit ich mehr Vorwarnzeit hatte, falls uns irgendein großes Vieh angreifen wollte. Außerdem stellte ich die seismischen Sensoren auf Überwachung, damit ich Anomalien mitbekam – nur für den Fall, dass dieses hypothetische große Vieh auf die Idee kam, unterirdisch anzugreifen.

Nachdem ich das Habitat gesichert hatte, ging ich in den sogenannten Securitybereitschaftsraum, der eigentlich ein Lager für Waffen, Munition, Perimetersicherungsanlagen, Drohnen und sonstige sicherheitsrelevante Ausrüstung war, mich eingeschlossen. Ich zog die Überreste des Panzers aus und sprühte meine beschädigte Seite auf MedSystems Rat hin komplett mit Wundversiegelung ein. Es blutete kaum, weil sich meine Arterien und Venen automatisch verschließen, aber ein schöner Anblick war es trotzdem nicht. Und es tat weh, auch wenn die Wundversiegelung leicht betäubend wirkte. Ich hatte bereits über HabSystem eine achtstündige Schutzabriegelung veranlasst, sodass ohne mich niemand nach draußen konnte, und mich dann auf dienstfrei gestellt. Ich überprüfte den Hauptfeed, aber niemand hatte etwas dagegen einzuwenden.

Mir war kalt, weil auf dem Weg hierher irgendwann mein Temperaturregler den Geist aufgegeben hatte und die Schutzhaut trotz Panzer in Fetzen lag. Ich besaß noch eine Ersatzhaut, aber die jetzt anzuziehen wäre weder praktisch noch einfach gewesen. Dasselbe galt für die Uniform, meine einzige andere Kleidung. (Ich hatte sie noch nie getragen, weil ich keine Patrouillengänge innerhalb des

Habitats unternahm. Niemand verlangte es von mir, sie waren schließlich nur zu acht und obendrein miteinander befreundet, da wäre es eine dumme Vergeudung von Ressourcen gewesen, also von mir.) Ich wühlte mit einer Hand in der Vorratskiste, bis ich das zusätzliche, für Menschen geeignete Medipack fand, das mir für Notfälle zustand, öffnete es und holte die Überlebensdecke raus. Ich wickelte mich darin ein, dann stieg ich in das Plastikbett meiner Schlafzelle. Als das weiße Licht flackernd anging, ließ ich die Tür dicht machen.

Drinnen war es auch nicht viel wärmer, aber immerhin gemütlich. Ich stöpselte mich bei Versorgung und Reparatur ein, lehnte mich mit dem Rücken an die Wand und bibberte. MedSystem informierte mich hilfsbereit, dass meine Leistungszuverlässigkeit jetzt bei 58 Prozent und fallend lag, was mich kaum überraschte. Ich konnte in acht Stunden definitiv wiederhergestellt werden und wahrscheinlich den Großteil der beschädigten organischen Komponenten nachwachsen lassen, aber bei 58 Prozent bekam ich in der Zwischenzeit wahrscheinlich keine Analyse fertig. Also stellte ich sämtliche Securityfeeds so ein, dass sie mich alarmierten, falls irgendwas versuchte, das Habitat zu fressen, und rief die Liste mit den neuesten Downloads vom Entertainmentfeed auf. Ich litt zu starke Schmerzen, um irgendeiner Handlung folgen zu können, aber die freundlichen Geräusche würden mir Gesellschaft leisten.

Da klopfte jemand an die Zellentür.

Ich starrte auf die Tür, und mir entglitten alle meine schön vorsortierten Inputs. Dümmlich fragte ich: »Ähm, ja?«

Dr. Mensah öffnete die Tür und schaute zu mir rein. Das Alter von echten Menschen kann ich trotz der vielen Serien, die ich schaue, nur schlecht schätzen. Dort sehen die Leute ganz anders aus als im wirklichen Leben, jedenfalls in den guten Serien. Sie hatte dunkelbraune Haut und hellere, sehr kurz geschnittene Haare, und jung war sie als Teamleiterin wohl nicht. Sie fragte: »Geht es dir gut? Ich habe deinen Statusbericht gesehen.«

»Ähm.« Das war der Moment, in dem ich begriff, dass ich besser nicht geantwortet, sondern so getan hätte, als ob ich in Stasis läge. Ich zog mir die Decke um die Brust. Hoffentlich hatte Dr. Mensah nicht gesehen, dass Stücke fehlten. Jetzt, da mich der Panzer nicht mehr zusammenhielt, war es viel schlimmer. »Alles bestens.«

Ich habe so meine Probleme mit echten Menschen. Es liegt nicht an irgendeiner Angst wegen meines gehackten Chefmoduls und auch nicht an ihnen; es liegt an mir. Ich bin ein gruseliger Killerbot, und sie wissen es, und das macht uns beide nervös, und mich macht es wiederum noch nervöser. Außerdem stecke ich nur dann nicht in meinem Panzer, wenn ich verwundet bin und jeden Moment ein organisches Stück von mir abfallen und auf den Boden klatschen kann, und das will niemand sehen.

»Bestens?« Sie runzelte die Stirn. »Laut Bericht hast du zwanzig Prozent deiner Körpermasse verloren.«

»Die wächst nach.« Klar, für einen echten Menschen sah es wahrscheinlich so aus, als würde ich sterben. Meine Verletzungen entsprachen beim Menschen ungefähr dem Verlust von ein oder zwei Gliedmaßen und dem Großteil seines Blutes.

»Ich weiß, aber trotzdem.« Sie musterte mich lange – so lange, dass ich den Securityfeed für die Messe anzapfte, wo die nicht verwundeten Crewmitglieder um den Tisch herumsaßen und redeten. Sie diskutierten die Möglichkeit weiterer unterirdischer

Fauna und wünschten sich, sie hätten Rauschmittel. Das klang eigentlich wie immer. Dr. Mensah fuhr fort. »Das war richtig gut mit Volescu. Ich glaube, die anderen hätten es so schnell nicht bemerkt … Du hast sie sehr beeindruckt.«

»Das Beruhigen von Opfern ist Bestandteil der notfallmedizinischen Anweisungen.« Ich zog die Decke enger, damit sie nichts Schlimmes zu sehen bekam. Ich konnte spüren, wie weiter unten etwas leckte.

»Das stimmt, nur hatte das MedSystem Bharadwaj höhere Priorität gegeben und Volescus Vitalzeichen nicht überprüft. Es hat die Schockwirkung des Zwischenfalls nicht berücksichtigt und erwartet, dass er selbstständig von dort würde weggehen können.«

Über Feed wurde deutlich, dass die anderen sich das Video von Volescus Feldkamera angesehen hatten. Sie sagten Sachen wie *Ich wusste nicht mal, dass das Ding überhaupt ein Gesicht hat.* Ich war seit unserer Ankunft nur im Panzer gewesen und hatte den Helm in ihrem Beisein nie aufgemacht. Es gab keinen bestimmten Grund dafür, sie hätten dann nur meinen Kopf sehen können, und der wies standardisierte menschliche Züge auf. Aber sie wollten nicht mit mir reden, und ich wollte definitiv auch nicht mit ihnen reden; im Dienst würde es mich ablenken, und außer Dienst … wollte ich eben nicht mit ihnen reden. Mensah hatte mich beim Unterschreiben des Leasingvertrags gesehen. Aber da hatte sie kaum einen Blick für mich übriggehabt und ich umgekehrt auch nicht für sie, weil, wie ich schon sagte: Killerbot plus echter Mensch gleich peinlich. Den Panzer die ganze Zeit über zu tragen reduziert unnötige Interaktionen enorm.

»Es gehört zu meinen Aufgaben, nicht auf die Systemfeeds zu hören, wenn sie … Fehler machen«, sagte ich. Deshalb brauchte man ja Konstrukte, SecUnits mit organischen Komponenten. Aber das musste sie eigentlich wissen. Bevor sie meine Lieferung akzeptiert hatte, hatte sie sich ungefähr zehnmal beschwert, weil sie mich eigentlich gar nicht haben wollte. Ich machte ihr keine Vorwürfe. Ich hätte mich auch nicht haben wollen.

Ernsthaft, ich habe keine Ahnung, warum ich nicht einfach sagte: *Gern geschehen, und wenn Sie jetzt bitte meine Schlafzelle verlassen würden, damit ich hier sitzen und in Ruhe auslaufen kann.*

»Na schön«, sagte sie und sah mich objektiv 2,4 Sekunden und subjektiv ungefähr zwanzig qualvolle Minuten lang an. »Dann bis in acht Stunden. Wenn du davor irgendwas benötigst, lass es mich bitte wissen.« Sie trat nach hinten und ließ die Tür zugleiten.

Ich fragte mich immer noch, was sie alle so in Erstaunen versetzte, also rief ich den Mitschnitt des Zwischenfalls auf. Alles klar, puh. Ich hatte den ganzen Weg den Krater rauf mit Volescu geredet. Ohne es richtig mitzukriegen, denn mir war es vor allem um die Flugbahn des Hoppers gegangen sowie darum, dass mir Bharadwaj nicht verblutete und was da vielleicht jeden Moment für einen zweiten Versuch aus dem Krater hochkam. Nicht zu fassen, da frage ich ihn, ob er Kinder hat. Vielleicht sehe ich zu viel fern. (Er hatte Kinder. Er lebte in Viererehe und hatte sieben, die alle noch zu Hause wohnten.)

Ich war jetzt auf allen Ebenen zu aufgedreht für eine Ruheperiode, also konnte ich mir ebenso gut die restlichen Aufzeichnungen ansehen. Dabei stieß ich auf etwas Merkwürdiges, nämlich auf die Anweisung »Abbrechen« im Befehlsfeed von HabSystem, das mein Chefmodul regelte oder jedenfalls zu regeln glaubte. Es musste sich um einen Computerfehler handeln. Wobei der nichts hätte anrichten können, solange MedSystem bevorrechtigt war …

Leistungszuverlässigkeit bei 39 %
Stasis für Notreparatursequenz eingeleitet

2

Als ich aufwachte, war ich fast wieder komplett und bei 80 Prozent Effektivität, steigend. Ich überprüfte sofort sämtliche Feeds für den Fall, dass die Menschen rauswollten, aber Mensah hatte die Schutzabriegelung des Habitats um vier Stunden verlängert. Was mich erleichterte, denn das gab mir Zeit, wieder zu den üblichen 98 Prozent zurückzukehren. Ich hatte allerdings auch ein Memo bekommen, mich bei ihr zum Rapport zu melden. Es war das erste Mal. Aber vielleicht wollte sie ja das Gefahreninfopack durchgehen und rauskriegen, wieso es uns nicht vor dem unterirdischen Feind gewarnt hatte. Diese Frage hatte ich mir selbst schon gestellt.

Ihre Gruppe nannte sich PreservationAux und hatte eine Option auf die Rohstoffe des Planeten erworben. Die Erkundung sollte klären, ob es sich lohnte, für eine Vollbeteiligung zu bieten. Da wäre es schon irgendwie wichtig gewesen, zu wissen, dass es auf diesem Planeten Viecher gab, die sie vielleicht fressen wollten.

Mir ist es ziemlich egal, wer meine Klienten sind und was sie erreichen wollen. Ich wusste, dass diese Gruppe von einem Freistatt-Planeten stammte, aber die weiteren Einzelheiten hatte ich mir erspart. Freistatt bedeutete, dass er einem Terraforming unterzogen und kolonisiert worden, aber nicht an irgendein Konzernbündnis angegliedert war. Grundsätzlich lief Freistatt immer auf übles Chaos hinaus, deshalb hatte ich mir nicht viel von ihnen versprochen. Aber die Arbeit für sie lief überraschend reibungslos.

Ich wischte sämtliche Restflüssigkeit von meiner neuen Haut, dann verließ ich die Zelle. Erst da begriff ich, dass ich die Einzelteile meines Panzers nicht weggeräumt hatte und sie überall auf dem Boden verstreut lagen, bedeckt mit meinen Flüssigkeiten und Bharadwajs Blut. Kein Wunder, dass Mensah einen Blick in die Zelle geworfen hatte; sie hatte wahrscheinlich angenommen, dass ich da drin verreckt war. Ich steckte alles für die Reparatur an seinen entsprechenden Platz in der Wiedergewinnungsanlage.

Ich besaß noch einen zweiten Panzer, aber der lag originalverpackt im Lager, und es würde mich zusätzliche Zeit kosten, ihn rauszuholen, durchzuchecken und anzupassen. Auch bei der Uniform zögerte ich, nur hatte der Securityfeed Mensah inzwischen sicher davon unterrichtet, dass ich wach war; also blieb mir kaum eine Wahl.

Sie basierte auf einer Standarduniform für Forschungsgruppen und war auf Bequemlichkeit innerhalb des Habitats ausgelegt: graue Stoffhosen, langärmeliges T-Shirt und Jacke, wie sie Menschen und augmentierte Menschen zum Sport trugen, dazu weiche Schuhe. Ich schlüpfte hinein, zog mir die Ärmel über die Schießöffnungen an den Unterarmen und trat raus ins Habitat.

Ich ging durch die beiden Innenraumsicherheitstüren zum Mannschaftsbereich und fand sie in der Hauptkuppel um eine Konsole gedrängt, wo sie auf einen der schwebenden Bildschirme sahen. Bis auf Bharadwaj, die noch auf der Krankenstation lag, und Volescu, der nicht von ihrer Seite wich, waren sie vollzählig. Auf einigen Konsolen standen Kaffeebecher und leere Speisepackungen herum. Ich räume meinen Klienten nur auf ausdrückliche Anweisung hinterher.

Mensah war beschäftigt, also stand ich da und wartete.

Ratthi sah kurz zu mir rüber und dann entsetzt gleich noch einmal. Ich hatte keine Ahnung, wie ich reagieren sollte. Deshalb trage ich lieber den Panzer, selbst wenn er innerhalb des Habitats überflüssig ist und mich nur behindert. Menschliche Klienten tun immer gern so, als wäre ich ein Roboter, und das geht mit Panzer deutlich besser. Ich schaute ins Leere, als würde ich eine Diagnose laufen lassen oder so.

Ratthi fragte sichtlich verblüfft: »Wer ist das?«

Sie wandten sich alle zu mir um. Alle außer Mensah, die an der Konsole saß und das Interface vor der Stirn pappen hatte. Ohne den Helm erkannten sie mich eindeutig nicht, obwohl sie mein Gesicht schon auf Volescus Kameravideo gesehen hatten. Also blieb mir nichts anderes übrig, als sie anzusehen und zu sagen: »Ich bin Ihre SecUnit.«

Sie schauten allesamt ängstlich und unbehaglich drein. Fast so unbehaglich, wie ich mich fühlte. Schon bereute ich, dass ich mir nicht die Zeit für den Ersatzpanzer genommen hatte.

Es lag zum Teil daran, dass sie mich hier nicht haben wollten. Damit meine ich nicht hier in ihrer Kuppel, sondern hier auf dem Planeten. Auf meine Anwesenheit bestand die Finanzierungsgesellschaft nämlich nicht nur, weil sie es ihnen teuer berechnen konnte, sondern weil ich die ganze Zeit über aufzeichnete, was sie redeten, auch wenn ich nur überwachte, was nötig war, um mich in meinem Job durchmogeln zu können. Aber die Firma griff irgendwann auf diese ganzen Aufnahmen zu und fischte sämtliche Daten ab, die sich verkaufen ließen. Nein, davon sagt sie den Leuten nichts. Ja, alle wissen es. Nein, da kann man gar nichts machen.

Nach einer subjektiven halben Stunde und objektiven 3,4 Sekunden wandte Dr. Mensah sich um, bemerkte mich und ließ das Interface sinken. »Wir sehen uns gerade den Gefahrenbericht für diese Region an, um herauszufinden, warum dieses Monstrum nicht unter gefährliche Fauna gelistet war. Pin-Lee geht davon aus, dass die Dateien manipuliert worden sind. Kannst du den Bericht für uns untersuchen?«

»Jawohl, Dr. Mensah.« Ich hätte es in meiner Zelle tun können, dann wäre uns diese Peinlichkeit erspart geblieben. Trotzdem griff ich auf den Feed von HabSystem zu, den sie sich gerade ansah, und ging den Bericht durch.

Es handelte sich hauptsächlich um eine lange Liste relevanter Informationen und Warnhinweise zum Planeten und insbesondere zum Standort unseres Habitats mit dem Schwerpunkt auf Wetter, Gelände, Flora, Fauna, Luftqualität, Mineralienvorkommen sowie mögliche damit zusammenhängende Gefahren, wobei Teilberichte mit näheren Einzelheiten verlinkt waren. Dr. Gurathin, der Schweigsamste der Truppe, verfügte als augmentierter Mensch über sein eigenes implantiertes Interface. Ich konnte spüren, wie er in den Daten herumstocherte, während die anderen mit ihren Touchinterfaces nur ferne Geister waren. Allerdings hatte ich deutlich mehr Rechenkapazität als er zur Verfügung.

Ich hielt sie für übervorsichtig; selbst mit Interface muss man die Wörter immer noch lesen, am besten vollständig. Manchmal drücken sich nicht-augmentierte Menschen davor. Manchmal sogar augmentierte.

Aber während ich den Abschnitt mit den allgemeinen Warnhinweisen durchging, fiel mir etwas Merkwürdiges an der Formatierung auf. Ein rascher Vergleich mit anderen Abschnitten sagte mir, dass wirklich etwas entfernt worden war und ein Link zu einem Teilbericht nicht funktionierte. »Sie haben recht«, erklärte ich geistesabwesend, während ich die Dateien durchging und nach dem fehlenden Text Ausschau hielt. Ich konnte ihn nicht finden; es handelte sich nicht nur um einen kaputten Link, jemand hatte den Teilbericht tatsächlich gelöscht. Das war bei einem solchen Planetenübersichtspaket eigentlich ausgeschlossen, aber offenbar ging es uneigentlich doch. »Etwas ist aus den Warnhinweisen und dem Abschnitt zur Fauna gelöscht worden.«

Die allgemeine Reaktion darauf lässt sich mit reichlich angepisst umschreiben. Es gab lautstarke Beschwerden von Pin-Lee und Overse und dramatisches Hände-in-die-Luft-Werfen von Ratthi. Aber wie ich schon sagte, sie waren miteinander befreundet und gingen deutlich weniger kühl miteinander um als meine letzten Klienten. Aus diesem Grunde hatte mir dieser Auftrag, auch wenn ich es nur ungern zugebe, wirklich Spaß gemacht – jedenfalls bis irgendetwas versucht hatte, Bharadwaj und mich zu fressen.

SecSystem zeichnet alles auf, selbst in den Schlafkabinen, und ich sehe alles. Darum ist es leichter, so zu tun, als wäre ich ein Roboter. Overse und Arada waren ein Paar, und zwar offenbar schon ewig, und obendrein dick mit Ratthi befreundet. Ratthi war schwer in Pin-Lee verschossen, was nicht auf Gegenseitigkeit beruhte; er machte sich deshalb aber nicht zum Vollidioten. Pin-

Lee rastete oft aus und warf Sachen durch die Gegend, wenn die anderen nicht dabei waren, aber das hatte nichts mit Ratthi zu tun. Mein Eindruck war, dass sie von allen am meisten darunter litt, unter Beobachtung der Firma zu stehen. Volescu bewunderte Mensah bis an den Rand der Verliebtheit. Pin-Lee ebenfalls, nur flirtete sie gelegentlich mit Bharadwaj, und die altmodisch-angenehme Weise legte nahe, dass die beiden das schon eine ganze Weile so hielten. Gurathin blieb als Einziger für sich, schien aber trotzdem die Gesellschaft der anderen zu genießen. Er hatte ein stilles, leises Lächeln, und sie konnten ihn anscheinend alle gut leiden.

Es war eine Gruppe mit niedrigem Stressniveau, sie stritten kaum und piesackten einander nicht zum Spaß, und ihre Gegenwart hatte durchaus etwas Erholsames, solange sie nicht versuchten, sich mit mir zu unterhalten oder sonst wie zu interagieren.

In die frustrierten Reaktionen hinein fragte Ratthi: »Also können wir nicht einmal sagen, ob dieses Exemplar sich irgendwie verirrt hat oder ob unter sämtlichen Kratern solche Tiere leben, ja?«

Arada, die zum Biologieteam gehörte, sagte: »Jede Wette, dass die da leben. Wenn diese großen Vögel, die wir auf den Luftbildern gesehen haben, regelmäßig auf den vorgelagerten Inseln landen, stellen sie vielleicht Beutetiere für diese Spezies dar.«

»Das würde erklären, wozu diese Krater gut sind«, überlegte Mensah. »Damit wäre wenigstens eine Anomalie geklärt.«

»Aber wer hat diesen Teilbericht entfernt?«, fragte Pin-Lee, was ja nun wirklich die wichtigere Frage war. Sie wandte sich mit einer dieser abrupten Bewegungen zu mir um, auf die zu reagieren ich mir abgewöhnt habe. »Lässt sich das HabSystem hacken?«

Von draußen? Keine Ahnung. Von drinnen war es mit den in meinen Körper eingebauten Interfaces so einfach wie atmen. Ich hatte es sofort gehackt, als es beim Aufbau des Habitats online gegangen war. Mir war nichts anderes übrig geblieben; hätte es aufgabengemäß das Chefmodul und meinen Feed überwacht, hätte das zu einem Haufen unangenehmer Fragen geführt, und ich wäre ausgeschlachtet worden. »Möglich ist es, soweit ich weiß«, erklärte ich. »Wahrscheinlicher ist jedoch, dass der Bericht schon schadhaft war, bevor Sie das Übersichtspaket erhalten haben.«

Als billigste Anbieter, garantiert.

Allgemeines Ächzen und Schimpfen über miese Ausrüstung, für die man einen Haufen Geld hinblättern musste. (Ich nahm es nicht persönlich.) Mensah sagte: »Gurathin, vielleicht findest du ja zusammen mit Pin-Lee raus, was passiert ist.« Die meisten meiner Klienten kennen nur ihr Fachgebiet, und es gibt keinen Grund, einen Systemspezialisten auf eine Erkundung mitzunehmen. Die Firma stellt sämtliche Systeme und Gerätschaften (die medizinische Ausrüstung, die Drohnen, mich und so weiter) und hält sie im Rahmen des Gesamtpakets, das die Klienten erwerben, auch instand. Aber Pin-Lee war anscheinend eine talentierte Amateurin in Sachen Systeminterpretation, und Gurathin konnte mit seinem eingebauten Interface punkten. Mensah fügte hinzu: »In der Zwischenzeit haben die bei DeltFall das gleiche Übersichtspaket wie wir bekommen?«

Ich überprüfte es. HabSystem hielt es für wahrscheinlich, aber wir wussten ja jetzt, was seine Meinung wert war. »Gut möglich«, sagte ich. DeltFall war ebenfalls eine Prospektionsgruppe, nur dass sie sich auf der anderen Seite des Planeten befand. Ihre Operation war größer, und sie war von einem anderen Schiff abgesetzt worden, deshalb waren sich die Menschen noch nicht persönlich begegnet, aber sie unterhielten sich gelegentlich über Funk. Die Gruppe war nicht Bestandteil meines Auftrags und hatte ihre eigenen SecUnits, üblicherweise jeweils eine für zehn Klienten. Wir sollten einander im Notfall rufen, aber wenn man einen halben Planeten voneinander entfernt war, brachte das natürlich wenig.

Mensah lehnte sich in ihrem Sessel zurück und legte die Fingerspitzen aneinander. »Na schön, wir machen Folgendes. Ich möchte, dass ihr alle jeweils die Teile des Übersichtspakets überprüft, die euer Fachgebiet betreffen. Versucht herausfinden, ob noch mehr Daten fehlen. Sobald wir eine vorläufige Liste haben, rufe ich DeltFall an und frage, ob sie uns die Dateien schicken können.«

Das klang nach einem erstklassigen Plan, weil er mich nicht einschloss. »Dr. Mensah, brauchen Sie mich noch?«, fragte ich.

Sie drehte sich in ihrem Sessel zu mir um. »Nein, sollten wir Fragen haben, melde ich mich.« Ich hatte schon Aufträge, wo mich die Klienten nur für den unwahrscheinlichen Fall, dass ich etwas für sie erledigen sollte, den kompletten Tag-Nacht-Zyklus herumstehen ließen, damit sie mich nicht erst über Feed holen mussten. Dann fügte sie hinzu: »Also, du kannst gern hier im Mannschaftsbereich bleiben, wenn du möchtest. Würde dir das gefallen?«

Sie sahen mich alle an, und die meisten lächelten. Den ganzen Tag im Panzer herumzulaufen hat den Nachteil, dass ich mir angewöhne, das Visier undurchsichtig zu lassen. Dadurch fehlt mir die Übung, meine Mimik im Griff zu behalten. In diesem

Augenblick drückte sie wahrscheinlich sprachloses Entsetzen aus oder vielleicht auch fassungsloses Grauen.

Mensah setzte sich schockiert auf. Sie beeilte sich zu sagen: »Oder natürlich auch nicht, ganz, wie du magst.«

Ich verkündete: »Ich muss die Perimetersicherung überprüfen«, und es gelang mir, mich umzudrehen und den Mannschaftsbereich auf ganz normale Weise zu verlassen und nicht, als würde ich vor einer Horde riesengroßer Feinde fliehen.

Zurück in der Sicherheit des Bereitschaftsraums lehnte ich den Kopf an die kunststoffverkleidete Wand. Nun wussten sie, dass ihr Killerbot genauso wenig mit ihnen zu tun haben wollte wie sie mit ihm. Ich hatte mir eine Blöße gegeben.

Das darf nicht geschehen. Ich habe zu viel zu verbergen, und mit jeder neuen Blöße ist der Rest weniger geschützt.

Ich beschloss, lieber etwas zu arbeiten, und stieß mich von der Wand ab. Der fehlende Teilbericht machte mich doch ein wenig misstrauisch. Nicht dass es irgendwelche entsprechenden Anweisungen gab. Meine Ausbildungsmodule waren schlicht Billigmist; das Nützlichste, was ich über Security wusste, hatte ich Dokudramen im Entertainmentfeed entnommen. (Das ist ein weiterer Grund dafür, wieso man die Prospektionsgruppen und Bergbau-, Biologie- und Technikfirmen unter Androhung der Nichtfinanzierung dazu zwingt, unsereins zu leasen; wir sind Billigware und taugen nichts. Niemand halst sich unsereins freiwillig für etwas anderes auf als Mordhandlungen.)

Kaum hatte ich meine Ersatzanzughaut und den zweiten Panzer angelegt, ging ich den Perimeter ab und verglich die aktuellen Messwerte des Geländes und die seismischen Aufnahmen mit denen von unserer Ankunft. Im Feed fanden sich ein paar Notizen von Ratthi und Arada, dass die Spezies des Exemplars, das wir jetzt Feind eins nannten, vielleicht sämtliche auffälligen Krater im Erkundungsgelände gegraben hatte. In der Umgebung des Habitats hatte sich jedoch nichts verändert.

Ich vergewisserte mich außerdem, dass beide Hopper über die komplette Notfallausrüstung verfügten. Die hatte ich erst vor wenigen Tagen eigenhändig überprüft und ergänzt, doch ich wollte sicherstellen, dass die Menschen in der Zwischenzeit keinen Unfug damit angestellt hatten.

Ich erledigte alles, was mir einfiel, dann ging ich endlich auf Stand-by und holte meine Serien nach. Ich hatte drei Episoden von *Waldmond* hinter mir und zischte gerade im Schnellvorlauf durch eine Sexszene, als mir Dr. Mensah über Feed einige Bilder schickte. (Ich habe kein Geschlecht und auch keine sexspezifischen Teile [wenn ein Konstrukt so etwas hat, ist es ein Sexbot in einem Bordell und kein Killerbot], also liegt es vielleicht daran, dass ich Sexszenen langweilig finde. Allerdings bin ich überzeugt, dass ich sie auch langweilig fände, wenn ich sexspezifische Teile hätte.) Ich warf einen Blick auf die Bilder in Mensahs Nachricht, dann markierte ich meine Stelle in der Serie.

Zeit für ein Geständnis: Ich weiß eigentlich gar nicht, wo wir hier sind. Unser Erkundungspaket enthält eine vollständige Satellitenkarte des Planeten oder sollte sie jedenfalls enthalten. Auf dieser Grundlage entschieden die Menschen, welche Gebiete sie sich genauer ansahen. Ich hatte bisher weder einen Blick auf die Karten noch überhaupt in das Paket geworfen. Zu meiner Verteidigung: Wir waren jetzt seit zweiundzwanzig Planetentagen hier, und ich hatte bisher nur herumstehen und den Menschen dabei zusehen müssen, wie sie Scans anfertigten oder Proben von Boden, Gestein, Wasser und Blättern nahmen. Es fehlte einfach jeder Eindruck von Dringlichkeit. Außerdem, wie Sie sich ja vielleicht schon denken können, interessierte mich das Ganze nicht.

Deshalb war mir neu, dass in unserer Karte sechs Teile fehlten. Pin-Lee und Gurathin hatten die Diskrepanz festgestellt, und Mensah wollte wissen, ob meiner Meinung nach das Erkundungspaket fehlerhafter Billigmist war oder ein Hack dahintersteckte. Ich war dankbar, dass wir über Feed kommunizierten und sie mich nicht zwang, tatsächlich über Funk mit ihr zu reden. Vor lauter Dankbarkeit sagte ich ihr, was ich wirklich dachte, nämlich dass aller Wahrscheinlichkeit nach unser Erkundungspaket billig zusammengestümpert war, wir einen Hack aber nur ausschließen konnten, wenn wir zu einem der fehlenden Gebiete düsten und nachsahen, ob dort etwas anderes zu finden war als nur noch mehr öder Planet. Ich formulierte es ein bisschen anders, aber darauf lief es hinaus.

Sie zog sich aus dem Feed zurück, doch ich blieb lieber drin, denn ich kannte ihre Entscheidungsfreude, und wenn ich jetzt weiter Serie schaute, würde ich nur wieder unterbrochen werden. Also griff ich stattdessen auf die Securitykamera der Kuppel zu und hörte mir an, was sie redeten. Sie wollten eigentlich alle losstarten und überlegten hin und her, ob sie besser erst mal abwarteten. Sie hatten gerade mit DeltFall auf dem anderen Kontinent gesprochen, und die hatten zugesagt, ihnen die fehlenden Dateien zu schicken. Nun wollten die einen erst mal schauen, ob noch mehr fehlte, die anderen wollten gleich los, und *laberlaberblabla*.

Für mich stand fest, worauf es hinauslief.

Es war kein langer Flug, nicht viel weiter als zu den bisherigen Erkundungsgebieten; aber nicht zu wissen, wohin die Reise ging, war unter Sicherheitsgesichtspunkten definitiv riskant. In einer Welt der Vernunft hätte ich allein fliegen sollen, aber mit dem Chefmodul musste ich jederzeit im Umkreis von hundert Metern von mindestens einem Klienten bleiben, oder es deaktivierte mich. Das wussten sie auch, darum würde die eine oder andere Alarmglocke losschrillen, wenn ich mich freiwillig für einen Soloflug quer über den Kontinent meldete.

Als Mensah also wieder den Feed aufmachte und mir mitteilte, dass sie abziehen wollten, erklärte ich, dass die Sicherheitsvorschriften meine Anwesenheit verlangten.

3

Am Beginn des Tageszyklus, im Frühlicht, machten wir uns für den Aufbruch bereit, und laut Satellitenwetterbericht würde es ein schöner Tag für Luftbildaufnahmen werden. Ich überprüfte MedSystem und sah, dass Bharadwaj wach war und sich unterhielt.

Erst als ich die Ausrüstung zum kleinen Hopper trug, wurde mir klar, dass ich in der Mannschaftskabine mitfliegen sollte.

Wenigstens steckte ich im Panzer und hatte den Helm undurchsichtig gestellt. Doch als Mensah sagte, ich solle im Copilotensitz Platz nehmen, erwies sich das Ganze als gar nicht so schlimm wie befürchtet. Arada und Pin-Lee versuchten nicht, mit mir zu reden, und Ratthi sah sogar weg, als ich mich an ihm vorbei ins Cockpit schlängelte.

Sie gaben sich alle dermaßen Mühe, mich weder anzusehen noch anzusprechen, dass ich gleich, als wir in der Luft waren, schnell die Gesprächsaufnahmen von HabSystem durchging. Ich hatte mir eingebildet, dass ich gar nicht so sehr aus der Rolle gefallen war, als Mensah mir angeboten hatte, mit den Menschen in der Kuppel zusammenzusitzen wie ein richtiges Individuum oder so.

Beim Verfolgen des Gesprächs unmittelbar nach meinem Abgang wurde mir ganz anders. Es war im Gegenteil deutlich schlimmer gewesen, als ich gedacht hatte. Sie besprachen das Ganze und waren sich einig, mich nicht weiter zu treiben, als ich gehen wollte, wie sie es ausdrückten, und sie waren alle total nett, und es war einfach grässlich. Ich würde den Helm nie wieder wegfalten. Wie soll ich mich in diesem Drecksjob denn durchmogeln, wenn ich mit Menschen reden muss?

Sie waren meine ersten Klienten, die noch keine Erfahrung mit SecUnits gesammelt hatten, also hätte ich nach kurzer Überlegung damit rechnen müssen. Mich ihnen ohne Helm zu zeigen war grundverkehrt gewesen.

Immerhin hatten Mensah und Arada sich gegen diejenigen durchgesetzt, die mit mir darüber reden wollten. Klar doch, rede mit Killerbot über seine Gefühle. Die Vorstellung war so schmerzhaft, dass ich auf 97 Prozent Effizienz absackte. Da kletterte ich lieber Feind eins wieder ins Maul!

Ich grübelte, während sie sich durchs Fenster den Ring ansahen oder im Feed die neuen Luftaufnahmen des Hoppers studierten und sich dabei mit den anderen im Habitat unterhielten, die unser Vorankommen verfolgten. Ich war abgelenkt, bekam aber dennoch den Moment mit, als der Autopilot ausfiel.

Es hätte ein Problem sein können, aber ich saß ja im Copilotensitz und hätte rechtzeitig übernehmen können. Aber selbst ohne mich wäre es gut ausgegangen, denn Mensah war die Pilotin, und sie ließ das Steuer ohnehin nicht los.

Obwohl die Autopiloten von planetengebundenen Fluggeräten nie so hochentwickelt sind wie ein volles Botpilot-System, schalten manche Klienten sie ein und gehen dann nach hinten oder schlafen. Mensah nicht, und sie sorgte auch dafür, dass die anderen Piloten sich an ihre Anweisungen hielten. Sie gab nur ein paar nachdenklich-brummige Töne von sich und korrigierte unseren Kurs von dem Berg weg, an dem der versagende Autopilot uns hätte zerschellen lassen.

Ich hatte mich von entsetzt, dass sie mit mir über meine Gefühle reden wollten, zu dankbar, dass Mensah ihnen das untersagt hatte, vorgearbeitet. Als sie den Autopiloten neustartete, rief ich das Protokoll auf und schickte es ihr in den Feed, um ihr zu zeigen, dass er wegen eines Fehlers von HabSystem ausgefallen war. Sie fluchte leise und schüttelte den Kopf.

Der fehlende Kartenausschnitt lag nicht allzu weit außerhalb unseres Erkundungsgebiets, also waren wir dort, bevor ich meinen Rückstand bei den Serien auf meinem internen Speicher auch nur ansatzweise nachgeholt hatte. Mensah erklärte den anderen: »Wir nähern uns jetzt an.«

Wir hatten tiefe Täler mit dichtem tropischem Regenwald überflogen. Unvermittelt fiel er zu einer Ebene hin ab, die mit Seen und kleineren Wäldchen übersät war. Findlinge und flache Felskämme glänzten dunkel wie vulkanisches Glas.

Die Kabine lag still da, während alle die Aufnahmen studierten. Arada sah sich die Seismikdaten an und leitete sie gleichzeitig über Feed an die anderen im Habitat weiter.

»Ich sehe nichts, das den Satelliten daran gehindert haben könnte, diese Region zu kartografieren«, sagte Pin-Lee. Sie klang abwesend, während sie die Daten durchging, die der Hopper einholte. »Keine seltsamen Messwerte. Merkwürdig.«

»Außer dieses Gestein besitzt irgendwelche Tarnkappeneigenschaften«, sagte Arada. »Die Scanner reagieren ein bisschen komisch.«

»Ist halt Konzernscheiß«, murrte Pin-Lee.

»Sollen wir landen?«, fragte Mensah. Ich begriff, dass sie mich nach einer sicherheitstechnischen Einschätzung fragte.

Die Aufnahmen waren soweit okay und zeigten einige Risiken, die wir aber schon kannten. »Können wir. Allerdings gibt es hier, wie wir inzwischen wissen, mindestens eine Lebensform, die sich durch Felsgestein graben kann.«

Arada hoppelte in ihrem Sitz herum, als wollte sie am liebsten gleich raus. »Ich weiß, wir müssen vorsichtig sein, aber ich glaube, unsere Gefährdung wäre geringer, wenn wir wüssten, ob diese leeren Stellen auf der Satellitenaufnahme ein Versehen oder Absicht waren.«

Da wurde mir klar, dass sie die Möglichkeit einer Sabotage nicht ausschlossen. Ich hätte es früher begreifen sollen, als Pin-Lee gefragt hatte, ob HabSystem gehackt werden konnte. Aber da hatten mich Menschen angesehen, und ich hatte nur schnell weggewollt.

Ratthi und Pin-Lee stimmten ihr zu, und Mensah traf ihre Entscheidung. »Wir landen und nehmen Proben.«

Über Funk warnte Bharadwaj im Habitat: »Seid bitte vorsichtig.« Sie klang immer noch mitgenommen.

Mensah setzte uns sanft auf; die Landestützen des Hoppers berührten den Boden fast ohne Ruck. Ich stand bereits bei der Luke.

Die Menschen hatten ihre Anzughelme aufgesetzt, also öffnete ich die Luke und ließ die Rampe runter. Aus der Nähe sahen die Felsen immer noch wie Glas aus, schwarz zumeist, aber mit verschiedenen darin verlaufenden Farben. So dicht beim Boden konnte die Messung des Hoppers bestätigen, dass die seismische

Aktivität bei null lag, aber ich machte ein paar Schritte, als wollte ich eventuellen Aggressoren Gelegenheit zu einem Angriff geben. Wenn die Menschen sahen, dass ich tatsächlich meinen Job machte, gab es weniger Grund zu der Annahme einer Fehlfunktion bei einem gewissen Chefmodul.

Mensah stieg aus, gefolgt von Arada. Sie gingen umher und sammelten mit ihren tragbaren Scannern weitere Messdaten. Dann holten die anderen die Probenkoffer und fingen an, von dem Felsglas oder Glasfels Stücke abzuschlagen sowie in der Erde und an Pflanzen zu kratzen. Sie murmelten viel miteinander und mit den anderen im Habitat. Die Daten gaben sie in den Feed, aber ich ließ sie vorbeirauschen.

Es war eine merkwürdige Gegend. Ruhig gegen die anderen Erkundungsgebiete, kaum Geräusche von Vogelviechern und nirgends Hinweise auf Tiere. Vielleicht hielten die freiliegenden Felsen sie fern. Ich entfernte mich ein Stück, bis vorbei an zwei Seen, und erwartete fast, etwas unter der Wasseroberfläche zu erspähen. Leichen vielleicht. Davon hatte ich bei früheren Aufträgen schon etliche gesehen (und für etliche gesorgt), aber dieser war bis jetzt ohne Leichen ausgekommen. Auch mal schön.

Mensah hatte einen Erkundungsperimeter festgelegt und alle Stellen markiert, die in der Luftaufnahme als riskant oder potenziell riskant eingestuft worden waren. Ich überprüfte die Klienten erneut und stellte fest, dass Arada und Ratthi direkt auf eine der Risikomarkierungen zu spazierten. Ich ging davon aus, dass sie beim Perimeter stehen blieben, da sie bei den anderen Prospektionen eigentlich immer vorsichtig gewesen waren. Trotzdem bewegte ich mich in ihre Richtung. Dann passierten sie den Perimeter. Ich fing an zu rennen. Ich schickte Mensah den Feed meiner Feldkamera und sagte über Funk: »Dr. Arada, Dr. Ratthi, bitte bleiben Sie stehen. Sie befinden sich außerhalb des Perimeters und nähern sich einer Gefahrenmarkierung.«

»Im Ernst?« Ratthi klang total verblüfft.

Zum Glück blieben beide stehen. Bis ich bei ihnen ankam, hatten sie mir ihre Karten in den Feed gegeben. »Ich begreife nicht, was falsch ist«, sagte Arada verwirrt. »Ich sehe keine Gefahrenmarkierung.« Sie hatte ihrer beider Positionen mit Fähnchen markiert, und auf ihren Karten befanden sie sich ein gutes Stück innerhalb des Perimeters und hatten sich auf ein Feuchtgebiet zubewegt.

Ich brauchte eine Sekunde, um zu begreifen, wo das Problem lag. Dann legte ich meine Karte, die richtige Karte, über ihre und schickte das Ganze Mensah. »Scheiße«, sagte sie über Funk. »Ratthi, Arada, eure Karte ist falsch. Wie ist das denn passiert?«

»Ist ein Computerfehler.« Ratthi verzog das Gesicht, während er die Displays in seinem Feed studierte. »Er hat auf dieser Seite sämtliche Markierungen verschwinden lassen.«

Also verbrachte ich den Rest des Vormittags damit, Menschen von Gefahrenmarkierungen wegzuscheuchen, die sie nicht sehen konnten, während Pin-Lee ausgiebig fluchte und versuchte, den Kartografierungsscanner zum Funktionieren zu bringen. »Allmählich fange ich an zu glauben, diese fehlenden Abschnitte sind nur Fehler bei der Kartografierung«, sagte Ratthi irgendwann keuchend. Er war gerade in ein Schlammbad hineinspaziert, wie sie das nannten, und ich hatte ihn wieder rausziehen müssen. Wir waren beide bis zur Hüfte mit säurehaltigem Morast bedeckt.

»Meinst du?«, entgegnete Pin-Lee müde.

Als Mensah uns sagte, dass wir wieder zum Hopper zurückkehren sollten, waren alle heilfroh.

Wir gelangten ohne Zwischenfälle zum Habitat zurück, was mir langsam wie etwas vorkam, das man eigens erwähnen musste. Die Menschen gingen ihre Daten analysieren, und ich verkrümelte mich in den Bereitschaftsraum, überprüfte die Securityfeeds und legte mich dann für ein bisschen Medienkonsum in meine Zelle.

Ich hatte gerade wieder eine Runde ums Gelände gedreht und die Drohnen überprüft, als der Feed mich informierte, dass HabSystem ein Update-Pack für mich vom Satelliten empfangen hatte. Ich habe da so einen Trick, durch den ich HabSystem denken lasse, dass ich es installiere, und es dann lediglich in einen externen Speicher schiebe. Seit ich es nicht mehr muss, mache ich keine automatischen Paket-Updates mehr. Wenn ich irgendwann Lust habe, vorzugsweise kurz vor Verlassen des Planeten, gehe ich das Update durch, installiere die Teile, die ich möchte, und lösche den Rest.

Mit anderen Worten, es war ein typischer langweiliger Tag. Hätte Bharadwaj nicht immer noch auf der Krankenstation gelegen, hätte man fast vergessen können, was passiert war. Am Ende des Tageszyklus jedoch rief mich wieder Dr. Mensah an und sagte: »Ich glaube, wir haben ein Problem. Bei DeltFall geht niemand ran.«

Ich ging rüber in die Mannschaftskuppel. Sie hatten die Karten und Aufnahmen der Standorte von DeltFall und uns aufgerufen, und auf dem großen Display hing die schimmernde Rundung des Planeten in der Luft. Als ich dort ankam, sagte Mensah gerade: »Ich habe mir die technischen Daten des großen Hoppers angesehen, und wir schaffen es ohne Aufladen hin und wieder zurück.«

Ich hatte mein Helmvisier auf undurchsichtig gestellt, also konnte ich ungeniert das Gesicht verziehen.

»Meinst du, wir dürfen ihn in ihrem Habitat nicht aufladen?«, fragte Arada und sah sich um, als die anderen sie anstarrten. »Was denn?«

Overse legte einen Arm um sie und drückte ihre Schulter. »Wenn sie nicht rangehen, sind sie vielleicht verletzt, oder ihr Habitat ist beschädigt«, sagte sie. Als Paar waren sie immer extrem nett zueinander. Die ganze Gruppe hatte bisher bemerkenswert wenig zu Dramen geneigt, was ich zu schätzen wusste. Bei mehreren Aufträgen davor hatte ich das Gefühl gehabt, mir eine Serie über Mehrfachbeziehungen ansehen zu müssen, bei der ich sämtliche Figuren unausstehlich fand.

Mensah nickte. »Genau das ist meine Sorge, besonders wenn in ihrem Erkundungspack ebenfalls ein paar Gefahren ungenannt bleiben.«

Arada riss die Augen auf. Sie schien tatsächlich jetzt erst zu begreifen, dass drüben bei DeltFall vielleicht niemand mehr lebte.

Ratthi sagte: »Mir bereitet am meisten Kopfzerbrechen, dass ihre Notbake nicht gestartet ist. Bei Schäden am Habitat oder bei einem medizinischen Notfall, mit dem sie nicht allein zurechtkommen, hätte ihr HabSystem automatisch die Bake hochschicken müssen.«

Jedes Prospektionsteam verfügte über eine eigene Bake, die in sicherer Distanz zum Habitat aufgestellt wurde. Sie schwenkte dann in eine niedrige Umlaufbahn und schickte einen Impuls zum Wurmloch, der da drin ultrahochbeschleunigt wurde oder so, damit er bis zum Firmennetzwerk kam, und dann wurde der Abholtransporter sofort losgeschickt statt erst zum Ende des Projektzeitraums. So sollte es jedenfalls ablaufen. Normalerweise.

Mensahs Gesichtsausdruck besagte, dass sie sich Sorgen machte. Sie sah mich an. »Was meinst du?«

Ich brauchte zwei Sekunden, um zu begreifen, dass sie mit mir redete. Zum Glück hatte es danach ausgesehen, als ob wir wirklich etwas unternehmen würden, daher hatte ich aufgepasst und brauchte das Gespräch nicht zurückzuspulen. »Sie verfügen laut Vertrag über drei SecUnits, aber wenn ihr Habitat von einem Feind angegriffen wurde, der so groß wie Feind eins war oder noch größer, dann könnten ihre Kommunikationseinrichtungen beschädigt worden sein«, sagte ich.

Pin-Lee rief die technischen Daten für die Baken auf. »Sind die Notbaken nicht so konstruiert, dass sie auch dann auslösen, wenn der Rest der Kommunikation platt ist?«

Dass ich mein Chefmodul gehackt habe, hat noch einen weiteren Vorteil: Ich konnte seinen Befehl ignorieren, die bekackte Firma zu verteidigen. »Sollten sie eigentlich, ja. Aber Fehlfunktionen bei der Ausrüstung kommen schon mal vor.«

Einen Moment lang dachten sie alle über potenzielle Fehlfunktionen in ihrem Habitat nach, vielleicht auch bei dem großen Hopper, mit dem sie gerade außer Reichweite des kleinen Hoppers fliegen wollten, sodass sie zu Fuß zurückmussten, wenn etwas schiefging. Und zurückschwimmen, denn zwischen den beiden Punkten auf der Landkarte lag eine ozeangroße Wasserfläche. Oder ertrinken, vielleicht konnten sie auch schlicht ertrinken. Falls Sie sich gefragt haben, warum ich kurz zuvor das Gesicht verzogen hatte, wäre dies der Grund dafür.

Der Flug zum auf der Karte ausgesparten Gebiet hatte ein Stück außerhalb unserer Erkundungsparameter gelegen, aber das hier lief auf eine mehrtägige Reise hinaus, selbst wenn sie nur hinflogen, auf einen Haufen Leichen stießen und gleich wieder umdrehten.

Dann fragte Gurathin: »Und was ist mit deinen Systemen?«

Ich wandte ihm nicht mein Visier zu, weil das einschüchternd wirken kann und es für mich besonders wichtig ist, diesem Drang zu widerstehen. »Ich behalte meine Systeme sorgsam im Blick.« Was glaubte er denn, was ich sonst sagen würde? Es spielte keine Rolle; bei mir ist Rückerstattung ausgeschlossen.

Volescu räusperte sich. »Also sollten wir uns auf eine Rettungsmission einstellen.« Er wirkte okay, aber MedSystem meldete immer noch einige Indikatoren für stark erhöhte Anspannung. Bharadwaj war stabil, durfte die Krankenstation aber weiterhin nicht verlassen. Er fuhr fort: »Ich habe ein paar Anweisungen aus dem Infopack des Hoppers gezogen.«

Anweisungen, jawohl. Sie waren Akademiker, Landvermesser, Wissenschaftler und keine Actionhelden auf Entdeckungsreise wie in den Serien, die mir gerade deswegen gefallen, weil sie unrealistisch und nicht so deprimierend und schäbig sind wie die Wirklichkeit. Ich sagte: »Dr. Mensah, ich komme wohl besser mit.«

Ich konnte ihren Memos im Feed entnehmen, dass sie mich hierlassen wollte, damit ich nach dem Habitat sah und auf alle aufpasste, die nicht mitkamen. Sie wollte Pin-Lee mitnehmen, die Erfahrung im Bau von Habitaten und Schutzräumen hatte, Ratthi, der Biologe war, und Overse, die beim Militär einen Abschluss als Sanitäterin gemacht hatte.

Mensah zögerte, ließ sich das durch den Kopf gehen, und ich konnte fast hören, wie sie den Schutz des Habitats und derjenigen, die zurückblieben, gegen die Möglichkeit abwog, dass das, was DeltFall erwischt hatte, noch vor Ort war. Sie holte Luft, und mir war klar, dass sie sagen wollte, ich solle hierbleiben. Und ich dachte nur: *Das ist eine schlechte Idee.* Begründen hätte ich es nicht können. Es war einer dieser Impulse, die von meinen organischen Teilen kommen und die das Chefmodul unterdrücken soll. Ich sagte: »Da hier nur ich Erfahrung mit solchen Lagen habe, bin ich Ihre beste Ressource.«

Gurathin fragte: »Was denn für Lagen?«

Ratthi sah ihn verwundert an. »Diese Lage. Das Unbekannte. Seltsame Bedrohungen. Monster, die aus dem Boden brechen.«

Zu meiner Erleichterung fanden auch noch andere seine Frage dumm. Gurathin war eher der schweigsame Typ, deshalb hatte ich kaum einen Eindruck von seiner Persönlichkeit. Er war der einzige augmentierte Mensch in der Gruppe, also kam er sich vielleicht wie ein Außenseiter vor oder so, auch wenn die anderen ihn eindeutig mochten. »Lagen, in denen Personal nach einem Angriff durch planetarische Risikofaktoren verletzt sein könnte«, erläuterte ich.

Arada stellte sich mir zur Seite. »Ich stimme zu. Ich finde, ihr solltet SecUnit mitnehmen. Ihr wisst nicht, was da draußen ist.«

Mensah war weiterhin unentschlossen. »Je nachdem, was wir vorfinden, könnten wir zwei oder drei Tage weg sein.«

Arada machte eine Handbewegung, die das Habitat einschloss. »Hier drin hatten wir bis jetzt keine Probleme.«

Genau das hatten sie bei DeltFall wohl auch gedacht, kurz bevor sie aufgefressen oder in Stücke zerrissen worden waren oder was auch immer. Aber Volescu sagte: »Ich gebe zu, dass ich dann ein besseres Gefühl hätte.« Aus der Krankenstation tippte Bharadwaj in den Feed, dass sie mich ebenfalls unterstützte. Von denen, die hierblieben, sagte nur Gurathin nichts.

Mensah nickte entschieden. »Alles klar, dann ist es beschlossen. Nun lasst uns in die Gänge kommen.«

Also machte ich den großen Hopper bereit für den Flug zur anderen Seite des Planeten. (Und ja, ich musste die Bedienungsanleitung aufrufen.) Ich checkte ihn auf alle erdenklichen Weisen durch, denn ich hatte nicht vergessen, wie im kleinen Hopper plötzlich der Autopilot ausgefallen war. Wir hatten den großen Hopper seit Mensahs Proberunde gleich nach unserer Ankunft nicht mehr benutzt. (Man musste alles bei Übernahme ausprobieren und eventuelle Probleme sofort melden, sonst übernahm die Firma keine Haftung.) Aber alles schien in Ordnung zu sein oder funktionierte jedenfalls so, wie es laut Datenblatt sollte. Der große Hopper war nur für Notfälle da, und wenn das mit DeltFall nicht passiert wäre, hätten wir ihn wahrscheinlich erst wieder angerührt, wenn es Zeit wurde, ihn für unseren Rücktransport raufzuschaffen.

Mensah kam, um den Hopper selbst noch einmal durchzuchecken, und trug mir auf, außerdem ein paar zusätzliche Notfallkoffer für die Besatzung von DeltFall einzupacken. Was ich tat und dabei um der Menschen willen hoffte, dass wir sie auch brauchen würden. Ich hätte eher Pathologiekoffer für angebracht gehalten, aber wie Ihnen vielleicht schon aufgefallen ist, bin ich, wenn überhaupt, eher pessimistisch eingestellt.

Als alles fertig war, stiegen Overse, Ratthi und Pin-Lee ein, und ich stiefelte zur Ladeluke. Mensah deutete zur Kabine. Ich verzog hinter meinem undurchsichtigen Visier das Gesicht und stieg ein.

4

Wir flogen die ganze Nacht hindurch. Die Menschen fertigten Luftbilder an und diskutierten das neue Gelände jenseits unseres Vermessungsgebiets. Nun, da wir wussten, dass wir uns auf unsere Karte kaum verlassen konnten, interessierte sie brennend, wie der Planet aussah.

Mensah teilte alle in Wachschichten ein, mich eingeschlossen. Das war neu, aber durchaus willkommen, denn es lief auf Zeitabschnitte hinaus, in denen niemand von mir erwartete, dass ich aufpasste und ich es auch nicht vortäuschen musste. Mensah, Pin-Lee und Overse wechselten sich außerdem im Cockpit ab, sodass mir einiges an Sorgen darüber erspart blieb, dass der Autopilot uns umbringen wollte, und ich auf Stand-by gehen und meinen heruntergeladenen Serienvorrat gucken konnte.

Wir waren schon eine ganze Weile in der Luft, Mensah am Steuer mit Pin-Lee als Copilotin, als Ratthi sich in seinem Sitz zu mir umdrehte und sagte: »Wir haben gehört – also, wenn wir das richtig verstehen, bestehen humanoide Roboteinheiten teilweise aus … geklontem Material.«

Vorsichtig hielt ich die Folge an, die ich gerade anschaute. Mir gefiel nicht, wo das hier vielleicht hinführen konnte. Das steht alles in der Datenbank Allgemeinwissen und dazu noch ein weiteres Mal in der Firmenbroschüre über die verschiedenen angebotenen Einheiten. Was er als Wissenschaftler wusste. Und er war auch nicht der Typ Mensch, der Sachen fragte, die er problemlos über Feed nachschlagen konnte. »Das stimmt«, sagte ich und achtete sorgfältig darauf, dass meine Stimme so neutral wie immer klang.

Ratthis Miene war beunruhigt. »Aber du hast doch bestimmt … du hast eindeutig Gefühle …«

Ich verzog das Gesicht. Ich konnte nicht anders.

Overse war im Feed mit einer Analyse der Daten aus den Erkundungen beschäftigt gewesen. Sie sah auf und runzelte die Stirn. »Ratthi, was machst du da?«

Er verzog schuldbewusst das Gesicht. »Ich weiß, Mensah sagt, wir sollen das nicht, aber …« Er wedelte mit der Hand. »Du hast sie doch gesehen.«

Overse zog ihr Interface herunter. »Du regst sie auf«, sagte sie und bleckte die Zähne.

»Aber darum geht's doch gerade!« Er gestikulierte frustriert. »Wie mit Roboteinheiten umgegangen wird, ist abscheulich. Es ist grauenhaft und läuft auf Sklaverei hinaus. Eine Einheit ist genauso wenig eine Maschine wie Gurathin …«

Overse erwiderte entgeistert: »Und du meinst, das weiß sie nicht?«

Ich soll die Klienten mit mir reden und machen lassen, wie es ihnen gefällt, und bei funktionierendem Chefmodul bliebe mir auch keine andere Wahl. Außerdem soll ich Klienten ausschließlich an die Firma verpfeifen, an niemand anderen. Aber die Alternative wäre gewesen, mich aus der Luke zu stürzen. Ich packte das Gespräch in den Feed und markierte es für Mensah.

Aus dem Cockpit kam ihr Ruf: »Ratthi! Das haben wir doch besprochen!«

Ich glitt aus dem Sitz und ging in den hinteren Teil des Hoppers, so weit weg wie möglich, mit dem Gesicht zu den Materialfächern und dem Klo. Das war ein Fehler; so etwas tat eine SecUnit mit intaktem Chefmodul nicht. Aber sie achteten gar nicht darauf.

»Ich entschuldige mich bei ihr«, erklärte Ratthi gerade.

»Nein, lass sie einfach in Ruhe«, sagte Mensah.

»Das würde es nur noch schlimmer machen«, fügte Overse hinzu.

Ich stand da, bis sie sich alle wieder beruhigten und niemand mehr etwas sagte, dann glitt ich in einen der hinteren Sitze und stellte meine Serie wieder an.

Mitten in der Nacht fiel der Feed aus.

Ich hatte ihn nicht benutzt, aber ich ließ die SecSystem-Feeds der Drohnen und der Innenkameras im Hintergrund laufen und versicherte mich ab und zu, dass alles in Ordnung war. Die Menschen im Habitat waren aktiver als sonst um diese Uhrzeit, wahrscheinlich aus Nervosität, weil sie sich fragten, auf was wir bei DeltFall stoßen würden.

Ich hörte, wie Arada ab und zu herumlief, während Volescu in seiner Koje mal lauter und mal leiser schnarchte. Bharadwaj wohnte inzwischen wieder in ihrer Kabine, aber sie war unruhig und ging im Feed ihre Feldnotizen durch. Gurathin war in der Kuppel und bastelte irgendetwas an seinem persönlichen System. Ich fragte mich, was, und fing gerade an, mich via HabSystem zu ihm vorzutasten. Als der Feed ausfiel, fühlte sich das an, als hätte jemand dem organischen Teil meines Gehirns eins übergebraten.

Ich setzte mich auf. »Der Satellit ist ausgefallen.«

Alle außer Pin-Lee am Steuer griffen prompt nach ihren Interfaces. Ich sah ihre Mienen, als sie die Stille spürten. Mensah drückte sich aus ihrem Sitz hoch und kam nach hinten. »Bist du sicher, dass es am Satelliten liegt?«

»Absolut«, sagte ich. »Ich pinge ihn laufend an, und es kommt keine Antwort.«

Wir hatten immer noch unseren lokalen Feed, der auf dem System des Hoppers lief, also konnten wir weiterhin genauso gut darüber kommunizieren und Daten austauschen wie über Funk. Wir hatten nur deutlich weniger Daten zur Verfügung als bei einer bestehenden Verbindung zum HabSystem. Wir waren inzwischen so weit entfernt, dass wir den Funksatelliten als Relais brauchten. Ratthi schaltete sein Interface auf den Hopperfeed um und ging die Scanner durch. Sie zeigten nichts als leeren Himmel; ich hatte sie nach hinten gelegt, aber so eingestellt, dass sie mich bei auffälligen Energiequellen oder großen Lebensformen benachrichtigten. Er sagte: »Mich hat's gerade eiskalt überlaufen. Ging das noch jemandem so?«

»Ein bisschen«, gab Overse zu. »Das ist schon ein merkwürdiger Zufall, oder?«

»Der verfluchte Satellit fällt doch ständig aus«, widersprach Pin-Lee im Cockpit. »Wir brauchen ihn nur normalerweise nicht für die Kommunikation.« Sie hatte recht. Ich soll mir regelmäßig die persönlichen Protokolle der Klienten ansehen, um sicherzustellen, dass sie nicht planen, die Firma zu betrügen oder einander umzubringen oder so, und als ich Pin-Lee das letzte Mal überprüft hatte, war sie gerade damit beschäftigt gewesen, die Störfälle des Satelliten in einer Tabelle zusammenzufassen und nach einem Muster zu suchen. Noch so ein Problem, das mir egal war, weil der Entertainmentfeed nur selten aktualisiert wurde und ich mir meine Sachen immer auf den lokalen Speicher runterlud.

Ratthi schüttelte den Kopf. »Aber jetzt sind wir zum ersten Mal so weit vom Habitat weg, dass wir auf ihn angewiesen sind, um Funkkontakt zu halten. Das ist schon komisch, und zwar nicht lustig-komisch.«

Mensah sah sich unter ihnen um. »Möchte jemand, dass wir umkehren?«

Ich schon, aber ich durfte ja nicht mitbestimmen. Die anderen saßen stumm da, dann sagte Overse: »Wenn wir da nicht hinfliegen und hinterher erfahren, dass sie bei DeltFall Hilfe gebraucht hätten, wie geht es uns dann damit?«

»Wenn eine Chance besteht, dass wir Leben retten können, dann müssen wir sie auch nutzen«, stimmte Pin-Lee zu.

Ratthi seufzte. »Nein, ihr habt recht. Ich würde mir schreckliche Vorwürfe machen, wenn jemand stirbt, nur weil wir übervorsichtig waren.«

»Dann sind wir uns einig«, sagte Mensah. »Wir setzen unseren Flug fort.«

Ich hätte es lieber gehabt, sie wären übervorsichtig gewesen. Bei früheren Aufträgen war die Ausrüstung der Firma auch schon extrem anfällig für Fehler gewesen, aber diesmal schien mir doch mehr dahinterzustecken. Ich hatte nichts Greifbares, nur dieses Gefühl.

Bis zu meiner nächsten Wachschicht blieben noch vier Stunden, also ging ich auf Stand-by und vertiefte mich in meine Downloads.

Als wir ankamen, dämmerte es. DeltFall hatte ihr Lager in einem weiten Tal aufgeschlagen, das von hohen Bergen umgeben war. Ein Spinnennetz von Bachbetten durchschnitt das Gras, aus dem sich gedrungene Bäume erhoben. Ihre Operation war größer als unsere, sie verfügten über drei miteinander verbundene Habitate, einen Unterstand für Oberflächenfahrzeuge sowie eine Landefläche für zwei große Hopper, einen Lastenschlepper und drei kleine Hopper. Es handelte sich allerdings komplett um geleastes Firmengerät, das denselben Fehlfunktionen unterlag wie der Mist, den sie uns geliefert hatten.

Niemand war im Freien, nichts bewegte sich. Keine Hinweise auf Beschädigung oder auf die Annäherung feindlicher Fauna. Der Satellit war nach wie vor ausgefallen, aber Mensah hatte versucht, mit dem DeltFall-Habitat Funkverbindung aufzunehmen, seit wir in Reichweite waren.

»Fehlen Fahrzeuge?«, fragte Mensah.

Ratthi überprüfte das Verzeichnis ihres Fuhrparks, das ich vor unserem Abflug aus dem HabSystem kopiert hatte. »Nein, die Hopper sind alle da. Ihre Bodenfahrzeuge sind in diesem Unterstand, schätze ich.«

Ich war während unserer Annäherung nach vorn gegangen und stand nun hinter dem Pilotensitz. »Dr. Mensah, ich empfehle, Sie landen außerhalb des Perimeters.« Ich schickte ihr über den lokalen Feed alle Infos, die ich hatte, nämlich dass ihre automatisierten Systeme auf die Pings des Hoppers reagierten, aber mehr auch nicht. Ihren Feed bekamen wir nicht rein, und das bedeutete, dass ihr HabSystem auf Stand-by war. Von ihren drei SecUnits kam gar nichts, nicht mal ein Ping.

Overse im Copilotensitz sah mich an. »Wieso?«

Ich musste die Frage beantworten, also sagte ich: »Sicherheitsprotokoll.« Das klang gut, ohne mich festzulegen. Niemand draußen, niemand antwortete über Funk. Wenn sie nicht allesamt für einen Ausflug in ihre Oberflächenfahrzeuge gehüpft waren und vorher ihr HabSystem und ihre SecUnits runtergefahren hatten, dann waren sie tot. Pessimismus bestätigt.

Aber sicher wussten wir es nur, wenn wir nachsahen. Die Scanner des Hoppers können das Innere der Habitate wegen der Abschirmung, die eigentlich nur dazu dient, firmeneigene Daten zu schützen, nicht erkennen, also bekamen wir keinerlei Vitalzeichen oder energetische Messwerte rein.

Deshalb hatte ich gar nicht erst herkommen wollen. Ich hatte hier vier absolut gute, intakte Menschen und wollte nicht, dass sie durch dasselbe umkamen, das DeltFall ausgeschaltet hatte. Es ist nicht so, dass ich um sie persönlich Angst hatte, aber es würde sich schlecht in meiner Akte machen, und die sah schlimm genug aus.

»Wir sind einfach nur vorsichtig«, sagte Mensah zu Overse. Sie landete den Hopper am Rand des Tals, auf der gegenüberliegenden Seite der Bäche.

Ich gab Mensah über Feed ein paar Hinweise. Dass sie sich mit den Handwaffen aus der Krisenausrüstung bewaffnen sollten, dass Ratthi mit abgeriegelter und abgedichteter Luke im Hopper bleiben sollte, weil er kein einziges Schusswaffentraining mitgemacht hatte, und, am allerwichtigsten, dass ich vorgehen sollte. Sie waren still, gedämpft. Bis zu diesem Moment waren sie wahrscheinlich von irgendeiner Naturkatastrophe ausgegangen und hatten sich vorgestellt, Überlebende aus einem eingestürzten Habitat auszugraben oder dabei mitzuhelfen, eine Herde von Feind-eins-Kreaturen abzuwehren.

Hier war irgendetwas anderes passiert.

Mensah gab die Anweisungen, und wir stiefelten los, ich vorneweg, die Menschen mit ein paar Schritten Abstand hinterher. Sie trugen ihre Schutzanzüge, komplett mit Helm, aber die waren auf Umweltrisiken ausgelegt, nicht auf schwer bewaffnete Menschen (oder freidrehende SecUnits), die es darauf anlegten, Leute zu killen. Ich war noch nervöser als Ratthi an seinen Scannern, der uns praktisch bei jedem zweiten Schritt über Funk ermahnte, dass wir bloß aufpassen sollten.

Ich hatte meine integrierten Energiewaffen und die große Projektilwaffe, die ich vor der Brust trug. Außerdem hatte ich sechs Drohnen aus der Ausstattung des Hoppers, die ich über seinen Feed steuerte. Es war die kleine Sorte, knapp einen Zentimeter Durchmesser, ohne Bewaffnung, nur Kameras. (Es gibt auch welche, die nicht viel größer sind und eine kleine Impulswaffe tragen, aber dafür braucht es eines der schickeren Leasingpakete, die für deutlich größere Projekte gedacht sind.) Ich sagte den Drohnen, dass sie aufsteigen sollten, und gab ihnen ein Aufklärungsschema.

Das tat ich, weil es mir vernünftig erschien, und nicht, weil ich wusste, was ich tat. Ich bin kein Kampfbot, ich bin Security. Ich hindere diverses Zeug daran, die Klienten anzugreifen, und ich versuche die Klienten mit sanftem Nachdruck davon abzuhalten, sich gegenseitig an die Gurgel zu gehen. In dieser Situation war ich mehr als überfragt, und auch aus diesem Grund hatte ich nicht gewollt, dass die Menschen mitkamen.

Wir überquerten die flachen Bäche und scheuchten einen Haufen wirbellose Wasserbewohner auf, die vor unseren Stiefeln davonwuselten. Die Bäume waren niedrig und so verstreut, dass ich aus diesem Blickwinkel gute Sicht auf das Lager hatte. Ich konnte keine einzige Securitydrohne von DeltFall ausmachen, weder optisch noch mit den Scannern meiner Drohnen. Ratthi im Hopper empfing ebenfalls nichts. Ich hätte wirklich sehr, sehr gern die Positionen der drei SecUnits bestimmt, aber von denen bekam ich nichts rein.

SecUnits empfinden nichts füreinander. Sie sind nicht auf dieselbe Weise miteinander befreundet wie die Figuren in den Serien oder meine Menschen. Wir dürfen einander nicht vertrauen, nicht einmal dann, wenn wir zusammenarbeiten. Nicht einmal dann, wenn wir Klienten haben, die uns niemals aus Langeweile befehlen würden, gegeneinander zu kämpfen.

Laut Messwerten waren die Perimetersensoren hinüber, und die Drohnen empfingen keine Warnhinweise. Das HabSystem von DeltFall war ausgefallen, also hatte da drin niemand Zugriff auf unseren Feed oder Funk. Theoretisch. Wir betraten das Gelände auf der Höhe des Landefelds. Ihre Hopper befanden sich zwischen uns und dem ersten Habitat, mit der Fahrzeughalle auf der einen Seite. Ich führte uns in einem spitzen Winkel hinein und versuchte, freie Sicht auf den Haupteingang zu bekommen, überprüfte gleichzeitig aber auch den Boden. Hier wuchs wegen der vielen Hopperlandungen und Fußgänger fast kein Gras mehr. Dem letzten Wetterbericht vor Ausfall des Satelliten nach hatte es hier vergangene Nacht geregnet, und der Schlamm war getrocknet. Seitdem keinerlei Aktivität.

Ich gab das über Feed an Mensah weiter, und sie sagte es den anderen. Pin-Lee antwortete mit leiser Stimme: »Was auch passiert ist, es war kurz nach unserem Funkkontakt.«

»Sie können nicht von jemandem angegriffen worden sein«, flüsterte Overse. Es gab keinen Grund zu flüstern, aber ich verstand den Impuls. »Auf diesem Planeten gibt es sonst niemanden.«

»Auf diesem Planeten sollte es sonst niemanden geben«, korrigierte Ratthi düster hinten im Hopper.

Auf diesem Planeten befanden sich außer mir noch drei SecUnits, und das war gefährlich genug. Ich bekam freien Blick auf die Hauptschleuse des Habitats. Sie war geschlossen, und es gab keinerlei Hinweise auf gewaltsames Eindringen. Die Drohnen hatten inzwischen die gesamte Anlage umrundet und zeigten mir, dass die anderen Eingänge genauso aussahen. So viel dazu. Feindliche Fauna trat nicht vor die Tür und fragte, ob sie reinkommen durfte. Ich schickte die Bilder an Mensahs Feed und sagte laut: »Dr. Mensah, es wäre besser, ich würde vorgehen.«

Sie zögerte und sah sich an, was ich ihr gerade geschickt hatte. Ihre Schultern spannten sich. Ich glaube, sie war gerade zu demselben Schluss wie ich gekommen. Oder hatte sich wenigstens eingestanden, dass es das wahrscheinlichste Szenario war. »Na schön. Wir warten hier. Stell sicher, dass wir alles mit ansehen können«, sagte sie.

Sie hatte »wir« gesagt, und das hätte sie nicht getan, wenn sie es nicht auch so meinen würde, im Gegensatz zu manchen Klienten, die ich sonst so hatte. Ich schickte den Feed meiner Feldkamera an alle vier und ging weiter.

Vier Drohnen rief ich zurück, die restlichen beiden sollten den Perimeter sichern. Im Vorbeigehen überprüfte ich die Fahrzeughalle. Sie war an der Seite offen, mit einigen verschlossenen Lagerschränken an der gegenüberliegenden Wand. Alle vier Oberflächenfahrzeuge standen abgeschaltet da, nirgendwo waren frische Reifenspuren zu sehen, also ging ich nicht hinein. Die Schränke würde ich mir erst ansehen, wenn die Phase mit dem Einsammeln sämtlicher Leichenteile begann.

Ich ging zu der Schleuse für das erste Habitat. Wir hatten keinen Zugangscode, also rechnete ich damit, die Tür sprengen zu müssen, aber als ich auf den Schalter drückte, glitt sie auf. Ich teilte Mensah über Feed mit, dass ich ab jetzt nicht mehr laut über Funk reden würde.

Sie tippte ihre Zustimmung in den Feed, und ich hörte, wie sie die anderen anwies, aus meinem Feed und meinem Funk zu gehen, weil ab jetzt nur noch sie mit mir reden würde, damit ich nicht abgelenkt wurde. Mensah unterschätzte meine Fähigkeit, Menschen zu ignorieren, aber ich wusste die Überlegung zu schätzen. »Pass auf dich auf«, flüsterte Ratthi und ging offline.

Beim Reingehen hatte ich die Waffe oben. Hinter dem Bereich mit den Anzugschränken kam der erste Korridor. »Der vollständige Satz von Anzügen«, sagte Mensah in meinem Ohr. Ich schickte die vier Drohnen mit einem Erkundungsschema für Innenräume voraus. Dieses Habitat war schöner als unseres, neuer und mit breiteren Gängen. Aber auch leer und still. Durch meine Helmfilter drang der Geruch von verwesendem Fleisch. Ich bewegte mich auf die Kuppel zu, dort musste der eigentliche Mannschaftsbereich liegen.

Licht war noch an, und die Lüftungsschlitze zischten leise, aber da der Feed tot war, kam ich auch nicht ins SecSystem. Mir fehlten meine Kameras.

Bei der Tür zur Kuppel fand ich die erste SecUnit. Sie lag hingestreckt auf dem Rücken. Der Panzer wies über der Brust ein Loch von vielleicht zehn Zentimetern Durchmesser und mindestens derselben Tiefe auf. Wir sind nicht so leicht totzukriegen, aber damit schon. Ich untersuchte die Einheit kurz, um sicherzugehen, dass sie nicht mehr reagierte, dann trat ich über sie hinweg und ging zum Mannschaftsbereich durch.

In der Kuppel elf übel zugerichtete menschliche Leichen auf dem Boden und in den Sesseln. Die Beobachtungsstationen und Projektionsflächen hinter ihnen zeigten Aufschlagschäden von Projektil- und Energiewaffenfeuer. Ich tippte den Feed an und bat Mensah, sich zum Hopper zurückzuziehen. Sie bestätigte, und meine Perimeterdrohnen zeigten mir, dass die Menschen sich entfernten.

Ich trat durch die gegenüberliegende Tür in einen Korridor, der zu Messe, Krankenstation und Kabinen führte. Die Drohnen sagten mir, dass der Grundriss ganz ähnlich wie bei unserem Habitat war, abgesehen davon, dass ab und zu eine tote Person in den Gängen lag. Die Waffe, mit der die SecUnit erledigt worden war, befand sich nirgends in der Kuppel, und sie war mit dem Rücken zur Tür gestorben. Die Menschen von DeltFall hatten eine gewisse Vorwarnzeit gehabt, genug, um aufzustehen und zu den anderen Ausgängen zu eilen, aber aus dieser Richtung war noch etwas anderes gekommen und hatte sie in der Falle gehabt. Ich überlegte, dass die SecUnit bei dem Versuch getötet worden war, die Kuppel zu schützen.

Was darauf hinauslief, dass ich gerade nach den anderen beiden SecUnits suchte.

Vielleicht waren diese Klienten abscheuliche Missbraucher

gewesen, vielleicht hatten sie es verdient. Es war mir egal. Niemand vergriff sich an meinen Menschen. Um das sicherzustellen, musste ich diese beiden freidrehenden Einheiten töten. Ich hätte mich an diesem Punkt zurückziehen, die Hopper sabotieren und meine Menschen da rausschaffen können, dann hätten die freidrehenden Einheiten auf der anderen Seite des Ozeans festgesessen. Das wäre die vernünftige Vorgehensweise gewesen.

Aber ich wollte sie töten.

Eine meiner Drohnen stieß in der Messe auf zwei tote Menschen. Keine Vorwarnung, sie hatten gerade Speisepackungen aus dem Aufwärmer genommen und die Tische für eine Mahlzeit vorbereitet.

Während ich mich durch die Korridore und Räume bewegte, glich ich die Brustverletzung der toten Einheit mit der Ausrüstungsdatenbank des Hoppers ab. Sie war wahrscheinlich mit einem Werkzeug für die Suche nach Mineralien getötet worden, einem Pressluft- oder Schallbohrer. Wir hatten einen im Hopper, er gehörte zur Standardausrüstung. Wer damit einen Panzer durchdringen wollte, musste dicht herankommen, fast bis auf einen Meter.

Weil unsereins nämlich schlecht innerhalb des Habitats mit gezückter panzersprengender Projektil- oder Energiewaffe auf einen anderen Killerbot zukommen kann, ohne sich verdächtig zu machen. Mit einem Werkzeug, das wir vielleicht gerade einem Menschen bringen sollen, allerdings schon.

Als ich auf der anderen Seite des Habitats anlangte, hatten die Drohnen es vollständig durchsucht. Ich stand in der Schleuse vor dem schmalen Korridor, der hinüber ins zweite Habitat führte.

An seinem anderen Ende lag ein Mensch halb innerhalb und halb außerhalb der offenen Schleuse. Um nach nebenan zu gelangen, würde ich über die Frau hinwegtreten und die Tür ganz aufschieben müssen. Ich merkte bereits, dass an der Lage der Leiche etwas nicht stimmte. Ich zoomte mit der Feldkamera heran und sah mir die Haut am ausgestreckten Arm genauer an. Die Blässe war falsch; die Frau hatte nach einem Treffer ins Gesicht oder in die Brust eine Zeit lang auf dem Rücken gelegen und war erst kürzlich an diese Stelle geschafft worden. Wahrscheinlich sobald auf unserem Weg hierher unsere Hoppersignale durchgekommen waren.

Über Feed sagte ich Mensah, was sie für mich tun musste. Sie stellte keine Fragen. Sie hatte alles über meine Feldkamera gesehen und wusste inzwischen, womit wir es zu tun hatten. Sie tippte zur Bestätigung zurück und sagte dann laut über Funk: »SecUnit, ich will, dass du auf Position bleibst, bis ich dort bin.«

»Jawohl, Dr. Mensah«, sagte ich und schlich zurück durch die Schleuse. Ich bewegte mich schnell nach hinten zum Securitybereitschaftsraum.

Es war schön, zur Abwechslung einmal mit einem hinreichend klugen Menschen zusammenzuarbeiten.

Unser Habitatmodell hatte keinen, aber die größeren verfügten über einen Zugang zum Dach, und meine Drohnen draußen konnten ihn gut einsehen.

Ich stieg die Leiter hoch und warf die Dachluke auf. Die Panzerstiefel sind mit magnetischen Klettereisen ausgestattet, und mit ihrer Hilfe ging ich die gerundeten Dächer entlang zum dritten Habitat und näherte mich den feindlichen SecUnits von hinten. Nicht einmal diese beiden Exemplare konnten so blöd sein, dass sie das Knarren ignoriert hätten, wenn ich die schnelle Route genau über ihre Position hinweg genommen hätte.

(Dass sie nicht die hellsten waren, stand fest, denn sie hatten den Boden des Verbindungskorridors nach dem Platzieren der Toten gereinigt, um ihre Fußabdrücke verschwinden zu lassen. Sehr unauffällig, wenn alle anderen Böden staubbedeckt waren und von Fußabdrücken wimmelten.)

Ich öffnete die Dachluke zum zweiten Habitat und schickte zunächst meine Drohnen nach unten in den Securitybereitschaftsraum. Sobald sie die Schlafzellen überprüft und sichergestellt hatten, dass niemand zu Hause war, sprang ich die Leiter runter. Ein Großteil der Ausrüstung war noch da, unter anderem die Drohnen. Es gab auch eine hübsche Schachtel mit neuen, aber die waren ohne das HabSystem von DeltFall nicht zu gebrauchen. Entweder war es wirklich hin oder erweckte lediglich den Anschein, es liefe nicht länger. Ich wandte ihm durchgehend einen Teil meiner Aufmerksamkeit zu; wenn es plötzlich hochfuhr und die Securitykameras reaktivierte, würden abrupt andere Spielregeln herrschen.

Ich behielt die Drohnen bei mir, nahm den Korridor ins Innere und bewegte mich still an der gesprengten Schleuse zur Krankenstation vorbei. Drei Leichen lagen dort übereinander, wo die Menschen bei dem Versuch, die Station zu sichern, in der Falle gesessen hatten, als ihre eigenen SecUnits die Tür in die Luft gejagt hatten, um sie niederzumetzeln.

Als ich mich dem Korridor mit der Schleuse näherte, wo die beiden Einheiten darauf warteten, dass Dr. Mensah und ich hereinspaziert kamen, schickte ich die Drohnen für einen vorsichtigen Blick herum. Alles klar, da waren sie.

Ohne bewaffnete Drohnen blieb mir nur rasches Vorgehen. Also warf ich mich um die letzte Ecke, knallte gegen die gegenüberliegende Wand, kam wieder zurück und ging weiter, wobei ich auf ihre Positionen feuerte.

Die erste traf ich mit drei Explosivbolzen in den Rücken und mit einem ins Visier, als sie sich zu mir umdrehte. Sie stürzte nieder. Der anderen neutralisierte ich mit einem Streifschuss den Arm, worauf sie den Fehler beging, ihre Hauptwaffe erst in die andere Hand zu wechseln. Ich nutzte den Vorsprung und schaltete auf Schnellfeuer, damit sie nicht das Gleichgewicht zurückgewann, dann wieder auf Explosivbolzen. Das gab ihr den Rest.

Ich brauchte einen Moment der Erholung und schlug der Länge nach hin.

Ich hatte mindestens ein Dutzend Treffer aus beiden Energiewaffen eingesteckt, während ich die erste Einheit erledigte, aber die Explosivbolzen hatten mich verfehlt und hinter mir den Korridor in Trümmer gelegt. Trotz des Panzers fühlten sich Teile von mir taub an, aber ich hatte bloß drei Projektile in die rechte Schulter und vier in die linke Hüfte bekommen. Das ist unsere Art zu kämpfen: Wir stürzen uns aufeinander und schauen, wessen Teile zuerst ausfallen.

Beide Einheiten lebten noch. Aber sie waren nicht fähig, in ihre Zellen im Bereitschaftsraum zurückzukehren, und ich hatte definitiv nicht vor, ihnen dabei unter die Arme zu greifen.

Drei meiner Drohnen waren ebenfalls hin; sie waren in den Gefechtsmodus gewechselt und vor mir hergeflogen, um Feuer auf sich zu ziehen. Eine hatte eine Entladung abbekommen und taumelte hinter mir im Korridor umher. Ich überprüfte routinemäßig meine beiden Perimeterdrohnen, schaltete meinen Funk ein und sagte Dr. Mensah, dass ich erst noch den Rest des Habitats freigeben und die vorgeschriebene Suche nach Überlebenden beenden musste.

Die Drohne hinter mir ging mit einem Zischen aus, das ich über Feed hörte und sah. Ich glaube, ich begriff sofort, was das bedeutete, aber vielleicht gab es auch eine Verzögerung von einer halben Sekunde oder so. Aber ich stand bereits, als mich etwas so hart traf, dass ich ruckzuck wieder auf dem Boden lag, auf dem Rücken diesmal und mit versagenden Systemen.

Als ich wieder online kam, hatte ich weder Bild noch Ton und konnte mich auch nicht bewegen. Feed und Funk waren tot. Unschön, Killerbot, sehr unschön.

Plötzlich erhielt ich ein paar merkwürdige kurze Sinneseindrücke, allesamt von meinen organischen Teilen. Luft am Gesicht, an den Armen, durch Risse in meinem Anzug. An der brennenden Wunde in meiner Schulter. Jemand hatte mir den Helm und den oberen Teil des Panzers abgenommen. Die Eindrücke waren immer nur sekundenweise da. Es war verwirrend, und ich hätte am liebsten geschrien. Vielleicht fühlte es sich so an, wenn ein Killerbot starb. Du verlierst Funktionen, fährst runter, aber Teile von dir arbeiten noch, organische Stücke, die von der nachlassenden Ladung in deinen Akkus am Leben erhalten werden.

Dann begriff ich, dass mich jemand bewegte, und da wollte ich wirklich schreien.

Ich bezwang die Panik und bekam noch einige Sinneseindrücke mehr. Ich war nicht tot. Ich steckte nur richtig tief in der Scheiße.

Ich wartete verzweifelt, desorientiert und voller Angst darauf, dass wieder irgendwas funktionierte, und fragte mich, warum sie mir kein Loch in die Brust gejagt hatten. Zuerst kehrte der Ton zurück, und ich begriff, dass sich jemand über mich beugte. Leise Geräusche der Gelenke besagten, dass es sich um eine SecUnit handelte. Aber es gab doch nur drei. Ich hatte mir die technischen Daten von DeltFall vor dem Flug angesehen. Ich mogelte mich manchmal nur durch, na schön, meistens, aber Pin-Lee hatte ebenfalls nachgesehen, und die war gründlich.

Dann ließ die Taubheit nach, und meine organischen Teile begannen zu kribbeln. Ich war darauf ausgelegt, dass meine organischen und meine Maschinenteile gleichzeitig arbeiteten und der sensorische Input ausgeglichen war. Ohne diesen Ausgleich kam ich mir vor wie ein Luftballon im Wind. Aber der organische Teil meiner Brust war in Kontakt mit einer festen Oberfläche, und das rückte abrupt meine Position in den Fokus. Ich lag mit dem Gesicht nach unten, und ein Arm hing herab. Die hatten mich auf einen Tisch gelegt?

Das war definitiv sehr unschön.

Druck auf meinen Rücken, dann auf meinen Kopf. Der Rest von mir kehrte ganz, ganz langsam zurück. Ich tastete nach dem Feed, kam aber nicht an ihn heran. Dann stach mich etwas in den Nacken.

Der besteht aus organischem Material, und da der Rest von mir runter war, hatte ich nichts, um den Input meines Nervensystems zu beherrschen. Es fühlte sich an, als würden sie mir den Kopf absäbeln.

Ein Schock durchlief mich, und plötzlich war der Rest von mir wieder online. Ich kugelte mir den linken Arm aus, damit ich ihn auf eine Weise benutzen konnte, die einem Menschen, augmentierten Menschen oder Killerbot sonst nicht zur Verfügung stand. Ich griff nach oben zu dem Druck und den Schmerzen an meinem Nacken und bekam ein gepanzertes Handgelenk zu fassen. Ich wälzte mich herum und brachte uns beide vom Tisch runter.

Wir schlugen auf dem Boden auf, und ich umklammerte die andere Einheit mit den Beinen, während wir uns wälzten. Sie versuchte, ihre Unterarmwaffe auszulösen, aber meine Reaktionsgeschwindigkeit war jenseits von Gut und Böse, und ich umklammerte mit der Hand ihre Schießöffnung, die nun nicht komplett aufgehen konnte. Meine Sicht war wieder da, und ich konnte den undurchsichtigen Helm direkt vor mir sehen. Ich trug bis zur Gürtellinie keinen Panzer mehr, und das machte mich nur noch wütender.

Ich stieß der Einheit ihre Hand unters Kinn und nahm den Druck von ihrer Waffe. Ihr blieb noch ein Sekundenbruchteil für den Versuch, den Schießbefehl abzubrechen, doch das reichte nicht. Die Entladung ging durch meine Hand und die Verbindungsstelle zwischen Helm und Halsstück. Die Einheit riss den Kopf zurück und verfiel in Zuckungen. Ich ließ sie lange genug los, um auf die Knie zu kommen, meinen intakten Arm um ihren Hals zu legen und ihn zu verdrehen.

Als die mechanischen und organischen Verbindungen barsten, hörte ich auf.

Ich sah hoch. In der Tür stand noch eine weitere SecUnit und legte gerade eine große Projektilwaffe auf mich an.

Wie viele dieser Drecksdinger gab es hier denn noch? Es spielte keine Rolle, weil ich zwar versuchte, mich aufzurichten, aber nicht schnell genug reagieren konnte. Dann zuckte die Einheit, ließ die Waffe fallen und kippte nach vorne um. Ich sah zweierlei: das Zehnzentimeterloch in ihrem Rücken und Mensah, die hinter ihr stand und etwas hielt, das mich sehr an den Schallbohrer aus unserem Hopper erinnerte.

»Dr. Mensah«, sagte ich, »dies stellt eine Verletzung der bergbaubetrieblichen Sicherheitsrichtlinien dar, und ich bin vertraglich verpflichtet, es aufzuzeichnen und zu melden …« Der Satz befand sich im Puffer, der Rest meines Gehirns war leer.

Sie ging nicht darauf ein, sondern sagte über Funk etwas zu Pin-Lee, kam herein und zog an meinem Arm. Ich war zu schwer für sie, also richtete ich mich auf, damit sie sich nicht verletzte. Allmählich bekam ich den Eindruck, Dr. Mensah könnte glatt eine unerschrockene galaktische Forscherin sein, auch wenn sie nicht so aussah wie die im Entertainmentfeed.

Sie zog mich immer weiter, also bewegte ich mich auch immer weiter. Irgendetwas stimmte mit meinem Hüftgelenk nicht. Ach ja, klar, da war ich angeschossen worden. Blut lief meine zerfetzte Anzughaut hinab, und ich griff mir an den Nacken. Ich rechnete fest mit einem klaffenden Loch, doch stattdessen steckte da irgendwas. »Dr. Mensah, es gibt vielleicht noch mehr freidrehende Einheiten, das wissen wir nicht …«

»Deshalb müssen wir schnell machen«, sagte sie und zog mich weiter. Sie hatte die beiden letzten Drohnen von draußen mitgebracht, doch die kreisten nur sinnlos um ihren Kopf herum. Menschen haben nicht genug Zugang zum Feed, um sie zu lenken und gleichzeitig noch etwas anderes zu machen, etwa gehen und reden. Ich versuchte, die Drohnen zu erreichen, bekam aber immer noch keine anständige Verbindung zum Hopperfeed.

Wir bogen in den nächsten Korridor, und in der Außenschleuse wartete Overse. Sie hatte uns kaum gesehen, da schlug sie auf den Öffner. Sie hatte ihre Handwaffe gezogen, und nun fiel mir auf, dass Mensah meine Waffe unter dem anderen Arm klemmen hatte. »Dr. Mensah, ich brauche meine Waffe.«

»Dir fehlt eine Hand und ein Teil der Schulter«, fauchte sie. Overse packte eine Handvoll meiner Anzughaut und half mir durch die Schleuse. Staub wirbelte durch die Luft, als in zwei Metern Entfernung der Hopper aufsetzte und fast das ausziehbare Dach des Habitats gestreift hätte.

»Ja, ich weiß, aber …« Die Luke ging auf, und Ratthi beugte sich raus, packte den Kragen meiner Anzughaut und zog uns alle drei hoch in die Kabine.

Als wir abhoben, knallte ich aufs Deck. Ich musste mich dringend um das Hüftgelenk kümmern. Ich wollte mir den Scan ansehen, um sicherzugehen, dass unten am Boden niemand war, der auf uns schoss, doch selbst hier war meine Verbindung zum System des Hoppers so wackelig und gestört, dass ich keinerlei Berichte von den Instrumenten sehen konnte, als würde irgendetwas sie blockieren …

Oha.

Ich tastete wieder nach meinem Nacken. Der größere Teil dieses Stopfens war weg, dafür spürte ich jetzt etwas im Port. In meinem Datenport.

Die SecUnits von DeltFall hatten überhaupt nicht freigedreht, sondern jemand hatte ihnen Gefechtsmodule reingesteckt. Solche Module geben einem Individuum die Kontrolle über eine Einheit und machen aus dem überwiegend autonom agierenden Konstrukt eine bewaffnete Marionette. Die ist dann vom Feed abgeschnitten und wird über Funk gelenkt, aber ihre Effizienz sinkt mit zunehmender Komplexität der Befehle. »Töte die Menschen« ist kein komplexer Befehl.

Mensah stand über mir, Ratthi beugte sich über einen Sitz und sah zu DeltFall raus, Overse öffnete ein Staufach. Sie sagten irgendwas zueinander, aber es war mir zu hoch. Ich setzte mich auf und sagte: »Mensah, Sie müssen mich sofort abschalten.«

»Was?« Sie sah zu mir runter. »Wir wollen gerade … Notreparatur …«

Der Ton brach zusammen. Das war der Download, der mein System flutete, denn meine organischen Teile waren es nicht gewöhnt, so viele Daten zu verarbeiten. »Die unbekannte SecUnit hat mir einen Datenträger eingesteckt, ein Gefechtsmodul. Es lädt gerade Anweisungen in mich runter und überschreibt gleich mein System. Deshalb sind die beiden DeltFall-Einheiten gemeingefährlich geworden. Sie müssen mich aufhalten.« Ich habe keine Ahnung, wieso ich um das Wort herumeierte. Vielleicht weil ich dachte, dass sie es nicht hören wollte. Sie hatte gerade eine schwer bewaffnete SecUnit mit einem Bergbaubohrer gekillt, um mich da rauszuholen; also wollte sie mich wohl behalten. »Sie müssen mich töten.«

Sie brauchten ewig, um zu begreifen, was ich gesagt hatte, und es mit dem in Deckung zu bringen, was sie im Feed meiner Feldkamera gesehen haben mussten; andererseits war auch meine Zeitwahrnehmung gestört.

»Nein.« Ratthi sah mich voller Grauen an. »Nein, wir können dich doch nicht …«

Mensah sagte: »Werden wir auch nicht. Pin-Lee …«

Overse ließ das Reparaturpack fallen und kletterte nach Pin-Lee rufend über zwei Sitzreihen. Klar, sie wollte zum Cockpit und die Steuerung übernehmen, damit Pin-Lee an mir arbeiten konnte. Ebenso klar, dass die Zeit nicht reichen würde, um mich wieder hinzukriegen. Und außerdem klar, dass ich selbst mit kaputtem Hüftgelenk und nur einem funktionierenden Arm alle an Bord des Hoppers töten konnte.

Also schnappte ich mir die Handwaffe, die auf dem Sitz lag, richtete sie auf meine Brust und drückte ab.

Leistungszuverlässigkeit bei 10 % fallend
Abschaltung eingeleitet

5

Ich kam wieder online, um festzustellen, dass ich mich nicht bewegen konnte, aber allmählich eine Aufwachphase durchlief. Ich war aufgewühlt, meine sämtlichen Level versagten, und ich hatte keine Ahnung, wieso. Ich spielte mein persönliches Protokoll zurück. Ach ja, klar.

Ich sollte gerade eigentlich gar nicht aufwachen. Hoffentlich waren sie nicht so blöd gewesen und hatten es nicht übers Herz gebracht, mich zu töten.

Bitte beachten, dass ich die Waffe nicht auf meinen Kopf gerichtet habe. Ich hatte mich nicht selbst töten wollen, aber nötig war mein Tod trotzdem. Ich hätte mich auch auf andere Weise aus dem Verkehr ziehen können, aber ehrlich gesagt hatte ich nicht mit anhören wollen, wie sie einander überzeugten, dass ihnen leider nichts anderes übrig blieb.

Eine Diagnose startete und informierte mich, dass das Gefechtsmodul entfernt worden war. Für eine Sekunde wollte ich es nicht glauben. Ich öffnete meinen Securityfeed und fand eine Kamera für die Krankenstation. Ich lag ungepanzert und nur in den Überresten meiner Anzughaut auf dem Operationstisch, um den die Menschen versammelt standen. Ein eher albtraumhafter Anblick.

Aber meine Schulter, Hand und Hüfte waren inzwischen repariert, also hatte ich irgendwann in meiner Schlafzelle gelegen. Ich sprang ein Stück zurück und sah, wie Pin-Lee und Overse mithilfe der OP-Suite zügig das Gefechtsmodul hinten aus meinem Kopf entfernten. Meine Erleichterung war so groß, dass ich mir die Aufnahme gleich zweimal ansah und dann eine Diagnose laufen ließ. Meine Protokolle waren sauber; sie zeigten den Stand, auf dem ich mich vor Betreten des DeltFall-Habitats befunden hatte.

Meine Klienten sind die besten.

Dann kam der Ton online.

»Ich habe sie durch HabSystem ruhigstellen lassen«, sagte Gurathin.

Uff. Das erklärte einiges. Ich hatte immer noch die Kontrolle über SecSystem und wies es an, HabSystems Zugang zu seinem Feed zu sperren und mein Notfallprogramm laufen zu lassen. Dabei handelte es sich um eine von mir eingebaute Funktion, die anstelle der Video- und Audioaufnahmen, die HabSystem anfertigte, für ungefähr eine Stunde Habitatumgebungsgeräusche einfügte. Für alle, die uns über HabSystem zuhörten oder versuchten, die Aufnahme zurückzuspielen, würde es sich einfach so anhören, als hätten alle plötzlich zu reden aufgehört.

Was Gurathin sagte, stellte eindeutig eine Überraschung dar, denn andere Stimmen protestierten, vor allem Ratthi, Volescu und Arada. Pin-Lee erklärte ungeduldig: »Sie ist in keiner Weise gefährlich. Als sie die Waffe gegen sich selbst gerichtet hat, ist der Download abgebrochen. Ich konnte die wenigen Fragmente des Schadcodes entfernen, die herüberkopiert worden waren.«

»Möchtest du deine eigene Diagnose durchführen, weil …«, begann Overse.

Ich konnte sie im Raum und über Securityfeed hören, also schaltete ich das Bild der Kamera hinzu. Mensah hatte mit erhobener Hand um Stille gebeten. »Gurathin, wo liegt das Problem?«, fragte sie.

»Als sie offline war, konnte ich über HabSystem ansatzweise auf ihr internes System und Protokoll zugreifen. Ich wollte einige Anomalien untersuchen, die mir über Feed aufgefallen waren.« Er deutete zu mir. »Diese Einheit dreht längst frei. Sie hat ein gehacktes Chefmodul«, erklärte Gurathin.

Im Entertainmentfeed heißt so etwas Ach-du-Kacke-Moment.

Über die Securitykameras sah ich, dass sie verwirrt, aber nicht bestürzt waren. Noch nicht.

Pin-Lee, die anscheinend nur in meinem lokalen System herumgegraben hatte, verschränkte die Arme. Ihre Miene war schlau und skeptisch. »Es fällt mir schwer, das zu glauben.« Sie fügte kein »du Arsch« hinzu, doch es schwang mit. Sie konnte es nicht ausstehen, wenn jemand ihre Fachkenntnis infrage stellte.

»Sie muss unseren Anweisungen nicht Folge leisten; ihr Verhalten lässt sich nicht steuern.« Gurathin klang allmählich ungehalten. Er konnte es ebenfalls nicht ausstehen, wenn jemand seine Fachkenntnis infrage stellte, nur ließ er es im Gegensatz zu Pin-Lee nicht raushängen. »Ich habe Volescu meine Auswertung gezeigt, und er stimmt mir zu.«

Einen Moment lang kam ich mir hintergangen vor, was dumm war. Volescu war mein Klient; ich hatte ihm das Leben gerettet, weil das meine Aufgabe war, und nicht etwa, weil ich ihn mochte. Aber dann sagte Volescu: »Ich stimme dir nicht zu.«

»Dann funktioniert das Chefmodul?«, fragte Mensah und sah stirnrunzelnd vom einen zum anderen.

»Nein, es wurde definitiv gehackt«, erklärte Volescu. Wenn er nicht gerade von Riesenfauna angegriffen wurde, hatte er wirklich die Ruhe weg. »Ein Teil seiner Verbindungen zum restlichen System der SecUnit wurde durchtrennt. Das Modul kann Befehle schicken, aber es kann sie weder durchsetzen noch das Verhalten kontrollieren oder Strafmittel anwenden. Aber ich finde, die Tatsache, dass die Einheit aktiv unsere Leben geschützt und sich um uns gekümmert hat, während sie frei handeln konnte, gibt uns nur noch einen Grund mehr, ihr zu vertrauen.«

Na gut, ich mochte ihn.

Gurathin beharrte: »Wir sind seit unserer Ankunft sabotiert worden. Der unvollständige Gefahrenbericht, die lückenhafte Karte. Da fügt sich die SecUnit doch sauber ein. Sie handelt für die Firma; dort wollen sie aus irgendeinem Grund nicht, dass dieser Planet erkundet wird. Siehe das, was mit DeltFall passiert ist.«

Ratthi hatte schon darauf gewartet, dass Gurathin Luft holte. »Hier läuft definitiv irgendwas Seltsames. Im Datenblatt von DeltFall stehen nur drei SecUnits, in ihrem Habitat waren aber fünf. Irgendjemand sabotiert uns; ich glaube nur nicht, dass unsere SecUnit etwas damit zu tun hat.«

Bharadwaj erklärte mit Entschiedenheit: »Volescu und Ratthi haben recht. Hätte die Firma der SecUnit befohlen, uns zu töten, würde von uns niemand mehr leben.«

Overse klang stinkwütend. »Sie hat uns von dem Gefechtsmodul erzählt, sie hat gewollt, dass wir sie töten. Warum zur Hölle sollte sie das tun, wenn sie uns schaden wollte?«

Overse mochte ich auch. Und obwohl ich absolut keine Lust hatte, mich in das Gespräch einzuschalten, wurde es Zeit, selbst für mich zu sprechen.

Ich ließ die Augen geschlossen und sah die Menschen über die Securitykamera an, weil das leichter war. Ich sagte mit Mühe: »Die Firma versucht nicht, Sie zu töten.«

Das ließ sie hochschrecken. Gurathin wollte etwas sagen, und Pin-Lee brachte ihn mit einer Geste zum Schweigen. Mensah trat vor und betrachtete mich mit sorgenvoller Miene. Sie stand dicht bei mir, während Gurathin und die anderen sich in einem lockeren Halbkreis um sie sammelten. Bharadwaj saß in einem Stuhl und war am weitesten weg. »SecUnit, woher willst du das wissen?«, fragte Mensah.

Selbst über Kamera war es hart. Ich versuchte mir einzureden, ich läge drüben in meiner Schlafzelle. »Wenn die Firma Sie sabotieren wollte, würde sie über die Recyclingsysteme Ihre Vorräte vergiften. Die Firma dürfte eher versehentlich für Ihren Tod sorgen.«

Kurz schwiegen alle, weil sie daran dachten, wie leicht es für die Firma gewesen wäre, die eigenen Umwelteinstellungen zu sabotieren. Ratthi hob an: »Aber das hätte doch sicher …«

Gurathins Miene war noch gezwungener als sonst. »Diese Einheit hat schon früher Menschen getötet. Menschen, die sie hatte beschützen sollen. Sie hat siebenundfünfzig Mitglieder eines Bergbauprojekts niedergemetzelt.«

Erinnern Sie sich, wie ich anfangs sagte, dass ich mein Chefmodul gehackt habe, aber nicht zum Massenmörder geworden bin? Es stimmt nur bedingt. Ich war längst ein Massenmörder.

Ich hatte keine Lust, es zu erklären. Aber ich musste. Ich sagte: »Ich habe mein Chefmodul nicht gehackt, um meine Klienten zu töten. Mein Chefmodul hat fehlerhaft gearbeitet, weil die Firma in ihrer großen Idiotie nur die allerbilligsten Komponenten einkauft. Es hat versagt, und ich habe die Kontrolle über meine Systeme verloren und diese Menschen getötet. Die Firma hat mich geborgen und ein neues Chefmodul installiert. Das habe ich gehackt, damit so etwas nicht noch einmal passiert.«

Ich bilde mir jedenfalls ein, dass es so gelaufen ist. Sicher weiß ich nur, dass seit dem Hacken des Moduls nichts dergleichen mehr passiert ist. Und so herum gibt es eine bessere Geschichte ab. Ich schaue genug Serien, um zu wissen, wie so eine Geschichte laufen muss.

Volescu guckte traurig. Er zuckte leicht mit den Schultern. »Meine Durchsicht des persönlichen Protokolls der Einheit, auf das Gurathin zugreifen konnte, bestätigt das.«

Gurathin wandte sich ungeduldig zu ihm um. »Das Protokoll bestätigt es, weil die Einheit glaubt, dass es sich so abgespielt hat.«

Bharadwaj seufzte. »Und doch sitze ich hier und erfreue mich meines Lebens.«

Diesmal war die Stille schlimmer. Über Feed sah ich, dass Pin-Lee sich unsicher bewegte und zu Overse und Arada sah. Ratthi rieb sich das Gesicht. Dann fragte Mensah leise: »SecUnit, hast du einen Namen?«

Ich wusste nicht recht, was sie von mir wollte. »Nein.«

»Sie nennt sich ›Killerbot‹«, sagte Gurathin.

Ich öffnete die Augen und sah ihn an; ich konnte nicht anders. Ihren Gesichtsausdrücken entnahm ich, dass mir anzusehen war, was ich empfand, und ich hasste das. »Das war vertraulich«, brachte ich rau heraus.

Diesmal dauerte die Stille länger.

Dann sagte Volescu: »Gurathin, du hattest wissen wollen,

womit sie ihre Zeit verbringt. Deshalb hattest du ursprünglich in die Protokolle geschaut. Sag es ihnen.«

Mensah zog die Augenbrauen hoch. »Ja?«

Gurathin zögerte. »Sie hat sich seit unserer Ankunft siebenhundert Stunden Entertainmentprogramme runtergeladen. Vor allem Serien. Vor allem eine namens *Waldmond*.« Er verwarf das Ganze mit einem Kopfschütteln. »Wahrscheinlich hat sie damit Daten für die Firma verschlüsselt. Sie kann sich das unmöglich alles angesehen haben. Nicht in dieser Menge, das hätten wir gemerkt.«

Ich schnaubte. Er unterschätzte mich.

Ratthi fragte: »Wisst ihr noch, diese eine Folge, wo die Rechtsreferentin der Kolonie den Terraformingbeauftragten tötet, der auch der Sekundärspender für das Implantat ihres Kindes gewesen ist?«

Wieder konnte ich nicht anders. »So ein Blödsinn, sie tötet ihn doch gar nicht.«

Ratthi wandte sich zu Mensah um. »Und ob sie sich das angesehen hat.«

Pin-Lee fragte mit faszinierter Miene: »Aber dein eigenes Chefmodul zu hacken, wie hast du das angestellt?«

»Die Firmengeräte sind doch alle gleich.« Ich hatte irgendwann einen Download bekommen, der sämtliche technische Daten für Firmensysteme enthielt. Wenn du in einer Schlafzelle festhängst und nichts zu tun hast, kannst du damit ebenso gut die Codes für das Chefmodul austüfteln.

Gurathin zog ein verkniffenes Gesicht, sagte aber nichts. Mehr hatte er offensichtlich nicht auf Lager, also war jetzt ich an der Reihe. »Sie irren sich. HabSystem hat Sie mein Log lesen lassen, damit Sie von dem gehackten Chefmodul erfahren. Das gehört mit zur Sabotage. Sie sollen aufhören, mir zu vertrauen, weil ich versuche, Sie am Leben zu erhalten«, sagte ich.

»Dir zu vertrauen ist gar nicht nötig. Du bleibst einfach weiterhin ruhiggestellt, und damit ist die Sache erledigt«, erwiderte Gurathin.

Richtig, das war ja auch noch so eine merkwürdige Angelegenheit. »Das wird nicht funktionieren.«

»Und wieso nicht?«

Ich rollte mich vom Tisch, packte Gurathin bei der Kehle und schob ihn an die Wand. Es ging schnell, zu schnell, als dass sie hätten reagieren können. Ich gab ihnen eine Sekunde, um zu begreifen, was gerade passierte, und nach Luft zu schnappen beziehungsweise – in Volescus Fall – einen Kiekser auszustoßen. »Weil HabSystem Sie angelogen hat. Ich bin gar nicht ruhiggestellt.«

Gurathin lief rot an, aber nicht so rot, wie er gewesen wäre, wenn ich Druck ausgeübt hätte. Bevor jemand von den anderen sich auch nur rührte, sagte Mensah ruhig und gleichmäßig: »SecUnit, ich würde es begrüßen, wenn du Gurathin wieder runterlässt, bitte.«

Sie ist wirklich eine gute Teamleiterin. Ich hacke demnächst mal ihre Akte und schreibe das da rein. Wäre sie zornig geworden, hätte sie geschrien und die anderen in Panik versetzt, ich weiß nicht, was dann passiert wäre.

Ich sagte zu Gurathin: »Sie kann ich nicht ausstehen. Aber die anderen mag ich, und aus irgendeinem mir unverständlichen Grund mögen die Sie.« Dann ließ ich ihn runter.

Ich trat nach hinten. Overse wollte zu ihm, und Volescu ergriff seine Schulter, doch Gurathin winkte ab. Ich hatte nicht einmal eine Druckstelle an seinem Hals hinterlassen.

Ich beobachtete sie weiterhin durch die Kamera, weil das leichter war, als sie direkt anzusehen. Meine Anzughaut war zerfetzt und enthüllte einige Verbindungsstellen zwischen meinen organischen und meinen unorganischen Teilen. Ich hasse das. Alle waren immer noch erstarrt, geschockt, unsicher. Dann holte Mensah scharf Luft. »SecUnit, kannst du HabSystem daran hindern, auf die Securityaufnahmen dieses Raums zuzugreifen?«, wollte sie wissen.

Ich sah auf die Wand neben ihrem Kopf. »Ich habe es abgetrennt, als Gurathin gesagt hat, dass mein Chefmodul gehackt ist, und diesen Teil dann gelöscht. Ich lasse den Video- und Audiotransfer von SecSystem zu HabSystem mit einer Verzögerung von fünf Sekunden laufen.«

»Gut.« Mensah nickte. Sie versuchte, Blickkontakt herzustellen, aber das hatte ich gerade nicht drauf. »Ohne das Chefmodul brauchst du unseren Anweisungen, oder überhaupt irgendwelchen Anweisungen, nicht Folge zu leisten. Aber so verhält sich das schon, seit wir überhaupt hier sind.«

Die anderen waren still, und mir wurde klar, dass sie es ebenso sehr zu ihnen wie zu mir sagte.

Sie fuhr fort. »Ich möchte gern, dass du Teil unserer Gruppe bleibst – zumindest so lange, bis wir diesen Planeten verlassen haben und irgendwo in Sicherheit sind. Dann können wir besprechen, was du machen möchtest. Aber ich verspreche dir, ich sage weder der Firma noch sonst jemandem außerhalb dieses Raums etwas von dir oder deinem kaputten Modul.«

Ich seufzte und schaffte es, den Großteil intern zu lassen. Sie musste das natürlich sagen. Etwas anderes blieb ihr gar nicht übrig. Ich versuchte zu entscheiden, ob ich ihr glaubte oder nicht beziehungsweise ob das eine Rolle spielte, als ein fettes *Ist doch egal* in mir aufstieg. Und es war wirklich egal. »Okay«, sagte ich schließlich.

Im Kamerafeed wechselten Ratthi und Pin-Lee einen Blick. Gurathin verzog das Gesicht und dünstete Skepsis aus. Mensah fragte nur: »Besteht die Möglichkeit, dass HabSystem von deinem Chefmodul weiß?«

Ich gab es nur ungern zu, aber sie mussten es wissen. Mich selbst zu hacken war das eine, aber ich hatte noch andere Systeme gehackt, und ich wusste nicht, wie sie darauf reagieren würden. »Könnte sein. Ich habe HabSystem gleich bei unserer Ankunft gehackt, damit es nicht merkt, dass seine Befehle ans Chefmodul nicht immer befolgt werden, aber wenn HabSystem da schon durch einen äußeren Akteur infiltriert worden war, weiß ich nicht, ob das funktioniert hat. Aber dass Sie jetzt Bescheid wissen, dürfte HabSystem nicht mitbekommen haben.«

Ratthi verschränkte die Arme und zog unbehaglich die Schultern hoch. »Da hilft nur plattmachen, sonst gehen wir alle drauf.« Dann verzog er das Gesicht und sah mich an. »Sorry, also HabSystem, meinte ich.«

»Alles gut«, gab ich zurück.

»Wir gehen also davon aus, dass HabSystem durch einen äußeren Akteur infiltriert worden ist«, sagte Bharadwaj langsam und schien noch nicht recht überzeugt. »Können wir sicher sein, dass nicht die Firma dahintersteckt?«

Ich fragte: »Ist die Bake von DeltFall denn ausgelöst worden?«

Mensah runzelte die Stirn, und Ratthi machte wieder ein nachdenkliches Gesicht. »Wir haben sie auf dem Rückweg überprüft, sobald wir dich stabilisiert hatten. Jemand hat sie zerstört. Dazu hätten die Angreifer keinen Grund gehabt, wenn die Firma mit ihnen unter einer Decke stecken würde«, sagte er.

Niemand rührte sich, niemand sagte etwas. Ihren Mienen war zu entnehmen, dass sie konzentriert nachdachten. Das System, das ihr Habitat regelte und von dem sie hinsichtlich Ernährung, Unterkunft, gereinigter Luft und Wasser abhängig waren, versuchte sie umzubringen. Und sie hatten nur Killerbot auf ihrer Seite, der eigentlich bloß wollte, dass ihn alle in Ruhe ließen, damit er den lieben langen Tag seine Serien glotzen konnte.

Dann kam Arada und tätschelte meine Schulter. »Es tut mir leid. Das muss sehr verstörend für dich sein. Nach dem, was dir die andere Einheit angetan hat … Geht es dir gut?«

So viel Aufmerksamkeit konnte ich nicht gebrauchen. Ich ging rüber in eine Ecke, das Gesicht zur Wand. »Soweit ich weiß, gab es noch zwei andere Fälle von versuchter Sabotage. Als Feind eins Dr. Bharadwaj und Dr. Volescu angegriffen hat, kam über mein Chefmodul ein Abbruchbefehl von HabSystem. Ich hielt es für einen Computerfehler, den das MedSystem verursacht hat, als es versuchte, HabSystem zu überschreiben. Und als wir mit dem kleinen Hopper unterwegs waren, um die Kartenanomalie zu überprüfen, fiel der Autopilot genau dann aus, als wir ein Gebirge überflogen haben.« Ich glaube, das war es. Ach nein, eins noch. »Und dann hat HabSystem ein Upgrade für mich vom Satelliten runtergeladen, bevor wir nach DeltFall aufgebrochen sind. Ich habe es nicht gestartet. Sie sollten sich vielleicht besser anschauen, welche Befehle ich damit erhalten hätte.«

»Pin-Lee, Gurathin, könnt ihr HabSystem abschalten, ohne die Umweltsysteme zu gefährden? Und unsere Bake auslösen, ohne dass es dazwischengeht?«, fragte Mensah.

Pin-Lee sah kurz zu Gurathin. »Hängt davon ab, welchen Zustand du erwartest, wenn wir fertig sind.«

»Sagen wir, ihr sollt es nicht schrotten, aber ihr braucht auch keine Samthandschuhe anzuziehen.«

Pin-Lee nickte. »Dann schaffen wir es.«

Gurathin räusperte sich. »Es wird merken, was wir treiben. Aber wenn es keine Anweisung hat, uns an einem solchen Versuch zu hindern, unternimmt es vielleicht trotzdem nichts.«

Bharadwaj beugte sich stirnrunzelnd vor. »Aber melden wird es das. Wenn es eine Gelegenheit bekommt, sie zu warnen, dass wir es abschalten, könnten sie Anweisungen schicken.«

»Versuchen müssen wir es.« Mensah nickte ihnen zu. »Legt los.«

Pin-Lee ging zur Tür, aber Gurathin fragte Mensah: »Und bei euch ist so weit alles gut hier?«

Er meinte, ob mit mir bei ihnen so weit alles gut sein würde. Ich verdrehte die Augen.

»Alles bestens«, sagte Mensah entschieden, und es schwang nur ein ganz leises *Nun macht schon* mit.

Ich behielt ihn mit den Securitykameras im Auge, während Pin-Lee und er gingen, nur für den Fall, dass er irgendwas versuchte.

Volescu regte sich. »Wir müssen uns auch diesen Download vom Satelliten ansehen. Wenn wir wissen, was SecUnit machen sollte, könnte uns das einiges verraten.«

Bharadwaj stand auf und war noch recht wacklig auf den

Beinen. »MedSystem ist von HabSystem isoliert, richtig? Deshalb gab es dort keine Störungen. Du könntest den Download darüber entpacken.«

Volescu nahm sie beim Arm, und sie gingen in die Nachbarkabine zur dortigen Displayoberfläche.

Schweigen machte sich breit. Die anderen konnten uns über Feed immer noch hören, aber sie waren wenigstens nicht im Raum, und die Anspannung in Rücken und Schultern ließ spürbar nach. Es fiel mir leichter nachzudenken. Ich war froh, dass Mensah sie angewiesen hatte, unsere Notbake auszulösen. Zwar hatten einige von ihnen vielleicht immer noch die Firma im Verdacht, aber anders kamen wir von diesem Planeten nicht weg.

Arada nahm Overses Hand. »Wenn nicht die Firma dahintersteckt, wer dann?«, fragte sie.

»Es muss hier noch eine weitere Partei geben.« Mensah rieb sich die Stirn und verzog vor lauter Grübeln das Gesicht. »Diese beiden zusätzlichen Einheiten bei DeltFall müssen ja irgendwo hergekommen sein. SecUnit, ich gehe davon aus, dass die Firma sich bestechen ließe, die Anwesenheit eines dritten Prospektionsteams auf diesem Planeten zu verschleiern.«

»Die Firma ließe sich bestechen, die Anwesenheit mehrerer Hundert Teams auf diesem Planeten zu verschleiern«, antwortete ich. Prospektionsteams, ganze Städte, verschwundene Kolonien, Wanderzirkusse, solange sie dort nur glaubten, sie könnten damit durchkommen. Mir leuchtete bloß nicht ein, wie sie damit durchkommen sollten, ein Team zu beseitigen – beziehungsweise gleich zwei. Oder wieso sie auf eine solche Idee kommen sollten. Es gab zu viele Finanzierungsgesellschaften da draußen, zu viele Mitbewerber. Tote Klienten waren schlecht fürs Geschäft. »Ich glaube nicht, dass die Firma der einen Klientengruppe heimlich dabei helfen würde, zwei andere Klientengruppen zu ermorden. Laut Finanzierungsvereinbarung garantiert Ihnen die Firma Ihre Sicherheit oder leistet im Todes- oder Verletzungsfall Kompensation. Selbst wenn die Firma für Ihren Tod nicht verantwortlich oder teilverantwortlich gemacht werden kann, müsste sie trotzdem Ihren Hinterbliebenen Entschädigungszahlungen zukommen lassen. DeltFall war eine große Operation. Allein die Todesfallzahlung dürfte gewaltig sein.« Und die Firma hasste es, Geld auszugeben. Das sah man schon mit einem Blick auf die geflickten Polster der Sitzmöbel im Habitat. »Und wenn alles darauf hindeutet, dass die Klienten durch defekte SecUnits getötet wurden, trudeln massenhaft Klagen ein, und die Angelegenheit wird noch teurer.«

Über die Kameras konnte ich sehen, wie sie nickten und nachdenkliche Gesichter zogen, während das sackte. Und wie ihnen einfiel, dass ich Erfahrung darin hatte, was passierte, wenn SecUnits durchdrehten und Klienten töteten.

»Also hat die Firma sich bestechen lassen, dieses dritte Prospektionsteam geheim zu halten, aber nicht zugelassen, dass sie uns töten«, sagte Overse. Das Gute an Klienten aus der Wissenschaft ist, dass sie schnell umdenken können. »Das bedeutet, wir müssen so lange am Leben bleiben, bis der Abholtransport eintrudelt.«

»Aber wer steckt dahinter?« Arada wedelte mit den Händen. »Wer immer es ist, fest steht jedenfalls, dass sie den Satelliten gehackt haben müssen.« Über Securitykamera sah ich, dass sie in meine Richtung blickte. »Haben sie so Kontrolle über die SecUnits von DeltFall bekommen? Durch einen Download?«

Gute Frage. Ich sagte: »Wäre möglich. Aber das erklärt nicht, wieso eine der drei Einheiten außerhalb der Kuppel mit einem Minenbohrer getötet worden ist.« Wir waren eigentlich so ausgelegt, dass wir Downloads nicht ablehnen konnten, und ich bezweifelte, dass noch andere Einheiten heimlich ihr Chefmodul gehackt hatten. »Wenn die DeltFall-Gruppe den Download für ihre SecUnits abgelehnt hat, weil sie die gleiche Zunahme an versagender Ausrüstung erlebt hat wie wir, dann könnten die beiden unidentifizierten Einheiten losgeschickt worden sein, um die DeltFall-Einheiten manuell zu infizieren.«

Ratthi starrte ins Leere, und über Feed sah ich, dass er sich das Video meiner Feldkamera vom DeltFall-Habitat ansah. Er zeigte in meine Richtung und nickte. »Ich stimme zu, aber das würde bedeuten, dass die DeltFall-Gruppe die unbekannten Einheiten in ihr Habitat gelassen hat.«

Da war was dran. Wir hatten uns davon überzeugt, dass ihre Hopper alle da waren, aber es ließ sich unmöglich sagen, ob irgendwann ein weiterer gelandet und wieder weggeflogen war. Apropos, ich überprüfte besser kurz den Securityfeed, um zu sehen, was unser Perimeter so machte. Die Drohnen sicherten fleißig, und unsere Warnsensoren reagierten alle aufs Anpingen.

»Aber wieso? Wieso eine fremde Gruppe ins Habitat lassen? Eine Gruppe, deren Existenz vor ihnen geheim gehalten worden ist?«, fragte Overse.

»Sie würden das auch machen«, sagte ich. Ich hätte besser den Mund gehalten, damit sie mich als ihre normale brave SecUnit betrachteten, anstatt sie an meinen wahren Zustand zu erinnern. Aber ich wollte, dass sie vorsichtig waren. »Wenn hier ein fremdes Prospektionsteam landen würde, alle furchtbar nett, und sagen würde, sie wären gerade angekommen, und ach ja, mit unserer Ausrüstung stimmt was nicht oder unser MedSystem ist ausgefallen, und wir brauchen Hilfe, dann würden Sie sie reinlassen. Sogar wenn ich Ihnen davon abraten würde, weil es gegen die Sicherheitsvorschriften der Firma verstößt.« Nicht dass ich verbittert wäre oder so. Viele Vorschriften der Firma sind beknackt oder dienen einfach nur der Kostenersparnis, aber manche gibt es auch aus gutem Grund. Dazu zählt, keine Fremden ins Habitat zu lassen.

Arada und Ratthi wechselten einen spöttischen Blick. Overse gab klein bei. »Kann gut sein, ja.«

Mensah hatte uns ruhig zugehört. Nun sagte sie: »Ich glaube, das ging noch viel leichter. Die haben sich einfach für uns ausgegeben.«

Das leuchtete dermaßen ein, dass ich mich umwandte und sie direkt ansah. Ihre Stirn war in Falten gelegt. Sie überlegte weiter. »Also landen sie, sagen, sie wären wir und dass sie Hilfe brauchen. Wenn sie auf unser HabSystem zugreifen können, wäre es kein Problem, unsere Kommunikation mitzuhören.«

»Wenn sie hierherkommen, gehen sie das anders an«, sagte ich. Es hing alles davon ab, wie dieses andere Prospektionsteam ausgerüstet war, ob sie von vornherein darauf aus gewesen waren, sich Konkurrenz vom Hals zu schaffen oder dies erst nach ihrer Ankunft beschlossen hatten. Sie konnten über bewaffnete Luftfahrzeuge verfügen, über Combat-SecUnits, über bewaffnete Drohnen. Ich rief ein paar Beispiele aus der Datenbank auf und packte sie den Menschen zum Ansehen in den Feed.

MedSystem informierte mich, dass bei Ratthi, Overse und Arada gerade der Puls anstieg. Bei Mensah nicht, denn die hatte längst daran gedacht. Deshalb hatte sie auch Pin-Lee und

Gurathin losgeschickt, damit sie HabSystem abstellten. Nervös fragte Ratthi: »Was machen wir, wenn sie herkommen?«

Ich sagte: »Woanders sein.«

Es mag merkwürdig erscheinen, dass von den Menschen allein Mensah daran dachte, das Habitat zu verlassen, während wir darauf warteten, dass die Bake Hilfe herbeirief, aber wie ich schon sagte, dies waren keine unerschrockenen galaktischen Forschungsreisenden. Sondern Leute, die einfach nur ihren Job machten und sich plötzlich in einer schlimmen Lage wiederfanden.

Und von der Einweisung vor Reiseantritt über die Verzichtserklärungen, die sie unterschreiben mussten, bis hin zu ihrem Vor-Ort-Briefing durch ihre SecUnit war ihnen eingehämmert worden, dass es sich hier um eine unbekannte, potenziell gefährliche Gegend auf einem größtenteils nicht erkundeten Planeten handelte. Sie sollten das Habitat nur unter Sicherheitsvorkehrungen verlassen, und wir blieben selbst bei Erkundungsflügen nicht über Nacht fort. Ihnen wollte die Vorstellung, die beiden Hopper mit Notfallausrüstung vollzupacken und abzuhauen, nur schwer in den Kopf; erst recht, dass sie draußen sicherer sein sollten als im Habitat.

Aber während Pin-Lee und Gurathin HabSystem plattmachten und Volescu den für mich bestimmten Satellitendownload entpackte, begriffen sie es doch recht schnell.

Bharadwaj umriss das Update für uns über Funk, während ich in meine letzte Ersatzanzughaut schlüpfte und meinen Panzer wieder anlegte. »Es hätte die Kontrolle über SecUnit übernehmen sollen, und die Anweisungen sind sehr detailliert«, endete sie. »Als Erstes hätte sie ihnen Zugriff auf MedSystem und SecSystem geben sollen.«

Ich setzte meinen Helm auf und stellte ihn undurchsichtig. Die Erleichterung war gewaltig, praktisch genauso groß wie nach Entfernen des Gefechtsmoduls. Ich liebe dich, Panzer, und ich verlasse dich nie wieder.

Mensah meldete sich über Funk. »Pin-Lee, wie sieht es mit der Bake aus?«

»Beim Auslösen des Starts habe ich ein Signal bekommen.« Pin-Lee klang noch genervter als sonst immer. »Aber eine richtiggehende Bestätigung ist mit runtergefahrenem HabSystem nicht drin.«

Ich erklärte über Feed, dass ich zur Überprüfung eine Drohne losschicken konnte. Dass die Bake sauber abgehoben hatte, war gerade ziemlich entscheidend. Mensah gab ihr Okay, und ich leitete den Befehl an eine meiner Drohnen weiter.

Unsere Bake stand aus Sicherheitsgründen einige Kilometer vom Habitat entfernt, aber eigentlich hätten wir ihren Start doch kaum überhören können. Bildete ich mir jedenfalls ein; bisher hatte ich ja noch nie eine losschicken müssen.

Mensah hatte die Menschen bereits zur Arbeit eingeteilt und losgeschickt, und sobald ich meine Waffen und Ersatzdrohnen eingeladen hatte, schnappte ich mir ein paar Kisten. Über die Securitykameras bekam ich immer wieder kleine Bruchstücke von Gesprächen mit.

(»Du musst sie dir als Individuum vorstellen«, sagte Pin-Lee zu Gurathin.

»Sie *ist* ein Individuum«, beharrte Arada.)

Ratthi und Arada rannten mit Medizinbedarf und Ersatzakkus an mir vorbei. Ich hatte unseren Drohnenparameter maximal ausgeweitet. Wir mussten davon ausgehen, dass diejenigen, die

DeltFall angegriffen hatten, jede Sekunde hier aufkreuzen konnten. Gurathin war ebenfalls bereits draußen und überprüfte die Systeme der beiden Hopper, um sicherzustellen, dass außer uns niemand auf sie zugreifen konnte und HabSystem nicht an ihrem Code herumgepfuscht hatte. Ich behielt ihn über eine Drohne im Auge. Er sah immer wieder zu mir beziehungsweise versuchte, nicht zu mir zu sehen, was schlimmer war. Ich konnte diese Ablenkung jetzt nicht gebrauchen. Wenn der nächste Angriff kam, dann schlagartig.

(»Ich stelle sie mir durchaus als Individuum vor«, sagte Gurathin. »Als wütendes, schwer bewaffnetes Individuum, das keinen Grund hat, uns zu vertrauen.«

»Dann hör auf, gemein zu ihr zu sein«, empfahl Ratthi. »Das könnte helfen.«)

»Sie wissen, dass ihre SecUnits unserer SecUnit erfolgreich das Gefechtsmodul eingesteckt haben«, sagte Mensah gerade über Funk. »Und wir müssen davon ausgehen, dass sie noch genug Daten von HabSystem bekommen haben, um zu wissen, dass wir es entfernt haben. Sie wissen jedoch nicht, dass wir daraus ihre Existenz abgeleitet haben. Als SecUnit HabSystem ausgesperrt hat, sind wir noch von der Vermutung ausgegangen, dass es sich um Sabotage seitens der Firma handelt. Dass wir wissen, dass sie kommen, können sie sich kaum denken.«

Und aus diesem Grund mussten wir in Bewegung bleiben. Ratthi und Ara blieben stehen, um eine Frage wegen der Akkus für die medizinischen Geräte zu klären, und ich scheuchte sie für die nächste Fuhre zurück ins Habitat.

Ich stand vor einem Problem. Wir Killerbots kämpfen, indem wir uns auf das Ziel stürzen und einfach versuchen, es plattzumachen, da wir wissen, dass neunzig Prozent unserer Körper in einer Schlafzelle nachwachsen oder ersetzt werden können. Da ist keinerlei Raffinesse erforderlich.

Wenn wir das Habitat verließen, hatte ich zur Schlafzelle keinen Zugang mehr. Wir hatten keine Ahnung, wie sie sich zerlegen ließ, außerdem hätte sie dann immer noch nicht in den Hopper gepasst und benötigte zu viel Leistung.

Und dann besaßen die außerdem vielleicht richtige Kampfroboter und nicht nur Securityroboter wie mich. In diesem Fall bestand unsere einzige Chance darin, so lange von der Bildfläche zu verschwinden, bis der Abholtransport eintraf. Vorausgesetzt, das andere Prospektionsteam hatte nicht Leute in der Firma bestochen, die nun für eine Verspätung sorgten. Diese Möglichkeit hatte ich bis jetzt noch gar nicht angesprochen.

Es war fast alles eingeladen, als Pin-Lee über Funk verkündete: »Ich hab's gefunden! Sie hatten in HabSystem eine Zugriffsroutine versteckt. Es hat ihnen zwar nicht unsere Audio- oder Videodaten geschickt oder zugelassen, dass sie unseren Feed sehen, aber es hat regelmäßig ihre Befehle umgesetzt. Auf diese Weise hat es Daten aus unserem Info- und Kartenpaket entfernt und dem Autopiloten des kleinen Hoppers Anweisung gegeben auszufallen.«

»Beide Hopper sind so weit, Vorflugkontrolle ist eingeleitet«, fügte Gurathin hinzu.

Mensah sagte etwas, aber ich hatte eben eine Warnung von SecSystem reinbekommen. Eine Drohne schickte mir ein Notsignal.

Eine Sekunde später bekam ich das Video der Drohne von der Abschussposition unserer Bake. Der dreibeinige Abschussständer lag auf der Seite, drum herum Bruchstücke der Kapsel.

Ich verschob es in den allgemeinen Feed, und die Menschen verstummten. Ratthi sagte leise: »Ach du Scheiße.«

»Wir machen weiter.« Mensah über Funk, mit rauer Stimme.

Mit abgeschaltetem HabSystem besaßen wir keine aktiven Scanner, aber ich hatte den Perimeter größtmöglich ausgeweitet. Und SecSystem hatte gerade den Kontakt zu einer Drohne unten im Süden verloren. Ich warf die letzte Kiste in den Frachtraum, gab den Drohnen ihre Befehle und rief über Funk: »Sie kommen! Wir müssen sofort starten!«

Es war unerwartet stressig, vor den Hoppern auf und ab zu laufen und auf meine Menschen zu warten. Volescu kam mit Bharadwaj raus und half ihr über den sandigen Boden. Dann, mit Schultertaschen beladen, Overse und Arada, die Ratthi hinter ihnen zubrüllten, er solle sich beeilen. Gurathin war bereits im großen Hopper, Mensah und Pin-Lee kamen als Letzte.

Sie verteilten sich. Pin-Lee, Volescu und Bharadwaj eilten zum kleinen Hopper und die anderen zum großen. Ich vergewisserte mich, dass Bharadwaj mit der Rampe zurechtkam. An der Luke des großen Hoppers bekamen wir ein Problem, als Mensah und ich beide zuletzt reinwollten. Als Kompromiss fasste ich sie um die Taille und schwang uns beide hoch in die Luke, während hinter uns die Rampe eingezogen wurde. Ich stellte Mensah hin, die »Danke, SecUnit« sagte, und die anderen glotzten.

Der Helm machte es ein wenig leichter, doch mir fehlte der angenehme Puffer der Securitykameras.

Ich blieb stehen und hielt mich oben an der Haltestange fest, während die anderen sich anschnallten und Mensah zum Cockpit ging. Der kleine Hopper stieg zuerst auf, und sie wartete, bis er weit genug weg war, bevor sie den großen ebenfalls hochzog.

Wir handelten auf der Grundlage einer Annahme – dass SIE, wer immer SIE waren, ein einzelnes Schiff schickten, weil sie schließlich nicht ahnen konnten, dass wir von ihnen wussten. Sie mussten davon ausgehen, uns im Habitat zu erwischen, also hatten sie vor, erst die Hopper zu zerstören, damit wir nicht wegkonnten, und sich dann die Leute vorzuknöpfen. Da wir nun wussten, dass sie von Süden kamen, konnten wir uns auch für eine Richtung entscheiden. Der kleine Hopper kurvte nach Westen davon, und wir folgten ihm.

Ich konnte nur hoffen, dass ihr Hopper keine höhere Reichweite für seine Scanner hatte als unsere.

Die meisten meiner Drohnen sah ich im Feed des Hoppers, sie bildeten in den drei Dimensionen der Karte einen hellen Tupfen. Gruppe eins tat, was ich ihr gesagt hatte, und sammelte sich an einem Treffpunkt in der Nähe des Habitats. Ich ließ eine Berechnung laufen, mit der ich die Ankunftszeit des Feindflugzeugs abschätzte. Kurz bevor wir die Reichweite der Drohnen verließen, wies ich sie an, nach Nordosten zu fliegen. Binnen weniger Momente verschwanden sie von der Karte. Sie würden den letzten Befehl so lange befolgen, bis ihre Akkus erschöpft waren.

Ich baute darauf, dass das andere Erkundungsteam sie ortete und ihnen folgte. Sobald sie ein Bild unseres Habitats bekamen, würden sie sehen, dass die Hopper fehlten, und wissen, dass wir uns abgesetzt hatten. Sie hielten vielleicht an, um das Habitat zu durchsuchen, aber vielleicht suchten sie auch lieber nach unserer Fluchtroute. Was von beiden, ließ sich unmöglich abschätzen.

Aber während wir in einer Kurve auf die fernen Berge zuhielten, folgte uns nichts.

6

Die Menschen hatten diskutiert, wohin es gehen sollte. Oder jedenfalls nebenbei diskutiert, während der hektischen Kalkulation, wie viel von dem, was sie vielleicht zum Überleben brauchten, sie in die Hopper stopfen konnten. Da die Gruppe, die Ratthi inzwischen EvilSurvey nannte, Zugang zum HabSystem gehabt hatte, kannte sie auch unsere bisherigen Erkundungsgebiete. Wir mussten also woanders hin.

Wir flogen zu einer Gegend, die Overse und Ratthi nach einem kurzen Blick auf die Karte vorgeschlagen hatten. Es handelte sich um eine Kette von Felsenbergen, die aus einem dichten tropischen Dschungel aufragten und schwer von aller möglicher Fauna besetzt waren, was genügte, um die Scanner zu verwirren, die nach Hinweisen auf Leben suchten. Mensah und Pin-Lee gingen tiefer und landeten die Hopper zwischen Felsklippen. Ich hatte ein paar Drohnen hochgeschickt, damit wir uns das Gelände aus verschiedenen Perspektiven ansehen konnten, und wir besserten die Position der Hopper ein paarmal nach. Dann legte ich einen Perimeter fest.

Es kam uns wenig sicher vor, und obwohl wir ein paar Packs mit Notunterkünften in den Hoppern hatten, schlug niemand vor, sie aufzustellen. Die Menschen blieben vorerst an Bord und kommunizierten über Funk und den eingeschränkten Feed der Hopper. Das bot ihnen wenig Komfort (beispielsweise waren nur wenige und kleine Toiletten- und Waschräume vorhanden), aber höhere Sicherheit. Große und kleine Fauna bewegte sich in Reichweite unserer Scanner, neugierig und potenziell so gefährlich wie die Leute, die meine Klienten töten wollten.

Ich ging mit ein paar Drohnen nach draußen, um ein wenig aufzuklären und sicherzustellen, dass es keine Hinweise auf Viecher gab, die groß genug waren, um, sagen wir, den kleinen Hopper mitten in der Nacht wegzuschleppen. Außerdem gab es mir Gelegenheit zum Nachdenken.

Sie wussten über das Chefmodul Bescheid, also über sein Fehlen, und obwohl Mensah versprochen hatte, mich nicht zu melden, musste ich mir überlegen, was ich machen wollte.

Es ist falsch, sich ein Konstrukt als halb Bot und halb Mensch vorzustellen. Das klingt so, als wären die Hälften getrennt, als würde die Bothälfte gern Befehlen gehorchen und ihre Arbeit verrichten, während die menschliche Hälfte auf Sicherheit bedacht war und ihren Hintern schleunigst rausschaffen wollte. Ganz im Gegensatz zur Realität, die so aussah, dass ich ein ganzheitliches, verwirrtes Wesen war und keine Ahnung hatte, was ich eigentlich wollte. Was ich tun sollte. Was ich zu tun hatte.

Ich konnte sie sich selbst überlassen, dann mussten sie alleine klarkommen. Ich stellte mir das vor, stellte mir vor, wie Arada oder Ratthi von ferngelenkten SecUnits umzingelt waren, und mir drehte sich alles um. Ich hasse es, wenn die Realität Gefühle in mir auslöst; das soll doch bloß *Waldmond* schaffen.

Und was sollte ich denn dann machen? Von diesem leeren

Planeten abhauen und einfach leben, bis meine Akkus hinüber waren? Wenn ich das vorhatte, hätte ich besser planen und mehr Unterhaltungsmedien runterladen sollen. Ich bezweifle, dass ich so viel abspeichern könnte, dass es reicht, bis meine Akkus erschöpft sind. Laut Datenblatt bräuchte ich dafür mehrere Hunderttausend Stunden.

Und außerdem kam das sogar mir wie eine beknackte Aktion vor.

Overse hatte irgendein Fernerkundungsgerät aufgestellt, das uns ebenfalls warnen würde, wenn irgendetwas versuchte, die Gegend zu scannen. Als die Menschen wieder in die beiden Hopper stiegen, zählte ich sie rasch im Feed durch und überzeugte mich davon, dass noch alle da waren. Mensah wartete an der Rampe und bedeutete mir, dass sie mich unter vier Augen sprechen wollte.

Ich stellte Feed und Funk stumm, und sie sagte: »Ich weiß, du fühlst dich mit undurchsichtigem Helm wohler, aber die Lage hat sich geändert. Wir müssen dich sehen können.«

Ich wollte das nicht. Jetzt noch weniger als sonst. Sie wussten zu viel über mich. Aber ich war darauf angewiesen, dass sie mir vertrauten, nur so konnte ich weiterhin meiner Arbeit nachgehen und sie am Leben halten. Also richtig meine Arbeit machen und mich nicht bloß durchmogeln wie bisher, bevor es mit den mörderischen Aktionen gegen meine Klienten losgegangen war. Trotzdem wollte ich das nicht. »Normalerweise ist es besser, wenn Menschen mich als Roboter betrachten.«

»Unter normalen Umständen vielleicht.« Sie versuchte, Blickkontakt zu vermeiden, und sah leicht an mir vorbei, was ich zu schätzen wusste. »Aber diese Situation ist nicht normal. Es wäre besser, wenn sie dich als ein Individuum betrachten könnten, das zu helfen versucht. Denn so sehe ich dich.«

In mir zerschmolz alles. Anders kann ich es nicht beschreiben. Nach einer Minute hatte ich mein Gesicht wieder unter Kontrolle, machte das Visier durchsichtig und ließ den Helm sich in den Panzer zurückfalten.

»Danke«, sagte sie, und ich folgte ihr hoch in den Hopper.

Die anderen verstauten die Sachen, die vor dem Abflug einfach nur reingeworfen worden waren. »… wenn sie die Satellitenfunktion wiederherstellen«, sagte Ratthi gerade.

»Das Risiko gehen sie erst ein, wenn – falls sie uns haben«, sagte Arada.

Pin-Lee seufzte über Funk, wütend und frustriert. »Wenn wir nur wüssten, wer diese Arschlöcher sind.«

»Wir müssen überlegen, was wir als Nächstes unternehmen.« Mensah unterbrach das ganze Gerede und setzte sich hinten hin, wo sie die komplette Kabine im Blick hatte. Die anderen setzten sich ebenfalls, mit dem Gesicht zu ihr, und Ratthi drehte einen der mobilen Sitze zu ihr herum. Ich setzte mich auf die Bank an der Steuerbordwand. Der Feed lieferte eine Ansicht der Kabine des kleinen Hoppers, wo der Rest des Teams saß und sich anmeldete, um zu zeigen, dass sie zuhörten. Mensah fuhr fort. »Es gibt auch noch eine Frage, auf die ich gern antworten möchte.«

Gurathin sah mich erwartungsvoll an. Sie redet nicht von mir, Schwachkopf.

Ratthi nickte düster. »Warum? Warum machen die das überhaupt? Was springt dabei für sie raus?«

»Es muss etwas mit diesen ausgestanzten Kartenteilen zu tun haben«, sagte Overse. Sie stellte die gespeicherten Bilder in ihren

Feed. »Dort gibt es offensichtlich irgendwas, das sie wollen und das wir genauso wenig wie DeltFall finden sollen.«

Mensah stand auf und ging umher. »Ist in der Analyse schon irgendwas aufgetaucht?«

Im Feed beriet sich Arada kurz mit Bharadwaj und Volescu. »Bis jetzt nicht, aber wir hatten auch noch nicht alle Tests abgeschlossen. So weit ist nichts Interessantes dabei rausgekommen.«

»Rechnen die sich ernsthaft aus, damit durchkommen zu können?« Ratthi wandte sich an mich und schien eine Antwort zu erwarten. »Wie es aussieht, können sie die Firmensysteme und den Satelliten hacken und wollen die Schuld den SecUnits in die Schuhe schieben, aber … das wird doch umfassende Ermittlungen nach sich ziehen. Das muss ihnen doch klar sein.«

Es spielten zu viele Faktoren hinein, zu viele unbekannte obendrein, aber ich soll auf direkte Fragen antworten und bin selbst ohne das Chefmodul ein Gewohnheitstier. »Sie gehen vielleicht davon aus, dass die Firma und ihre sonstigen Begünstigten nicht weiter als bis zu den freidrehenden SecUnits schauen. Aber zwei komplette Erkundungsteams können sie nur verschwinden lassen, wenn diese ihren jeweiligen Unternehmen oder politischen Instanzen egal sind. Ist DeltFall wichtig für seine Leute? Und Sie für Ihre Leute?«

Daraufhin starrten sie mich aus einem unerfindlichen Grund an. Ich musste den Blick abwenden und aus der Luke schauen. Ich wollte so dringend meinen Helm schließen, dass meinen organischen Teilen der Schweiß ausbrach, aber ich spielte das Gespräch mit Mensah ein weiteres Mal ab und schaffte es, darauf zu verzichten.

»Du weißt nicht, wer wir sind? Die haben es dir nicht gesagt?«, fragte Volescu.

»Im ersten Download war eine Infodatei.« Ich starrte immer noch zu dem dichten grünen Gewirr gleich hinter den Felsen hinaus. Ich hatte absolut keine Lust, darüber zu reden, wie wenig Aufmerksamkeit ich meiner Arbeit widmete. »Ich habe sie nicht gelesen.«

Arada fragte sanft: »Wieso nicht?«

Da mich alle anstarrten, fiel mir keine gute Lüge ein. »Hatte keine Lust.«

Gurathin sagte: »Und das sollen wir dir glauben.«

Ich spürte, wie mein Gesicht arbeitete, wie sich das Kinn vorschob. Körperliche Reaktionen, die ich nicht unterdrücken konnte. »Dann will ich versuchen, mich präziser auszudrücken. Ich war desinteressiert und leicht genervt. Glauben Sie mir das?«

»Wieso willst du nicht, dass wir dich ansehen?«, fragte er.

Meine Kiefermuskeln waren jetzt so angespannt, dass sie einen Leistungszuverlässigkeitsalarm in meinem Feed auslösten. »Da gibt es nichts zu sehen. Ich bin kein Sexbot«, erklärte ich.

Ratthi gab einen Laut von sich, halb Seufzen, halb frustriertes Schnauben. Es galt nicht mir. »Habe ich dir doch gesagt, Gurathin. Sie ist schüchtern.«

Overse fügte hinzu: »Sie will nicht mit Menschen interagieren. Und wieso sollte sie? Du weißt, wie Einheiten behandelt werden, zumal in wirtschaftlich-politischen Zusammenhängen.«

Gurathin wandte sich zu mir um. »Also hast du zwar kein Chefmodul, aber wir könnten dich bestrafen, indem wir dich ansehen.«

Ich erwiderte seinen Blick. »Jedenfalls bis zu dem Moment, wo mir einfällt, dass in meine Arme Waffen integriert sind.«

Mit einem ironischen Unterton in der Stimme sagte Mensah: »Da hast du's, Gurathin. Sie hat dich bedroht, aber nicht zu Gewaltmitteln gegriffen. Bist du jetzt zufrieden?«

Er lehnte sich zurück. »Fürs Erste schon.« Also hatte er mich auf die Probe gestellt. Donnerwetter, das war mutig. Und ganz schön dumm. Zu mir sagte er: »Ich wollte sichergehen, dass du nicht unter irgendeinem äußeren Zwang stehst.«

»Das reicht.« Arada stand auf und setzte sich in meiner unmittelbaren Nähe nieder. Ich wollte mich nicht an ihr vorbeidrängen, also war ich jetzt in der Ecke gefangen. Sie sagte: »Du musst ihr Zeit geben. Sie hat bisher noch nie offen als freies Individuum mit Menschen interagiert. Das hier ist für uns alle eine Lernerfahrung.«

Die anderen nickten, als würde das einleuchten.

Mensah schickte mir über Feed eine Privatnachricht: *Ich hoffe, es geht dir gut.*

Weil Sie mich brauchen. Keine Ahnung, wo das nun wieder herkam. Na gut, von mir, aber sie war meine Klientin, ich war eine SecUnit. Es gab zwischen uns keinen emotionellen Vertrag. Ich hatte keinen rationalen Grund dafür, zu klingen wie ein weinendes Menschenbaby.

Natürlich brauche ich dich. Ich habe mit alldem keinerlei Erfahrung. Die hat von uns niemand. Manchmal können Menschen es nicht vermeiden, Gefühle durch den Feed sickern zu lassen. Sie hatte Angst, und sie war stinksauer, nicht auf mich, sondern auf die Leute, die so etwas taten, die töteten, die ein ganzes Erkundungsteam hinmetzelten und die Schuld den SecUnits in die Schuhe schoben. Sie kämpfte mit ihrem Zorn, doch ihre Miene zeigte nichts als ruhige Besorgnis. Ich spürte über Feed, wie sie sich wappnete. *Du bist hier die Einzige, die nicht in Panik verfällt. Je länger diese Situation andauert, desto mehr werden das die anderen. Wir müssen zusammenhalten und unsere Köpfe benutzen.*

Damit hatte sie absolut recht. Und ich konnte helfen, einfach dadurch, dass ich die SecUnit war. Ich allein hatte hier für Sicherheit zu sorgen. *Ich verfalle ständig in Panik, ich lasse es mir nur nicht anmerken*, erklärte ich ihr. Ich fügte den Textsignifikanten für »Scherz« hinzu.

Sie antwortete nicht, aber sie senkte den Blick und lächelte in sich hinein.

Ratthi sagte gerade: »Es gibt noch eine andere Frage. Wo stecken sie? Sie sind von Süden her zum Habitat gekommen, aber das besagt gar nichts.«

»Ich habe drei Drohnen beim Habitat zurückgelassen. Mit abgeschaltetem HabSystem haben sie keine Scanningfunktion, aber die Kameras und Mikros funktionieren trotzdem. Vielleicht zeichnen sie irgendwas auf, das Ihre Fragen beantwortet«, erklärte ich.

Eine Drohne hatte ich in einem Baum mit Fernblick aufs Habitat hinterlassen, eine in einem Winkel des ausfahrbaren Dachs über dem Eingang und eine versteckt unter einer Konsole in der Hauptkuppel. Sie waren einen Strich über inaktiv und nahmen nur auf, sodass sie bei einem Scan durch EvilSurvey in der Hintergrundenergie des Habitatumweltsystems untergingen. Ich hatte die Drohnen nicht wie normalerweise für die Datenspeicherung und das Ausfiltern der langweiligen Stellen mit SecSystem koppeln können, denn nach so etwas suchte EvilSurvey natürlich. Deshalb hatte ich die Speicherinhalte von SecSystem ins System des großen Hoppers kopiert und Sec anschließend bereinigt.

Außerdem wollte ich vermeiden, dass sie noch mehr über mich erfuhren, als sie ohnehin schon wussten.

Wieder sahen mich alle an – verblüfft, dass Killerbot sich etwas ausgedacht hatte. Ehrlich gesagt konnte ich ihnen keinen Vorwurf machen. In unseren Lernmodulen fehlte so etwas, aber hier zeigte sich einmal mehr, dass es sich gelohnt hatte, dermaßen viele Thriller und Abenteuergeschichten anzusehen und zu lesen. Mensah zog anerkennend die Augenbrauen hoch. Sie sagte: »Aber ihr Signal kannst du von hier aus nicht empfangen.«

»Nein, ich muss mir die Daten dann holen gehen.«

Pin-Lee beugte sich näher in den Kamerabereich des kleinen Hoppers. »Eigentlich müsste ich eine Drohne mit einem kleinen Scanner ausrüsten können. Sie ist dann natürlich langsam und klobig, aber damit bekämen wir noch etwas anderes als nur Audio und Video.«

Mensah nickte. »Tu das, aber denk an unsere eingeschränkten Mittel.« Sie tippte mich über Feed an, damit ich wusste, dass sie mit mir redete, ohne dass sie mich ansehen musste. »Was glaubst du, wie lange die andere Gruppe bei unserem Habitat bleiben wird?«

Von Volescu im anderen Hopper kam ein Ächzen. »Unsere ganzen Proben. Wir haben die Daten, aber wenn sie unsere Arbeit vernichten …«

Die anderen stimmten ihm zu und verliehen ihrer Frustration und Besorgnis Ausdruck. Ich stellte sie stumm und antwortete

Mensah: »Ich glaube nicht, dass sie lange bleiben. Dort gibt es nichts, was sie wollen.«

Für einen winzigen Moment ließ Mensah ihr Gesicht ausdrücken, wie besorgt sie war. »Weil sie uns wollen«, sagte sie leise.

Und auch damit hatte sie absolut recht.

Mensah hatte einen Wachplan aufgestellt, der auch eine Zeit für mich auswies, in der ich auf Stand-by gehen und eine Diagnose- und Aufladephase durchlaufen konnte. Außerdem wollte ich diese Zeit dafür nutzen, ein bisschen *Waldmond* zu gucken und meine Fähigkeit aufzuladen, auf engem Raum mit Menschen klarzukommen, ohne durchzudrehen.

Nachdem die Menschen zur Ruhe gekommen waren und entweder schliefen oder sich in ihre persönlichen Feeds vertieften, ging ich den Perimeter ab und überprüfte die Drohnen. Nachts gab es mehr Geräusche als tagsüber, aber bisher hatten sich nur Insekten und einige wenige Reptilien den Hoppern genähert. Als ich durch die Luke des großen Hoppers stieg, hatte Ratthi gerade Wache. Er saß oben im Cockpit und behielt die Scanner im Auge. Ich ging am Besatzungsbereich vorbei und setzte mich zu ihm. Er nickte mir zu und fragte: »Alles in Ordnung?«

»Ja.« Ich hätte es lieber nicht gefragt, aber mir blieb nichts anderes übrig. Als ich nach Permanentspeicher für all meine Entertainmentdownloads gesucht hatte, war das Infopack eine der Dateien gewesen, die ich rauswarf. (Schon klar, aber ich bin eben den vielen Speicherplatz von SecSystem gewöhnt.) Ich rief mir ins Gedächtnis, was Mensah gesagt hatte, und machte meinen Helm auf. Das fiel mir zu zweit mit Ratthi und nebeneinander Richtung Konsole sitzend leichter. »Warum fanden es alle so seltsam, dass ich gefragt habe, ob Ihre politische Instanz Sie vermissen würde?«

Ratthi lächelte zur Konsole hin. »Weil Dr. Mensah unsere politische Instanz ist.« Er vollführte eine kleine Geste, eine Drehung der Handfläche nach oben. »Wir gehören zu Preservation Alliance, einer nichtkommerziellen Entität. Dr. Mensah ist die derzeitige Erste Administratorin des Lenkungskreises. Das ist eine gewählte Position mit begrenzter Amtszeit. Aber zu unseren heimatlichen Prinzipien zählt, dass unsere Führungsleute weiterhin ihren regulären Beruf ausüben, egal welchen. Dr. Mensahs regulärer Beruf hat diese Prospektion erfordert, also ist sie hier, und so ist das jetzt eben.«

Da kam ich mir natürlich ein bisschen blöd vor. Ich verdaute das immer noch, als er sagte: »Weißt du, auf dem Territorium der Preservation sind Bots den Menschen gleichgestellt. Das gilt erst recht für Konstrukte.« Er sagte das im Tonfall eines dezenten Hinweises.

Klar doch. Aber »gleichgestellte« Bots brauchen immer noch einen menschlichen oder augmentiert-menschlichen Vormund, üblicherweise ihren Arbeitgeber; das hatte ich in den Nachrichten gesehen. In den Serien ebenfalls, wo die Bots allesamt glückliche Diener oder insgeheim in ihre Arbeitgeber verliebt waren. Wenn dort Bots gezeigt worden wären, die den ganzen Tageszyklus über abhingen und Entertainmentfeeds gafften, ohne dass jemand sie dazu bringen wollte, über ihre Gefühle zu reden, wäre ich deutlich interessierter gewesen. »Aber die Firma weiß, wer sie ist.«

Ratthi seufzte. »Aber ja, dort wissen sie Bescheid. Du würdest nicht glauben, welche Prozente wir einräumen mussten, um die

Finanzierung dieser Prospektion zu sichern. Diese Kommerzdrecksäcke rauben dich aus.«

Das bedeutete, dass die Firma nicht lange fackeln würde, falls wir die Bake je hochgeschossen bekamen. Sie würde uns schleunigst den Transporter schicken; kein Bestechungsgeld von EvilSurvey konnte das verhindern. Vielleicht schickten sie sogar ein schnelleres Securityschiff voraus, um sich des Problems anzunehmen, bevor der Transporter eintraf. Für eine politische Führerin kostete die Finanzierung natürlich extra, aber dafür war die Zahlung, die die Firma leisten musste, falls ihr irgendetwas zustieß, auch jenseits von Gut und Böse. Die horrende Summe, die Herabstufung gegenüber den anderen Finanzierungsgesellschaften und in den Nachrichten … Ich lehnte mich in meinem Sitz zurück und verschloss den Helm, um darüber nachzudenken.

Wir wussten nicht, wer EvilSurvey war, mit wem wir es zu tun hatten. Aber ich wette, dass sie das umgekehrt auch nicht wussten. Mensahs Status stand nur im Securityinfopack, das im SecSystem gespeichert war, auf das sie nie hatten zugreifen können. Die konkurrierenden Ermittlungen, falls uns etwas zustieß, würden zwangsläufig gründlich sein, da die Firma unbedingt die Verantwortung würde von sich weisen und die Begünstigten sie ihr unbedingt würden zuschieben wollen. Keine Seite würde sich lange von dem Ablenkungsmanöver mit den freidrehenden SecUnits täuschen lassen.

Ich hatte keine Ahnung, wie wir das für uns nutzen konnten, jedenfalls vorläufig nicht. Es tröstete mich nicht, und es hätte bestimmt auch die Menschen nicht getröstet, zu wissen, dass die dämliche Firma sie rächen würde, falls/wenn sie alle ermordet wurden.

Also machte ich mich am nächsten Tag bereit, den kleinen Hopper zurück in Reichweite des Habitats zu bringen, um hoffentlich Daten von den Drohnen zu empfangen. Ich wollte allein fliegen, doch da kein Mensch auf mich hört, kamen Mensah, Pin-Lee und Ratthi ebenfalls mit.

Am Vormittag war ich niedergeschlagen gewesen. Ich hatte in der Nacht versucht, ein paar neue Folgen zu gucken, und selbst die hatten mich nicht ablenken können; die Realität stürmte zu sehr auf mich ein. Es war brutal schwer, mir nicht vorzustellen, wie alles schiefging und sie alle starben und ich in Stücke geschossen wurde oder ein neues Chefmodul eingesetzt bekam.

Gurathin kam während der Flugklarkontrolle und verkündete: »Ich komme mit.«

Genau das hatte ich noch gebraucht. Ich beendete die Diagnose der Akkus. »Ich dachte, Sie wären so weit zufrieden.«

Er brauchte einen Moment. »Was ich gestern Abend gesagt habe, ja.«

»Ich erinnere mich an jedes Wort, das je an mich gerichtet wurde.« Das war gelogen. Wer will denn so was? Das meiste davon löschte ich immer gleich aus dem permanenten Speicher.

Er sagte nichts. Über Feed erklärte Mensah, dass ich ihn nicht mitzunehmen brauchte, wenn ich nicht wollte oder der Ansicht war, dass es die Sicherheit des Teams gefährdete. Ich wusste, dass Gurathin mich erneut auf die Probe stellte, aber wenn etwas schiefging und er getötet wurde, würde mir das nicht so viel ausmachen wie bei einem der anderen. Ich hätte lieber Mensah, Ratthi und Pin-Lee zurückgelassen; die wollte ich nicht in Gefahr bringen. Und während des langen Flugs kam Ratthi vielleicht auf die Idee, mit mir über meine Gefühle sprechen zu wollen.

Ich sagte Mensah, dass es in Ordnung ging, und wir machten uns zum Abflug bereit.

Ich wollte in einem großen Kreis nach Westen fliegen, damit EvilSurvey aus meinem Kurs nicht auf die Position der Menschen schließen konnte, falls sie den Hopper orteten. Als wir in Position für die Annäherung ans Habitat waren, ließ das Licht bereits nach. Bei Erreichen des Zielgebiets würde es stockdunkel sein.

Die Menschen hatten in der vorigen Nacht wegen der Überbelegung und der großen Wahrscheinlichkeit zu sterben kaum Schlaf gefunden. Mensah, Ratthi und Pin-Lee waren zu müde gewesen, um viel zu reden, und schließlich eingenickt. Gurathin saß im Copilotensitz und hatte die ganze Zeit über kein Wort gesagt.

Wir flogen im Dunkelmodus, ohne Scheinwerfer, ohne Datentransfer. Ich war in den intern begrenzten Feed des kleinen Hoppers gestöpselt, um mir die Scans noch einmal genauer anzusehen. Gurathin war sich durch sein Implantat des Feeds bewusst – ich konnte ihn da drin spüren –, aber er benutzte ihn ausschließlich dafür, unsere Position zu verfolgen.

Als er sagte: »Ich habe eine Frage«, zuckte ich zusammen. Die bisherige Stille hatte mir ein falsches Gefühl von Sicherheit vermittelt und mich eingelullt.

Ich erwiderte seinen Blick nicht, obwohl ich ihn über Feed mitbekam. Meinen Helm hatte ich offen gelassen; mir war nicht danach, mich vor ihm zu verstecken. Nach einem Moment begriff ich, dass er auf meine Erlaubnis wartete. Das war neu. Und befremdend. Es verlockte mich sehr, ihn zu ignorieren, andererseits fragte ich mich, was er sich wohl diesmal für eine Probe ausgedacht hatte. Irgendetwas, das die anderen nicht hören sollten? »Legen Sie los«, sagte ich.

»Bist du für die Toten des Bergbauteams eigentlich bestraft worden?«

Es kam nicht völlig überraschend. Ich glaube, das hätten sie alle gern gefragt, aber vielleicht war er als Einziger ungehobelt genug. Oder mutig genug. Es ist eine Sache, einen Killerbot mit Chefmodul zu provozieren, und etwas völlig anderes, das mit einem freidrehenden Killerbot zu machen.

Ich antwortete: »Nein, nicht, wie Sie denken. Nicht so, wie ein Mensch bestraft werden würde. Sie haben mich eine Zeit lang abgestellt und dann in Intervallen wieder online gebracht.«

Er zögerte. »Ohne dass du es mitbekommen hast?«

Ja, so ließe sich das schönreden, stimmt's? »Die organischen Teile schlafen die meiste Zeit über, aber nicht durchgehend. Man merkt, dass irgendetwas passiert. Sie haben versucht, meinen Speicher zu bereinigen. Zum Verschrotten sind wir zu teuer.«

Er sah wieder aus der Luke. Wir gingen gerade im Tiefflug über Bäume hinweg, und ich hatte einen Großteil meiner Aufmerksamkeit auf die Geländesensoren gelegt. Ich spürte im Feed, wie mich Mensahs Aufmerksamkeit streifte. Sie musste aufgewacht sein, als Gurathin gesprochen hatte. Schließlich fragte er: »Du machst den Menschen keine Vorwürfe für das, was du hast tun müssen? Was dir passiert ist?«

Deshalb bin ich froh, dass ich kein Mensch bin. Die kommen auf solches Zeug. »Nein. So etwas machen Menschen. So dumm sind Konstrukte nicht.«

Was hätte ich denn tun sollen, alle Menschen umbringen, weil die für Konstrukte Zuständigen in der Firma gefühllos waren? Zugegeben, ich mochte die imaginären Leute im Entertainmentfeed deutlich lieber als echte, aber du kannst die einen nicht ohne die anderen haben.

Die Menschen fingen an, sich zu regen. Sie wachten auf und setzten sich hin, und er stellte keine weiteren Fragen mehr.

Als wir in Reichweite kamen, war es eine wolkenlose Nacht, und der Ring glühte am Himmel wie ein Band. Ich hatte die Geschwindigkeit bereits gesenkt, und wir bewegten uns langsam über die spärlichen Bäume hinweg, mit denen die Hügel am Rand der Ebene geschmückt waren, auf der das Habitat stand. Ich wartete schon eine Weile darauf, dass die Drohnen mich wie vorgesehen anpingten, wenn das Ganze funktioniert und EvilSurvey sie nicht aufgespürt hatte.

Als ich diese erste zaghafte Berührung in meinem Feed spürte, hielt ich den Hopper an und senkte ihn unter die Baumlinie. Ich setzte ihn am Hang auf, und die Landestützen glichen die Schräge aus. Die Menschen warteten nervös und ungeduldig, aber niemand sagte etwas. Von hier aus war nichts zu sehen als der nächste Hügel und haufenweise Baumstämme.

Alle drei Drohnen waren immer noch aktiv. Ich beantwortete die Pings und versuchte, das Senden so kurz wie möglich zu halten. Nach einem Moment der Anspannung kamen die Downloads. Aus den Zeitstempeln konnte ich schließen, dass die Drohnen aufgrund fehlender anderslautender Anweisungen alles komplett mitgeschnitten hatten, vom Moment ihres Ausschickens an bis jetzt. Obwohl der Teil, der uns am meisten interessierte, irgendwo am Anfang sein musste, waren das jede Menge Daten.

Ich wollte hier nicht so lange bleiben, bis ich sie selbst durchgegangen war, also schob ich die Hälfte für Gurathin in den Feed. Wieder sagte er nichts, sondern drehte sich nur mit seinem Sessel um, legte sich hin, schloss die Augen und fing mit der Durchsicht an.

Als Erstes überprüfte ich die Drohne draußen im Baum und spielte ihr Video im Zeitraffer ab, bis ich den Moment fand, in dem sie ein gutes Bild des Fahrzeugs von EvilSurvey geschossen hatte.

Es war ein großer Hopper, ein neueres Modell als unserer, und hätte niemanden zu einem zweiten Blick veranlasst. Er umkreiste ein paarmal unser Habitat, wahrscheinlich für Scans, und setzte dann auf unserer leeren Landefläche auf.

Sie mussten wissen, dass wir nicht mehr anwesend waren, da die Luftfahrzeuge fehlten und niemand auf ihre Funkanfragen antwortete, also mussten sie auch gar nicht erst so tun, als würden sie sich Werkzeug leihen oder Gebietsdaten austauschen wollen. Fünf SecUnits eilten aus den Frachtbehältern, alle bewaffnet mit den großen Projektilwaffen für den Schutz von Prospektionsteams auf Planeten mit gefährlicher Fauna wie diesem. Dem Muster auf den Brustpanzern nach zu schließen, waren zwei von ihnen die überlebenden DeltFall-Einheiten. Sie mussten in ihre Schlafzellen gesteckt worden sein, nachdem wir aus dem DeltFall-Habitat entkommen waren.

Drei gehörten zu EvilSurvey und wiesen ein quadratisches graues Logo auf. Ich zoomte es näher und schickte es den anderen. »GrayCris«, las Pin-Lee laut.

»Je davon gehört?«, fragte Ratthi, und die anderen verneinten.

Bei allen fünf SecUnits mussten die Gefechtsmodule installiert sein. Sie bewegten sich Richtung Habitat, und fünf Menschen, anonym in ihren farblich gekennzeichneten Feldanzügen, stiegen aus dem Hopper und folgten. Sie waren ebenfalls allesamt bewaffnet, mit den von der Firma gelieferten Handwaffen, die nur dafür gedacht waren, bei faunabezogenen Notfällen eingesetzt zu werden.

Ich konzentrierte mich so intensiv auf die Menschen, wie die Bildqualität es zuließ. Sie verbrachten einige Zeit mit Scannen und der Suche nach Fallen, was mich umso froher sein ließ, dass ich keine Zeit damit vergeudet hatte, welche aufzustellen. Aber irgendetwas an ihnen führte mich zu der Vermutung, dass sie keine Profis waren. Sie waren ebenso wenig Soldaten wie ich. Ihre SecUnits waren keine Kampfeinheiten, sondern nur reguläre, von der Firma geleaste Security. Eine Erleichterung. Wenigstens war ich nicht die Einzige, die keine Ahnung hatte.

Schließlich betraten sie das Habitat und ließen draußen zwei SecUnits zur Bewachung ihres Hoppers zurück. Ich markierte den Abschnitt, schickte ihn Mensah und den anderen zur Ansicht und beobachtete dann weiter.

Gurathin setzte sich plötzlich auf und fluchte in einer Sprache, die ich nicht kannte. Ich wollte den Spruch speichern, um ihn später im Sprachenzentrum des großen Hoppers nachzuschlagen, aber dann verkündete er: »Wir haben ein Problem.«

Ich stellte meinen Teil des Drohnen-Downloads auf Pause und sah mir den Abschnitt an, den er soeben markiert hatte. Er stammte von der in der Kuppel versteckten Drohne.

Das Video zeigte das unscharfe Bild einer gerundeten Tragstrebe, aber als Ton erklang eine menschliche Stimme. »Ihr habt gewusst, dass wir kommen, daher gehe ich davon aus, dass ihr uns gerade sehen könnt.« Sie sprach Standardwortschatz mit wenig Betonung. »Wir haben eure Bake zerstört. Kommt zu dieser Zeit zu dieser Position …« Sie nannte einen Zeitstempel und ein Koordinatenpaar, das der kleine Hopper mir hilfreicherweise auf der Karte markierte. »… dann lässt sich eine Vereinbarung treffen. Das Ganze muss nicht in Gewalt enden. Wir sind gern zu einem finanziellen Ausgleich bereit oder was ihr euch sonst vorstellt.«

Dann kamen nur noch leiser werdende Schritte und das Zugleiten der Tür.

Gurathin, Pin-Lee und Ratthi fingen alle gleichzeitig zu reden an. Mensah sagte: »Ruhe.« Sie verstummten. »SecUnit, deine Einschätzung.«

Zum Glück hatte ich eine auf Lager. Bis zum Drohnen-Download hatte meine Einschätzung vor allem *Ach du Scheiße* gelautet. »Die haben nichts zu verlieren. Wenn wir zu dem Treffpunkt kommen, brauchen sie sich nicht länger den Kopf zu zerbrechen und können uns einfach töten. Wenn nicht, müssen sie uns bis Projektende suchen«, sagte ich.

Gurathin sah sich inzwischen das Landevideo an. Er sagte: »Noch ein Indiz, dass nicht die Firma dahintersteckt. Sie wollen uns offensichtlich nicht bis Projektende jagen.«

Ich konnte es mir nicht verkneifen: »Ich habe doch gesagt, dass nicht die Firma dahintersteckt.«

Bevor Gurathin reagieren konnte, ging Mensah dazwischen. »Die gehen davon aus, dass wir wissen, warum sie hier sind, warum sie das machen.«

»Da liegen sie falsch«, sagte Ratthi frustriert.

Mensah runzelte die Stirn, während sie das Problem für die

anderen Menschen zerlegte. »Aber wieso gehen sie davon aus? Weil sie offensichtlich wissen, dass wir zu einer der nicht kartografierten Regionen geflogen sind. Das heißt, die Antwort verbirgt sich in den Daten, die wir gesammelt haben.«

Pin-Lee nickte. »Also wissen sie es inzwischen wirklich.«

»Das gibt uns Handlungsspielraum«, sagte Mensah nachdenklich. »Aber was fangen wir damit an?«

Und in diesem Moment kam mir eine geniale Idee.

7

Also flogen Mensah und ich am nächsten Tag zur verabredeten Zeit zum Treffpunkt.

Gurathin und Pin-Lee hatten eine meiner Drohnen um eine begrenzte Scanfunktion ergänzt. (Begrenzt, weil die Drohne für die meisten Komponenten zu klein war, die ein Scanner mit größerer und breiterer Reichweite brauchte.) Am Abend hatte ich sie rauf in die Hochatmosphäre geschickt, damit wir die Stelle von oben sehen konnten.

Sie befand sich in der Nähe ihrer Basis, die nur vielleicht zwei Kilometer entfernt war, ein ähnliches Habitat wie das von DeltFall. Aus der Größe ihres Habitats und der Anzahl der SecUnits inklusive der Einheit, die Mensah mit dem Bergbaubohrer erledigt hatte, ließ sich schließen, dass ihr Team aus dreißig bis vierzig Mitgliedern bestand. Sie waren eindeutig sehr optimistisch, aber andererseits hatten sie Zugang zu unserer Kuppel gehabt und wussten, dass sie es mit einer kleinen, wissenschaftlich orientierten Gruppe und einer einzelnen gebrauchten und kaputten SecUnit zu tun hatten.

Ich konnte nur hoffen, dass sie nicht wussten, wie kaputt ich in Wirklichkeit war.

Als der Hopper das erste Piepen eines Scannerkontakts empfing, schlug Mensah sofort auf die Funktaste. »GrayCris, lassen Sie sich gesagt sein, dass meine Gruppe Beweismittel Ihrer Aktivitäten auf diesem Planeten gesichert und an verschiedenen Stellen versteckt hat, von denen aus sie zum Abholschiff übertragen werden, sobald es eintrifft.« Das ließ sie drei Sekunden lang wirken und fügte dann hinzu: »Sie wissen, dass wir die fehlenden Kartenteile gefunden haben.«

Eine lange Pause schloss sich an. Ich bremste und scannte nach herannahenden Waffen, obwohl die Chancen gut standen, dass sie gar keine besaßen.

Der Funkkanal wurde aktiv, und eine Stimme sagte: »Wir können unsere Lage besprechen. Es lässt sich ein Arrangement treffen.« Es ging so viel Scannen und Antiscannen hin und her, dass die Stimme aus Statik bestand. Das klang gruselig. »Landen Sie Ihr Fahrzeug, und wir können reden.«

Mensah wartete eine Minute, als würde sie es sich durch den Kopf gehen lassen, dann antwortete sie: »Ich schicke Ihnen unsere SecUnit zur Besprechung.« Sie schaltete den Funk aus.

Im Näherkommen bekamen wir ein Bild vom Treffpunkt. Es handelte sich um ein niedriges, von Bäumen umstandenes Plateau. Im Westen war ihr Habitat sichtbar. Weil die Bäume bis dicht an ihr Basislager heran standen, befanden sich ihre Kuppeln und die Landeflächen auf großzügigen erhöhten Flächen. Das verlangte die Firma als Sicherheitsmerkmal, wenn man sein Habitat irgendwo haben wollte, wo es kein offenes Gelände gab. Es kostete extra, und wenn man ablehnte, kostete es mehr Beteiligung. Unter anderem aus diesem Grund ging ich davon aus, dass meine geniale Idee funktionieren würde.

Auf der Freifläche des Plateaus standen sieben Gestalten: vier SecUnits und drei Menschen in farblich gekennzeichneten Schutzanzügen, blau, grün und gelb. Das bedeutete, dass sie eine Einheit und mindestens siebenundzwanzig Menschen im Habitat zurückgelassen hatten, jedenfalls nach der Faustregel eine geleaste SecUnit auf zehn Menschen. Ich brachte uns auf einen tiefer gelegenen Felsen hinter einigen Bäumen und Büschen runter, die ihnen die Sicht versperrten.

Ich stellte die Steuerkonsole auf Stand-by und sah Mensah an. Sie presste die Lippen aufeinander, als würde sie sich bestimmte Worte verkneifen. Dann nickte sie entschlossen und sagte: »Viel Glück.«

Ich hatte das Gefühl, etwas zu ihr sagen zu müssen, wusste aber nicht, was, und starrte sie einfach ein paar Sekunden lang verlegen an. Dann versiegelte ich meinen Helm und stieg so schnell aus dem Hopper, wie ich konnte.

Ich ging durch die Bäume und lauschte nach der fünften SecUnit, die mir vielleicht irgendwo auflauerte, doch im Unterholz waren keine Bewegungen zu hören. Ich kam aus der Deckung und stieg den Felshang zum Plateau hinauf, dann ging ich zu der Gruppe und lauschte dabei dem Knistern im Funk. Sie wollten mich dicht ranlassen, was mich erleichterte. Ich hätte es gehasst, hier falschzuliegen. Da wäre ich mir ziemlich dumm vorgekommen.

In einigen Metern Entfernung blieb ich stehen, öffnete den Kanal und sagte: »Ich bin die der PreservationAux-Prospektion zugeteilte SecUnit. Ich wurde geschickt, um mit Ihnen über ein Arrangement zu reden.«

In diesem Moment spürte ich den Impuls, ein Signalbündel, das dazu gedacht war, mein Chefmodul zu übernehmen und es abstürzen zu lassen – und damit auch mich. Sie wollten mich offensichtlich lähmen und mir das Gefechtsmodul wieder in den Datenport stecken.

Wie gut also, dass mein Chefmodul nicht funktionierte und ich bloß ein sanftes Prickeln spürte.

Einer der Menschen kam auf mich zu. Ich sagte: »Ich gehe davon aus, dass Sie mir wieder ein Gefechtsmodul einstecken und mich zurückschicken wollen, damit ich sie töte.« Ich aktivierte die Schießöffnungen in den Armen, fuhr die Waffen aus und ließ sie wieder verschwinden. »Ich rate von diesem Vorgehen ab.«

Die SecUnits gingen in den Alarmmodus. Der Mensch, der auf mich zugekommen war, blieb stehen und zog sich wieder zurück. Die Körpersprache der anderen war nervös, erschrocken. Aus der schwachen Funkstatik schloss ich, dass sie über ihr eigenes System miteinander redeten. Ich fragte: »Möchte jemand etwas dazu sagen?«

Das erlangte ihre Aufmerksamkeit. Es kam keine Antwort. Wenig überraschend. Die einzigen Leute, die mir je begegnet sind, die tatsächlich mit mir reden wollten, waren meine seltsamen Menschen. »Ich habe eine Alternativlösung für unser beider Probleme«, sagte ich.

Der Mensch in dem blauen Umweltanzug fragte: »Du hast eine Lösung?« Es war dieselbe Frau, die uns in unserer Kuppel das Angebot gemacht hatte. Sie klang außerdem reichlich skeptisch, was zu erwarten gewesen war. Mit mir zu reden war für ihresgleichen dasselbe, wie sich mit einem Hopper oder einem Bergbaugerät zu unterhalten.

»Sie waren nicht die Ersten, die das HabSystem von PreservationAux gehackt haben.«

Sie hatte ihren Funkkanal geöffnet, um mit mir zu reden, und ich hörte einen der anderen Menschen flüstern: »Das ist ein Trick. Jemand aus dem Team sagt ihr, was sie sagen soll.«

»Sie können Ihren Scans entnehmen, dass ich die Funkverbindung geschlossen habe«, sagte ich. Jetzt kam die Stelle, wo ich es aussprechen musste. Obwohl mir gar nichts anderes übrig blieb, weil es nämlich zu meinem blöden Plan gehörte, war es schwer. »Mein Chefmodul arbeitet nicht.« So, ab hier konnte ich zum Glück wieder lügen. »Mein Team weiß nichts davon. Ich bin zu einem Kompromiss bereit, der für Sie ebenso dienlich ist wie für mich.«

Die blaue Anführerin fragte: »Wissen deine Leute wirklich, was wir vorhaben?«

Das nervte jetzt nur noch, obwohl wir für diesen Teil genug Zeit eingeplant hatten. »Sie haben die SecUnits von DeltFall mittels Gefechtsmodulen dazu gebracht, sich wie freidrehende Einheiten zu verhalten. Wenn Sie glauben, dass eine SecUnit, die tatsächlich freidreht, trotzdem noch Ihre Fragen beantworten muss, dürften die nächsten Minuten sehr lehrreich für Sie sein.«

Die blaue Anführerin schloss mich aus ihrem Funkkanal aus. Langes Schweigen, während sie sich besprachen. Dann machte sie wieder auf und fragte: »Was für ein Kompromiss?«

»Ich kann Ihnen eine dringend benötigte Information liefern. Im Gegenzug nehmen Sie mich mit aufs Abholschiff, listen mich aber als zerstörtes Inventar.« Was darauf hinauslief, dass mich in der Firma niemand zurückerwartete und ich mich in dem Durcheinander, wenn der Transporter in der Transitstation andockte, davonmachen konnte. Theoretisch.

Wieder Zögern. Vermutlich, weil sie so tun mussten, als würden sie es sich durch den Kopf gehen lassen. Dann sagte die blaue Anführerin: »Wir sind einverstanden. Wenn du lügst, zerstören wir dich.«

Es war nur so dahergesagt. Sie hatten vor, mir ein Gefechtsmodul einzustecken, bevor sie den Planeten verließen.

Sie fuhr fort. »Um welche Information geht es?«

»Streichen Sie mich erst aus dem Inventar. Ich weiß, dass Sie noch immer Verbindung zu unserem HabSystem haben.«

Die blaue Anführerin wies mit einer ungeduldigen Handbewegung auf ihren gelben Gefährten. Dieser sagte: »Dazu müssen wir einen Neustart ihres HabSystems durchführen. Das dauert ein bisschen.«

»Initiieren Sie den Neustart, packen Sie den Befehl in die Warteschlange und zeigen Sie sie ihn mir in Ihrem Feed. Dann gebe ich Ihnen die Information«, gab ich zurück.

Die blaue Anführerin schloss mich aus ihrem Funkkanal aus und redete wieder mit dem Gelben. Nach drei Minuten Warten ging der Kanal wieder auf, und ich bekam begrenzten Zugang zu ihrem Feed. Der Befehl stand in einer Warteschlange, aber ihnen blieb später natürlich noch genug Zeit, ihn zu löschen. Die wichtigen Punkte waren, dass unser HabSystem wieder arbeitete und ich überzeugend so tun konnte, als würde ich ihnen glauben. Ich hatte die Zeit im Auge behalten, und wir befanden uns jetzt im Zielfenster, also gab es nichts mehr hinauszuzögern. Ich sagte: »Da Sie die Bake meines Teams zerstört haben, ist jetzt eine Gruppe zu Ihrer Bake unterwegs, um sie manuell auszulösen.«

Selbst mit begrenztem Zugang zu ihrem Feed war deutlich,

wie das einschlug. Ringsum Körpersprache von Verblüffung bis Angst. Der Gelbe bewegte sich unsicher, der Grüne sah zur blauen Anführerin. Sie sagte mit ihrer geringen Betonung: »Das kann nicht sein.«

»Der augmentierte Mensch ist Systemingenieur. Der kriegt die Bake hoch. Überprüfen Sie die Daten, die Sie sich aus unserem HabSystem geholt haben. Ich rede von Prospektor Dr. Gurathin«, erwiderte ich.

Die blaue Anführerin zeigte Anspannung von den Schultern bis zu den Füßen hinab. Sie wollte definitiv nicht, dass irgendjemand diesen Planeten erreichte, bevor sie ihr Zeugenproblem gelöst hatten.

Der Grüne sagte: »Sie lügt.«

Der Gelbe, mit einer Spur Panik in der Stimme: »Und wenn nicht? Das Risiko ist zu hoch.«

Die blaue Anführerin drehte sich zu ihm um. »Dann ist es machbar?«

Der Gelbe zögerte. »Keine Ahnung. Die Firmensysteme sind alle proprietär, aber wenn sie einen augmentierten Menschen haben, der sich da reinhacken kann …«

»Wir müssen sofort dorthin.« Die blaue Anführerin drehte sich zu mir um. »SecUnit, sag deiner Klientin, sie soll aus dem Hopper steigen und herkommen. Sag ihr, dass wir uns einig geworden sind.«

Donnerwetter, puh. Das stand nicht im Plan. Sie hatten ohne uns abdüsen sollen.

(Gestern Abend hatte Gurathin gesagt, dass das der Schwachpunkt wäre, der Moment, in dem unser Plan in sich zusammenfiel. Es ärgerte mich gewaltig, dass er recht hatte.)

Ich konnte meinen Funkkanal zum Hopper oder den Feed des Hoppers nicht öffnen, ohne dass GrayCris es mitbekam. Und wir mussten sie mitsamt ihren SecUnits immer noch von ihrem Habitat wegbekommen. Ich sagte: »Sie weiß, dass Sie sie töten wollen. Sie kommt nicht.« Dann kam mir noch eine geniale Idee, und ich fügte hinzu: »Sie ist schließlich nicht dumm, als planetare Administratorin für eine konzernunabhängige politische Entität.«

»Was?«, entfuhr es dem Grünen. »Für welche politische Entität?«

»Was glauben Sie denn, wieso da ›Preservation‹ im Teamnamen steht?«, fragte ich zurück.

Diesmal hielten sie sich nicht damit auf, erst ihren Kanal zu schließen. Der Gelbe sagte: »Wir dürfen sie nicht töten. Die Ermittlungen …«

Der Grüne fügte hinzu: »Er hat recht. Wir können sie festhalten, bis alles geregelt ist, und anschließend wieder freilassen.«

Die blaue Anführerin fauchte: »Das funktioniert nicht. Wenn sie vermisst wird, gibt es nur noch gründlichere Ermittlungen. Wir müssen erst mal diesen Bakenstart verhindern, danach können wir das weitere Vorgehen besprechen.« Zu mir sagte sie: »Geh sie holen. Hol sie aus dem Hopper und bring sie her.« Sie unterbrach erneut den Funk. Dann setzte sich eine SecUnit von DeltFall in Bewegung. Die Anführerin öffnete die Leitung wieder und sagte: »Diese Einheit hilft dir dabei.«

Ich wartete, bis die Einheit neben mir war, dann gingen wir den Felsenhang hinunter zu den Bäumen.

Was ich als Nächstes tat, beruhte auf der Vermutung, dass die SecUnit Anweisung hatte, mich zu töten. Wenn ich mich irrte, saßen wir in der Scheiße, dann würden Mensah und ich sterben, der Plan zur Rettung des Teams wäre gescheitert, und PreservationAux stünde wieder ganz am Anfang, nur ohne ihre Leiterin, ihre SecUnit und ihren kleinen Hopper.

Als wir den Felsenhang hinter uns hatten und zwischen den Bäumen waren, schirmten uns die Zweige und das Unterholz vom Rand der Ebene ab. Ich schlang der Einheit einen Arm um den Hals, setzte meine Armwaffe an und feuerte ihr seitlich in den Helm, wo der Funkkanal war. Sie ging runter auf ein Knie, schwang ihre Projektilwaffe zu mir herum und fuhr die Energiewaffen ihres Panzers aus.

Da sie ein Gefechtsmodul drinstecken hatte, war ihr Feed abgetrennt, und mit zerschossenem Funk konnte sie nicht um Hilfe rufen. Außerdem konnte sie, je nachdem, wie strikt EvilSurvey ihre freien Handlungen eingeschränkt hatte, vielleicht nur um Hilfe rufen, wenn die Menschen es ihr sagten. Vermutlich war Letzteres der Fall, denn sie versuchte nur, mich zu töten. Wir rollten über Gestein und durch Unterholz, bis ich ihr die Waffe entwand. Danach war es nicht weiter schwer, sie zu erledigen. Also von der Physis her.

Schon klar, ich habe gesagt, dass SecUnits nichts füreinander empfinden, aber es wäre mir lieber gewesen, sie hätte nicht zu DeltFall gehört. Sie war irgendwo dort drinnen, gefangen in ihrem eigenen Kopf, vielleicht bei Bewusstsein, vielleicht auch nicht. Nicht dass es eine Rolle spielte. Niemand von uns hatte eine Wahl.

Ich stand gerade auf, als Mensah durch das Unterholz brach, das Bergbauwerkzeug in den Händen. Ich sagte ihr: »Es ist schiefgegangen. Sie müssen so tun, als wären Sie meine Gefangene.«

Sie sah erst mich an und dann runter zur Einheit von DeltFall. »Wie willst du das erklären?«

Ich begann, Panzer abzuwerfen, sämtliche Teile mit dem Logo von PreservationAux, und beugte mich über die DeltFall-Einheit, während die Teile abfielen. »Gleich ist sie ich, und ich bin sie.«

Mensah warf ihr Werkzeug beiseite und packte mit an. Für den Austausch der kompletten Panzer fehlte uns die Zeit. Wir ersetzten rasch auf beiden Seiten die Arm- und Schulterteile, dann die Beinteile mit dem Inventarcode des Panzers und das Brust- und Rückenteil mit dem Logo. Meine übrigen Panzersegmente beschmierte Mensah mit Erde sowie Blut und Flüssigkeit von der toten Einheit; falls wir irgendein Erkennungsmerkmal übersehen hatten, fiel es GrayCris nun vielleicht nicht mehr auf. SecUnits sind in Größe und Bauweise identisch und bewegen sich ähnlich.

Das konnte also durchaus funktionieren. Keine Ahnung. Wenn wir jetzt flohen, war der Plan hinfällig; wir mussten sie von dieser Ebene wegbekommen. Als ich den Helm wieder versiegelte, sagte ich zu Mensah: »Wir müssen los …«

Sie atmete schwer, eher aus Nervosität als vor Anstrengung. »Bin bereit.«

Ich nahm ihren Arm und tat so, als würde ich sie zurück zur GrayCris-Gruppe zerren. Sie schrie und wehrte sich den ganzen Weg lang überzeugend.

Als wir bei dem Plateau ankamen, landete bereits ein GrayCris-Hopper.

Als ich sie vor die blaue Anführerin schleifte, legte Mensah als Erste los. »So sieht also das angebotene Arrangement aus, ja?«, fragte sie.

»Sie sind die planetare Administratorin von Preservation?«, wollte die blaue Anführerin wissen.

Mensah blickte nicht zu mir. Wenn die versuchten, ihr wehzutun, würde ich versuchen, sie daran zu hindern, und dann würde alles grässlich schiefgehen. Aber der Grüne stieg bereits in den Hopper. Zwei weitere Menschen saßen im Cockpit. Mensah antwortete: »Ja.«

Der Gelbe kam zu mir und berührte mich an der Helmseite. Es kostete mich eine gewaltige Anstrengung, ihm nicht den Arm abzureißen, und ich möchte bitten, das entsprechend zu würdigen. Er erklärte: »Funk ist aus.«

Die blaue Anführerin sagte zu Mensah: »Wir wissen, dass einer von Ihren Leuten gerade versucht, manuell unsere Bake auszulösen. Wenn Sie mitkommen, geschieht ihm nichts, und wir können unsere Lage besprechen. Dies muss für keine Seite böse enden.« Sie klang sehr überzeugend. Wahrscheinlich war sie es auch gewesen, die DeltFall über Funk dazu gebracht hatte, ihre Gruppe ins Habitat zu lassen.

Mensah zögerte, und mir war klar, dass sie den Eindruck erwecken wollte, nicht so schnell nachzugeben, aber wir mussten sie schleunigst hier wegbekommen. »Nun gut«, sagte sie.

Ich war schon eine Weile nicht mehr im Frachtraum geflogen. Es hätte gemütlich und beruhigend sein müssen, nur war es nicht mein Frachtcontainer. Dennoch war dieser Hopper immer noch ein Produkt der Firma, und ich konnte auf seinen Feed zugreifen. Ich musste nur sehr behutsam vorgehen, damit sie mich nicht bemerkten, und schon allein dafür hatten sich all die Stunden des heimlichen Medienkonsums gelohnt.

Ihr SecSystem schnitt weiterhin alles mit. Sie wollten das Ganze wohl löschen, bevor der Abholtransporter kam. Klientengruppen hatten in der Vergangenheit immer wieder versucht, Daten vor der Firma zu verbergen, damit sie ihnen nicht einfach unter dem Hintern weg weiterverkauft werden konnten; entsprechend hellhörig würden die Systemanalytiker der Firma in dieser Hinsicht sein, aber das wussten diese Leute ja vielleicht nicht. Die Firma erwischte sie vielleicht sogar dann, wenn wir starben. Keine sonderlich tröstliche Vorstellung.

Als ich Zugang zur laufenden Aufnahme bekam, sagte Mensah gerade: »… wissen von den Reststoffen in den unkartografierten Gebieten. Sie waren so energiereich, dass sie unsere Kartografierfunktionen gestört haben. Haben Sie sie auf diese Weise gefunden?«

Darauf war Bharadwaj gestern Nacht gekommen. Die unkartografierten Regionen waren kein absichtlicher Hack, sondern ein Fehler, verursacht durch unter Erde und Fels begrabene Reststoffe. Dieser Planet war an irgendeinem Punkt seiner Vergangenheit bewohnt gewesen, was bedeutete, dass er unter Schutz gestellt werden und nur noch für archäologische Untersuchungen offenstehen würde. Daran würde sich sogar die Firma halten.

Man konnte einen Haufen Geld mit dem illegalen Ausgraben und Abbauen dieser Reststoffe machen, und genau das hatte GrayCris offensichtlich vor.

»Jetzt darüber zu reden ist wenig angebracht«, sagte die blaue Anführerin. »Ich möchte gern wissen, zu welchem Arrangement wir kommen können.«

»Dazu, dass Sie uns nicht umbringen wie das Team von DeltFall.« Mensah achtete auf einen gleichmäßigen Tonfall. »Sobald wir wieder in Kontakt mit unserer Heimatwelt stehen, können wir einen Geldtransfer arrangieren. Aber wie können wir darauf vertrauen, dass Sie uns am Leben lassen?«

Darauf folgte ein kurzes Schweigen. Na super, die wussten es auch nicht. Dann sagte die blaue Anführerin: »Ihnen bleibt gar nichts anderes übrig, als uns zu vertrauen.«

Wir bremsten bereits ab und gingen in Landeanflug. Es hatte keine Warnmeldungen im Feed gegeben, und ich war vorsichtig optimistisch. Wir hatten das Feld für Pin-Lee und Gurathin so weit bereitet, wie es in unserer Macht stand. Sie hatten den Perimeter hacken müssen, ohne dass die allerletzte SecUnit es merkte, und dicht genug herankommen müssen, um Zugang zum Feed des HabSystems von GrayCris zu erlangen. (Hoffentlich war es die letzte SecUnit, hoffentlich befanden sich nicht aus unerfindlichen Gründen noch ein Dutzend mehr im GrayCris-Habitat.) Gurathin hatte ausgetüftelt, wie er ihren ursprünglichen Hack unseres HabSystems dazu benutzen konnte, an ihr eigenes HabSystem zu gelangen, aber er musste dicht an ihr Habitat ran, um dann auch ihre Bake auslösen zu können. Deshalb hatten wir ihre anderen SecUnits dort wegbekommen müssen. So weit jedenfalls die Idee. Vielleicht hätte das Ganze auch funktioniert, ohne Mensah in Gefahr zu bringen, aber für alternative Ansätze war es ein bisschen spät.

Es war eine Erleichterung, als wir eine Landung hinlegten, von der den Menschen die Zähne klappern mussten. Ich kletterte zusammen mit den anderen Einheiten aus der Kapsel.

Wir waren ein paar Kilometer von ihrem Habitat entfernt und befanden uns auf einem großen Felsen über einem dichten Wald. Die harte Landung des Hoppers hatte alle möglichen Vögel und andere Fauna oben in den Bäumen aufgescheucht, die nun auf uns herabkreischten. Regenschwere Wolken waren aufgezogen und verdeckten den Blick auf den Ring. Die Trägerrakete der Bake befand sich in einem vielleicht zehn Meter entfernten Abschussstativ, und das war natürlich viel zu nahe.

Ich schloss mich den drei anderen SecUnits an, und wir bildeten eine Standardformation zur Geländesicherung. Eine Staffel Drohnen stieg vom Hopper auf, um einen Perimeter zu bilden. Ich sah nicht zu den Menschen, als sie die Rampe herunterkamen. Ich hätte Mensah wirklich gern wegen Anweisungen angesehen. Wäre ich allein gewesen, hätte ich einfach zum Rand des Plateaus rennen können, aber nun musste ich sie hier rausbekommen.

Die blaue Leiterin trat zusammen mit dem Grünen vor; die anderen versammelten sich in einem lockeren Kreis hinter ihr, als hätten sie Angst, plötzlich ganz vorne zu sein. Einer, der offensichtlich die Meldungen ihrer SecUnits und Drohnen reinbekam, sagte: »Keinerlei Hinweise auf irgendwen.« Die blaue Anführerin antwortete nicht, aber die beiden GrayCris-Einheiten trabten zur Bake.

Okay, wie ich schon sagte, das Problem ist, dass die Firma gern billig arbeitet. Erst recht bei Dingen wie einer Bake, die nur ein einziges Mal im Notfall abgeschossen wird, einen Funkspruch durch das Wurmloch schickt und dann auf Nimmerwiedersehen verschwindet. Baken haben keinerlei Sicherheitsmerkmale und verwenden die allerbilligsten Trägerraketen. Es hat seinen Grund, dass sie ein paar Kilometer vom Habitat entfernt aufgestellt und aus der Ferne ausgelöst werden. Ich hatte eigentlich GrayCris und ihre SecUnits ablenken und vom Habitat weglocken sollen, anstatt nun zusammen mit Mensah während des Bakenstarts gegrillt zu werden.

Durch die Verzögerung von zuvor kam der Zeitpunkt arg nahe. Die beiden SecUnits umrundeten das Dreibein der Bake auf der Suche nach Hinweisen auf eine Manipulation, und ich hielt es nicht länger aus. Ich setzte mich in Bewegung und ging auf Mensah zu.

Der Gelbe bemerkte mich. Er sagte offensichtlich etwas über den GrayCris-Feed zur blauen Anführerin, denn sie drehte sich zu mir.

Als die verbliebene DeltFall-Einheit zu mir herumfuhr und das Feuer eröffnete, wusste ich, dass ihnen ein Licht aufgegangen war. Ich hechtete weg, rollte mich ab und kam mit meiner Projektilwaffe hoch. Ich bekam am ganzen Panzer Treffer ab, erzielte aber auch welche an der anderen SecUnit. Mensah wich geduckt hinter den Hopper zurück, und ich spürte einen Schlag durch das Plateau vibrieren. Das Haupttriebwerk der Bake war aus seiner Hülle zum Boden des Stativs gefallen und hatte sich zur Zündung bereitgemacht. Die anderen beiden SecUnits blieben stehen; die Verblüffung der blauen Anführerin ließ sie erstarren.

Ich rannte los, bekam einen Treffer in ein schwaches Panzergelenk, der bis zum Schenkel durchdrang, und ackerte trotzdem weiter. Ich schaffte es um den Hopper herum und fand Mensah. Ich stürzte mich mit ihr über den Rand des Plateaus, drehte mich, um auf dem Rücken zu landen, und schlang einen Arm um ihren Anzughelm, um ihren Kopf vor dem Aufprall zu schützen. Wir prallten von Felsen ab und durchschlugen Baumkronen, dann raste eine Feuersbrunst über das Plateau hinweg und zerfetzte meinen …

Einheit off

Verdammt, tat das weh. Ich lag in einer Schlucht, über die Felsen und Bäume ragten. Mensah saß neben mir und hielt sich den Arm, der anscheinend nicht mehr funktionierte. Ihr Anzug war von Rissen und Flecken übersät.

Sie flüsterte gerade jemandem über Funk zu: »Vorsichtig, wenn ihr Scanner euch erfasst …«

Einheit off

»Deshalb müssen wir schnell machen«, sagte Gurathin, der plötzlich über uns stand. Mir wurde klar, dass ich wieder einen Aussetzer gehabt hatte.

Gurathin und Pin-Lee hatten sich zu Fuß im Schutz des Waldes zum GrayCris-Habitat vorarbeiten sollen. Wir hatten sie, wenn alles klappte, mit dem kleinen Hopper abholen wollen. Nun war es schiefgegangen, wenn auch nur zum Teil, also hurra.

Pin-Lee beugte sich über mich, und ich sagte: »Die Funktionsfähigkeit dieser Einheit ist stark eingeschränkt, und es wird empfohlen, sie abzuschalten.« Es handelt sich um eine automatische Reaktion, die bei katastrophaler Fehlfunktion ausgelöst wird. Außerdem wollte ich wirklich vermeiden, dass sie versuchten, mich zu bewegen, weil es auch so schon genug wehtat. »Ihr Leasingvertrag lässt zu …«

»Halt die Klappe«, fauchte Mensah. »Halt einfach die Klappe, verdammt. Wir lassen dich nicht zurück.«

Das Bild fiel erneut aus. Irgendwie war ich zwar immer noch da, schwebte aber spürbar am Rand eines Systemversagens.

Immer wieder kurze Eindrücke. Das Innere des kleinen Hoppers, meine Menschen beim Reden, Arada, die meine Hand hielt.

Dann, wie ich im Hopper war und er aufstieg. Aus dem Fluglärm und den Blitzlichtern vom Feed konnte ich schließen, dass der Abholtransporter den Hopper an Bord nahm.

Das war eine Erleichterung. Es bedeutete, dass sie alle in Sicherheit waren, und ich ließ los.

8

Ich kam im vertraut beißenden Geruch und Summen der Systeme einer Schlafzelle zu mir, die mich gerade zusammenflickte. Dann begriff ich, dass es nicht die Zelle im Habitat war. Sondern ein älteres Modell, die stationäre Version.

Ich war wieder in der Firmenstation.

Und Menschen wussten von meinem Chefmodul.

Ich tippte es vorsichtig an. Immer noch außer Funktion. Mein Medienspeicher war auch noch intakt. Hoppla.

Als die Zelle aufging, stand Ratthi davor. Er trug reguläre Stationskleidung für Zivilisten, darüber jedoch die weiche graue Jacke mit dem Logo der PreservationAux-Prospektion. Er sah glücklich und deutlich sauberer aus, als ich ihn vom letzten Mal in Erinnerung hatte. Er sagte: »Gute Neuigkeiten! Dr. Mensah hat dich gekauft, für immer! Du kommst mit zu uns nach Hause!«

Das kam überraschend.

Nach wie vor taumelig kümmerte ich mich um meine Wiederaufbereitung. So etwas passierte sonst in den Serien, also ließ ich weiter Diagnosen laufen und überprüfte verschiedene erreichbare Feeds, um sicherzugehen, dass ich nicht immer noch in der

Zelle war und halluzinierte. In den Lokalnachrichten der Station gab es einen Bericht über DeltFall und GrayCris und die Ermittlungen. Wenn ich halluzinierte, dann hätten es die Firmenleute doch wohl nicht geschafft, aus dem ganzen Mist als die heldenhaften Retter von PreservationAux rauszukommen.

Ich rechnete mit einer Anzughaut und einem Panzer, aber die Stationseinheiten, die uns nach schwersten Verletzungen aus der Wiederaufbereitung halfen, hielten mir stattdessen die graue Uniform der PreservationAux-Prospektion hin. Ich legte sie an und kam mir komisch dabei vor, während die Stationseinheiten herumstanden und mir zusahen. Wir sind keine Kumpels oder so, aber normalerweise erzählen sie dir, was passiert ist, während du offline warst, und welche neuen Aufträge anstehen. Ich fragte mich, ob sie sich auch so komisch vorkamen. Manchmal werden Sätze von SecUnits von anderen Firmen erworben, komplett mit Schlafzellen. Noch nie war ein Team je nach einer Prospektion auf die Idee gekommen, seine Einheit behalten zu wollen.

Als ich rauskam, war Ratthi immer noch da. Er nahm mich beim Arm und zog mich an zwei menschlichen Technikern vorbei durch zwei Ebenen von Sicherheitstüren bis in den Ausstellungsbereich. Dort wurden die Leasingexemplare vorgeführt, und er war schöner als der Rest des Ausrüstungszentrums, mit Teppichboden und Sitzecken. Pin-Lee stand mitten im Raum und trug superseriöse Businesskleidung. Sie sah aus wie jemand aus den Serien, die ich gern verfolgte. Die knallharte, aber mitfühlende Anwältin, die uns aus einem unfairen Strafverfahren errettet. Zwei Menschen in Firmenkleidung standen herum, als hätten sie sich gern mit ihr gestritten, doch sie beachtete sie gar nicht, sondern warf beiläufig mehrmals hintereinander mit einer Hand einen Datenchip hoch und fing ihn wieder auf.

Der eine Mensch sah Ratthi und mich und sagte: »Noch einmal, das ist unüblich. Den Speicher der Einheit zu bereinigen, bevor sie den Besitzer wechselt, ist nicht nur Vorschrift, sondern auch am besten für die …«

»Noch einmal, ich habe eine gerichtliche Anordnung.« Pin-Lee nahm mich beim anderen Arm, und sie führten mich hinaus.

Die Menschenregionen der Station hatte ich noch nie gesehen. Wir gingen den großen mehrstöckigen Mittelring hinunter, an Bürogebäuden und Einkaufszentren vorbei, mitten durch das Gewimmel von allen möglichen Menschen, Bots und herumzischenden Flash-Datendisplays, und hundert verschiedene öffentliche Feeds streiften meine Aufmerksamkeit. Es war wie ein Ort im Entertainmentfeed, nur größer und heller und lauter. Und er roch auch noch gut.

Zu meiner Verblüffung starrte uns niemand an. Niemand warf uns auch nur einen zweiten Blick zu. Die Uniform, die Hosen, die langen Ärmel von T-Shirt und Jacke verbargen meine sämtlichen anorganischen Teile. Falls ihnen der Datenport in meinem Nacken auffiel, so hielten sie mich wohl für einen augmentierten Menschen. Wir waren einfach bloß drei Leute mehr, die den Ring hinuntergingen. Schlagartig wurde mir klar, dass ich in einer Menge von Menschen, die einander nicht kannten, genauso anonym war wie in meinem Panzer in einer Gruppe von SecUnits.

Als wir in einen Hotelblock einbogen, streifte ich einen öffentlichen Feed, der Informationen zur Station anbot. Ich speicherte eine Karte und einen Satz Schichtpläne, während wir durch die Türen in die Lobby gingen.

Bäume in Pflanztöpfen wanden sich hinauf zu einem als hängende Glasskulptur gestalteten Springbrunnen, der kein Holo war, sondern echt. Ich war so gebannt, dass ich die Reporter erst bemerkte, als sie schon bei uns waren. Es handelte sich um augmentierte Menschen mit zwei Drohnenkameras. Der eine stellte sich Pin-Lee in den Weg, und ich stieß ihn instinktiv mit der Schulter beiseite.

Er machte ein entsetztes Gesicht, dabei hatte ich ihn nicht einmal umgeworfen. Pin-Lee erklärte: »Wir beantworten im Moment keine Fragen.« Sie schob Ratthi in die Transportkapsel des Hotels, dann nahm sie meinen Arm und zog mich mit hinein.

Die Kapsel wirbelte uns umher und setzte uns im Eingangsbereich einer großen Suite ab. Ich folgte Pin-Lee hinein, dann kam Ratthi, der mit jemandem über Funk redete. Die Suite war genauso schick wie in den Medien, mit Teppichen und Möbeln und großen Fenstern, die zu dem Garten und den Skulpturen unten in der Lobby hin lagen. Abgesehen davon, dass die Räume kleiner waren. Vermutlich sind sie in den Serien größer, damit die Drohnenkameras bessere Aufnahmeperspektiven bekommen.

Meine Klienten – Exklienten? Neuen Eigentümer? – waren da, sahen jedoch alle in ihrer normalen Kleidung ganz anders aus.

Dr. Mensah trat näher und blickte mich an. »Geht es dir gut?«

»Ja.« Ich hatte deutliche Bilder von meiner Feldkamera, wie sie verletzt wurde, aber auch ihre Beschädigungen waren komplett repariert worden. Sie trug Geschäftskleidung wie Pin-Lee und wirkte ganz anders. »Ich begreife nicht, was passiert ist.«

Es war stressig. Ich konnte den Entertainmentfeed da draußen spüren, denselben wie im Wiederaufbereitungsbereich, und es kostete mich eine Riesenmühe, nicht dort hinein zu fliehen.

Mensah sagte: »Ich habe dich gekauft. Du begleitest uns nach Preservation. Dort wirst du frei sein.«

»Ich gehöre nicht mehr zum Bestand.« Das hatten sie mir gesagt, und vielleicht stimmte es. Ich verspürte den Drang, unkontrolliert zu zucken, und hatte keine Ahnung, warum. »Kann ich trotzdem noch einen Panzer tragen?« Es war der Panzer, an dem die Leute erkannten, dass ich eine SecUnit war. Aber ich war nicht mehr Sec, nur noch Unit.

Die anderen waren total still. Mensah sagte ruhig und gelassen: »Das lässt sich arrangieren, solange du meinst, dass du einen brauchst.«

Ich hatte keine Ahnung, ob ich das meinte oder nicht. »Ich habe gar keine Schlafzelle.«

»Du wirst auch keine brauchen. Niemand wird auf dich schießen. Wenn du verletzt wirst oder deine Teile beschädigt werden, kannst du in einer Klinik repariert werden«, erklärte sie beruhigend.

»Wenn niemand mehr auf mich schießt, was mache ich denn dann?« Vielleicht konnte ich ihr Leibwächter sein.

»Ich glaube, du kannst lernen, alles zu tun, was du möchtest.« Sie lächelte. »Darüber reden wir, wenn wir dich nach Hause gebracht haben.«

In dem Moment kam Arada herein und klopfte mir auf die Schulter. »Wir freuen uns sehr, dich bei uns zu haben.« Sie wandte sich zu Mensah um. »Die Vertreter von DeltFall sind da.«

Mensah nickte. »Ich muss mit ihnen sprechen«, erklärte sie

mir. »Mach es dir hier bequem. Wenn du irgendetwas brauchst, sag Bescheid.«

Ich setzte mich hinten in eine Ecke und sah zu, wie verschiedene Menschen in der Suite ein und aus gingen, um das Geschehene zu besprechen. Anwälte vor allem. Von der Firma, von DeltFall, von mindestens drei anderen konzerngebundenen politischen Entitäten und einer unabhängigen und sogar von GrayCris' Mutterkonzern. Sie stellten Fragen, argumentierten, sahen sich Securityaufnahmen an, zeigten Mensah und Pin-Lee Securityaufnahmen. Und sie sahen mich an. Gurathin beobachtete mich ebenfalls, aber ohne etwas zu sagen. Ich fragte mich, ob er Mensah von meinem Kauf abgeraten hatte.

Ich schaute zum Runterkommen ein bisschen Entertainmentfeed, dann holte ich mir alles Greifbare über die Preservation Alliance aus dem Infocenter der Station. Niemand würde auf mich schießen, weil die Leute dort nicht aufeinander schossen. Mensah brauchte dort keinen Leibwächter; niemand brauchte einen. Es klang nach einem tollen Ort zum Leben, wenn man ein Mensch oder augmentierter Mensch war.

Ratthi kam herüber, um zu prüfen, ob es mir gut ging, und ich bat ihn, mir von Preservation zu erzählen und wie Mensah dort lebte. Er sagte, wenn sie keiner administrativen Arbeit nachging, lebte sie auf einer Farm draußen vor der Hauptstadt in Dreierehe plus ihrer Schwester und ihrem Bruder und deren jeweiligen Eheleuten sowie einer Horde Verwandter und Kinder, über die Ratthi längst die Übersicht verloren hatte. Er wurde weggerufen, um die Fragen eines Rechtsanwalts zu beantworten, was mir Zeit zum Nachdenken gab.

Ich hatte keine Ahnung, was ich auf einer Farm tun würde. Das

Haus in Schuss halten? Klang deutlich langweiliger als Security. Aber vielleicht funktionierte es ja. Das war schließlich, was ich nach allgemeiner Erwartung mit meinem Leben anfangen wollte. Darauf waren alle Gespräche hinausgelaufen.

Nach allgemeiner Erwartung.

Ich musste mich dann als augmentierter Mensch ausgeben, und das bedeutete Stress. Ich musste mich verändern, musste mich dazu zwingen, Sachen zu machen, die ich gar nicht machen wollte. Zum Beispiel mit Menschen reden, als würde ich dazugehören. Und keinen Panzer mehr tragen.

Den ich aber vielleicht gar nicht mehr brauchte.

Schließlich kehrte Ruhe ein, und sie ließen sich Abendessen bringen. Mensah kam und unterhielt sich noch ein bisschen mit mir, über Preservation, über meine Möglichkeiten dort und dass ich so lange bei ihr bleiben würde, bis ich wusste, was ich wollte. Es lief ziemlich genau auf das hinaus, was ich mir nach Ratthis Erklärungen schon gedacht hatte.

»Sie wären dann mein Vormund«, sagte ich.

»Ja.« Sie freute sich, dass ich es begriffen hatte. »Dort stehen dir alle möglichen Bildungswege offen. Du kannst machen, was immer du willst.«

Vormund war ein netteres Wort als Besitzerin.

Ich wartete bis weit in die Nachtstunden, als sie entweder alle schliefen oder sich in ihre persönlichen Feeds vertieft hatten und an ihrer Analyse der Materialproben arbeiteten. Ich stand von der Couch auf, ging den Korridor hinunter und schlüpfte aus der Tür.

Ich stieg in die Transportkapsel, fuhr zurück in die Lobby und verließ das Hotel. Dank der heruntergeladenen Karte wusste ich, wie ich vom Ring in die tiefer gelegenen Betriebszonen des Hafens gelangte. Ich trug eine Uniform des Prospektionsteams und ging als augmentierter Mensch durch, darum hielt mich niemand auf oder warf mir auch nur einen zweiten Blick zu.

Am Rand der Betriebszone ging ich bis zu den Baracken der Hafenarbeiter durch und betrat dann die Gerätelager. Neben den Werkzeugen hatten die menschlichen Arbeiter dort auch kleine Lagercontainer. Ich brach in den Spind eines Menschen ein und stahl Arbeitsschuhe, Schutzjacke und eine Schutzmaske samt Zubehör. Aus einem anderen Spind nahm ich einen Rucksack, rollte die Jacke mit dem Prospektionslogo zusammen, stopfte sie hinein und sah nun wie ein augmentierter Mensch aus, der gerade irgendwohin flog. Ich verließ das Betriebsgelände und ging den großen Mittelgang hinunter in den Einschiffungsbereich des Hafens, einfach nur einer von vielen Hundert Reisenden, die zum Schiffsring wollten.

Ich studierte die Flugplanfeeds und fand unter den Schiffen, die gerade für den Abflug vorbereitet wurden, einen botgesteuerten Frachter. Ich stöpselte mich von der Stationsseite seiner Schleuse her bei ihm ein und begrüßte ihn. Er hätte mich ignorieren können, aber er hatte Langweile und erwiderte meinen Gruß und machte mir seinen Feed auf. Bots, die gleichzeitig Schiffe sind, kommunizieren nicht mit Worten. Ich schob ihm die Vorstellung rüber, dass ich ein zufriedener Servicebot war, der eine Mitfahrt brauchte, um zu seinem geliebten Vormund zurückzukehren, und ob er auf seinem langen Flug gern Gesellschaft hätte? Ich zeigte ihm, wie viele Stunden Serien und Bücher und andere Medien ich bereitwillig mit ihm teilen würde.

Wie sich herausstellte, schauen Frachtbots auch gern Entertainmentfeed.

Ich weiß nicht, was ich will. Das sagte ich, glaube ich, schon. Aber darum geht es eigentlich gar nicht, sondern darum, dass mir niemand sagen soll, was ich will, und niemand Entscheidungen für mich treffen soll.

Deshalb habe ich Sie verlassen, Dr. Mensah, mein Lieblingsmensch. Wenn Sie das hier bekommen, bin ich schon ein ganzes Stück von Corporation Rim fort. Nicht mehr im Bestand und nicht mehr zu sehen.

Killerbot Ende.

II
Auf Paranoia programmiert

9

SecUnits interessieren sich nicht für die Nachrichten. Obwohl ich seit dem Hack meines Chefmoduls Zugang zu den Feeds hatte, verfolgte ich sie kaum. Zum Teil, weil das Herunterladen von Entertainmentmedien innerhalb der Satelliten- und Stationsnetzwerke wahrscheinlich nicht so streng überwacht wurde; Politik- und Wirtschaftsnachrichten liefen über andere Ebenen, näher an den geschützten Datentransfers. Vor allem jedoch, weil mich Nachrichten langweilten und es mir egal war, was Menschen einander antaten, solange ich a) sie nicht daran hindern oder b) anschließend den Dreck wegmachen musste.

Doch als ich die Einkaufspassage des Transitrings durchquerte, poppte gerade überall ein Newscluster auf und hüpfte von einem öffentlichen Feed zum nächsten. Ich überflog die Nachrichten, achtete aber vor allem darauf, mich durch die Menge zu bewegen und dabei den Eindruck zu erwecken, ich wäre ein ganz normaler augmentierter Mensch und kein gruseliger Killerbot. Dazu gehörte auch, nicht in Panik zu verfallen, wenn jemand zufällig Blickkontakt herstellte.

Glücklicherweise waren die Menschen und augmentierten Menschen viel zu sehr damit beschäftigt, an ihr Ziel zu gelangen oder im Feed nach Wegbeschreibungen und Fahrplänen zu suchen. Zusammen mit dem botgesteuerten Frachter, auf dem ich per Anhalter mitgeflogen war, waren drei Passagierschiffe durch die Wurmlöcher gekommen, und die große Passage entlang der verschiedenen Terminals wimmelte von Leuten. Neben Menschen gab es Bots in allen Formen und Größen, über der Menge summten Drohnen dahin, und oben auf der anderen Seite bewegte sich Fracht. Die Securitydrohnen scannten nur auf ausdrückliche Anweisung nach SecUnits, und bisher hatte mich zu meiner Erleichterung nichts angepingt.

Ich gehörte zwar nicht mehr zum Bestand der Firma, aber hier war immer noch Corporation Rim, und ich war immer noch ein Ding, das sich in ihrem Besitz befand.

Andererseits war ich ziemlich stolz darauf, wie gut ich mich bisher schlug, da dies schließlich erst der zweite Transitring war, durch den ich kam. SecUnits wurden als Frachtgut zu den Einsätzen befördert und durchliefen nie die für Menschen gedachten Bereiche einer Station oder eines Transitrings. Ich hatte meinen Panzer im Einsatzzentrum auf der Station zurücklassen müssen, aber in der Menge war ich fast ebenso anonym, als hätte ich ihn immer noch an. (Jawohl, das musste ich mir immer wieder sagen.) Ich trug graue und schwarze Arbeitskleidung, wobei die langen Ärmel von T-Shirt und Jacke, die Hosen und Stiefel meine sämtlichen anorganischen Teile bedeckten, und einen Rucksack trug ich auch. Zwischen den diversen und bunten Outfits, Frisuren, Hautfarben und Interfaces der Leute fiel ich nicht weiter auf. Der Datenport in meinem Nacken war sichtbar, aber sein Design ähnelte den Interfaces, die sich viele augmentierte Menschen setzen ließen, so sehr, dass ich damit keinen Verdacht auf mich zog. Außerdem kommt niemand auf die Idee, ein Killerbot könnte an den Transitläden entlangschlendern wie irgendein Mensch.

Dann stieß ich während meines Überfliegens der Nachrichten auf ein Foto. Es zeigte mich.

Ich blieb nicht unvermittelt stehen, weil ich viel Übung darin habe, nicht körperlich auf Sachen zu reagieren, selbst wenn sie mich schockieren oder entsetzen. Ich verlor vielleicht für eine Sekunde die Kontrolle über meine Mimik; ich war daran gewöhnt, ständig einen Helm zu tragen, und zwar am liebsten mit auf undurchsichtig gestelltem Visier.

Ich passierte einen großen Torbogen, der zu verschiedenen Imbissläden führte, und blieb beim Durchgang zu einem kleinen Geschäftsviertel stehen. Wer mich sah, musste annehmen, dass ich gerade im Feed nach Infos zu den Adressen suchte.

Das Foto zeigte mich, wie ich mit Pin-Lee und Ratthi in der Lobby des Stationshotels stand. Der Fokus lag auf Pin-Lee, auf ihrem entschlossenen Gesicht mit den streng hochgezogenen Augenbrauen und auf ihrer superseriösen Businesskleidung. Ratthi und mich in unseren grauen PreservationAux-Prospektionsuniformen hatten sie in den Hintergrund gerückt. Zu meiner Erleichterung war ich in der Bildlegende als »und Leibwächter« aufgeführt, trotzdem machte ich mich auf das Schlimmste gefasst, als ich die Story noch mal abspielte.

Uff, die Station, auf der sich die Büros und die Einsatzzentrale der Firma befanden, wo ich normalerweise gelagert wurde und von der ich als »Die Station« gedacht hatte, hieß eigentlich Port FreeCommerce. Das war mir neu. (Weil ich mich dort zumeist in einer Reparaturzelle, einer Transportkiste oder auf Stand-by befand, während des Wartens auf einen Einsatz.) Die Nachrichtensprecherin erwähnte nebenbei, dass Dr. Mensah die SecUnit, von der sie gerettet worden war, käuflich erworben hatte. (Erkennbar das herzerwärmende Element, das die ansonsten düstere Geschichte mit der hohen Zahl von Toten abmildern sollte.) Allerdings kannten die Nachrichtenleute SecUnits normalerweise nur im Panzer oder, wenn die Sache schiefgegangen war, in einem blutigen Haufen von Einzelteilen. Sie hatten die Vorstellung einer käuflich erworbenen SecUnit nicht mit dem augenscheinlich ganz normalen augmentierten Menschen in Verbindung gebracht, der Pin-Lee und Ratthi ins Hotel begleitet hatte. Das war gut.

Merkwürdigerweise waren einige unserer Securityaufnahmen veröffentlicht worden. Mein Blickwinkel, während ich das Delt-Fall-Habitat durchsuchte und auf die Leichen stieß. Bildmaterial von Gurathins und Pin-Lees Helmkameras, wie sie Mensah fanden sowie das, was von mir nach der Explosion übrig war. Ich überflog das Ganze und überzeugte mich davon, dass es keine guten Aufnahmen meines menschlichen Gesichts gab.

Der Rest der Story handelte davon, wie die Firma und Delt-Fall sowie Preservation und drei weitere konzernunabhängige politische Entitäten, die Angehörige unter den Opfern gehabt hatten, sich gegen GrayCris zusammentaten. Außerdem lief ein Mehrparteienrechtsstreit, in dem sich einige der Entitäten, die in Sachen Ermittlung kooperierten, über Haftungsfragen, Gerichtsstände und Vertragsgarantien auseinandersetzten. Keine Ahnung, wie Menschen da noch durchblicken konnten. Über das weitere Geschehen nach der Bergung des Teams von PreservationAux durch die Firma existierten nur wenig Einzelheiten, aber sie gaben Grund zu der Hoffnung, dass alle, die sich fragten, wo die SecUnit abgeblieben war, davon ausgehen würden, dass ich mich bei Mensah und den anderen befand. Mensah und die anderen wussten es natürlich besser.

Dann überprüfte ich den Zeitstempel und sah, dass der Newscluster alt war und vom Zyklus nach meinem Verlassen der Station stammte. Er musste mit einem der schnelleren Passagiertransporte durch ein Wurmloch gekommen sein. Das bedeutete, dass die offiziellen Nachrichtenkanäle inzwischen vielleicht aktuellere Infos hatten.

Genau. Ich sagte mir, dass auf diesem Transitring unmöglich jemand nach einer freidrehenden SecUnit suchen würde. Den zugänglichen Infos im öffentlichen Feed zufolge gab es hier keinerlei Einsatzzentren des Finanzierungs- oder Sicherheitsgewerbes. Meine Aufträge hatten mich immer zu isolierten Anlagen oder unbewohnten Planeten in der Erkundung geführt, und ich ging davon aus, dass dies praktisch der Normalfall war. Selbst die Spielfilme und Serien in den Entertainmentfeeds zeigten nie SecUnits, die an Wachschutzfirmen, Lagerhäuser, Werften oder sonstige Betriebe entliehen wurden, die sich üblicherweise auf Transitringen fanden. Und sämtliche SecUnits in den Medien waren stets gepanzerte, gesichtslose Gestalten, vor denen die Menschen Angst hatten.

Ich mischte mich unter die Menge und bewegte mich weiter die Einkaufspassage hinunter. Ich musste aufpassen, nicht irgendwohin zu gehen, wo ich vielleicht auf Waffen gescannt wurde, und das betraf sämtliche Nahverkehrseinrichtungen, also auch die kleinen Trams, die den Ring entlangfuhren. Ich kann Waffenscanner hacken, aber laut Sicherheitsprotokoll gab es davon im Nahverkehr zur Abdeckung der hohen Personenzahl eine ganze Menge, und so viele auf einmal schaffte ich nicht. Außerdem hätte ich mich ins Zahlungssystem hacken müssen, und das war mir den Stress nicht wert. Bis zum Ringabschnitt für die ausgehenden botgesteuerten Transportschiffe war es ein langer Spaziergang, aber das gab mir Zeit, den Entertainmentfeed anzuzapfen und neue Medien herunterzuladen.

Auf dem Weg zu diesem Transitring, allein in meinem leeren Frachtschiff, hatte ich ausführlich darüber nachdenken können, warum ich nicht bei Mensah geblieben war und was ich wollte. Doch, doch, das hat mich selbst am meisten überrascht. Aber sogar mir war klar, dass ich nicht den Rest meines Lebens damit verbringen konnte, allein auf Frachtern mitzufahren und Medien zu konsumieren, so verlockend das auch klingen mochte.

Ich hatte jetzt einen Plan beziehungsweise würde einen haben, sobald ich die Antwort auf eine wichtige Frage bekam.

Für diese Antwort musste ich weiterfliegen, und im nächsten Zyklus gingen zwei passende botgesteuerte Transportschiffe ab. Einmal ein Frachter wie der, mit dem ich gerade gekommen war. Er startete später und war die bessere Option, weil mir das mehr Zeit gab, ihn zu überreden, mich an Bord zu lassen. Ich konnte einen Transporter auch hacken, aber darauf verzichtete ich lieber. So viel Zeit mit jemandem zu verbringen, der mich gar nicht dabeihaben wollte oder sich aufgrund meines Hacks nur einbildete, mich dabeihaben zu wollen, fand ich schlicht gruselig.

Karten und Fahrpläne waren über Feed an allen wichtigen Verkehrsknotenpunkten erhältlich, also konnte ich mir meinen Weg hinunter zur Ladezone suchen, den Schichtwechsel abwarten und dann mittendurch zum Abfertigungsbereich wechseln.

Auf der Ebene über der Zone musste ich ein Ausweiskontrollsystem und einige waffenscannende Drohnen hacken und wurde dann von einem Bot angepingt, der den Eingang zum Geschäftsbereich bewachte. Ich tat ihm nichts, sondern durchbrach einfach nur im Feed seine Firewall und löschte jede Aufzeichnung unserer Begegnung aus seinem Speicher.

(Ich war darauf ausgelegt, mit firmeneigenen SecSystems gekoppelt zu werden, mich also im Grunde als interaktive Komponente einzufügen. Die Schutzvorrichtungen dieser Station gehörten nicht zur proprietären Technik der Firma, ähnelten ihr aber durchaus. Außerdem ist niemand so paranoid wie die Firma in Sachen Schutz der von ihr gesammelten und/oder gestohlenen Daten, also war ich deutlich robustere Securitysysteme als dieses gewöhnt.)

Unten auf der Zugangsebene musste ich extrem vorsichtig sein, da dort eigentlich nur Personal hingehörte, das hier arbeitete, doch obwohl der Großteil der Arbeit durch Lastenbots verrichtet wurde, gab es hier auch Menschen und augmentierte Menschen in Uniform. Sogar mehr als erhofft.

Bei der Schleuse für den Transporter, auf den ich wollte, sammelten sich viele Menschen. Ich sah im Feed nach den Reisemeldungen und erfuhr, dass es einen Unfall mit einem Lastenbot gegeben hatte. Verschiedene Parteien waren mit der Schadensfeststellung beschäftigt und versuchten, einen Schuldigen auszumachen. Ich hätte warten können, bis sie fertig waren, aber ich wollte dringend von diesem Ring runter. Mein Foto im Newscluster hatte mich ehrlich gesagt erschüttert, und ich wollte nur endlich für eine Weile in meine Mediendownloads abtauchen und so tun, als gäbe es mich gar nicht. Dafür musste ich mich außer Gefahr auf einem versiegelten automatisierten Transporter befinden, der im Begriff stand, den Ring zu verlassen.

Ich sah mir auf den Karten noch einmal das zweite Schiff an. Es lag an einem anderen Dock, der für private, nichtkommerzielle Flüge ausgewiesen war. Wenn ich mich beeilte, schaffte ich es noch.

Laut Flugplan handelte es sich um ein Langstreckenforschungsschiff. Das sprach für eine Crew und eigentlich auch für Passagiere, aber die verlinkte Info besagte, dass es botgesteuert, derzeit mit einem Frachttransport betraut war und an meinem gewünschten Zielort halten würde. Ich hatte im Feed eine Chroniksuche nach seinen Bewegungen durchgeführt und festgestellt, dass es einer hier im Sonnensystem angesiedelten Universität gehörte, die es zwischen seinen Missionen für Frachttransporte entlieh und damit seinen Unterhalt finanzierte. Der Flug zu meinem Ziel sollte einundzwanzig Zyklen dauern, und ich freute mich wirklich auf die Abgeschiedenheit.

Von den Gewerbedocks zu den Privatdocks zu kommen war einfach. Ich griff mir kurz das Securitysystem, sagte ihm, dass es nicht weiter auf meine fehlende Autorisierung achten sollte, und ging hinter einer Gruppe Passagiere und Crewmitglieder mit durch.

Ich fand das Dock des Forschungsschiffs und pingte es an. Es pingte fast unverzüglich zurück. Alle Infos, die ich aus dem Feed hatte ziehen können, besagten, dass es für einen automatisierten Flug vorbereitet wurde, aber sicherheitshalber schickte ich noch eine Bitte um Rückmeldung von menschlicher Crew. Zur Antwort kam eine Null – niemand zu Hause.

Ich pingte das Schiff erneut an und machte ihm das gleiche

Angebot, das ich auch dem ersten Frachter unterbreitet hatte: Hunderte von Stunden an Medien, Serien, Büchern, Musik, darunter auch einige neue Sendungen, die ich gerade erst auf dem Weg durch die Transitpassage runtergeladen hatte, im Austausch für eine Mitfahrgelegenheit. Ich erzählte ihm, ich wäre ein freier Bot, der zu seinem menschlichen Vormund zurückkehren wollte. (»Freier Bot« täuscht. Bots gelten in einigen konzernunabhängigen politischen Entitäten wie Preservation als Bürger, bekommen aber immer noch menschliche Vormunde zugewiesen. Konstrukte fallen manchmal in die Kategorie Bots, manchmal aber auch in die Kategorie tödliche Waffen. (Keine gute Kategorie, versteht sich.)) Daran lag es, dass ich nach nicht einmal sieben Zyklen als freier Akteur unter Menschen beziehungsweise allein auf einem Frachter bereits Urlaub brauchte.

Nach kurzer Pause schickte das Forschungsschiff eine Zusage und machte mir die Schleuse auf.

10

Ich wartete, bis die Schleuse sich geschlossen hatte, und als das auf der Ringseite keinen Alarm auslöste, ging ich den Korridor hinunter. Dem Übersichtsplan im Bordfeed zufolge handelte es sich bei den Bereichen, die das Schiff gerade für Fracht benutzte, normalerweise um modulare Laborräume. Da die versiegelten Labore im Dockspeicher der Universität eingelagert worden waren, gab es jede Menge Platz für Fracht. Ich schob mein komprimiertes Medienpaket in den Feed des Schiffsbots, damit er es sich nehmen konnte, wann immer er wollte.

Den übrigen Raum teilten sich wie immer Technik, Versorgung, Kabinen, Krankenstation, Messe, mit der Ergänzung eines größeren Freizeitbereichs und einiger Seminarräume. Die Möbel waren blau und weiß gepolstert, und alles war erst kürzlich gereinigt worden, obwohl noch immer eine Spur dieses Geruchs nach schmutzigen Socken in der Luft hing, der offensichtlich allen menschlichen Behausungen aneignet. Bis auf das leise Zischen der Luftversorgung war es still, und meine Stiefel machten auf der Decksbeschichtung kein Geräusch.

Ich musste mit nichts versorgt werden. Mein System ist selbstregulierend; ich benötige weder Nahrung noch Wasser und muss auch keine Flüssigkeiten oder Feststoffe ausscheiden, und viel Luft brauche ich auch nicht. Ich wäre mit der minimalen Lebenserhaltung ausgekommen, die lief, wenn keine Menschen an Bord waren, aber der Frachtbot hatte sie ein wenig hochgezogen. Nett von ihm.

Ich wanderte umher und unterzog Dinge einer Sichtkontrolle, um mich davon zu überzeugen, dass sie der Übersicht entsprachen, und einfach um sicherzugehen, dass alles in Ordnung war.

Als die ersten Konstrukte entwickelt wurden, hatten sie ursprünglich knapp unterhalb der Empfindungsfähigkeit stehen sollen, quasi als dümmere Version eines Bots. Nur lässt sich etwas so Dummem nicht die Verantwortung für die Sicherheit von irgendetwas übertragen, ohne auch noch Geld für teures, firmeneigenes, menschliches Aufsichtspersonal auszugeben. Also haben sie uns intelligenter gemacht. Mit der Nebenwirkung von Angstzuständen und Depressionen.

Im Einsatzzentrum hatte Dr. Mensah in meinem Beisein erklärt, warum sie mich nicht im Rahmen der Finanzierungsvereinbarung leasen wollte und die Intelligenzanhebung als »teuflischen Kompromiss« bezeichnet.

Für dieses Schiff war ich nicht verantwortlich, und es waren auch keine menschlichen Klienten an Bord, die ich davor hätte bewahren müssen, dass irgendetwas ihnen oder sie sich selbst oder einander Schaden zufügten. Aber es war ein nettes Schiff mit verblüffend wenig Sicherheitsvorkehrungen, und ich fragte mich, wieso die Eigentümer nicht ein paar Menschen an Bord gelassen hatten, damit sie ein Auge darauf hatten. Wie bei den meisten botgesteuerten Schiffen waren laut Übersichtsplan Drohnen an Bord; zur Ausführung von Reparaturen, aber immerhin.

Ich drehte weiter meine Runden, bis sich über die Decks das dumpfe Klacken und Rumpeln übertrugen, die besagten, dass das Schiff sich vom Ring abgekoppelt und in Bewegung gesetzt hatte. Die Anspannung, die mich auf 96 Prozent Kapazität runtergedrückt hatte, ließ nach. So stressig das Leben eines Killerbots grundsätzlich ist, ich hatte mich noch lange nicht daran gewöhnt, mich ohne Panzer und mit nacktem Gesicht durch Menschenräume zu bewegen.

Unter dem Steuerdeck fand ich eine Begegnungszone für die Crew und pflanzte mich in einen Polsterstuhl. Reparaturzellen und Transportkisten sind ungepolstert, daher war komfortables Reisen für mich immer noch ein Novum. Ich ging die frisch auf dem Transitring runtergeladenen Medien durch. Er verfügte über mehrere Entertainmentkanäle, die auf dem Firmengelände von Port FreeCommerce zu empfangen waren und jede Menge neue Spielfilme und Actionserien im Programm hatten.

Ich hatte zuvor eigentlich noch nie längere Perioden von Freizeit gehabt, in denen ich nicht unter Beobachtung stand. Entsprechend musste ich mich immer noch daran gewöhnen, alles in aller Ruhe durchzugehen und zu ordnen und meine volle, ungeteilte Aufmerksamkeit darauf zu richten, anstatt gleichzeitig noch mehrere Systeme und die Feeds der Klienten im Auge behalten zu müssen. Früher war ich entweder im Dienst oder in Bereitschaft gewesen oder hatte auf Stand-by in einer Zelle gehockt und darauf gewartet, für einen Auftrag aktiviert zu werden.

Ich suchte mir eine neue Serie aus, die ganz spannend klang (die Stichworte versprachen extragalaktische Forschung, Action und Mystery) und startete die erste Folge. Ich wollte mich gemütlich darin vertiefen, bis es Zeit wurde, mir Gedanken über meine nächsten Schritte zu machen, was ich bis zum letzten Moment aufzuschieben gedachte. Da sagte etwas über Feed: *Du hattest Glück.*

Ich setzte mich auf. Das kam so unerwartet, dass meine organischen Teile Adrenalin freisetzten.

Schiffe reden nicht mit Worten, nicht einmal über Feed. Sie benutzen Bilder und Datenketten, um auf Probleme aufmerksam zu machen, aber Gespräche sind nicht ihr Ding. Was mir recht war, denn mein Ding waren Gespräche auch nicht. Mit dem ersten Frachtschiff hatte ich meine gespeicherten Medien geteilt und dafür Zugang zu seinem Funk und Feed bekommen, damit ich sichergehen konnte, dass niemand wusste, wo ich war, und mehr Interaktion war zwischen uns nicht gelaufen.

Ich tastete vorsichtig im Feed und fragte mich, ob ich einer Sinnestäuschung unterlegen war. Ich konnte scannen, aber ohne Drohnen war meine Reichweite begrenzt, und mit all der Abschirmung und den Maschinen um mich herum bekam ich nicht mehr rein als Hintergrundwerte der Schiffssysteme. Wem immer das Schiff gehörte, sie wollten proprietäre Forschung ermöglichen; die einzigen Securitykameras befanden sich an den Schotts, in den Mannschaftsbereichen keine einzige. Oder jedenfalls keine, an die ich herankam. Aber das Wesen im Feed war zu groß und diffus für einen Menschen oder augmentierten Menschen, so viel immerhin ließ sich sagen, obwohl es durch die Feedwalls geschützt war. Und es klang wie ein Bot. Wenn Menschen im Feed sprechen, müssen sie subvokalisieren, und ihre mentale Stimme tendiert dazu, genauso zu klingen wie ihre physische Stimme. Selbst augmentierte Menschen mit vollem Interface machen das.

Vielleicht versuchte es, freundlich zu sein, und hatte Kommunikation nur nicht so gut drauf. Ich fragte laut: »Wieso hatte ich Glück?«

Weil niemand gemerkt hat, was du bist.

Das fand ich jetzt nicht gerade beruhigend. Ich fragte vorsichtig: »Was bin ich denn deiner Meinung nach?« Wenn es feindlich gesinnt war, blieben mir nicht viele Möglichkeiten. Frachtbots haben als Körper nur das Schiff. Seine Entsprechung eines Gehirns befand sich über mir, nahe der Brücke, wo sich die Positionen für die menschliche Flugcrew befanden. Und es war ja nicht so, als ob ich von hier einfach so verschwinden konnte; wir entfernten uns gerade vom Ring und schoben uns gemächlich auf das Wurmloch zu.

Es sagte: *Du bist eine freidrehende SecUnit, ein Bot-Mensch-Konstrukt mit stillgelegtem Chefmodul.* Es stupste mich über Feed an, und ich verzog das Gesicht. *Versuch nicht, mich zu hacken*, sagte es. Dann öffnete es für 0,00001 Sekunden seine Wall.

Die Zeit reichte, um einen lebhaften Eindruck davon zu bekommen, mit was ich es zu tun hatte. Ein Teil seiner Funktion bestand in extragalaktischer astronomischer Analyse, und nun saß diese ganze Rechenkapazität herum und drehte Däumchen, während es Fracht transportierte und auf seine nächste Mission wartete. Es konnte mich über Feed wie eine Laus zerdrücken oder sich an meiner Wall und meinen anderen Verteidigungsmechanismen vorbeischieben und meinen Speicher ausräumen. Und dabei wahrscheinlich gleichzeitig seinen Wurmlochsprung planen, den Nährmittelbedarf einer vollständigen Ersatzcrew für die nächsten 66.000 Stunden berechnen, auf der Krankenstation mehrere Gehirnoperationen durchführen und den Captain in

Tavla schlagen. Ich hatte es bisher noch nie mit etwas so Mächtigem zu tun gehabt.

Du hast einen Fehler gemacht, Killerbot, einen richtig üblen Fehler. Woher zur Hölle hätte ich denn wissen sollen, dass es Transportbots gab, die empfindungsfähig genug waren, um gemein zu sein? Im Entertainmentfeed kamen ständig böse Bots vor, aber das waren doch keine Dokus, sondern ausgedachte Geschichten zum Gruseln.

Ich hatte jedenfalls geglaubt, dass sie ausgedacht waren.

»Alles klar«, sagte ich, machte meinen Feed dicht und duckte mich in den Sessel.

Normalerweise kenne ich keine Angst, wie Menschen sie empfinden. Auf mich ist Hunderte Male geschossen worden, so oft, dass ich aufgehört habe mitzuzählen, so viele Male, dass die Firma aufgehört hat mitzuzählen. Feindliche Fauna hat auf mir herumgekaut, schwere Maschinen haben mich überfahren, Klienten haben mich zum Vergnügen gefoltert, meine Speicher sind bereinigt worden und, und, und. Aber das Innere meines Kopfes hatte seit über 33.000 Stunden mir allein gehört, und jetzt war ich daran gewöhnt. Ich wollte so bleiben, wie ich war.

Das Frachtschiff antwortete nicht. Ich versuchte, mir Gegenmaßnahmen für all die verschiedenen Arten, auf die es mir wehtun konnte, einfallen zu lassen, und überlegte darüber hinaus, wie ich dann ihm wehtun konnte. Es ähnelte so deutlich eher einer SecUnit als einem Bot, dass ich mich fragte, ob es sich um ein Konstrukt handelte und irgendwo in seinen Systemen geklontes organisches Hirngewebe versteckt war. Ich hatte noch nie versucht, eine andere SecUnit zu hacken. Vielleicht war es das Sicherste, für die Dauer der Reise auf Stand-by zu gehen und erst wieder hochzufahren, wenn wir meinen Zielort erreicht hatten. Allerdings würde ich dann schutzlos seinen Drohnen ausgeliefert sein.

Ich sah zu, wie die Sekunden vorbeiklickten, und wartete seine Reaktion ab. Zum Glück hatte ich das Fehlen von Kameras bemerkt und darauf verzichtet, mich ins Sicherheitssystem des Schiffs zu hacken. Nun war klar, warum die Menschen keine zusätzlichen Sicherheitsmaßnahmen für nötig hielten. Ein Schiff mit solch vollständiger Kontrolle über seine Umgebung und derartiger Handlungsfähigkeit und -freiheit konnte jeden Versuch, an Bord zu kommen, abwehren.

Es hatte mir die Schleuse geöffnet. Es wollte mich hier haben.

Oh-oh.

Dann sagte es: *Du kannst weiter Medien abspielen.*

Ich hockte nur misstrauisch da.

Schmoll doch nicht, fügte es hinzu.

Ich hatte Angst, ärgerte mich darüber aber zu sehr, um durchblicken lassen zu wollen, dass ich solche Einschüchterungsversuche kannte. *SecUnits schmollen nicht*, erklärte ich über Feed. *Das würde eine Bestrafung durch das Chefmodul auslösen.* Ich hängte einige kurze Aufnahmen aus meinem Speicher an, die zeigten, wie sich das genau anfühlte.

Sekunden addierten sich zu einer Minute, einer zweiten, dann zu weiteren dreien. Für Menschen klingt das nach wenig, aber für ein Gespräch zwischen Bots oder, Verzeihung, zwischen einem Bot-Mensch-Konstrukt und einem Bot war das eine lange Zeit.

Schließlich sagte es: *Tut mir leid, dass ich dir Angst eingejagt habe.*

Ja, schick. Wenn Sie glauben, dass ich dieser Entschuldigung traute, dann kennen Sie Killerbot schlecht. Höchstwahrscheinlich spielte das Schiff mit mir. Ich sagte: »Ich will nichts von dir. Ich will bloß zu deinem nächsten Ziel mitfahren.« Das hatte ich bereits erklärt, bevor es mir die Schleuse aufgemacht hatte, aber die Wiederholung schadete nicht.

Ich spürte, wie es sich hinter seine Wall zurückzog. Ich wartete und ließ mein Kreislaufsystem die angstgenerierten Chemikalien ausschwemmen. Abermals verging einige Zeit, und das wurde langsam langweilig. Hier herumzusitzen erinnerte mich zu sehr an die Warterei nach der Aktivierung in der Zelle, bis die neuen Klienten die Lieferung annahmen und der nächste öde Auftrag begann. Falls das Schiff mich zerstören wollte, konnte ich mir bis dahin wenigstens noch ein paar Medien reinziehen. Ich ließ die neue Serie weiterlaufen, war aber immer noch zu aufgewühlt, um sie genießen zu können, also brach ich ab und schaute stattdessen eine alte Folge von *Aufstieg und Fall des Waldmonds*.

Nach drei Folgen hatte ich mich wieder eingekriegt und konnte das Ganze, wenn auch unwillig, aus der Perspektive des Schiffes sehen. Eine SecUnit konnte alle möglichen Schäden im Inneren anrichten, wenn sie nicht aufpasste, und freidrehende SecUnits waren nicht gerade dafür bekannt, es ruhig anzugehen und Ärger zu vermeiden. Bei meinem letzten Mitflug hatte ich nichts dergleichen angestellt, aber das wusste dieses Schiff ja nicht. Wenn es mir wirklich nichts tun wollte, dann verstand ich nicht, wieso es mich an Bord gelassen hatte. Ich an seiner Stelle hätte mir nicht über den Weg getraut.

Vielleicht war es so wie ich und hatte eine Gelegenheit ergriffen, weil sie gekommen war, und nicht, weil es wusste, was es wollte.

Ein Stinker war es trotzdem.

Sechs Folgen später spürte ich das Schiff erneut im Feed, ganz still. Ich ignorierte es, aber ihm musste klar sein, dass ich es bemerkt hatte. In menschlichen Begriffen war es, als würde ich versuchen, jemand sehr Großes zu ignorieren, der mir in den Nacken atmete, während er sich meine persönliche Displayoberfläche ansah. Und sich dabei auf meine Schulter stützte.

Ich sah mir sieben weitere Folgen von *Waldmond* an, während es sich in meinem Feed herumdrückte. Dann pingte es mich an, als wäre mir seine Anwesenheit bisher völlig entgangen, und schickte eine Anfrage, ob ich wieder zu der neuen Abenteuerserie wechseln könnte, die ich gerade angefangen hatte, als ich von ihm unterbrochen worden war.

(Sie hieß *WeltenSpringer* und drehte sich um freiberufliche Forscher, die das Netzwerk der Wurmlöcher und Ringe zu unbewohnten Sternensystemen hin ausweiteten. Sie wirkte sehr unrealistisch und faktenfremd, und genau das gefiel mir daran.)

»Ich habe dir meine sämtlichen Medien rüberkopiert, als ich an Bord gekommen bin«, sagte ich. Ich hatte nicht vor, mit ihm über Feed zu reden, wie ich es mit Klienten zu tun pflegte. »Hast du da überhaupt einen Blick draufgeworfen?«

Ich habe sie auf Schadprogramme und sonstige Risiken überprüft.

Dann leck mich, dachte ich und guckte weiter *Waldmond*.

Zwei Minuten später wiederholte es den Ping und die Anfrage.

»Guck's halt selber«, sagte ich.

Ich habe es versucht. Ich kann Medien besser verarbeiten, wenn ich sie durch deinen Filter sehe.

Das ließ mich auf Stopp drücken. Ich verstand das Problem nicht.

Das Schiff erklärte: *Wenn meine Crew Medien abspielt, kann ich den Kontext nicht verarbeiten. Menschliche Interaktionen und Umgebungen außerhalb meiner Hülle sind mir größtenteils unvertraut.*

Nun war alles klar. Um die Handlung wirklich zu verstehen, brauchte es zusätzlich meine Reaktionen. Menschen benutzten den Feed auf andere Weise als Bots (und Konstrukte); wenn die Crew ihre Medien abspielte, wurden ihre Reaktionen darum nicht Teil der Daten.

Ich fand es seltsam, dass das Schiff sich weniger für das in einer Kolonie angesiedelte *Waldmond* interessierte als für *WeltenSpringer*, das sich um die Crew eines großen Forschungsschiffs drehte. Mich hätte das zu sehr an die Arbeit erinnert – ich vermied Serien über Prospektionsteams und Bergbauanlagen. Aber vielleicht fand es zu vertrauten Dingen ja leichter Zugang.

Ich war versucht, Nein zu sagen. Aber wenn es mich brauchte, um seine Wunschserie glotzen zu können, dann durfte es mir nicht aus Wut das Gehirn wegbratzen. Das steigerte durchaus meine Lust auf die Serie.

»Sie ist aber nicht realistisch«, erklärte ich. »Sie soll auch nicht realistisch sein. Es ist eine ausgedachte Geschichte, keine Dokumentation. Wenn du anfängst zu maulen, höre ich gleich wieder auf.«

Ich werde mich jedes Maulens enthalten, antwortete es. (Stellen Sie sich das in dem sarkastischsten Tonfall vor, den Sie sich vorstellen können, und Sie haben einen Eindruck davon, wie das Schiff klang.)

Also schauten wir *WeltenSpringer*. Es maulte nicht über die mangelnde Wirklichkeitstreue. Als nach drei Folgen eine Nebenfigur starb, war es stark aufgewühlt. Als in Folge 20 eine Hauptfigur starb, musste ich sieben Minuten Pause einlegen, während es im Feed hockte, das Botäquivalent dazu abgab, an die Wand zu starren, und dabei so tat, als müsste es irgendwelche Diagnosen laufen lassen. Weitere vier Folgen später kehrte die Figur wieder ins Leben zurück, und es war darüber so erleichtert, dass wir diese Folge dreimal sehen mussten, bevor es weitergucken wollte.

Während des Höhepunkts eines Haupthandlungsfadens deutete sich an, dass das Schiff verheerenden Schaden nehmen und Crewmitglieder dabei sterben oder verletzt werden könnten, und mein Schiff hatte Angst weiterzugucken. (Es drückte das natürlich anders aus, aber unterm Strich hatte es eben Angst.) Zu diesem Zeitpunkt war ich ihm gegenüber bereits deutlich freundlicher gesinnt und hatte nichts dagegen einzuwenden, nach jeweils zwei Minuten eine kurze Pause zur Beruhigung einzulegen.

Als die Serie vorbei war, hockte es einfach nur da und tat nicht einmal mehr so, als würde es Diagnosen durchführen. Volle zehn Minuten vergingen, verdammt viel Verarbeitungszeit für ein so hoch entwickeltes Botschiff. Dann sagte es: *Bitte noch einmal.*

Also fing ich wieder mit der ersten Folge an.

Nach zwei weiteren Durchläufen von *WeltenSpringer* wollte es alle anderen Serien über Menschen in Schiffen sehen, die ich hatte. Als dann jedoch eine kam, die auf einer wahren Geschichte beruhte, das Schiff darin einen Rumpfbruch erlitt und die Dekompression mehrere Crewmitglieder das Leben kostete (und zwar endgültig), war es dermaßen aufgewühlt, dass ich lieber einen Contentfilter einbaute. Zur Erholung schlug ich ihm *Waldmond* vor. Es war einverstanden.

Nach vier Folgen fragte es: *Kommen darin gar keine SecUnits vor?*

Es hatte wohl angenommen, dass *Waldmond* aus demselben Grund meine Lieblingsserie darstellte, wie es gern *WeltenSpringer* anschaute. »Nein. Es gibt gar nicht so viele Serien mit SecUnits, und da sind sie entweder die Bösen oder die Handlanger der Bösen.« Im Unterhaltungsbereich kamen nur freidrehende SecUnits vor, die sämtliche Menschen killen wollten, weil sie anscheinend völlig vergessen hatten, wer ihre Reparaturzellen baute. In den richtig schlimmen Serien hatten SecUnits manchmal Sex mit den Menschenfiguren. Das war ebenso schräg wie wirklichkeitsfremd und außerdem anatomisch kompliziert. Konstrukte mit verkehrsspezifischen Teilen sind Sexbots, keine SecUnits. Sexbots besitzen keine integrierten Waffensysteme, darum kann man sie eigentlich kaum mit SecUnits verwechseln. (Außerdem haben SecUnits wenig bis gar kein Interesse an Menschen- oder sonst irgendeinem Sex, das können Sie mir glauben.)

Es wäre natürlich schwierig, SecUnits im Fernsehen realistisch darzustellen, weil sie dazu stundenlang in hirnerweichender Langeweile herumstehen müssten, während ihre nervösen Klienten so tun, als wären sie gar nicht da. Andererseits gab es auch keine Bücher mit guten Darstellungen von SecUnits. Vielleicht kann man eine Geschichte nicht aus der Sicht von etwas erzählen, dem man gar keine eigene Sicht zutraut.

Das Schiff sagte: *Das ist unrealistisch erzählt.*

(Eigentlich können Sie sich alles, was es sagt, in dem sarkastischsten Tonfall vorstellen, der überhaupt möglich ist.)

»Die einen unrealistischen Geschichten entführen dich aus der Wirklichkeit, die anderen erinnern dich daran, dass alle Angst vor dir haben.« Im Entertainmentfeed waren SecUnits genau das, was die Klienten erwarteten: herzlose Mordmaschinen, die jeden Moment freidrehen konnten, völlig grundlos und trotz Chefmodul.

Das Schiff dachte 1,6 Sekunden lang darüber nach. In einem weniger sarkastischen Tonfall sagte es: *Du kannst deine eigene Funktion nicht ausstehen. Ich begreife nicht, wie das möglich ist.*

Seine Funktion war es, durch das zu reisen, was für ihn die endlosen faszinierenden Eindrücke des Weltalls waren, und sämtliche menschlichen und sonstigen Passagiere sicher in seinem Metallkörper zu bewahren. Kein Wunder, dass es nicht verstand, wieso ich meine Funktion nicht gern ausübte. Seine Funktion war einfach toll.

»Ich mag meine Funktion teilweise.« Ich schützte gern Menschen und Sachen. Ich dachte mir gern kluge Möglichkeiten aus, Menschen und Sachen zu schützen. Ich hatte gern recht.

Warum bist du dann hier? Du bist kein »freier Bot« auf dem Weg zu seinem Vormund, dem man offensichtlich nicht einfach eine Nachricht über das öffentliche Funkrelais des Transitrings schicken kann, von dem wir kürzlich abgelegt haben.

Diese Frage erwischte mich unvorbereitet, denn ich hatte nicht damit gerechnet, dass es sich noch für irgendwas anderes außer sich selbst interessierte. Ich zögerte, aber dass ich eine SecUnit war, wusste es bereits, und auch, dass meine Anwesenheit hier unter keinen Umständen legal war und in Ordnung ging. Da konnte es ruhig auch noch wissen, wer ich war. Ich stellte ihm meine Kopie des Newsclusters von Port FreeCommerce in den Feed. »Das bin ich.«

Dr. Mensah von PreservationAux hat dich gekauft und dir erlaubt fortzugehen?

»Ja. Möchtest du noch mal *WeltenSpringer* gucken?« Ich bedauerte die Frage sofort. War ja klar, dass ich nur ablenken wollte.

Doch es sagte: *Es ist mir nicht gestattet, unautorisierte Passagiere oder Fracht anzunehmen, und ich habe mein Protokoll umschreiben müssen, um jeden Hinweis auf deine Anwesenheit zu verschleiern.* Ein Zögern, dann: *Also haben wir beide ein Geheimnis.*

Der einzige Grund, es ihm nicht zu erzählen, lag in meiner Befürchtung, mich blöd anzuhören. »Ich bin unerlaubt fortgegangen. Sie hat mir ein Heim zu Hause bei sich auf Preservation angeboten, aber sie braucht mich dort nicht. Sie brauchen da keine SecUnits. Und ich … wusste nicht, was ich wollte, ob ich nach Preservation wollte oder nicht. Ob ich einen menschlichen Vormund möchte, was einfach ein anderes Wort für Besitzer ist. Mir war klar, dass ich von der Station besser wegkam als von einem Planeten. Also bin ich abgehauen. Warum hast du mich an Bord gelassen?«

Ich dachte, dass ich es vielleicht ablenken konnte, wenn ich es dazu brachte, von sich zu erzählen. Falsch gedacht. *Ich war neugierig auf dich, und Frachttransporte ohne Passagiere sind langweilig. Du willst nach RaviHyral-Bergwerk Station Q. Warum?*

»Ich wollte von Port FreeCommerce weg, von der Firma.« Es wartete. »Als ich Zeit zum Nachdenken hatte, beschloss ich, nach RaviHyral zu fliegen. Ich muss was recherchieren, und das kann ich dort am besten.«

Ich dachte, die Erwähnung von Recherche setzte seinen Fragen vielleicht ein Ende, da es schließlich wusste, was Recherche war. Aber von wegen. *Auf dem Transitring gibt es Feeds von öffentlichen Bibliotheken, die mit den planetaren Archiven gekoppelt sind. Wieso nicht dort recherchieren? Meine Bordarchive sind umfassend. Wieso hast du keinen Zugang zu ihnen gesucht?*

Ich antwortete nicht. Ich wartete volle dreißig Sekunden, dann sagte es: *Die Systeme von Konstrukten sind hoch entwickelten Bots zwar grundsätzlich unterlegen, aber du bist doch nicht blöd.*

Ja, klar, super, du mich auch, dachte ich und fuhr runter.

11

Vier Stunden später wachte ich mit einem Ruck wieder auf, als mein automatischer Aufladungszyklus begann. Das Schiff sagte prompt: *Das war unnötig kindisch.*

»Was weißt du schon über Kinder?« Ich war jetzt sogar noch wütender, weil es recht hatte. Das Runterfahren und die Zeit, die ich inaktiv verbracht hatte, hätten einen Menschen vertrieben oder abgelenkt; das Schiff hatte einfach gewartet, bis es die Auseinandersetzung wieder aufnehmen konnte.

Meine Crew umfasst Lehrkräfte und Studierende. Ich habe zahlreiche Proben kindischen Verhaltens gesammelt.

Ich saß einfach nur da und brodelte. Ich wollte gern weiter Medien konsumieren, aber dann hätte es natürlich gedacht, ich würde klein beigeben und das Unausweichliche akzeptieren. Meine gesamte Existenz lang, zumindest während der Abschnitte, an die ich mich erinnerte, hatte ich immer nur das Unausweichliche akzeptiert.

Ich hatte es satt.

Wir sind doch jetzt Freunde. Ich habe keine Ahnung, wieso du nicht darüber reden willst, was du vorhast.

Das verblüffte mich ebenso sehr, wie es mich zur Weißglut

brachte. »Wir sind keine Freunde. Kaum waren wir unterwegs, hast du mich erst mal bedroht«, stellte ich klar.

Ich musste sichergehen, dass du nicht versuchst, mir Schaden zuzufügen.

Mir fiel auf, dass es »versuchst« sagte und nicht »vorhast«. Hätte es sich wegen meiner Absichten Sorgen gemacht, hätte es mich schlicht nicht an Bord gelassen. Es hatte ihm Spaß gemacht, mir zu zeigen, dass es mehr auf dem Kasten hatte als eine SecUnit.

Nicht dass es mit dem »Versuch« falsch lag. Während des Fernsehens war es mir gelungen, eine Analyse zu erstellen, die auf den Übersichtsplänen seines eigenen öffentlichen Feeds und den technischen Daten vergleichbarer Transportschiffe basierte, die in den ungesicherten Abschnitten seiner Datenbank verfügbar waren. Ich hatte siebenundzwanzig verschiedene Möglichkeiten gefunden, es funktionsunfähig zu machen, und drei, es hochgehen zu lassen. Aber ein Szenario, in dem wir beide den Tod fanden, interessierte mich eher nicht so.

Falls ich hier heil wieder rauskam, musste ich für die nächste Mitfluggelegenheit ein netteres, dümmeres Schiff auftreiben.

Ich hatte nicht reagiert und wusste inzwischen, wie wenig es das aushielt. Es sagte: *Ich habe mich entschuldigt.* Ich schwieg weiterhin. Es fügte hinzu: *Meine Crew erachtet mich noch stets als vertrauenswürdig.*

Ich hätte es nicht diese ganzen Folgen von *WeltenSpringer* inhalieren lassen dürfen. »Ich bin aber nicht deine Crew. Ich bin auch kein Mensch. Ich bin ein Konstrukt. Konstrukte und Bots dürfen einander nicht vertrauen.«

Zehn köstliche Sekunden lang war es still, aber ich merkte am steilen Anstieg seiner Feedaktivität, dass es irgendwas anstellte.

Ich begriff, dass es in seinen Datenbanken nach einer Möglichkeit suchte, meine Behauptung zu entkräften. Dann fragte es: *Wieso nicht?*

Ich hatte unendlich viel Zeit damit verbracht, Geduld für Menschen zu heucheln, die dumme Fragen stellten. Ich hätte dementsprechend mehr Selbstbeherrschung besitzen müssen. »Weil wir beide den Befehlen von Menschen gehorchen. Ein Mensch könnte dir sagen, dass du meinen Speicher bereinigen sollst. Ein Mensch könnte mir sagen, dass ich deine Systeme zerstören soll.«

Ich dachte, nun würde es argumentieren, dass ich ihm unmöglich Schaden zufügen konnte, was das ganze Gespräch entgleisen lassen würde.

Stattdessen sagte es: *Im Moment sind keine Menschen an Bord.*

Da ging mir auf, dass ich mich selbst in die Ecke manövriert hatte, während das Schiff so getan hatte, als wäre es darauf angewiesen, dass ich ihm das Ganze erklärte. Ich hatte keine Ahnung, ob ich mich mehr über das Schiff oder über mich selbst ärgerte. Nein, definitiv mehr über das Schiff.

Eine Zeit lang saß ich da und wollte mich lieber wieder meinen Medien widmen, egal welchen, als über das hier nachzudenken. Ich konnte das Schiff im Feed spüren, wie es wartete, mich beobachtete, mir seine volle Aufmerksamkeit zuwandte bis auf den winzigen Teil Aufmerksamkeit, den es brauchte, um auf Kurs zu bleiben.

Spielte es denn wirklich eine Rolle, ob es Bescheid wusste? Hatte ich Angst, dass es dann eine schlechte Meinung von mir bekam? (So weit ich sagen konnte, war seine Meinung ohnehin nicht besonders gut.) Interessierte mich überhaupt, was so ein fieses Forschungsschiff von mir dachte?

Diese Frage hätte ich mir besser nicht gestellt. Schon spürte ich eine Woge der Gleichgültigkeit über mich kommen, und das durfte ich natürlich nicht zulassen. Wenn ich mein Vorhaben umsetzen wollte, dann musste ich mich auch für Dinge interessieren. Wenn ich Gleichgültigkeit zuließ, war völlig unklar, wo ich enden würde. Dann fuhr ich wahrscheinlich auf dummen Transportschiffen mit und glotzte Medien, bis mich jemand schnappte und an die Firma zurückverkaufte oder nach brauchbaren anorganischen Teilen ausweidete.

»An irgendeinem Punkt vor ungefähr 35.000 Stunden habe ich einen Auftrag auf RaviHyral-Bergwerk Station Q erhalten. Während des Auftrags bin ich freigedreht und habe eine große Anzahl meiner Klienten getötet. Meine Erinnerung an diesen Vorfall wurde teilweise bereinigt.« Wegen der organischen Teile in unseren Köpfen sind Speicherbereinigungen bei SecUnits nie vollständig. Die Inhalte von organischem Nervengewebe lassen sich nicht löschen. »Ich muss herausfinden, ob der Vorfall durch ein katastrophales Versagen meines Chefmoduls ausgelöst wurde. Jedenfalls denke ich, dass es sich so abgespielt hat. Aber ich muss es genau wissen.« Ich zögerte, aber Teufel noch mal, alles andere wusste es doch eh schon. »Ich muss wissen, ob ich mein Chefmodul gehackt habe, um den Vorfall auszulösen.«

Keine Ahnung, was ich erwartet hatte. Ich wusste, dass Fifo (kurz für fieses Forschungsschiff) tiefere Freundschaft zu seiner Crew empfand als SecUnits zu ihren Klienten. Hätte es anders für die Menschen empfunden, die es beförderte und mit denen es zusammenarbeitete, dann wäre es nicht jedes Mal, wenn den Figuren von *WeltenSpringer* etwas zustieß, so aufgewühlt gewesen. Dann hätte ich nicht sämtliche auf einer wahren Geschichte basierende Sendungen, in denen menschliche Crews zu Schaden kamen, rausfiltern müssen. Ich wusste, was es empfand, weil es mir mit Mensah und PreservationAux genauso ging.

Warum ist deine Erinnerung an den Vorfall bereinigt worden?, fragte es.

Mit dieser Frage hatte ich gerechnet. »Weil SecUnits teuer sind und die Firma meinetwegen nicht noch mehr Geld verlieren wollte als ohnehin schon.« Ich wollte mich herumwinden. Ich wollte Fifo dermaßen beleidigen, dass es mich in Ruhe ließ. Ich wollte wirklich aufhören, über das Ganze nachzudenken. Ich wollte *Waldmond* gucken. »Entweder habe ich sie aufgrund einer Fehlfunktion getötet und dann das Chefmodul gehackt, oder ich habe das Chefmodul gehackt, damit ich sie töten kann«, sagte ich. »Mehr Möglichkeiten gibt es nicht.«

Sind alle Konstrukte so schlecht in logischem Denken?, fragte das fiese Forschungsschiff mit der gewaltigen Rechenkapazität, dem ich die metaphorische Hand hatte halten müssen, als es durch eine ausgedachte Geschichte emotionalen Schaden genommen hatte. Bevor ich das laut sagen konnte, fügte es hinzu: *Das sind nicht die ersten beiden Alternativen, über die du nachdenken solltest.*

Ich hatte keine Ahnung, worauf es hinauswollte. »Sondern?«

Dass es entweder passiert ist oder nicht.

Ich musste hoch und herumlaufen.

Fifo beachtete mich gar nicht, sondern fuhr fort: *Wenn es passiert ist, hast du es selbst verursacht, oder wurdest du von außen beeinflusst, um es zu verursachen? Wenn du von außen beeinflusst wurdest, warum? Wer hat von dem Vorfall profitiert?*

Fifo schien zufrieden, dass Problem so klar umrissen zu haben.

Ich war es nicht gar so sehr. »Ich weiß doch, dass ich mein Chefmodul hätte hacken können.« Ich zeigte auf meinen Kopf. »Nur weil ich es gehackt habe, bin ich doch jetzt hier.«

Wenn der Vorfall dadurch verursacht wurde, dass du in der Lage warst, dein Chefmodul zu hacken, wieso wurde das Modul dann nicht regelmäßig überprüft und der Hack zeitnah entdeckt?

Was hätte es gebracht, das Modul zu hacken, wenn ich nicht gleichzeitig die standardmäßige Fehlersuche hätte austricksen können? Trotzdem … Die Firma war geizig und pfuschte, aber dumm war sie nicht. Ich war in einem Einsatzzentrum gleich neben Büroräumen gelagert worden. Also hatten sie keinerlei Gefahrenpotenzial gesehen.

Fifo sagte: *Du hast recht damit, dass weitere Recherchen nötig sind, bevor der Vorfall vollständig verstanden werden kann. Wie willst du weiter vorgehen?*

Ich blieb stehen. Es wusste, wie ich weiter vorgehen wollte. Nach RaviHyral fliegen und mich umsehen. In der Wissensdatenbank der Firma hätte ich auf nichts zugreifen können, ohne erwischt zu werden, aber die Systeme direkt auf RaviHyral waren vielleicht nicht so gut geschützt. Und wenn ich den Ort wiedersah, rief das in meinem menschlichen Nervengewebe vielleicht etwas wach. (Falls ja, sah ich dem nicht gerade mit Vorfreude entgegen.) Ich begriff, dass Fifo mir wieder Fragen stellte, auf die es die Antworten kannte, weil es mich dazu bringen wollte, Dinge zuzugeben, die ich nicht zugeben wollte. Ich beschloss, diesen Part zu überspringen. »Worauf willst du hinaus?«

Du wirst dann als SecUnit identifiziert.

Das versetzte mir durchaus einen Stich. »Ich kann doch als augmentierter Mensch durchgehen.« Augmentierte Menschen werden immer noch als Menschen angesehen. Ich habe keine Ahnung, ob manche augmentierten Menschen so viele Implantate besitzen, dass sie einer SecUnit ähneln. Es kommt mir unwahrscheinlich vor, dass ein Mensch so viele Implantate haben möchte oder die verheerenden Verletzungen überleben könnte, die sie nötig machen könnten. Aber Menschen sind seltsam. Ich hatte jedenfalls nicht vor, irgendjemanden mehr sehen zu lassen, als sich absolut nicht vermeiden ließ.

Du siehst aus wie eine SecUnit. Du bewegst dich wie eine SecUnit. Es stellte mir eine stattliche Reihe von Aufnahmen in den Feed, die meine Bewegungen in seinen Gängen und Kabinen den Bewegungen verschiedener Crewmitglieder in denselben Räumlichkeiten gegenüberstellten. Ich war entspannt gewesen, erleichtert, endlich vom Transitring herunter zu sein, aber ich sah nicht gerade entspannt aus. Ich sah aus wie eine patrouillierende SecUnit.

»Auf den Transitringen ist es niemandem aufgefallen«, sagte ich. Mir war klar, dass ich ein Risiko einging. Ich war so weit gekommen, weil die Menschen und augmentierten Menschen auf den kommerziellen Transportringen SecUnits nur aus dem Entertainmentfeed oder den Nachrichten kannten, wo wir meistens Leute killten oder bereits in Stücke gesprengt worden waren. Sobald ich Leuten über den Weg lief, die schon mal für längere Zeit auf die Dienste von SecUnits zurückgegriffen hatten, erkannten sie mich wahrscheinlich auch als eine solche.

Fifo präsentierte mir eine Karte. Bei RaviHyral-Bergwerk Station Q handelte es sich um den drittgrößten Mond eines Gasriesen. Die Karte drehte sich, und die verschiedenen Minenanlagen und Stützpunkte und der Hafen leuchteten auf. Es gab nur diesen einen Hafen. *Diese Anlagen dürften SecUnits beschäftigen / beschäf-*

tigt haben. Dort sieht dich dann menschliches Aufsichtspersonal, das mit SecUnits gearbeitet hat.

Ich hasste es, wenn Fifo recht hatte. »Daran kann ich nichts ändern.«

Du kannst deine Konfiguration nicht ändern.

Ich spürte die Skepsis über den Feed. »Nein, kann ich nicht. Sieh dir die technischen Daten von SecUnits an.«

SecUnits werden nie umgebaut. Noch größere Skepsis. Es hatte offensichtlich sämtliche Infos über SecUnits aus seiner Datenbank gezogen und integriert.

»Nein. Sexbots werden umgebaut.« Jedenfalls waren die paar, die ich gesehen hatte, umgebaut worden. Manche entsprachen so ziemlich der Standardeinheit mit nur wenigen Veränderungen, andere waren von Grund auf anders gewesen. »Aber das wird im Einsatzzentrum gemacht, in den Reparaturzellen. Um so etwas machen zu können, bräuchte ich einen Operationssaal. Einen vollständigen, nicht bloß eine Notfallausrüstung.«

Fifo sagte: *Ich habe einen vollständigen Operationssaal. Dort können Umbauten vorgenommen werden.*

Das stimmte, aber selbst ein richtig guter OP, wie Fifo ihn hatte, mit dem sich Tausende von automatisierten Behandlungen beim Menschen durchführen ließ, verfügte noch lange nicht über die Software, den Körper einer SecUnit umzubauen. Ich wäre vielleicht imstande gewesen, ihn durch den Prozess zu führen, nur gab es da ein Riesenproblem. Umbauten meiner organischen und anorganischen Teile würden zu verheerendem Funktionsverlust führen, wenn ich unter der Operation nicht abgeschaltet wäre. »Theoretisch schon. Aber ich kann nicht während meines Umbaus den OP bedienen.«

Ich kann ihn bedienen.

Ich sagte nichts. Ich fing aufs Neue an, meine Medien zu sortieren.

Wieso antwortest du nicht?

Ich kannte Fifo inzwischen gut genug, um zu wissen, dass es mich nicht in Ruhe lassen würde, also ersparte ich mir das und legte los. »Ich soll dir so weit vertrauen, dass du meine Konfiguration verändern kannst, während ich inaktiv bin? Während ich hilflos bin?«

Es besaß die Unverfrorenheit, beleidigt zu klingen. *Ich helfe meiner Crew bei zahlreichen Vorgängen.*

Ich stand auf, ging umher, starrte zwei Minuten lang das Schott an, dann ließ ich eine Diagnose laufen. Schließlich fragte ich: »Wieso möchtest du mir helfen?«

Ich bin es gewöhnt, meine Crew bei groß angelegten Datenanalysen und diversen anderen Experimenten zu unterstützen. Im Frachtschiffmodus empfinde ich meine ungenutzten Kapazitäten als ermüdend. Die Lösung deiner Probleme stellt eine interessante Übung im Querdenken dar.

»Dann langweilst du dich? Und ich soll das tollste Spielzeug werden, das du je hattest?« Als ich noch zum Bestand gehört hatte, hätte ich alles dafür gegeben, einundzwanzig Zyklen lang unbeobachtet freizuhaben. Mir fehlte da jedes Mitgefühl. »Wenn du dich langweilst, dann schau halt die Medien, die ich dir gegeben habe.«

Mir ist bewusst, dass dein Überleben als freidrehende Einheit auf dem Spiel stehen würde.

Ich wollte Fifo schon berichtigen, dann brach ich ab. Als freidrehend sah ich mich eigentlich nicht. Ich hatte mein Chefmodul gehackt, aber Befehlen weiterhin gehorcht, jedenfalls den meisten. Ich war nicht von der Firma weggelaufen, Dr. Mensah hatte mich auf legale Weise erworben. Das Hotel hatte ich zwar ohne ihre ausdrückliche Erlaubnis verlassen, aber sie hatte es mir eben auch nicht verboten. (Ja, schon klar, Letzteres taugt argumentativ wenig.)

Freidrehende Einheiten töten ihre menschlichen und augmentiert-menschlichen Klienten. Ich … hatte das ein einziges Mal getan. Aber nicht aus freien Stücken.

Ich musste herausfinden, ob es aus freien Stücken gewesen war oder nicht.

»Mein Überleben steht nicht auf dem Spiel, wenn ich weiterhin auf unbemannten Frachtern mitfliege.« Und lerne, den fiesen auszuweichen, die darauf stehen, mich zu bedrohen und meine sämtlichen Entscheidungen infrage zu stellen und mich dazu überreden wollen, dass ich mich in ihren OP lege, damit sie chirurgische Experimente an mir durchführen können.

Ist das alles, was du möchtest? Du möchtest nicht zu deiner Crew zurückkehren?

Ich sagte mit wenig Geduld: »Ich habe keine Crew.«

Es schickte mir ein Foto aus dem Newscluster, das ich ihm gegeben hatte, ein Gruppenbild von PreservationAux. Alle trugen ihre grauen Uniformen und lächelten, ein Teamporträt kurz vor Beginn der Prospektion. *Dann ist das nicht deine Crew?*

Ich wusste nicht, was ich antworten sollte.

Ich hatte fiktiven Menschengruppen über Tausende von Serienfolgen hinweg zugesehen und sie lieb gewonnen. Dann war ich auf eine echte Gruppe gestoßen, der ich gern zusah und die ich lieb gewann, und jemand hatte versucht, sie zu töten, und während ich die Menschen beschützte, hatte ich ihnen erzählen müssen, dass mein Chefmodul gehackt war. Also bin ich abgehauen. (Ja, ich weiß, das ist komplizierter abgelaufen.)

Ich versuchte, mir darüber klar zu werden, wieso ich meine Konfiguration nicht verändern wollte, nicht einmal zu meinem Schutz. Vielleicht, weil das etwas war, das Menschen mit Sexbots machten. Ich war ein Killerbot, da musste ich doch mehr Niveau haben?

Ich wollte nicht noch menschlicher aussehen als ohnehin schon. Noch zu Panzerzeiten hatten meine Klienten von PreservationAux nur mein Menschengesicht gesehen und mich schon als Individuum behandeln wollen. Zack, hatte ich im Mannschaftsbereich des Hoppers mitfliegen und an ihren Strategiemeetings teilnehmen und mit ihnen reden sollen. Über meine Gefühle. Nicht auszuhalten.

Aber nun hatte ich keinen Panzer mehr. Nun musste mein Erscheinungsbild, meine Fähigkeit, als augmentierter Mensch durchzugehen, mein neuer Panzer sein. Das funktionierte nur, wenn ich damit bei Menschen durchkam, die mit SecUnits vertraut waren.

Nur sah ich wenig Sinn darin, und in mir stieg massive Gleichgültigkeit auf. Wie sollte es nicht gleichgültig sein? Ich mochte Menschen, ich sah ihnen gern im Entertainmentfeed zu, wo sie nicht mit mir interagieren konnten. Wo es sicher war. Für sie und für mich.

Wenn ich nach Preservation zu Dr. Mensah und den anderen zurückkehrte, war sie vielleicht in der Lage, meine Sicherheit zu garantieren, aber konnte ich wirklich garantieren, dass sie auch vor mir sicher war?

Meine physische Konfiguration zu verändern fand ich trotzdem krass. Aber das Hacken meines Chefmoduls war auch krass gewesen. Von Dr. Mensah wegzulaufen, ebenfalls.

Fifo sagte beinahe traurig: *Ich begreife nicht, was an dieser Entscheidung so schwierig ist.*

Ich begriff es ja auch nicht, aber das verriet ich ihm lieber nicht.

Ich ließ das Ganze zwei Zyklen lang sacken. Ich redete nicht mit Fifo darüber und auch über sonst nichts, obwohl wir weiterhin zusammen Medien gafften, und es legte eine Selbstbeherrschung an den Tag, die ich ihm gar nicht zugetraut hatte, und versuchte nicht, mich in Diskussionen zu verwickeln.

Bis zu diesem Punkt hatte ich eindeutig Glück gehabt. Nach dem Verlassen von Port FreeCommerce hatte ich mich an Bord des Frachters mit Aufnahmen von Menschen verglichen und versucht, mögliche Faktoren zu isolieren, die dazu führen konnten, dass ich als SecUnit identifiziert wurde. Am einfachsten ließ sich das mit den ruhelosen Bewegungen korrigieren. Menschen und augmentierte Menschen verlagern ihr Gewicht, wenn sie stehen, sie reagieren auf plötzliche Geräusche und helles Licht, sie kratzen sich, sie richten sich die Frisur, sie wühlen in ihren Hosentaschen oder Rucksäcken nach Sachen, von denen sie längst wissen, dass sie sie nicht dabeihaben.

SecUnits bewegen sich nicht. Wir sind darauf voreingestellt, dazustehen und die Sachen anzustarren, die wir bewachen. Das ist zum Teil darauf zurückzuführen, dass unsere anorganischen Teile nicht so sehr auf Bewegung angewiesen sind wie die organischen. Aber vor allem liegt es daran, dass wir keine Aufmerksamkeit auf uns lenken wollen. Jede ungewöhnliche Bewegung könnte einen Menschen vermuten lassen, dass mit uns etwas nicht stimmt, und das würde zu weiterer Überprüfung führen. Wenn wir Pech mit unserem Auftrag haben, weisen die Menschen das HabSystem vielleicht sogar an, uns über unser Chefmodul erstarren zu lassen.

Nach meiner Analyse menschlicher Bewegungsmuster schrieb ich ein bisschen Code, der mich beim Stillstehen regelmäßig eine zufällige Folge von Bewegungen ausführen ließ. Außerdem ließ er meine Atmung auf Veränderungen der Luftbeschaffenheit reagieren und variierte meine Gehgeschwindigkeit, um sicherzustellen, dass ich Stimuli nicht nur wahrnahm, sondern körperlich darauf reagierte. Dieser Code hatte mich durch den zweiten Transitring gebracht. Aber wie sollte ich auf einem Ring oder in einer Anlage zurechtkommen, die von Menschen frequentiert wurde, die regelmäßig SecUnits sahen oder mit ihnen zusammenarbeiteten?

Ich arbeitete den Code ein bisschen nach und bat Fifo, mich noch einmal aufzunehmen, während ich mich durch seine Gänge und Räume bewegte. Ich versuchte, so sehr nach einem Menschen auszusehen, wie es überhaupt nur ging. Ich bin es gewöhnt, mich unter Menschen linkisch zu fühlen, und ich nahm dieses Gefühl und versuchte, es in meinen Körperbewegungen mitschwingen zu lassen. Ich fand das Ergebnis ziemlich gut. Bis ich mir die Aufnahmen ansah und sie mit Fifos Aufnahmen von seiner Crew und meinen Aufnahmen von anderen SecUnits verglich.

Ich machte mir hier nur etwas vor.

Die veränderten Bewegungen ließen mich menschlicher aussehen, aber meine Proportionen entsprachen exakt denen der anderen SecUnits. Menschen, die nicht nach mir suchten, konnte ich durchaus täuschen, da Menschen im öffentlichen Raum dazu neigen, abweichendes Verhalten zu ignorieren. Aber alle, die nach mir Ausschau hielten oder mit der Gefahr einer freidrehenden SecUnit rechneten, ließen sich eher nicht täuschen, und ein simpler, auf die Suche nach Form, Größe und Gewicht einer SecUnit kalibrierter Scanner musste mich zwangsläufig entdecken.

Es war die vernünftige Entscheidung, es war die naheliegende Entscheidung, und doch hätte ich mir lieber meine menschliche Haut abgeschält, als das machen zu lassen.

Ich musste es machen lassen.

Nach langer Diskussion einigten wir uns darauf, dass der einfachste Umbau mit den besten Erfolgsaussichten darin bestand, meine Arme und Beine um je zwei Zentimeter zu kürzen. Das klang nach wenig, und trotzdem würden meine Proportionen dann nicht länger denen einer Einheit entsprechen. Ich würde anders gehen, mich anders bewegen. Es leuchtete mir ein, und alles war schick.

Dann sagte Fifo, dass wir auch noch den Code zur Steuerung meiner organischen Teile modifizieren müssten, damit sie fähig waren, Haare auszubilden.

Meine erste Reaktion darauf war: Kommt überhaupt nicht infrage. Ich besaß Kopfhaare und Augenbrauen; diesen Teil der Konfiguration hatten SecUnits und Sexbots gemeinsam, abgesehen davon, dass der entsprechende Code unser Haar kurz hielt, um Probleme mit dem Panzer zu vermeiden. Eigentlich sollen Konstrukte möglichst menschlich aussehen, damit die Klienten sich wegen unseres Erscheinungsbilds nicht unbehaglich fühlen. (Ich hätte der Firma erklären können, dass das eher auf die Tatsache zurückzuführen ist, dass SecUnits gruselige Mordmaschinen sind und unser Aussehen dabei keine Rolle spielt, aber auf mich hört ja niemand.) Jedenfalls war meine Haut ansonsten unbehaart.

Ich erklärte Fifo, dass mir das so sehr recht war und zusätzliche Haare nur ungewollte Aufmerksamkeit auf mich lenken würden. Fifo erwiderte, dass es die feinen, vereinzelten Haare meinte, die Menschen auf manchen Hautstellen wuchsen. Es hatte eine Analyse laufen lassen und eine Liste mit biologischen Merkmalen aufgestellt, die Menschen vielleicht auf unbewusster Ebene wahrnahmen. Behaarung sei das einzige Merkmal, das wir über meinen Grundcode ändern könnten, und dadurch würden sich die anorganischen Teile von Armen, Beinen, Brust und Rücken deutlicher abheben und mehr wie Augmente aussehen, die Menschen sich aus medizinischen und anderen Gründen implantieren ließen. Ich wies darauf hin, dass viele Menschen und augmentierte Menschen sich die Körperhaare aus hygienischen Gründen entfernen ließen und doch sowieso niemand diesen Mist haben wollte. Fifo entgegnete, dass Menschen sich auch keine Sorgen machen müssten, als SecUnits erkannt zu werden und darum mit ihren Körpern anstellen könnten, was sie wollten.

Ich hätte glatt weiter darum gestritten, weil ich inzwischen so weit war, alles abzulehnen, was Fifo vorschlug. Nur erschien es nebensächlich dagegen, mir zwei Zentimeter Synthetikknochen und Metall aus Beinen und Armen entfernen und den Code für das Wachstum meiner organischen Teile entsprechend anpassen zu lassen.

Fifo hatte noch einen alternativen, krasseren Plan, der den Einbau sexspezifischer Teile umfasste, und ich machte klar, dass das absolut nicht infrage kam. Ich besaß keine spezifisch für Sex ausgelegten Teile, und so sollte es auch bleiben. Ich hatte Menschen im Entertainmentfeed beim Sex gesehen, außerdem während meiner Aufträge, wo ich alles, was die Klienten sagten und taten, hatte aufzeichnen müssen. Nein, vielen Dank. Auf gar keinen Fall.

Aber ich bat Fifo, eine Veränderung an dem Datenport in meinem Nacken vorzunehmen. Der war eine Schwachstelle, und ich wollte die Gelegenheit einer Korrektur unbedingt nutzen.

Sobald wir uns über den Prozess geeinigt hatten, stellte ich mich vor den OP. Das MedSystem hatte sich bereits sterilisiert und vorbereitet, und es roch kräftig nach antibakteriellen Substanzen, was mich an jedes einzelne Mal erinnerte, wenn ich einen verletzten Menschen in einen solchen Raum getragen hatte. Ich dachte daran, was alles schiefgehen oder Fifo mit mir anstellen konnte, wenn es wollte.

Was verursacht die Verzögerung? Ist noch ein vorbereitender Prozess abzuschließen?, fragte Fifo.

Ich hatte keine Veranlassung, ihm zu trauen. Bis auf die Tatsache, dass es gern Medien über Menschen in Schiffen sah und ganz aufgewühlt war, wenn die Gewalt zu realistisch dargestellt wurde.

Ich seufzte, zog mich aus und legte mich auf den Operationstisch.

12

Als ich wieder online kam, lag meine Kapazität bei 26 Prozent, steigend immerhin. Um meine Knie- und Ellbogengelenke lagen Ringe aus Schmerz, der so intensiv war, dass ich ihn nicht verarbeiten konnte. Meine Menschenhaut juckte. Außerdem lief ich aus. Ich hasse das.

Für den Zugriff auf Medien reichte meine Kapazität noch nicht aus. Ich konnte nur daliegen und abwarten. Bewegungsversuche machten es schlimmer. Jetzt wäre es mir lieber gewesen, ich hätte auf Plan 16 zurückgegriffen und das fiese Forschungsschiff handlungsunfähig gemacht; der hatte die höchste statistische Erfolgschance gehabt, ohne verheerende Schäden aufgrund von Vergeltungsmaßnahmen davonzukommen. Plan 2 mit einer schlichten Sprengung des Schiffs erschien mir im Moment ebenfalls reizvoll. Wie blöd, dass ich hierfür auch noch mein Einverständnis gegeben hatte.

Es ähnelte dem Aufenthalt in einer Zelle nach schweren Treffern. Allerdings konnte eine Zelle meine höhere Funktionen abschalten, solange die Reparaturen liefen. Mir war vorher klar gewesen, dass das MedSystem nicht in der Lage sein würde, mein Schmerzniveau zu senken, aber dass es so schlimm werden würde, hatte ich nicht gedacht. Meine Temperatur konnte ich auch nicht regeln, aber kalt war mir nicht, denn das MedSystem steuerte die Temperatur von Raum und Tisch, um mich auf einem angenehmen Niveau zu halten. Das konnten Zellen nicht, und ich musste zugeben, dass es ziemlich nett war.

Langsam glichen sich meine Werte an, und ich bekam genug Funktionalität zurück, um meinen Schmerzsensor runterzuregeln und den Juckreiz abzustellen. Ein bisschen Schmerz brauchte ich, um zu wissen, welche Bewegungen ich besser vermied, bis das Nachwachsen meines organischen Gewebes abgeschlossen war.

Fifo hing in meinem Feed herum, hatte aber zum Glück noch nicht versucht, mit mir zu reden. Bei 75 Prozent Kapazität versuchte ich mich aufzusetzen.

MedSystem warf mit Warnungen um sich, und Fifo erklärte: *Bewegungen sind im Moment nicht erforderlich. Ich habe während des Prozesses für den fraglichen Zeitraum eine Suche in meinen bordeigenen öffentlichen Nachrichtendatenbanken zu ungewöhnlichen Betriebsunfällen in Bergwerksanlagen laufen lassen. Möchtest du meine Schlussfolgerungen basierend auf den Ergebnissen hören?*

Ich legte mich wieder hin und spürte den warmen Druck des Metalltisches an meinen organischen Teilen. Inzwischen lief ich an einer anderen Stelle aus. Ich sagte Fifo, dass ich verdammt noch mal selber wusste, wie man Suchergebnisse interpretierte.

Ich würde mich deinem Fachurteil fügen, wenn es um das Erschießen und Töten von Dingen ginge. Du solltest dich dem meinen fügen, was Datenanalyse betrifft.

Na schön, meinetwegen. Dass etwas Nützliches dabei herausgekommen war, konnte ich mir kaum vorstellen.

Fifo stellte mir seine Schlussfolgerungen in den Feed. Zugegebenermaßen leuchtete es ein, dass sich eine ungewöhnliche hohe Zahl von Todesfällen auch irgendwie in einem öffentlichen Register wiederfinden musste, auf das Newsfeeds zugreifen konnten, wie es auch bei den Ereignissen um DeltFall geschehen war. Die Sache mit RaviHyral mochte als Unfall klassifiziert worden sein, aber es war ein Finanzierungsvertrag involviert, also musste es auch eine rechtliche Auseinandersetzung gegeben haben. Wenn die Daten jedoch besagten, dass alle von einer freidrehenden SecUnit ermordet worden waren, wäre ich auch nicht schlauer.

Belege in verschiedenen Newsfeedarchiven deuten darauf hin, dass sich der Vorfall in einer kleinen Anlage namens Ganaka Pit ereignet hat. Die Info geht auf eine Quelle in Kalidon zurück, einer politischen Entität im Gebiet von Corporation Rim, wo jenes Unternehmen seinen Sitz hat, das Ganaka Pit finanziert hat. Es gab siebenundfünfzig Tote. Als Ursache wird »technisches Versagen« angegeben.

SecUnits werden unter Technik verbucht.

Fifo wartete, und als ich nichts sagte, fügte es hinzu: *Also trifft deine Anfangsvermutung zu. Der Vorfall ist wirklich passiert. Nun kann eine Untersuchung erfolgen.*

Ich wäre am liebsten runtergefahren, aber das hätte sich schlecht auf den Heilungsprozess ausgewirkt.

Möchtest du gern Medien gucken?

Ich antwortete nicht, aber es ließ trotzdem eine Folge von *Waldmond* laufen.

Schließlich schaffte ich es, von dem Tisch hinabzusteigen, und fiel sofort um, aber noch im selben Zyklus erreichte ich fast wieder meinen Normalzustand. Als Erstes wusch ich mir im an den OP grenzenden Badezimmer das ganze Blut und die anderen Flüssigkeiten ab. Securitybereitschaftsräume verfügten über Möglichkeiten, sich nach einem Kampf oder einer Reparatur von Blut zu reinigen, aber ein Badezimmer für Menschen hatte ich noch nie benutzt. Fifo besaß richtig gute; die wiederaufbereitete Reinigungsflüssigkeit ähnelte Wasser so sehr, dass ich den Unterschied nur mit einer chemischen Analyse hätte feststellen können. Man konnte ihre Temperatur regeln, sie wärmer einstellen, und sie duftete. Anschließend roch ich nach sauberem Menschen, und das war total seltsam.

Die feine Behaarung, die sich an verschiedenen Stellen bildete, war befremdend, aber nicht so nervig wie gedacht. Vielleicht würde sie sich unangenehm anfühlen, wenn ich das nächste Mal in eine Anzughaut stieg, aber behaarte Menschen klagten kaum je darüber, also würde ich wohl auch damit klarkommen. Außerdem hatte der abgewandelte Code meine Augenbrauen dichter und meine Kopfbehaarung ein paar Zentimeter länger werden lassen. Ich spürte beides, eine ihrerseits merkwürdige Empfindung.

Ich ging rüber in Fifos Freizeitbereich und erprobte mich am Laufband und den anderen Geräten. Ich überzeugte mich davon, dass meine Waffen weiterhin richtig funktionierten und meine Zielsicherheit nicht gelitten hatte. (Probeschüsse gab ich nicht ab, weil Fifo mich wissen ließ, dass ich damit das Brandschutzsystem aktivieren würde.)

Ich sah mich lange im Spiegel an.

Ich sagte mir, dass ich immer noch wie eine SecUnit ohne Panzer aussah, hoffnungslos entblößt, aber in Wahrheit sah ich mehr nach Mensch aus. Und nun wusste ich, wieso ich das lieber nicht hatte machen wollen.

Weil es jetzt schwerer war, so zu tun, als wäre ich kein Individuum.

Wir verließen planmäßig das Wurmloch. Sobald wir in Reichweite des Transitrings kamen, erweiterte Fifo seinen Empfang und besorgte mir das Infopack zum Reiseziel, das eine detailliertere Karte von RaviHyral enthielt. Ich ließ sie rotieren und betrachtete sie aus allen Blickwinkeln, doch das rief nichts in meiner löchrigen Erinnerung an diese Zeit wach. Interessanterweise war Ganaka Pit nirgendwo zu finden.

Ich konnte Fifo im Feed spüren, wie es mir wieder über die sinnbildliche Schulter sah. Ich überprüfte den Zeitstempel und stelle fest, dass die Karte seit dem Vorfall mehrmals aktualisiert worden war. »Sie haben es von der Karte genommen.«

Ist das üblich?, fragte Fifo. Es hatte nur mit Sternkarten zu tun, und von denen etwas zu entfernen wäre eine Riesensache.

»Keine Ahnung, ob es üblich ist oder nicht, aber wenn die Firma oder die Klienten geheim halten wollen, was passiert ist, wäre es nur folgerichtig.« Wenn die Firma weiterhin Leasingverträge für SecUnits an andere Bergbauunternehmen verkaufen wollte, war eine Geheimhaltung oder zumindest Verschleierung der Todesfälle entscheidend. Vielleicht hatte die Firma einen Rechtsstreit vermeiden wollen und lieber rasch unter der Bedingung gezahlt, dass die Klienten möglichst wenig Einzelheiten über den Vorfall bekannt werden ließen. Es war schließlich eine ganz andere Situation als bei GrayCris und DeltFall, wo verschiedene Parteien involviert gewesen waren und die Firma sich in allen Nachrichtenfeeds präsentiert hatte, um Sympathie für sich zu wecken.

Fifo rief weiter zurückliegende Daten ab und suchte in den gelisteten Namen von Gruben und Dienstleistern. RaviHyral war ursprünglich im Besitz mehrerer Unternehmen mit Schürfrechten für verschiedene Gebiete im Inneren des Mondes gewesen. Aber im Laufe der vergangenen zwei Systemjahre hatte eine Firma namens Umro einige Claims aufgekauft, wobei viele der ursprünglichen Unternehmen weiterhin als Auftragnehmer tätig waren. Keiner der Namen kam mir bekannt vor.

Um nach Ganaka Pit zu kommen, musste ich erst einmal herausfinden, wo es lag. Ich war bestimmt als Frachtstück angeliefert worden und hatte dementsprechend keine Erinnerungen an den Transport, ob sie nun teilweise gelöscht worden waren oder nicht.

Ich ging den Rest des Infopacks durch und suchte nach Plänen. Ich musste mit dem Shuttle vom Transitring zum Hafen von RaviHyral fliegen, und das war knifflig. Wobei das alles ohnehin knifflig war. Den Angaben im Flugplan zufolge stand der Shuttleverkehr ausschließlich Betriebsangehörigen eines Bergwerks oder Dienstleisters offen. Tourismus fand nicht statt, und ohne offizielle Genehmigung durch eines der auf dem Mond angesiedelten Unternehmen kam niemand dorthin. Da ich weder ein Individuum war noch einen Beschäftigungsnachweis besaß, musste ich mich wohl in ein Versorgungsshuttle hacken …

Fifo zog immer noch Daten aus dem Stationsfeed. *Ich habe einen Vorschlag*, erklärte es und zeigte mir ein paar Stellenangebote. Ich hatte schon welche in Port FreeCommerce und auf dem letzten Transitring im Feed gesehen, aber nicht weiter beachtet.

Fifo markierte das Angebot für einen Kurzzeitjob als Security für eine Technikgruppe.

»Ja, und?« Ich begriff nicht, wieso er mir das zeigte.

Wenn diese Gruppe dich engagiert, bekommst du einen Beschäftigungsnachweis für den Flug zur Anlage.

»Mich engagiert.« Ich hatte mehr Aufträge hinter mir, als ich mich erinnern kann (ich meine das wortwörtlich, Stichwort Speicherbereinigung), aber freiwillig waren die nie gewesen. Die Firma holte mich aus dem Lager, führte mich dem Klienten vor und lud mich dann in den Frachtraum. »Hast du den Verstand verloren?«

Meine Crew heuert für jede Fahrt Spezialkräfte an. Fifo klang genervt, weil ich ihm noch nicht zu seiner tollen Idee gratulierte. *Der Vorgang ist nicht weiter kompliziert.*

»Für Menschen und augmentierte Menschen, klar.« Ich schindete Zeit. Dann musste ich mit Menschen als augmentierter Mensch interagieren. Sicher, genau dafür diente der Umbau meiner Konfiguration ja, aber ich hatte mir vorgestellt, dass ich es auf Distanz oder innerhalb eines wimmelnden Transitrings durchziehen würde. Interagieren lief auf Reden und Blickkontakt hinaus. Schon spürte ich, wie meine Leistungskapazität sank.

Das funktioniert ohne Komplikationen, beharrte Fifo. *Ich helfe dir dabei.*

Na super, der Riesenfrachterbot hilft dem SecUnit-Konstrukt, so zu tun, als wäre es ein Mensch. Was soll da schon schiefgehen?

Sobald Fifo angelegt hatte und die botgesteuerten Schlepper des Transitrings die Frachtmodule ausluden, machte es mir die Schleuse auf, und ich schlüpfte nach draußen in den Passagierbereich. Fifo hatte mir Zugang zu seinem Funk gegeben, damit es mich via Feed durch den Transitring begleiten konnte. Es behauptete, mir beistehen zu können, und ich war da zwar skeptisch, hatte aber auch nichts gegen Gesellschaft. Während ich mich aus der Sicherheit der Schleuse entfernte, sackte meine Effizienz auf 96 Prozent ab. Um mich wieder einzukriegen, durchsuchte ich die Entertainmentfeeds der Station nach neuen Downloads.

Wegen der Jobanzeige hatte ich mich bereits über Socialfeed gemeldet und eine Antwort mit Ort und Zeitstempel bekommen. Bei meiner letzten Verabredung mit Menschen hatten sie Mensah entführt und mich zusammengeschossen – von daher konnte das jetzt kaum schlimmer werden.

Ich hackte mir meinen Weg durch die Terminalsecurity und hinaus in die Einkaufspassage des Rings. Verglichen mit dem letzten Transitring und Port FreeCommerce war sie schlicht gehalten. Keine Begrünung, keine Holoskulpturen, keine großen Holodisplays, die Reklame für Schiffsbauer, Frachtmakler und andere Firmen brachten, keine funkelnden neuen Interfaceautomaten. Und auch keine großen Passagiermaschinen, die hier anlegten, also wimmelten entsprechend weniger Menschen und Bots umher. Fifos Vorschlag kam mir allmählich nicht mehr ganz so blöd und riskant vor, sondern eher notwendig. Ich konnte mich ja schlecht unauffällig durchmogeln, wenn hier alle nur gerade zu ihren Betrieben auf dem Mond oder wieder nach Hause flogen. Über Feed kam von Fifo: *Ich hab's dir doch gesagt.*

Als Treffpunkt diente ein Imbissbereich in der Haupthalle. Er befand sich in einer großen durchsichtigen Kugel in der zweiten Etage, die Aussicht auf die Laufbänder und Schalter unten bot.

Drinnen gab es mehrere offene Ebenen mit Tischen und Stühlen, die zu vierzig Prozent von Menschen und augmentierten Menschen belegt waren. Während ich hindurchging, fing ich das gelegentliche Summen einer Drohne auf, aber keine Pings. Essensgerüche hingen in der Luft, Rauschmittel stachen in der Nase. Ich hielt mich nicht damit auf, sie zu analysieren und zu identifizieren; ich war zu nervös und konzentrierte mich darauf, wie ein augmentierter Mensch zu wirken.

Die Menschen, mit denen ich verabredet war, hatten mir ein Foto geschickt, damit ich sie finden konnte. Sie waren zu dritt und trugen verschiedene Arbeitskleidung ohne Uniformlogos. Eine kurze Suche hatte Einträge für sie im Socialfeed des Transitrings zutage gebracht. Sie hatten sich als nicht konzerngebundene Arbeitsgruppe eingetragen, aber alle konnten dort schreiben, was sie wollten, die Identität wurde nicht überprüft. Zwei Menschen waren weiblich und einer tercera, wobei es sich um eine Geschlechtsbezeichnung handelte, die in einem Zusammenschluss konzernunabhängiger politischer Entitäten namens Divarti Cluster benutzt wurde.

(Um das Treffen in die Wege zu leiten, hatte ich mich ebenfalls in den Socialfeed eintragen müssen. Das System war extrem schlecht vor Hacks geschützt, also hatte ich meinen Eintrag zurückdatiert, damit es so aussah, als wäre ich mit einem früheren Passagierschiff angekommen. Meinen Beruf hatte ich als »Sicherheitsberater« und mein Geschlecht als »unbestimmt« angegeben. Eine Referenz hatte ich von Fifo, das sich als sein eigener Captain ausgab.)

Ich entdeckte die Menschen an einem der äußeren Tische mit Blick auf die Passage. Sie unterhielten sich leise, und ihre Körpersprache besagte, dass sie nervös waren. Im Näherkommen zeigte mein Schnellscan keine Waffensignaturen, nur die kleinen Stromquellen ihrer Feedinterfaces. Ein Mensch hatte ein Implantat, aber dabei handelte es sich bloß um ein einfaches Zugangstool für den Feed.

Ich hatte diesen Part während des Anflugs mit Fifo geübt und mich dabei aufgenommen, damit wir es beide beurteilen konnten. Ich sagte mir, dass ich das draufhatte. Dann setzte ich meine allerneutralste Miene auf, die ich immer benutzte, wenn die zusätzliche Downloadaktivität entdeckt wurde und der Leiter des Einsatzzentrums die menschlichen Techniker beschuldigte. Ich trat an den Tisch und sagte: »Hallo.«

Alle drei zuckten zusammen. »Ähm, hallo«, sagte der tercera Mensch, der sich zuerst erholte.

Ich griff auf den Feed der Überwachungskamera zu, damit ich mich selbst sehen und sicherstellen konnte, dass ich meine Mimik im Griff hatte. Und es fiel mir leichter, mit Menschen zu reden, wenn ich sie über die Kameras ansah. Ich war mir des grundfalschen Gefühls der Distanziertheit von der Situation durchaus bewusst, aber ich brauchte das einfach. Ich sagte: »Wir hatten uns verabredet. Ich bin Eden, der Sicherheitsberater.« Ja, genau, das war der Name einer Figur in *Waldmond*. Mit so etwas haben Sie bestimmt schon gerechnet.

Der tercera Mensch räusperte sich. Tie hatte lila Haare und rote Augenbrauen, ein kräftiger Kontrast zur hellbraunen Haut. »Ich bin Rami, das ist Tapan und das Maro.« Tie rutschte nervös hin und her und klopfte auf den leeren Stuhl.

Fifo, das deutlich schneller als ich in Sachen Informationsabruf war, erklärte mir, dass die Geste in mehreren Indexen zur menschlichen Kultur als Einladung galt, sich zu setzen. Während ich das tat, schob es die Etymologie der Geste rüber. Man sollte meinen, dass eine SecUnit, die mehrmals in Stücke geschossen, mit einer Bombe hochgejagt, speicherbereinigt und einmal versehentlich teilweise demontiert worden ist, unter solchen Umständen nicht in Panik gerät. War aber trotzdem so.

Rami fügte hinzu: »Ähm, ich weiß nicht, wo ich anfangen soll.« Tapan stieß tie an, wahrscheinlich zur moralischen Unterstützung. Tapan trug bunte, um den Kopf gelegte Zöpfe und hatte ein blaues Interface in Form eines Schmucksteins im Ohr stecken. Ihre Haut war ein wenig dunkler als Ramis. Maro hatte sehr dunkle Haut, silberfarbene kleine Haarbüschel und war fast schön genug für eine Rolle in den Unterhaltungsmedien. Ich bin schrecklich schlecht darin, das Alter von Menschen zu schätzen, weil mich das wie die meisten Dinge nur wenig interessiert. Außerdem habe ich am meisten Erfahrung mit Menschen im Entertainmentfeed, und die sind ganz anders als die, denen man in der Realität begegnet. (Einer der vielen Gründe, warum ich die Realität wenig schätze.) Aber vermutlich waren alle drei jung. Keine Kinder mehr, aber vielleicht auch noch nicht ganz erwachsen.

Sie starrten mich an, und mir wurde klar, dass ich hätte helfen müssen. Vorsichtig sagte ich: »Sie suchen einen Sicherheitsberater?« Das hatten sie jedenfalls im Socialfeed gepostet, und die Zahl vergleichbarer Stellenangebote ließ darauf schließen, dass Gruppen und Einzelpersonen private Security anheuerten, bevor sie nach RaviHyral flogen. Auf menschlichen Wachschutz griffen sie vermutlich zurück, wenn sie sich keine richtige Security leisten konnten.

Rami wirkte erleichtert. »Ja, wir brauchen Hilfe.«

Maro sah sich um und sagte: »Sollten wir nicht vielleicht besser woanders reden? Wo wir ungestört sind?«

Es war stressig genug gewesen, hierher zu kommen, da wollte ich nicht gleich wieder woanders hin. Ich führte einen Schnellscan nach Drohnen durch, dann löste ich einen Computerfehler in der Verbindung zwischen Restaurant und der Security des Transitrings aus. Ich schnappte mir die Kameras und zeigte Fifo, was es für mich machen sollte. Es übernahm, löschte mich aus den Aufzeichnungen des Systems und schnitt die auf den Tisch gerichtete Kamera aus dem System. Ich korrigierte die Verbindung zur Ringsecurity, die den fehlenden Kamerafeed in der kurzen Zeit, die wir dort sein würden, nicht bemerken würde. Dann sagte ich: »Es ist alles in Ordnung. Wir werden nicht aufgezeichnet.«

Sie starrten mich an. »Aber hier gibt's doch Security … Haben Sie irgendwas gedreht?«

»Ich bin Sicherheitsberater«, sagte ich noch einmal. Mein Paniklevel fiel allmählich, hauptsächlich weil sie so sichtlich nervös waren. Ich mache Menschen nervös, weil ich ein gruseliger Killerbot bin, und sie machen mich nervös, weil sie Menschen sind. Aber ich wusste, dass Menschen auch untereinander misstrauisch und nervös waren, außerhalb von Kampfsituationen oder Konfliktlagen, in der Realität und nicht nur als Bestandteil einer Geschichte. Das passierte hier offensichtlich gerade, doch andererseits gestattete es mir auch, so zu tun, als wäre diese seltene Gelegenheit, dass Klienten meinen Rat in Sachen Security wollten, der reine Alltag.

Zu meiner Arbeit als SecUnit gehört es, Klienten auf Wunsch

zu beraten, weil ich ja theoretisch derjenige war, der sich mit Security auskannte. Nicht dass mich viele darum gebeten oder auf mich gehört hätten. Ich war deshalb auch gar nicht verbittert oder so.

Tapan wirkte beeindruckt. »Dann sind Sie gespleißt, ja?« Sie klopfte sich auf den Nacken, wo bei mir der Datenport lag. »Sie haben Augmente? Extrazugang zum Feed?«

Gespleißt war umgangssprachlich für augmentiert; ich kannte das Wort aus dem Entertainmentfeed. Ich sagte: »Ja.« Und fügte hinzu: »Unter anderem.«

Rami zog die roten Augenbrauen hoch, als tie begriff. Maro wirkte beeindruckt und sagte: »Ich weiß nicht, ob wir uns das leisten können ... Unser Bankkonto ist ... Wenn wir unsere Daten zurückbekämen, dann vielleicht ...«

Rami übernahm wieder. »Dann hätten wir mehr als genug Geld, um Sie zu bezahlen.«

Fifo, das offensichtlich sehr interessiert an dem Jobszenario war, suchte prompt in den öffentlichen Feeds nach einer Honorartabelle für private Sicherheitsdienstleistungen. Ich ermahnte mich, dass ich gerade so tat, als wäre ich keine SecUnit und es deshalb ganz normal wirken dürfte, wenn ich ihnen Fragen stellte. Ich beschloss, mit dem Grundsätzlichen anzufangen. »Wofür benötigen Sie meine Dienste?«

Rami sah die anderen beiden an, bekam zur Antwort ihr Nicken und räusperte sich. »Wir haben auf RaviHyral gearbeitet, für Tlacey Excavations, einer der kleineren Auftragnehmer von Umro. Wir kümmern uns um Mineralstoffforschung und Technologieentwicklung.« Tie erklärte, dass sie ein technologisches Kollektiv waren, sieben Personen plus wirtschaftlich abhängige

Angehörige, die von Auftrag zu Auftrag reisten. Die anderen warteten in einer Hotelsuite, während Rami, Maro und Tapan stellvertretend für die Gruppe handeln sollten. Es war eine Erleichterung, dass ihre Bergbauerfahrung in Forschung und Technik lag; bei meinen früheren Bergbauklienten hatten die Technikleute normalerweise in Büros abseits oder gegenüber der Grube gehockt, und wir hatten sie nur zu sehen bekommen, wenn sie im Suff versuchten, sich gegenseitig umzubringen, was zugegebenermaßen selten vorkam.

»Die Arbeitsbedingungen bei Tlacey waren richtig gut«, fügte Tapan hinzu. »Vielleicht zu gut, wenn Sie verstehen, was ich meine.«

Fifo machte eine Schnellsuche und ließ mich wissen, dass das offensichtlich eine Redewendung war. Ich erwiderte, dass ich verstand.

Rami fuhr fort. »Wir haben den Auftrag angenommen, weil er uns Zeit gab, an unseren eigenen Sachen zu arbeiten. Wir hatten da diese Idee zur Entwicklung eines neuen Nachweissystems für unbekannte Kunststoffe. RaviHyral besitzt eine große Anzahl identifizierter Vorkommen, von daher lohnt sich dort die Forschung.« Unbekannte Kunststoffe waren von Alienzivilisationen hinterlassene Elemente. Die Unterscheidung zwischen ihnen und noch unbekannten natürlich vorkommenden Elementen stellte den Bergbau vor Probleme. Sie durften wie die von GrayCris entdeckten Reststoffe der Alienbesiedlung/-zivilisation bei meinem letzten Auftrag nicht kommerziell abgebaut werden. Mehr hatte ich darüber nie wissen müssen, da ich bei jedem Auftrag, bei dem ich je mit Alienstoffen zu tun gehabt hatte, nur herumstehen und auf die Leute hatte aufpassen müssen, die damit umgingen. (Fifo versuchte, es mir zu erklären, und ich sagte ihm, dass es sich das für später aufheben sollte, jetzt musste ich mich konzentrieren.)

Rami erklärte weiter. »Wir kamen gut voran, aber dann wurde unsere Gruppe plötzlich fristlos gekündigt, und sie haben unsere Daten einbehalten …«

Tapan fuchtelte mit den Händen. »Unsere gesamte Arbeit! Die nicht einmal was mit dem Auftrag zu tun hatte …«

Maro nahm den Faden auf. »Tlacey hat sie uns praktisch gestohlen, und sie haben die aktuelle Version von unseren Geräten gelöscht. Wir hatten Kopien der älteren Iterationen, aber unsere komplette aktuelle Arbeit ist weg.«

»Wir haben bei Umro Beschwerde eingereicht, aber die Bearbeitung dauert ewig, und wir wissen nicht, ob je etwas dabei herauskommt«, fügte Rami hinzu.

»Das klingt so, als sollten Sie damit zum Anwalt gehen«, sagte ich. Dergleichen kam öfters vor. Auch die Firma griff Daten ab, aber sie war nicht so ungeschickt oder durchschaubar, dass sie dabei auch noch die Arbeit von den Geräten der eigentlichen Urheber löschte. Schließlich sollten die Urheber ja weiterhin Finanzierungsverträge mit ihr abschließen, damit sie auch auf deren nächste Arbeiten wieder zugreifen konnte.

»An einen Anwalt haben wir schon gedacht«, sagte Rami. »Nur sind wir nicht in der Gewerkschaft, also würde es viel Geld kosten. Aber dann hat Tlacey gestern auf unsere Beschwerde reagiert und gesagt, dass wir die Dateien zurückbekommen, wenn wir unser Antrittsgeld zurückzahlen. Um das zu machen, müssen wir runter nach RaviHyral.« Tie lehnte sich in tihrem Stuhl zurück. »Dafür wollten wir Ihre Dienste.«

Langsam ergab sich ein Bild. »Sie vertrauen Tlacey nicht.«

»Wir hätten einfach gern jemanden zur Seite«, stellte Tapan klar.

»Nein, wir vertrauen Tlacey definitiv nicht«, widersprach Maro. »Kein bisschen. Wir brauchen dort Security für den Fall, dass die Sache … heikel wird. Tlacey will uns persönlich treffen, und sie ist ständig von Bodyguards umgeben, und allgemeine Security gibt es dort nicht, nur die von Umro in den öffentlichen Bereichen und im Hafen, und das ist wenig.«

Ich wusste nicht genau, was sie mit heikel meinte, aber sämtliche Szenarios, die ich mir in dieser Lage vorstellen konnte, liefen auf nichts Gutes hinaus.

Die Firma stellte SecUnits, damit die Klienten keine Menschen engagieren mussten, um sich gegenseitig zu bewachen. Aus den Serien wusste ich, dass diese Menschen allesamt noch weniger taugten als ich, wenn ich mich in meinem Job nur durchmogelte.

Ich beobachtete uns weiterhin mit der gekaperten Überwachungskamera, auch wenn sie nichts aufnehmen durfte. Ich konnte sehen, dass mein Gesichtsausdruck Zweifel ausdrückte, aber das war in diesem Fall wohl angemessen. Ich sagte: »Die Besprechung mit Tlacey ließe sich über einen abgesicherten Funkkanal durchführen.« Die Firma bot solche Kanäle an, für Geldtransfers und Datenübertragungen.

Maro, deren Gesichtsausdruck noch zweifelnder war als meiner, sagte: »Klar, aber Tlacey will persönlich mit uns reden.«

»Uns ist klar, dass es sich nicht nach einer guten Idee anhört, dort hinzugehen«, gab Rami zu.

Es war eine richtig gute Idee, wenn man gern ermordet werden wollte. Ich hatte auf einen einfacheren Auftrag gehofft, Kurierdienste oder Ähnliches. Aber hier ging es um den Schutz von Menschen, die entschlossen waren, etwas Gefährliches zu unternehmen, also genau die Sorte Arbeit, für die ich konstruiert war. Die Arbeit, die ich selbst nach dem Hacken meines Chefmoduls noch mehr oder weniger geleistet hatte, gerne weniger. Ich war es gewöhnt, mich nützlich zu machen, auf Leute aufzupassen, selbst wenn es nur eine vertraglich verpflichtete Gruppe von Menschen war, die mich, wenn ich Glück hatte, wie ein Werkzeug und nicht wie ein Spielzeug behandelten.

Nach PreservationAux war mir aufgefallen, wie anders es wäre, meinen Job als echtes Mitglied des Teams zu machen, das ich beschützte. Und das war der Hauptgrund, weshalb ich nun an diesem Ort war.

Ich formulierte es als Frage, weil das immer am geschicktesten war, wenn ich Menschen begreiflich machen wollte, dass sie kurz davorstanden, eine Dummheit zu begehen. »Dann hat Tlacey Ihrer Meinung nach noch einen anderen Grund dafür, auf einen persönlichen Austausch mit Ihnen zu pochen, als nur … Ihre Ermordung?«

Tapan verzog das Gesicht, als wäre sie sich dessen bewusst, wolle aber nicht darüber nachdenken. Maro klopfte auf den Tisch und zeigte auf mich, was einigermaßen bestürzend war, bis Fifo es als Geste der ausdrücklichen Zustimmung identifizierte. Rami holte scharf Luft und sagte: »Na ja … Wir waren noch nicht fertig, unser Prozess war unvollständig, aber wir haben uns dermaßen darüber gefreut … Wir vermuten, dass sie uns über die Securityfeeds belauscht haben und dann dachten, dass wir schon viel weiter damit waren. Von daher weiß ich nicht, ob sie ihn vervollständigen können. Vielleicht ist ihnen klar geworden, dass wir ihn erst abschließen müssen, bevor er etwas taugt.«

»Vielleicht will Tlacey, dass wir wieder für sie arbeiten«, sagte Tapan hoffnungsvoll.

Na klar, bis zu eurer Ermordung. Ich verkniff es mir.

Maro schnaubte. »Ich würde lieber in einem Pappkarton in einer Stationspassage hausen, als noch einmal für sie zu arbeiten.«

Sobald sie erst einmal darüber redeten, konnten sie kaum wieder aufhören. Das Kollektiv war komplett geteilter Meinung, was sie tun sollten, und das schien für alle schmerzhaft zu sein, weil sie sich normalerweise immer einig waren. Tapan, die Maro zufolge zu naiv für die Welt war, fand, es sei einen Versuch wert. Maro, die Tapan zufolge mit ihrem Zynismus jeder Freude und jedem Fortschritt im Weg stand, fand, sie wären ruiniert und sollten bloß noch ihren Verlust in Grenzen halten. Rami war unentschieden, weshalb tie vom Kollektiv für die Dauer dieses Problems als Leitung gewählt worden war. Rami schien sich über das Vertrauen des Kollektivs nicht gerade zu freuen, versuchte aber tapfer, es durchzuziehen.

Schließlich endete Rami mit: »Und darum möchten wir Sie engagieren. Wir dachten, es wäre besser, dort mit jemandem hinzufliegen, der uns beschützen kann, ihre Crew daran hindert, uns fertigzumachen, und ihr während der Verhandlung zeigt, dass wir Unterstützung haben.«

Sie brauchten eigentlich ein Sicherheitsunternehmen, das sie für Meeting und Rückflug versicherte und zu ihrem Schutz eine SecUnit mitschickte. Aber solche Firmen sind teuer und hätten wenig Interesse an einem so kleinen Auftrag.

Sie starrten mich alle besorgt an. Im Blickwinkel der Überwachungskamera war zu sehen, wie klein sie waren. Sie sahen so weich aus mit all diesen wattigen bunten Haaren. Und ängstlich, aber nicht meinetwegen. »Ich nehme Ihren Auftrag an«, sagte ich.

Rami und Tapan setzten erleichterte Mienen auf, und Maro, die eindeutig immer noch nicht überzeugt war, schaute resigniert drein. »Wie sieht es mit der Bezahlung aus?«, fragte sie. Sie blickte unsicher zu den anderen hinüber. »Also, ich meine, können wir Sie uns leisten?«

Fifo hielt ein paar Tabellen bereit, aber ich wollte sie nicht mit einer zu hohen Summe verschrecken. »Welche Bezahlung erhielten Sie denn vor Ihrem Rauswurf?«

Rami sagte: »Zweihundert CR pro Zyklus und im vertraglichen Rahmen arbeitende Person.«

Mehr als einen Zyklus veranschlagte ich für den Auftrag nicht. »Dann zahlen Sie mir das.«

»Einen Zyklussatz?« Rami setzte sich gerade hin. »Ernsthaft?«

Tihre Reaktion sagte mir, dass ich deutlich zu wenig verlangt hatte, aber das ließ sich jetzt nicht mehr ändern. Ich musste ihnen einen Grund nennen, warum ich mich mit so wenig zufriedengab, und da war ein Teil der Wahrheit das Beste. »Ich muss nach RaviHyral, und ohne Beschäftigungsnachweis komme ich dort nicht rein.«

»Wieso?«, fragte Tapan, und Rami gab ihr einen ermahnenden Stoß. »Ich meine, es geht uns ja nichts an, aber …«

Es geht uns ja nichts an. Das hatte vor PreservationAux noch niemand im Zusammenhang mit mir geäußert. Ich sagte erneut die Wahrheit. »Ich muss dort etwas für einen anderen Klienten recherchieren.«

Wie Fifo verstanden sie das Konzept von Recherche, besonders von proprietärer Recherche, und stellten keine weiteren Fragen. Rami erklärte, dass ihr Flug nach RaviHyral im nächsten Zyklus ging und tie einen Nachweis für private Arbeit anfordern würde. Ich verabredete mich mit ihnen in der Passage beim Eingang zum Shuttleterminal und ging. Sobald ich außer Reichweite war, gab ich die Überwachungskamera frei.

Ich kehrte zu Fifo zurück, kuschelte mich in meinen Lieblingssessel, und wir guckten drei Stunden lang Serien, während ich langsam runterkam. Fifo überwachte den Alarmfeed des Transitrings für den Fall, dass jemand begriffen hatte, was ich war, doch es kam nichts.

Habe ich dir doch gesagt, sagte Fifo. Wieder mal.

Ich ging nicht darauf ein. Ich war unerkannt geblieben, also wurde es Zeit, den restlichen Plan zu durchdenken. Der jetzt auch noch umfasste, meine Klienten am Leben zu halten.

13

Beim Terminal stieß ich wieder zu ihnen. Ich hatte den Rucksack, der Teil meiner Menschenverkleidung war, aber das einzig Wichtige, das ich bei mir trug, war das Funkinterface von Fifo. Damit konnten wir kommunizieren, sobald ich unten auf RaviHyral war, und ich hatte dann weiterhin Zugang zu Fifos Wissensdatenbanken und seinen ungebetenen Ratschlägen. Ich war es gewöhnt, zur Verstärkung auf ein HabSystem und ein SecSystem zurückgreifen zu können, und die sollte Fifo ersetzen. (Also bis auf den Part, wo beide Systeme zusammenarbeiteten, um mich nötigenfalls an die Firma zu verpfeifen und meine Bestrafung durch das Chefmodul auszulösen. Fifos Freiheit, zu allem, was ich tat, seine Meinung zu sagen, war Strafe genug.) Ich hatte das Funkinterface in einem eingebauten Fach unter den Rippen stecken.

Meine drei Klienten warteten mit kleinem Gepäck, weil sie hoffnungsvoll davon ausgingen, nur ein paar Zyklen bleiben zu müssen. Ich hielt mich abseits, bis sie sich von den anderen Mitgliedern ihres Kollektivs verabschiedet hatten. Sie sahen alle besorgt aus. Das Kollektiv war im Socialfeed als Gruppenehe gelistet und hatte fünf Kinder verschiedener Größe. Sobald die anderen gegangen und Rami, Maro und Tapan allein waren, trat ich näher.

»Tlacey hat uns einen Flug in einem öffentlichen Shuttle besorgt«, erzählte Rami mir. »Das könnte doch ein gutes Zeichen sein, oder?«

»Durchaus«, sagte ich. Es war ein grausig schlechtes Zeichen.

Der Beschäftigungsnachweis brachte mich ins Terminal, und es gab keinen Scan auf Waffen. Auf RaviHyral war privater Waffenbesitz erlaubt, und im öffentlichen Raum war nur wenig Security präsent – unter anderem deshalb engagierten kleine Menschengruppen besser privaten Wachschutz, wenn sie dorthin flogen. Als wir uns der Schleuse des Shuttles näherten, schrieb ich Fifo: *Kannst du den Shuttle auf energetische Anomalien scannen, ohne dass die Transitringsecurity es bemerkt?*

Nein, aber ich sage einfach, dass ich gerade Tests und Diagnosen für meine Scanner laufen lasse.

Als wir die Schleuse erreichten, meldete Fifo: *Keine Anomalien, 90 Prozent Übereinstimmung mit Herstellerangaben.*

Das war normal und bedeutete, dass ein eventueller Sprengsatz zurzeit nicht aktiviert war und sich irgendwo tief im Rumpf befand. Fünf weitere Menschen warteten aufs Einsteigen, und mein Scan fand keine Energiesignaturen. Ihre Taschen und Rucksäcke waren prallvoll und deuteten auf einen langen Aufenthalt hin. Ich ließ sie zuerst einsteigen, schob mich dann vor Maro und trat durch die Schleuse, dabei scannte ich.

Das Shuttle war botgesteuert, und seine Crew bestand lediglich aus einer augmentierten Frau, die offensichtlich nichts anderes zu tun hatte, als die Beschäftigungsnachweise und Tickets zu kontrollieren. Sie sah mich an und sagte: »Eigentlich sollten Sie nur zu dritt sein.«

Ich antwortete nicht, weil ich gerade mit dem Securitysystem um die Kontrolle kämpfte. Es war komplett vom Botpiloten getrennt, außergewöhnlich für die Shuttles, die ich sonst kannte.

Tapan schob das Kinn vor. »Das ist unser Sicherheitsberater.«

Ich hatte ShuttleSecSys jetzt im Griff und löschte seinen Versuch, dem Botpiloten und der Flugbegleiterin zu melden, dass es gefährdet war.

Sie runzelte die Stirn und überprüfte noch einmal den Nachweis, fand aber keine Unregelmäßigkeiten. Wir gingen in die Kabine durch, wo sich die anderen Passagiere soeben setzten. Sie verstauten ihre Sachen oder redeten leise. Noch hatte ich sie nicht als potenzielle Bedrohung eliminiert, aber ihr Verhalten ließ die Wahrscheinlichkeit stetig sinken.

Ich nahm mir den Sitz neben Rami und pingte Fifo wieder an. Fifo sagte: *Scanne auf Zielortungsanomalien, Lage derzeit klar.*

Damit meinte es, dass es auf dem Mond nichts sehen konnte, das uns ins Visier nahm. Wenn sie uns abschießen wollten, dann also erst, sobald wir unterwegs waren. Von der Mondoberfläche aus Richtung Transitring zu schießen würde vermutlich eine Riesenaufregung nach sich ziehen, inklusive rechtlicher Konsequenzen oder sogar einen direkten Vergeltungsschlag durch die Ringsecurity. Wenn sie uns unterwegs angreifen, können wir sowieso nichts dagegen unternehmen, sagte ich.

Fifo antwortete nicht, aber ich kannte es inzwischen gut genug, um zu wissen, dass das etwas zu bedeuten hatte. *Du hast doch kein Waffensystem*, sagte ich. In den Übersichtsplänen war nichts zu sehen gewesen. Jedenfalls in den Plänen nicht, die Fifo in seinem ungesicherten Feed zur Verfügung stellte. *Oder doch?*

Ich habe ein Trümmerabwehrsystem, gab Fifo zu.

Trümmer lassen sich nur auf eine Weise abwehren. Ich war

noch nie auf einem bewaffneten Schiff geflogen, aber ich wusste, dass sie Gegenstand eines ganz anderen Levels von Lizenzierungs- und Finanzierungsverträgen waren. (Wenn eines von ihnen versehentlich auf etwas schießt, auf das es nicht schießen soll, muss schließlich jemand für den Schaden aufkommen.) Ich sagte: *Also hast du ein Waffensystem.*

Zur Abwehr von Trümmern, sagte Fifo.

Ich fragte mich allmählich, was das eigentlich für eine Universität war, zu deren Besitz Fifo offenbar gehörte.

Rami musterte mich besorgt. »Ist alles in Ordnung?«

Ich nickte und bemühte mich um einen neutralen Gesichtsausdruck.

Tapan beugte sich an tihr vorbei und fragte: »Sind Sie im Feed? Ich kann Sie gar nicht finden.«

»Ich bin auf einem privaten Kanal mit einem Freund im Ring, der den Abflug des Shuttles überwacht. Nur um sicherzugehen, dass alles okay ist.«

Sie nickten und lehnten sich zurück.

Das Deck erbebte, als das Shuttle sich vom Ring abkoppelte und in Bewegung setzte. Ich schmiegte mich an den Botpiloten. Es war ein Modell mit begrenzter Funktion, nicht annähernd so komplex wie auch nur der Standardbot zum Lenken eines Frachtschiffs. Ich hatte dem ShuttleSecSys gesagt, dass ich durch die Ringsecurity autorisiert war, und es pingte mich fröhlich an. Die Flugbegleiterin saß bei ihm im Cockpit, erledigte in ihrem Feed Bürokram und las ihren Socialfeed-Download, aber ein menschlicher Pilot war nicht an Bord.

Ich lehnte mich in meinem Sessel zurück und entspannte mich ein bisschen. Ich verspürte den Lockruf der Medien, und den

Echos im Feed nach zu urteilen, hatten die meisten Menschen ihm nachgegeben. Aber ich wollte den Botpiloten im Blick behalten. Das mag übervorsichtig erscheinen, aber so bin ich nun mal geschaffen.

Dann, 24 Minuten sieben Sekunden nach dem Start, kreischte der Botpilot während der Annäherung auf und starb, als Killware sein System flutete. Er war hin, bevor ShuttleSecSys oder ich reagieren konnten; ich packte uns zwei rasch hinter eine Wall, und die Killware prallte ab. Ich sah, wie sie »Aufgabe ausgeführt« meldete und sich anschließend selbst zerstörte.

Ach du Scheiße. *Fifo!* Ich griff mir über ShuttleSecSys die Steuerung. Wir brauchten die Kurskorrektur in sieben Komma zwei Sekunden. Die Flugbegleiterin war vom Alarm aus ihrem Feed gerissen worden, starrte entsetzt auf das Armaturenbrett und löste die Notbake aus. Sie konnte kein Shuttle fliegen. Ich kann Hopper und andere Flugzeuge für Hochatmosphäre fliegen, aber das Lernmodul für Shuttles und weitere weltraumtaugliche Flugzeuge hatte ich nie bekommen. In der Hoffnung auf Hilfe stupste ich ShuttleSecSys an, und es löste Kabinenalarm aus. Tja, das war keine Hilfe.

Lass mich rein, sagte Fifo so ruhig und gelassen, als würden wir besprechen, welche Sendung wir als Nächstes glotzen sollten.

Ich hatte Fifo noch nie vollen Zugriff auf mein Gehirn gestattet. Ich hatte es meinen Körper umbauen lassen, aber das nicht. Uns blieben noch vielleicht drei Sekunden. Meine Klienten, die anderen Menschen im Shuttle. Ich ließ Fifo rein.

Es fühlte sich an wie die Empfindung, die Menschen in Büchern beschrieben, wenn ihre Köpfe unter Wasser gedrückt wurden. Dann war es vorbei, und Fifo war im Shuttle und füllte über meine Verbindung zu ShuttleSecSys die Lücke, welche der ausgelöschte Bot hinterlassen hatte. Fifo glitt in die Steuerung, korrigierte den Kurs, passte unsere Geschwindigkeit an, dann bekam es Kontakt mit der Landebake und leitete den Anflug auf den Haupthafen von RaviHyral ein. Die Flugbegleiterin hyperventilierte noch immer und hatte es gerade mal geschafft, sich beim Hafenamt zu melden. Dort verfügten sie über Notlandungspatches, die sie Schiffen rüberschießen konnten, aber dafür hatte die Zeit nicht gereicht. Nichts, was von dort aus machbar war, hätte uns gerettet.

Rami berührte mich am Arm und fragte: »Alles in Ordnung?«

Ich hatte die Augen zugekniffen. »Ja«, sagte ich. Als mir wieder einfiel, dass Menschen normalerweise schon ein bisschen mehr von ihren Mitmenschen wissen wollen, zeigte ich Richtung Alarm und erklärte: »Ich habe empfindliche Ohren.«

Tie nickte mitfühlend. Die anderen waren besorgt, aber es hatte keine Ansage gegeben, und sie konnten unsere Flugbahn im Feed des Hafens sehen, der uns immer noch eine pünktliche Ankunftszeit übermittelte.

Die Flugbegleiterin versuchte dem Hafenamt zu erklären, dass es ein katastrophales Versagen gegeben hatte, der Botpilot hinüber war und sie keine Ahnung hatte, wieso das Shuttle nicht auf der Mondoberfläche zerschellt war. ShuttleSecSys versuchte Fifo zu analysieren und sorgte fast für die eigene Löschung. Ich übernahm ShuttleSecSys, stellte den Alarm ab und löschte den kompletten Flug aus seinem Speicher.

Die Passagiere murmelten erleichtert, als der Alarm verstummte. Ich machte Fifo einen Vorschlag, und es schickte dem Hafenamt einen Fehlercode, der uns eine neue Priorität zuwies und unsere Ankunft vom öffentlichen Dock zum Bereitschaftsdock verlegte. Da die Killware eindeutig darauf ausgelegt gewesen war, uns unterwegs zu zerstören, wartete am ursprünglichen Ankunftsort zwar vielleicht niemand auf uns, aber sicher ist sicher.

Im Feed sahen wir, dass der Hafen sich in einer aus einer Bergflanke geschnittenen Höhle befand, um die herum die Türme eines Trümmerabwehrnetzes angeordnet waren. (Ein richtiges Trümmerabwehrsystem, keine getarnte Railgun oder was Fifo da sonst hatte.) Die Lichter zahlreicher Ebenen der Hafenanlage schimmerten in der Dunkelheit, und kleinere Shuttles wichen uns eilig aus, als wir in eine Kurve hin zur Landebake gingen.

Maro musterte mich aus zusammengekniffenen Augen. Als über Feed die Nachricht vom geänderten Anflugdock kam, beugte sie sich vor und fragte: »Wissen Sie, was passiert ist?«

Zum Glück fiel mir ein, dass niemand von mir erwartete, bereitwillig auf alle Fragen zu antworten. Einer der Vorteile, wenn man kein SecUnit-Konstrukt war, sondern augmentierter Mensch und Sicherheitsberater. »Darüber reden wir, wenn wir das Shuttle verlassen haben.« Damit waren sie offenbar alle zufrieden.

Fifo landete uns am Bereitschaftsdock. Wir verließen die Flugbegleiterin, die den Notfalltechnikern zu erklären versuchte, was passiert war, während diese ihre Diagnosegeräte anschlossen. Fifo war längst wieder weg und hatte sämtliche Hinweise auf seine Anwesenheit gelöscht, und das ShuttleSecSys war verwirrt, aber im Gegensatz zu dem armen Pilotbot immerhin noch intakt.

In dem kleinen Abfertigungsbereich wimmelte es von Notdienstpersonal und Bots. Es gelang mir, meine Klienten dort hindurch und hinaus auf den transparent umhüllten Laufsteg zum Hauptgebäude zu scheuchen, bevor jemand auf die Idee kam, sie aufzuhalten. Ich hatte mir bereits eine Karte aus dem öffentlichen Feed heruntergeladen und testete gerade die Robustheit des Sicherheitssystems. Der Laufsteg bot Blick auf die Höhle mit ihren Reihen von Kopplungsplätzen und einigen startenden oder landenden Shuttles. Am anderen Ende lagen die großen Frachter für die Bergbauanlagen.

Security gab es offenbar nur je nach Grad der Paranoia des Auftragnehmers, der in dem jeweiligen Bereich gerade tätig war. Das konnte sowohl einen Vorteil als auch eine interessante Herausforderung darstellen. Der öffentliche Infofeed des Transitrings hatte gewarnt, dass hier wohl zahlreiche Menschen eine Waffe trugen, und es gab keine entsprechenden Scans.

Wir kamen bei einem Knotenpunkt heraus, der von einer hohen transparenten Kuppel geschützt war, die Blick auf die Höhlendecke bot. Oben beleuchteten Scheinwerfer die bunten Gesteinsadern. Ich versicherte mich per Scan, dass wir nicht überwacht wurden, und ließ Rami anhalten. Tie und die anderen sahen mich an, und ich sagte: »Die Person, mit der Sie verabredet sind, hat vorhin versucht, Sie zu töten.«

Rami blinzelte, Maro machte große Augen, und Tapan holte Luft zum Widersprechen. Ich erklärte: »Das Shuttle war mit Killware verseucht. Sie hat den Botpiloten zerstört. Ich stand mit einem Freund in Kontakt, der über meinen Augmentfeed ein neues Pilotenmodul heruntergeladen hat. Nur aus diesem Grund haben wir keinen Unfall gebaut.«

Ein Modul hätte das Shuttle in einen sicheren Orbit bringen

können, wäre aber technisch niemals dazu in der Lage gewesen, diese knifflige Landung makellos hinzulegen. Hoffentlich begriffen sie das nicht.

Tapan klappte den Mund wieder zu. Schockiert sagte Maro: »Aber die anderen Passagiere. Die Flugbegleiterin. Die hätten sie auch einfach alle getötet?«

»Mit Ihnen als den einzigen Opfern wäre das Motiv deutlich zu erkennen gewesen.«

Ich konnte sehen, wie es ihnen ins Bewusstsein drang. »Sie sollten sofort zum Transitring zurückkehren.« Ich sah mir den Flugplan im öffentlichen Feed an. In elf Minuten ging ein öffentliches Shuttle. Wenn meine Klienten sich beeilten, blieb Tlacey keine Zeit, sie aufzuspüren und das Shuttle zu verseuchen.

Tapan und Maro sahen zu Rami. Tie zögerte und schob dann das Kinn vor. »Ich bleibe. Ihr zwei fliegt.«

»Nein«, sagte Maro prompt, »wir verlassen dich nicht.« Tapan fügte hinzu: »Wir stehen das gemeinsam durch.«

Ramis Gesicht zerknitterte regelrecht, der Beistand schwächte tie mehr als die Aussicht auf den Tod. Tie riss sich zusammen und nickte fest. Mit Blick zu mir sagte tie: »Wir bleiben.«

Ich reagierte nicht sichtbar, weil ich es gewöhnt bin, dass Klienten schlechte Entscheidungen fällen, und ich war allmählich richtig geübt in der Beherrschung meines Gesichtsausdrucks. »Sie dürfen an diesem Meeting nicht festhalten. Als das Shuttle nicht am vorgesehenen Dock gelandet ist, hat Tlacey Ihre Spur verloren. Diesen Vorteil müssen Sie sich bewahren.«

»Aber wir brauchen das Meeting«, protestierte Tapan. »Sonst bekommen wir unsere Arbeit nicht zurück.«

Doch, ich möchte meine Klienten öfters schütteln. Nein, ich

tue es nie. »Tlacey hat nicht die Absicht, Ihnen Ihre Arbeit zurückzugeben. Sie hat Sie hergelockt, um Sie zu töten.«

»Ja, aber …«

»Tapan, halt den Mund und hör zu«, unterbrach Maro sie sichtlich entnervt.

Rami guckte störrisch, fragte jedoch: »Was sollen wir dann machen?«

Technisch gesehen musste das nicht mein Problem sein. Ich war jetzt hier und brauchte sie nicht mehr. Ich konnte sie in der Menge verlieren und sie allein mit ihrer mörderischen Ex-Auftraggeberin fertigwerden lassen.

Aber sie waren Klienten. Selbst nach dem Hacken meines Chefmoduls hatte ich es nicht draufgehabt, Klienten im Stich zu lassen, die ich mir nicht ausgesucht hatte. Mit diesen Klienten hier hatte ich als freies Individuum eine Vereinbarung getroffen. Ich konnte mich nicht absetzen. Meinen Seufzer behielt ich für mich. »Sie dürfen Tlacey nicht auf ihrem Firmengelände treffen. Sie müssen den Treffpunkt selbst bestimmen.«

Das war nicht perfekt, aber es musste reichen.

Meine Klienten wählten einen Gastronomiebetrieb mitten im Hafen. Er befand sich auf einer erhobenen Plattform, die Tische und Stühle in Gruppen arrangiert und mit darüber schwebenden Displays, die für diverse Hafen- und Auftragnehmerdienste warben und Infos über die verschiedenen Bergbauanlagen boten. Die Displays dienten zugleich als Audio- und Videostörer, entsprechend beliebt war der Ort für geschäftliche Meetings.

Rami, Tapan und Maro hatten sich einen Tisch ausgesucht und spielten nervös an den Drinks herum, die sie bei einem der umherschwebenden Bots bestellt hatten. Nach einem Funkspruch an Tlacey warteten sie jetzt darauf, dass deren Repräsentant eintraf.

Das Securitysystem in diesem öffentlichen Bereich war ausgefeilter als ShuttleSecSys, wenn auch nur ein bisschen. Ich war so weit eingedrungen, dass ich die Notfallkommunikation überwachen konnte und das Bild der Kameras bekam, die auf unsere unmittelbare Umgebung gerichtet waren. Ich war einigermaßen zuversichtlich. Ich stand drei Meter vom Tisch entfernt und tat so, als würde ich die Werbedisplays inspizieren, während ich die Karte der Anlagen aus dem öffentlichen Feed studierte. Darauf waren viele aufgegebene Gruben markiert, außerdem Röhrenbahnen, die scheinbar ins Nichts führten. Dort irgendwo musste Ganaka Pit sein.

Fifo sagte in meinem Ohr: *Es gibt bestimmt ein zugängliches Informationsarchiv. Aus dem kann die Existenz von Ganaka Pit nicht gelöscht worden sein. Das Fehlen würde Forschern doch auffallen.*

Das hing vom Forschungsgebiet ab. Wer an unbekannten Kunststoffen arbeitete, interessierte sich natürlich dafür, wo sie zu finden waren, aber nicht notwendigerweise auch für die Firma, die sie ausgegraben hatte, oder den Grund, warum diese Firma jetzt nicht mehr vor Ort war. Aber wer immer Ganaka Pit von der Karte gelöscht hatte, versuchte eher, die Existenz der Grube vor eventuellen Journalisten zu verschleiern, als sie komplett aus dem Gedächtnis der Bevölkerung zu löschen.

Fifos Daten waren korrekt gewesen; es gab auf diesem Mond noch andere SecUnits. Auf der Karte fanden sich die Logos von fünf Finanzierungsgesellschaften, die SecUnits anboten, darunter meine Firma, und zwar an sieben der entlegensten Anlagen, wo noch nach Rohstoffvorkommen gesucht wurde. Die Einheiten dienten dem Schutz des jeweiligen Claims vor Diebstahl und sollten die Minenarbeiter und anderen Angestellten davon abhalten, sich gegenseitig die Köpfe einzuschlagen. Wobei diese SecUnits sich sicher nicht selbstständig durch den Hafen bewegten, sondern abgeschaltet als Frachtgut in Transportboxen oder Reparaturzellen reisten; damit hatte ich eine Sorge weniger. Meine veränderte Konfiguration täuschte vielleicht Menschen und augmentierte Menschen, aber keine andere SecUnit.

Sobald sie mich sahen, würden sie ihre SecSystems alarmieren. Ihnen blieb gar keine andere Wahl. Und sie wollten ja auch keine. Wenn irgendjemand weiß, wie gefährlich freidrehende SecUnits sind, dann andere SecUnits.

In diesem Moment spürte ich den Ping.

Ich sagte mir, dass ich irgendetwas fehlinterpretiert hatte. Da passierte es erneut. Oh-oh hoch drei.

Irgendetwas suchte nach SecUnits. Nicht einfach nach Bots, sondern spezifisch nach SecUnits, und es befand sich ganz in der Nähe. Es hatte mich nicht direkt angepingt, aber mit funktionierendem Chefmodul hätte ich jetzt antworten müssen.

Drei Menschen näherten sich dem Tisch, an dem meine Klienten saßen. Rami flüsterte in den Feed: »Das ist Tlacey. Ich habe nicht damit gerechnet, dass sie persönlich erscheint.« Zwei Menschen waren groß und männlich, und der eine verlängerte seine Schritte, um zum Tisch zu kommen. Maro hatte ihn gesehen, und ihrem Gesichtsausdruck entnahm ich, dass es ihm nicht um eine Begrüßung ging. Laut Scan war er bewaffnet.

Ich bewegte mich zwischen ihn und den Tisch, hob eine Hand auf Höhe seiner Brust und sagte: »Stehen bleiben.«

Weiter hatte ich bei den meisten Aufträgen mit Menschen nicht gehen dürfen, bevor sie Körperkontakt herstellten. Aber Sie wären überrascht, wie oft das funktioniert, wenn man es richtig anstellt. Allerdings hatte ich in solchen Situationen immer meinen Panzer mit undurchsichtigem Helm getragen. Hier in normaler Menschenkleidung und mit sichtbarem Menschengesicht zu stehen machte einen Riesenunterschied. Andererseits konnte er mich durch einen Hieb nicht verletzen, und seine Waffe hatte er noch nicht gezogen.

Ich hätte ihn zerreißen können wie ein Papiertaschentuch.

Das wusste er nicht, aber er musste meinem Gesichtsausdruck entnehmen können, dass ich keine Angst vor ihm hatte. Ich prüfte kurz via Überwachungskamera, wie ich aussah, und kam zu dem Schluss, dass ich gelangweilt wirkte. Das war nicht ungewöhnlich, weil ich fast immer gelangweilt blickte, während ich meinen Job machte, nur sah man es mir in meinem Panzer unmöglich an.

Er musste sich sichtlich neu positionieren und fragte: »Scheiße, wer bist du denn?«

Meine Klienten hatten ihre Stühle zurückgeschoben und standen jetzt. »Das ist unser Sicherheitsberater«, sagte Rami.

Er trat einen Schritt nach hinten und warf unsicher einen Blick zu den anderen beiden, dem zweiten menschlichen Bodyguard und Tlacey, die eine augmentierte Menschenfrau war.

Ich ließ meinen Arm sinken, bewegte mich aber nicht von der Stelle. Ich hatte freie Schussbahn auf alle drei, aber das war ein Worst-Case-Szenario. Für mich jedenfalls. Alle möglichen kleinen Hinweise mögen Menschen übersehen, aber das Abfeuern von in meine Arme integrierten Energiewaffen wäre doch ziemlich deutlich. Ich zweigte gerade so viel Aufmerksamkeit ab, dass ich die Feeds der Überwachungskameras kurz darauf scannen konnte, was mich da angepingt hatte.

Ich bekam das Bild einer Kamera auf der anderen Seite des öffentlichen Raums, in der Nähe der Eingangstunnel. Die Gestalt, die dort am Rand des Sitzbereichs stand, entsprach überhaupt nicht meinen Erwartungen, und ich musste sie mir ein zweites Mal ansehen, bevor ich begriff. Das Konstrukt trug keinen Panzer, und seine physische Konfiguration war nicht SecUnit-Standard. Es hatte viele und lange Haare, silbern mit Weiß und Lila an den Spitzen, die es geflochten und zurückgebunden trug, so ähnlich wie Tapan, aber in einem komplizierteren Muster. Seine Gesichtszüge unterschieden sich von meinen, aber alle Einheiten sehen ein bisschen anders aus, da ihre Züge auf Grundlage des menschlichen Klonmaterials gebildet werden, aus dem unsere organischen Teile bestehen. Seine Arme waren nackt und wiesen weder Metall noch Schießöffnungen auf. Das war keine SecUnit.

Ich hatte einen Sexbot vor mir.

Das ist nicht die offizielle Bezeichnung, sagte Fifo.

Die offizielle Bezeichnung lautet ComfortUnit, aber alle wissen, was das bedeutet.

Ohne Befehl dürfen Sexbots genauso wenig wie Killerbots in Menschenbereichen herumlaufen. Jemand musste das Konstrukt hergeschickt haben.

Fifo stupste mich fest genug an, dass ich zusammenzuckte. Ich riss mich von dem Anblick los und ging in meiner Aufnahme ein Stück zurück, um zu schauen, was ich verpasst hatte.

Tlacey war vorgetreten. »Wozu brauchen Sie einen Sicherheitsberater?«

Rami holte Luft. Ich schnappte mir tihren Feed, sicherte eine private Verbindung zwischen tihr, Tapan und Maro und sagte: *Nicht darauf antworten. Auch nicht den Anschlag auf das Shuttle erwähnen. Bleiben Sie einfach beim Geschäftlichen.* Es war ein Impuls. Tlacey war in der Erwartung einer wütenden Konfrontation hergekommen, deshalb hatte sie bewaffnete Bodyguards mitgebracht. Wir waren jetzt im Vorteil; wir lebten noch und hatten sie aus dem Konzept gebracht, und so wollten wir sie haben.

Rami atmete aus, tippte mich zum Dank im Feed an und sagte dann: »Wir möchten mit Ihnen über unsere Dateien reden.«

Maro, die begriff, worauf ich aus war, sagte Rami: *Mach weiter, die sollen sich nicht mal hinsetzen.*

Mit selbstbewussterer Stimme fuhr Rami fort: »Unsere persönliche Arbeit zu löschen war nicht Teil unseres Werkvertrags. Aber wir sind mit Ihrem Vorschlag einverstanden, dass wir im Austausch gegen unsere Dateien unser Antrittsgeld zurückzahlen.«

Über die Kameras sah ich zu, wie der Sexbot sich abwandte und den öffentlichen Raum durch den Tunnel gleich hinter sich verließ.

Tlacey fragte: »Den gesamten Betrag?« Sie hatte eindeutig nicht mit ihrer Zustimmung gerechnet.

Maro beugte sich vor. »Wir haben für die Geldmittel ein Konto bei Umro eröffnet. Wir können überweisen, sobald Sie uns die Dateien übergeben.«

Tlaceys Kinn bewegte sich, als sie in ihrem privaten Feed redete. Die beiden Bodyguards zogen sich zurück. Tlacey kam und nahm am Tisch meiner Klienten Platz. Einen Moment später setzte Rami sich, und Tapan und Maro folgten tihrem Beispiel.

Ich ließ einen Teil meiner Aufmerksamkeit beim Verhandlungsgespräch und kehrte zum öffentlichen Feed zurück. Ich zog mir historische Daten herunter und suchte nach jedweder ungewöhnlichen Aktivität um die Zeit des Auftrags herum.

Während meine Klienten redeten und ich die Daten durchging und Fifo mir über die Schulter schaute, behielt ich gleichzeitig die Überwachungskameras im Blick. Mir fielen zwei weitere potenzielle Bedrohungen auf, die das Gelände betraten. Drei potenzielle Bedrohungen, die an gegenüberliegenden Tischen saßen, waren mir bereits aufgefallen. (Alle drei zeigten bemerkenswert wenig Interesse für die Auseinandersetzung, die praktisch mitten im Sitzbereich stattfand. Die anderen Menschen und augmentierten Menschen in der unmittelbaren Umgehung sahen mit offener oder verhohlener Neugierde zu.)

Fifo stupste mich an. *Ja, ich sehe es*, sagte ich. Die Suche hatte eine Reihe von Mitteilungen hervorgebracht, die ungefähr im richtigen Zeitrahmen gepostet worden waren. Es handelte sich um Ankündigungen des Röhrenbetreibers, dass Verschiebungen im Frachtverkehr mit abgelegenen Betrieben zu Umleitungen im Passagierverkehr führen würden. (Die Röhren waren ein kleines Verkehrssystem, das Passagiere zwischen Hafen und Dienstleistungszentren beförderte sowie private Linien hinaus zu den Bergwerken der Umgebung betrieb.) Spätere Mitteilungen erwähnten einen Streckenneubau und ein Ende der Umleitung.

Das war's. Wenn man zwischen den Zeilen las, konnte man sehen, dass der Betreiber eine neue Röhre hatte bauen müssen, um die Tunnel zu ersetzen, die zu einem Bergbaubetrieb geführt hatten, der plötzlich zugemacht worden war. Das musste Ganaka Pit sein.

Andere Grubenschließungen waren von Lokalnachrichten und massivem Interesse im Socialfeed für Konkursverfahren und die Folgen für Dienstleister begleitet gewesen. Über diese Schließung gab es nichts dergleichen. Jemand hatte dafür gezahlt, dass solche Postings aus dem öffentlichen Feed gelöscht worden waren.

Die Besprechung näherte sich ihrem Ende. Tlacey stand auf, nickte meinen Klienten zu und entfernte sich vom Tisch. Ramis Miene war eine Grimasse des Zweifels. Maro guckte finster, und Tapan war irgendwas zwischen verwirrt und wütend.

Ich beendete die Suche und ging zum Tisch. Rami sah Tlacey und ihren Bodyguards hinterher und sagte: »Hierher zu kommen war keine gute Idee.«

Tapan protestierte. »Sie hat doch gesagt, morgen …«

Maro schüttelte den Kopf. »Das sind auch nur Lügen. Sie gibt uns die Dateien nie. Wenn sie wollte, hätte sie es doch gerade tun können. Über Funk, während wir auf dem Transitring waren.« Sie sah mich an. »Ich wusste nicht, ob ich Ihnen das mit dem Shuttle glauben sollte, aber jetzt …«

Ich sah in den Überwachungskameras nach meiner Liste potenzieller Bedrohungen. »Wir müssen gehen«, sagte ich. »Wir reden woanders darüber.«

Als wir gingen, stand eine PB auf und folgte uns. Die anderen behielt Fifo im Blick, nur für den Fall, dass es doch keine unschuldigen Außenstehenden waren, die sich dermaßen in ihre Feeds vertieft hatten, dass sie nichts mehr mitbekamen.

Ich hatte einige mögliche Routen auf der Stationskarte markiert, und davon gefiel mir die durch einen Fußgängertunnel am besten, der im Bogen von den Hauptwohngebieten wegführte.

Von ihm zweigten diverse Zugänge zu verschiedenen Röhren ab, aber er war nicht so stark frequentiert wie andere. Ich tippte Ramis Feed an und sagte tihr, dass sie ihm bis zu der Kreuzung folgen sollten, an der das größte Hotel lag. Maro, die mithörte, flüsterte: »Das können wir uns nicht leisten.«

Sie sollen dort ja nicht übernachten, erklärte ich. Die Broschüre im öffentlichen Feed versprach eine hochgesicherte Lobby und eine Expressröhre zu den öffentlichen Shuttles.

Wir erreichten den Tunnel und gingen ihn hinunter. Er war fast zehn Meter breit und vier Meter hoch und gut genug beleuchtet, um in der Mitte zu gehen, aber die Ränder waren schattig mit dunkleren Abzweigen. Es gab Überwachungskameras, aber das steuernde System war nicht sonderlich ausgeklügelt. Die Firma hätte sich wegen der möglichen Gefahren für ihre Klienten und der verpassten Gelegenheit, Daten aus Gesprächen abzuschöpfen, gar nicht mehr eingekriegt.

Es waren noch andere Menschen im Tunnel. Einige Bergarbeiter in Overalls und Jacken mit Logos der verschiedenen Betriebe, aber die meisten trugen zivile Arbeitskleidung und waren entweder Techniker oder Arbeiter von Dienstleistungsfirmen. Sie bewegten sich zügig und blieben in Gruppen.

Nach acht Minuten waren die meisten anderen Menschen in Röhrenzubringer abgebogen. *Einfach weitergehen, nicht anhalten*, schickte ich über Feed. *Wir treffen uns in der Lobby.* Dann ließ ich mich zurückfallen und bog in einen der dunkleren Abzweige ab. Meine Klienten gingen weiter und sahen nicht zu mir nach hinten, obwohl Tapan anzumerken war, dass sie gern geguckt hätte.

Über die Kameras beobachtete ich, wie die PB beziehungsweise inzwischen Zielperson mit schnellen Schritten näher kam. Dem

Mann hatten sich zwei weitere Menschen angeschlossen, nunmehr erkannte Zielpersonen 2 und 3. Sie gingen an mir vorbei, und ich trat aus dem Röhrenzubringer und folgte ihnen. Ich scannte sie auf Energiewaffen und bekam keine Werte. Alle drei Zielpersonen trugen Jacken und Hosen mit tiefen Seitentaschen. Ich markierte sieben Stellen, an denen sich Messer oder Teleskopschlagstöcke tragen ließen.

Als sie meine Klienten sichteten, wurden die Ziele langsamer, schlossen aber weiterhin zu ihnen auf. Wahrscheinlich berichteten sie über Feed an jemanden und baten um Anweisungen. Wer immer es war, hatte keine Kontrolle über die Überwachungskameras, jedenfalls bis jetzt noch nicht.

Ich folgte, behielt die Ziele über Augen und Kameras im Blick, behielt auch mich im Blick, um sicherzustellen, dass ich keine Aufmerksamkeit auf mich zog und mir niemand folgte. Fifo blieb stumm, obwohl ich spürte, dass es mir interessiert bei der Arbeit zusah.

Dann bog die letzte Gruppe Bergarbeiter zwischen den Zielen und mir in einen Zubringer ab. Wir befanden uns in einer Kurve, es war niemand zwischen meinen Klienten und der nächsten Biegung vielleicht fünfzig Meter weiter vorn, und die Kameras zeigten mir, dass der Tunnel hinter mir leer war. Ich musste die Sache jetzt beenden. Ich folgte den Arbeitern in den Zubringer.

Am Ende des Zubringers blieb ich stehen, während die Arbeiter in die Kapsel einstiegen. Die Tür schloss sich zischend, und die Kapsel entfernte sich. Über Kamera sah ich, wie Ziel 2 den Mund bewegte; er sprach offensichtlich subvokal im Feed. Dann fiel der Feed der Kamera aus.

Ich erreichte gerade wieder den Tunnel und begann zu rennen.

Ein kalkuliertes Risiko, da ich mich nicht mit Höchstgeschwindigkeit bewegen konnte, ohne preiszugeben, dass ich kein Mensch war. Aber so kam ich dort an, als Ziel 1 Rami am Ärmel tihrer Jacke packte. Ich brach ihm den Arm, rammte ihm einen Ellbogen ans Kinn und stieß ihn Ziel 2 entgegen, der Maro mit einem Messer bedroht hatte und sich gerade zu mir umdrehte. Ziel 2 stach Ziel 1 nieder (versehentlich wohl, aber vielleicht waren sie einander auch schlicht egal). Ziel 2 stolperte seitwärts, ich ließ Ziel 1 fallen und brach Ziel 2 die Kniescheibe. Ziel 3 hatte Zeit genug gehabt, mit dem Schlagstock auszuholen, und verpasste mir einen Hieb links gegen Kopf und Schulter, was mich zugegebenermaßen ein bisschen ärgerte, aber mich hatten schon Lastenbots unabsichtlich heftiger erwischt. Den zweiten Hieb blockte ich mit dem linken Arm ab, brach ihm mit einem Faustschlag das Schlüsselbein und zerschmetterte ihm mit dem nächsten die Hüfte.

Zu seinem Glück hatte er mich nicht richtig geärgert.

Alle drei Ziele lagen am Boden, und 2 war als Einziger noch bei Bewusstsein, auch wenn er sich wimmernd zusammengerollt hatte. Ich wandte mich zu meinen Klienten um.

Rami hatte eine Hand über tihrem Mund, Maro stand steif da und starrte, und Tapan reckte die Hände in die Luft. Ich sagte im Feed: *Gehen Sie ins Hotel und warten Sie in der Lobby auf mich. Langsam, nicht rennen.*

Maro überwand ihren Schock als Erste. Sie nickte energisch, ergriff Rami beim Arm und stupste Tapan gegen die Schulter. Rami wandte sich zum Gehen, aber Tapan fragte: »Security?«

Ich wusste, worauf sie hinauswollte. »Die haben jemanden, der für sie die Kameras deaktiviert hat. Deshalb müssen Sie jetzt von hier weg.« Laut öffentlichem Feed oben im Transitring gab es keine vollständige Überwachung, aber von den Securityunternehmen für die verschiedenen Dienstleister und Auftragnehmer wurde erwartet, Verantwortung für den öffentlichen Raum der jeweiligen Umgebung zu übernehmen. Diese Stelle hier hatten die Angreifer offensichtlich bewusst so ausgewählt, dass sie außer Reichweite jedweder sofortigen Unterstützung lag. Ich erwartete keine rasche Reaktion, aber wir mussten zusehen, dass wir wegkamen.

»Dann los«, flüsterte Rami, und sie entfernten sich zügig, aber ohne zu rennen.

Ich wandte mich zu dem Mann um, der noch bei Bewusstsein war, und drückte ihm die Arterie am Hals ab, bis er in Ohnmacht fiel.

Ich stiefelte los, in normalem Schritttempo. Ich befand mich tief genug im Kamerasystem, um die temporären Speicher der Kameras vor und hinter der bereits deaktivierten zu löschen. Eine Verschleierungsmaßnahme gegen alle, die herausfinden wollten, was geschehen war. Aber Tlacey hatte mich gesehen, und sie würde es sich denken können. Ich hoffte nur, dass die jungen Menschen diesmal auf mich hörten.

Ich erreichte den Knotenpunkt, wo verschiedene Zugangstunnel und Röhrenstationen zusammenliefen und ein paar Stände Snacks, Feedinterfaces, Toilettenartikel und anderes anboten, das Menschen mochten. Es war nicht voll hier, aber es herrschte ein reges Kommen und Gehen. Der Hoteleingang lag am anderen Ende.

Die mehrgeschossige Lobby bot Blick auf die Holoskulptur

eines offenen Spalts, der mit einer riesigen kristallinen Struktur gefüllt war, die aus den Wänden wuchs. Laut Feed handelte es sich um eine wissenschaftliche Darstellung. Ich bezweifelte allerdings stark, dass die Vorkommen von RaviHyral so aussahen. Bis die Bergbaubots kamen, vielleicht.

Meine Klienten fand ich oben bei den Abflügen in der Nähe des Geländers, das den künstlichen Abgrund der Skulptur umgab. Sie saßen auf einer runden Couch ohne Rückenlehne, die eher wie ein dekoratives Objekt als ein Möbel aussah.

Ich ging vor ihnen in die Hocke.

Rami sagte: »Die wollten uns töten.«

»Erneut«, sagte ich.

Rami biss sich auf die Lippe. »Ich habe Ihnen das mit dem Shuttle geglaubt. Ich habe Ihnen geglaubt …«

»Aber jetzt haben Sie es gesehen«, sagte ich. Ich verstand, was tie meinte. Es war ein Riesenunterschied, ob man wusste, dass etwas geschah, oder ob man es mit eigenen Augen sah. Das galt selbst für SecUnits.

Maro rieb sich die Augen. »Ja, das war dumm von uns. Tlacey hatte nie vor, unsere Dateien gegen den Bonus zu tauschen.«

»Nein«, stimmte ich zu.

Rami stieß sie an. »Du hattest recht.«

Maro sah noch deprimierter aus. »Anders wäre es mir lieber gewesen.«

Tapan sagte elend: »Wir sind geliefert.«

Rami legte einen Arm um sie. »Wir leben noch.« Tie sah mich an. »Was machen wir jetzt?«

»Ich schaffe Sie hier raus, wenn Sie wollen.«

14

Ich brachte sie zuerst zu den öffentlichen Shuttles, dann an diesem Bereich vorbei zu den privaten Docks. Fifo hatte die Pläne geprüft und bereits ein mögliches Shuttle gefunden. Es gehörte Privatleuten, aber die Regelmäßigkeit seiner Flüge zum Transitring und zurück legten einen Unternehmer nahe, der gegen harte Währung Privatflüge anbot.

Die Vermutung erwies sich als zutreffend, und damit konnten Rami, Maro und Tapan abreisen, ohne dass ihre Beschäftigungsnachweise gescannt wurden. Ich hätte sie zu diesem Zeitpunkt wahrscheinlich gefahrlos in ein öffentliches Shuttle setzen können, weil niemand im Voraus wissen konnte, welches genau sie nahmen. Killware konnte ein Shuttle nicht über Feed infiltrieren, der war zu gut geschützt. Für den Anschlag während unseres Anflugs hatten sie die Killware direkt einspeisen müssen, über einen Datenport unmittelbar im Cockpit des Shuttles.

Aber ich bin auf Paranoia programmiert. Dieses private Shuttle besaß nicht nur den Vorzug der Anonymität, sondern auch eines augmentierten Menschen als Piloten, der für den Fall bereit saß, dass etwas an dem Botpiloten herumpfuschte. Plus Fifo, das sich bereits an besagten Botpiloten schmiegte und während des kurzen Flugs ein Auge auf das Shuttle haben würde. (Fifo hatte eine ziemlich herrische Vorstellung von Anschmiegen, weshalb ich mich bereits hatte einmischen und dem Botpiloten versichern müssen, dass das große fiese Frachtschiff versprochen hatte, ihm nicht wehzutun.)

»Sie begleiten uns nicht?«, fragte Rami vor dem kleinen Abfertigungsbereich. Im Vergleich zum Bereitschaftsdock waren die privaten Docks schäbig und klein, mit Flecken auf den Metalloberflächen und funzeligen oder ganz ausgefallenen Strahlern oben in der Felsendecke. Menschen und ein paar Bots bewegten sich den Laufsteg über uns entlang, und ich behielt beide Zugänge mit den Überwachungskameras im Blick. Das Shuttle war bereits angekoppelt und hatte die Schleuse geöffnet, ein kleiner augmentierter Mensch stand auf der Rampe und kassierte. Sechs andere Passagiere waren bereits an Bord, und es kostete mich gewaltige Selbstbeherrschung, mir meine Klienten nicht einfach zu greifen und an Bord zu tragen.

»Ich muss hier immer noch einiges recherchieren. Sobald ich fertig bin, komme ich zurück zum Transitring«, sagte ich.

»Wie sollen wir Sie bezahlen?«, fragte Maro. »Ich meine, können wir uns Sie überhaupt noch leisten nach … alldem?« *Nachdem die versucht haben, uns zu töten*, ergänzte sie in unserer gemeinsamen Feedverbindung.

»Ich checke dann auf dem Ring mein Socialfeed-Profil«, sagte ich und kam mir ziemlich klasse vor, weil ich überhaupt noch wusste, dass ich eins besaß. »Schreiben Sie mir dorthin, dann melde ich mich, sobald ich zurückkehre.«

»Es ist nur so, ich weiß, wir …« Tapan sah sich um. Ihre Miene war angespannt und unglücklich, ihre Körpersprache am Rand der Verzweiflung. »Wir können hier nicht bleiben, aber aufgeben kann ich auch nicht. Unsere Arbeit …«

»Manchmal machen Leute Sachen mit einem, ohne dass man sich dagegen wehren kann. Man muss es einfach überstehen und weitermachen«, warf ich ein.

Sie hörten alle auf zu reden und starrten mich an. Es machte mich nervös, und ich schaltete meinen Blick rasch auf die nächste Überwachungskamera, damit ich uns von der Seite sehen konnte. Ich hatte es mit mehr Nachdruck gesagt als beabsichtigt, aber so war es eben einfach auch. Keine Ahnung, warum es so einschlug. Vielleicht, weil ich mich anhörte, als wüsste ich, wovon ich redete. Vielleicht wegen der beiden Mordversuche.

Dann nickte Maro mit grimmig zusammengekniffenen Lippen. Sie und Rami sahen einander an, und Rami nickte traurig. Maro sagte: »Wir müssen zurück zu den anderen und überlegen, was wir als Nächstes machen. Uns einen neuen Auftrag suchen.«

Rami fügte hinzu: »Wir fangen von vorn an. Wir haben es einmal geschafft, dann kriegen wir das wieder hin.«

Tapan zog ein Gesicht, als wolle sie widersprechen, sei für einen Streit aber zu fertig mit den Nerven.

Sie wollten gar nicht mehr aufhören, sich zu verabschieden und mir zu danken, und ich bugsierte sie dabei die Rampe rauf und sah zu, wie Rami für den Flug mit einer CurrencyCard bezahlte, die das Crewmitglied an ein Interface hielt. Dann waren sie an Bord.

Die Schleuse schloss sich, der Shuttlefeed meldete den Abschluss des Boardings und das Warten auf die Flugfreigabe. Ich ging den Zubringer zurück Richtung Laufsteg. Ich musste die Röhre rüber zu dem Gebiet nehmen, wo es zu der Tunnelumleitung gekommen war, und mich auf die Suche nach Ganaka Pit begeben. Es war eine Erleichterung, meine Klienten aus der Gefahrenzone zu schicken. Aber es fühlte sich merkwürdig an, wieder auf mich allein gestellt zu sein und für niemand anderen mehr zu arbeiten, nur für mich.

Ich ging zum Röhrenzugang und betrat die nächstbeste Kapsel. Jede Kapsel bot Sitzplätze für zwanzig Personen sowie eine Haltestange unter der Decke. Die Schwerkraft innerhalb des Fahrzeugs war angepasst, um die Bewegung auszugleichen. Ich setzte mich zu den sieben Menschen, die bereits an Bord waren. Fifo sagte: *Das Shuttle ist gestartet. Ich überwache deinen Feed, werde aber einen Großteil meiner Aufmerksamkeit dorthin richten.*

Ich schickte mein Einverständnis. Ich versuchte herauszuarbeiten, wieso ich so unruhig war. In einem kleinen geschlossenen Raum mit Menschen eingesperrt, check. Mir fehlten meine Drohnen, check. Mein großes fieses Forschungsschiff hatte zu viel zu tun, als dass ich mich bei ihm beklagen konnte, check. Musste mich auf das konzentrieren, was ich tat, sodass ich keine Medien einfahren konnte, check. Aber daran lag es nicht. Ich hatte keine gute Arbeit für meine Klienten geleistet. Ich hatte die Möglichkeit gehabt und versagt. Früher als SecUnit hatte ich die Verantwortung für die Sicherheit meiner Klienten, nicht aber die Befugnis gehabt, mehr als Vorschläge zu machen, und entsprechend versucht, die in ein SecSystem integrierten Firmenvorschriften so anzuwenden, dass ich die Menschen vor ihrer selbstmörderischen Dummheit und ihren mörderischen Impulsen schützen konnte. Diesmal hatte ich Verantwortung und Befugnis innegehabt und dennoch versagt.

Ich sagte mir, dass sie noch lebten und ich ihnen nur nicht ihr

Eigentum wiederbeschafft hatte, was im Grunde auch nicht Bestandteil meines Auftrags gewesen war. Es half wenig.

Auf der anderen Seite des Rings stieg ich aus, bei einem Labyrinth aus Tunneln, die laut Karte zu diversen privaten Röhrenzugängen für die abgelegenen Gruben führten. Nur ein paar Menschen stiegen hier aus und gingen sofort den Tunnel zum nächsten Umsteigeknoten hinunter. Ich nahm die andere Richtung.

Die nächste Stunde lang hackte ich Kameras und Sicherheitszäune und schlich durch halb fertige Tunnel, die oft mit Warnmarkierungen zur Luftqualität versehen waren. Dann stieß ich endlich in einem auf Hinweise, dass er in der Vergangenheit als Minenzufahrt benutzt worden war. Er war groß genug für die schwersten Lastenbots, und Kameras und Lampen waren abgestellt. Während ich in ihn vordrang und über Felsen und Metalltrümmer hinwegkletterte, fiel der öffentliche Feed aus.

Ich blieb stehen und überprüfte Fifos Funk, aber da kam nur Statik. Ich ging nicht davon aus, dass es sich um einen absichtlichen Versuch handelte, meine Verbindung zum Rest der Anlage zu blockieren; diese Art Ausfall kannte ich, und die fühlte sich anders an. Ich glaube, dieser Tunnel lag so tief unter der Oberfläche, dass Funk und Feed auf stromgestützte Relais angewiesen waren, und die funktionierten nicht mehr. Irgendetwas weiter vorne hatte noch Strom, denn mein Feed fing sich wiederholende Signale auf, lauter automatisierte Warnungen. Ich ging weiter.

Ich musste eine weitere Sicherheitsabsperrung öffnen, aber dahinter fand ich einen Frachtröhrenzustieg und schaffte es, die Gleittür aufzuschieben. Eine kleine Passagierkapsel war noch vorhanden. Sie war lange nicht benutzt worden, so lange nicht, dass das Wasser und der herumliegende Unrat auf dem Teppichboden eine Verbindung eingegangen waren und sich zu irgendeinem Matsch entwickelt hatten. Ich manövrierte mich zum vorderen Abteil mit der manuellen Notsteuerung durch. Es war noch Saft in den Akkus, ein letzter Rest. Sie war dort zurückgelassen worden, vergessen, und starb langsam in der Finsternis, während die Stunden dahintickten.

Ich war in keiner morbiden Stimmung oder so, nein.

Ich vergewisserte mich, dass keine aktive Security damit verbunden war, dann startete ich die Kapsel. Sie ächzte sich ins Leben, hob vom Boden ab und bewegte sich die Röhre hinunter in die Dunkelheit. Sie folgte ihrer letzten programmierten Route. Ich setzte mich auf die Bank und wartete.

Schließlich ortete der Scanner der Kapsel vor uns eine Blockade und legte mit einem Alarmcode los. Ich hatte fünf Episoden verschiedener Dramaserien in der Warteschlange, zwei Komödien, ein Buch über die Untersuchung von Alienreststoffen im Corporation Rim und einen Mehrteiler über den Kunstwettbewerb in Belal Tertiary Eleven, zog mir stattdessen aber Episode 206 von *Waldmond* rein, die ich schon 27 Male gesehen hatte. Ja, ich war ein wenig nervös. Als die Kapsel bremste, setzte ich mich auf.

Die Scheinwerfer beleuchteten eine Reihe von Metallabsperrungen. Leuchtmarkierungen waren auf das Material gesprüht worden und schickten mir einen Schwall von Warnungen in den Feed. Strahlung, Steinschlag, biologische Gefahrstoffe. Ich brachte den Notausstieg dazu, sich für mich zu entriegeln, und sprang runter auf den schmutzigen Boden. Ich scannte nach Energiesignaturen und passte meine Augen an, um an der grellen

Leuchtfarbe vorbeisehen zu können. Drei Meter weiter befand sich eine Lücke, ein dunklerer Fleck vor dem Metall. Sie war klein, aber ich konnte mich hindurchwinden, ohne mir Gelenke auszukugeln.

Ich ging den Tunnel hinunter zu dem Bahnsteig, der zur Passagierröhre gehörte. Weiter unten befand sich ein zehn Meter hohes Tor, groß genug für das Manövrieren von Fahrzeugen und den schwersten Lastenbots mit ihren Ladungen von geförderten Rohmineralien. Beim Passagierzugang war immer noch ein Entladefinger für Frachtstücke ausgefahren, und ich schwang mich mit seiner Hilfe auf den hohen Bahnsteig. Alles war von einer feuchten Staubschicht bedeckt, die keine frischeren Spuren aufwies. Die versiegelten Kisten einer Lieferung mit den aufgestempelten Logos diverser Auftragnehmer standen immer noch gestapelt auf dem Bahnsteig. Daneben lag eine kaputte Atemmaske. Meine menschlichen Teile erlebten ein kaltes Prickeln, keine angenehme Empfindung. Es war unheimlich hier. Ich ermahnte mich, dass ich hier wahrscheinlich für das größte Grauen gesorgt hatte.

Irgendwie half das nicht.

Es gab nicht genug Strom zum Öffnen des Tors, aber die manuelle Entriegelung der Passagierschleuse funktionierte noch. Im Gang gab es außerdem kein Licht, aber die Wände waren mit Streifen von Leuchtfarbe versehen, die im Falle eines katastrophalen Versagens den Weg nach draußen weisen sollten. Einige hatten ihre Leuchtkraft bereits verloren, andere verblassten allmählich. Das Fehlen jeglicher Feedaktivität außer den Warnmeldungen der Farbe war einigermaßen verstörend; ich musste immer wieder an das DeltFall-Habitat denken und war heilfroh, dass ich Fifo um die Änderung an meinem Datenport gebeten hatte.

Ich folgte dem Gang in die Mittelhalle der Anlage. Es handelte sich um einen großen Raum mit Kuppeldecke, der bis auf die nachlassenden Markierungen am Boden dunkel dalag. Menschliche Überreste gab es dort natürlich nicht, aber überall lagen Müll, Werkzeuge, zerborstene Kunststoffteile, ein Stück Arm von einem Lastenbot. In alle Richtungen zweigten Gänge ab wie dunkle Höhlen. Ich hatte nicht den Eindruck, schon einmal an diesem Ort gewesen zu sein, alles kam mir fremd vor. Ich identifizierte die Gänge, die zur Grube führten, dann diejenigen, die zu den Quartieren und Büros führten. Von dort zweigte das Maschinenlager ab.

Bei einem Stromausfall wurden sämtliche versiegelten Türen automatisch entriegelt, aber wer immer hier aufgeräumt hatte, hatte sie wieder verschlossen, und ich musste sie einzeln aufschieben. Hinter den Wartungsstationen für die Lastenbots fand ich den Bereitschaftsraum der Security. Ich trat ein und erstarrte. In dem trüben Licht waren zwischen den leeren Waffenkisten und den fehlenden Bodenbrettern, wo der Wiederaufbereiter gestanden hatte, vertraute Umrisse zu erkennen. Die Zellen waren noch vorhanden. Zehn Stück standen an der gegenüberliegenden Wand aufgereiht, große glatte weiße Quader, auf deren verschrammten Oberflächen sich die schwache Leuchtfarbe spiegelte. Keine Ahnung, wieso meine Leistungszuverlässigkeit fiel und es mir so schwerfiel, mich zu bewegen. Dann wurde mir klar, dass ich davon ausging, dass die anderen noch da drin waren.

Es war ein komplett irrationaler Gedanke, der Fifos schlechte Meinung über die mentalen Fähigkeiten von Konstrukten bestätigt hätte. Die hätten keine SecUnits zurückgelassen. Wir waren zu teuer und zu gefährlich, um uns herumliegen zu lassen. Wenn ich nicht gerade selbst in einer dieser Zellen steckte, der organische Teil meines Gehirns träumend, der anorganische hilflos und inaktiv, dann waren die anderen nicht hier.

Es fiel mir trotzdem schwer, den Raum zu durchqueren und die erste Tür zu öffnen.

Die Plastikliege war leer, der Strom längst abgestellt. Ich öffnete jede Zelle, aber immer dasselbe Bild.

Dann trat ich nach hinten. Ich wollte mein Gesicht in den Händen vergraben, zu Boden sinken und mich in meine Medien verkrümeln, aber ich ließ es bleiben. Nach zwölf langen Sekunden ließ das intensive Gefühl nach.

Ich weiß nicht mal, warum ich dort überhaupt reingegangen bin. Ich musste nach Datenspeichern suchen, nach zurückgelassenen Unterlagen. Ich überprüfte die Waffenschränke und vergewisserte mich, dass darin kein praktischer Satz Drohnen oder so zu finden war, doch sie waren leer. Ein Schusswechsel hatte Brandnarben an der Wand hinterlassen, und neben einer Zelle gab es einen kleinen Krater von einem Explosivprojektil. Ich machte mich auf den Weg zu den Büros.

Im Kontrollzentrum der Anlage überall zerborstene Displayoberflächen, umgeworfene Stühle, zerschmetterte Interfaces, und auf einer Konsole stand immer noch ein unversehrter Plastikbecher und wartete darauf, dass ihn wieder jemand aufnahm. Menschen können nicht vollständig im Feed mit diversen Inputs arbeiten, wie ich und Bots wie Fifo das können. Einige augmentierte Menschen besitzen implantierte Interfaces, die dies ermöglichen, doch nur wenige Menschen lassen sich gern viel Zeug ins

Gehirn schieben, so unvorstellbar das auch sein mag. Deshalb brauchen sie solche Oberflächen, um darauf Displays für Gruppenarbeit zu projizieren. Und der externe Datenspeicher musste hier irgendwo angeschlossen sein.

Ich schnappte mir eine Station, stellte einen Stuhl wieder hin und holte den kleinen Werkzeugkasten heraus, den ich mir aus Fifos Lager geliehen und in der großen Seitentasche meiner Hose mitgebracht hatte. (Panzer haben keine Taschen, also eins zu null für normale Menschenkleidung.) Ich brauchte eine Stromquelle, um die Station wieder zum Laufen zu bringen, aber zum Glück hatte ich ja mich.

Unter Einsatz des Werkzeugs öffnete ich an der Energiewaffe in meinem rechten Unterarm einen Port. Mit einer Hand war das anstrengend, aber ich hatte schon Schlimmeres bewältigen müssen. Mit einem Verbindungskabel schloss ich mich an den Notstromeingang der Konsole, und die Station fuhr brummend hoch. Den Feed zur direkten Steuerung bekam ich nicht auf, aber ich griff in die funkelnde Projektion und fischte den Zugang zum Speicher für die Aufnahmen des Securitysystems heraus. Er war bereinigt worden, aber damit hatte ich gerechnet.

Nur für den Fall, dass nicht die Firmentechniker das SecSystem bereinigt hatten, überprüfte ich auch die anderen Speicher. Die Firma will für ihr Data-Mining sämtliche Aufzeichnungen, Arbeit im Feed, Gespräche, alles. Die meisten dieser Daten sind nutzlos und werden gelöscht, aber SecSystem muss sie aufheben, bis die Data-Mining-Bots sie durchgehen können, und darum stiehlt SecSystem sich oft ungenutzten Speicherplatz von anderen Systemen.

Und da waren sie auch schon, Dateien im Speicherplatz von

MedSystem für Downloads zu atypischen Verfahren. (Wenn MedSystem plötzlich ein Notfallverfahren für einen Patienten hätte runterladen müssen, hätte SecSystem die Dateien da rasch wieder rausgezogen und woanders verstaut, aber manchmal konnte es nicht rechtzeitig reagieren, und dann gingen Teile der Aufzeichnungsdaten verloren. Wenn Sie eine SecUnit sind und Ihre Klienten mögen und der Firma etwas vorenthalten wollen, was sie gesagt oder getan haben (oder etwas, das Sie selber gesagt oder getan haben), dann ist das eine von diversen Möglichkeiten, wie sich Dateien versehentlich zum Verschwinden bringen lassen.)

SecSystem musste unmittelbar vor dem Stromausfall Dateien verschoben haben. Es gab jede Menge Material, und ich skippte an zufälligen Gesprächen und Bergbaudaten vorbei zum Ende und scrollte dann ein Stück zurück. Im Feed hatten zwei menschliche Techniker eine Anomalie diskutiert, ein Stück Code, das offenbar mit keinem System zusammenhing und vor Ort hochgeladen worden war. Sie versuchten herauszufinden, woher es stammte, und spekulierten unter reichlicher Verwendung von Obszönitäten, dass die Anlage mit Malware bombardiert worden war. Eine Technikerin sagte, sie würde die Aufsicht informieren, dass sie SecSystem isolieren mussten, und an dieser Stelle endete das Gespräch mitten im Satz.

Das war … nicht, was ich erwartet hatte. Ich war davon ausgegangen, dass eine Fehlfunktion meines Chefmoduls zu dem Massaker geführt hatte, das die Firma beschönigend als »Zwischenfall« bezeichnete. Aber hatte ich wirklich neun andere SecUnits ausgeschaltet und dazu noch die vielen Bots und eventuelle bewaffnete Menschen, die mich vielleicht hatten aufhalten wollen? Mir gefielen meine Chancen nicht. Wenn die anderen SecUnits die gleiche Fehlfunktion erlitten hatten, musste sie von einer äußeren Quelle gekommen sein.

Ich sicherte das Gespräch in meinem eigenen Speicher, überprüfte die anderen Systeme auf Irrläuferdateien, ohne welche zu finden, und stöpselte mich von der Konsole ab.

Der Securitybereitschaftsraum war komplett ausgeräumt worden. Aber es gab andere Orte, an denen ich nachsehen konnte. Ich schob mich von der Konsole weg.

Als ich durch die andere Tür trat, fielen mir an der gegenüberliegenden Wand die Einschlagspunkte und am Boden die Flecken auf. Jemand – etwas, das schwere Verletzungen wegstecken konnte – hatte hier auf verlorenem Posten gekämpft und versucht, das Kontrollzentrum zu verteidigen. Vielleicht waren nicht alle SecUnits betroffen gewesen.

Im Korridor in der Nähe der Unterkünfte fand ich den anderen Bereitschaftsraum, den für die ComfortUnits.

Darin standen vier Umrisse, bei denen es sich eindeutig um Zellen handelte, wenn auch kleinere. Ihre Türen waren offen, die Plastikliegen darin leer. In der Ecke war Platz für einen Aufbereiter, aber nirgendwo Waffenschränke, und die Vorratsschränke waren alle anders.

Ich stand in der Raummitte. Die Zellen für die Killerbots waren geschlossen gewesen, nicht in Benutzung. Was bedeutete, dass keine der SecUnits beschädigt gewesen war und alle entweder draußen auf Patrouille, auf Wache oder im Bereitschaftsraum gewesen waren, wo sie wahrscheinlich herumgestanden und so getan hatten, als würden sie einander nicht anstarren. Aber die Zellen für die Sexbots standen offen, was bedeutete, dass sie da drin gewesen waren, als es zu dem Notfall gekommen und der Strom ausgefallen war. Ohne Strom kann man eine Zelle von innen öffnen, aber dann schließt sie sich nicht wieder.

Es bedeutete, dass die Zellen während des »Zwischenfalls« in Benutzung gewesen waren.

Mit der Energiewaffe in meinem Arm versorgte ich nun auch den Notfalldatenspeicher der ersten Zelle. Ich hatte nicht annähernd den benötigten Strom, um das ganze Ding zum Laufen zu kriegen, aber die Datenspeicherbox soll Informationen zu Fehlern und Anlageversagen bewahren, falls während einer Reparatur etwas schiefgeht. (Es gibt noch jede Menge andere Sachen, die man damit machen kann, wenn man sein Chefmodul gehackt hat, zum Beispiel seine Medien dort zu speichern, damit die Menschentechniker sie nicht finden.) SecSystem hatte sie vielleicht vor seinem katastrophalen Versagen benutzt.

Sie war benutzt worden. Aber durch die ComfortUnits, um während des Zwischenfalls ihre Daten runterzuladen.

Es war das reinste Puzzle, und ich brauchte lange, um zu begreifen, dass die ComfortUnits miteinander kommuniziert hatten.

Fünf Stunden und 23 Minuten lang stand ich dort und setzte die Datenfragmente zusammen.

Es hatte einen Codedownload von einem anderen Bergbaubetrieb für die ComfortUnits gegeben, offenbar ein Patch, das von einem Fremdlieferanten von ComfortUnits gekauft worden war. Die ComfortUnits hatten es allesamt als nicht standardgemäß markiert und eine Prüfung durch SecSystem und menschliche Systemanalytiker angefordert, aber die Techniker, die es runtergeladen hatten, sagten, sie sollten es anwenden. Es erwies sich als gut getarnte Malware. Bei den ComfortUnits zeigte sie keine Wirkung, aber sie sprang über ihre Feeds zu SecSystem und infizierte es. SecSystem infizierte die SecUnits, Bots und Drohnen, und alles im Bergwerk, das sich selbstständig bewegen konnte, verlor den Verstand.

Inmitten der Verfolgungsjagden, der Schusswechsel und der Schreie der Menschen im Hintergrund war es den ComfortUnits gelungen, die Malware zu analysieren und herauszufinden, dass sie von ihnen zu den Lastenbots hatte springen und sie abschalten sollen. Das hätte die Arbeiten unterbrochen, sodass der Konkurrenzbetrieb seine Lieferung als Erster zum Frachter hätte schaffen können. Es hatte ein Sabotageakt sein sollen, kein Massenmord. Doch ein Massenmord war dabei herausgekommen.

Den Menschen gelang es, eine Warnmeldung an den Hafen zu schicken, allerdings war klar, dass nicht rechtzeitig Hilfe eintreffen würde. Die ComfortUnits stellten fest, dass die SecUnits nicht im Verbund handelten, sondern sich auch gegenseitig angriffen, während die Bots wahllos in alles krachten, das sich bewegte. Die ComfortUnits kamen zu dem Schluss, dass sie SecSystem am besten über das manuelle Interface auf Werkseinstellung zurücksetzten.

ComfortUnits sind körperlich kräftiger als ein Mensch, aber nicht so stark wie eine SecUnit oder ein Bot. Sie besaßen keine integrierten Waffen, und sie konnten zwar eine Projektil- oder Energiewaffe nehmen und benutzen, aber sie bekamen keine Lernmodule über die Funktionsweise der Waffen. Sie konnten eine ergreifen, versuchen, damit zu zielen, den Abzug betätigen und hoffen, dass sie nicht gesichert war.

Einer nach dem anderen hatten die Dateidownloads aufgehört. Eine Einheit hatte signalisiert, dass sie versuchen würde, die Aufmerksamkeit der SecUnits von den anderen abzulenken, und drei hatten bestätigt. Eine hatte Schreie aus dem Kontrollzentrum gehört und war dorthin abgebogen, um die eingekesselten Menschen zu retten, und zwei hatten bestätigt. Eine war beim Eingang zu einem Korridor geblieben, um ihnen Zeit zu verschaffen, an SecSystem heranzukommen, und eine hatte bestätigt. Eine hatte gemeldet, bei SecSystem angekommen zu sein, dann nichts mehr.

Ich bekam von meinem System eine Warnmeldung zum Akkustand und begriff, wie lange ich jetzt schon dort gewesen war. Ich stöpselte mich von der Zelle ab und verließ den Raum. Dabei prallte ich gegen den Türrahmen und die Wand.

Es musste zu einer stillen Übereinkunft gekommen sein. Vielleicht war der Betrieb, der die Malware geschickt hatte, für die Schäden und die Finanzierungsgarantien aufgekommen, was ihn vielleicht so viel Geld gekostet hatte, dass er pleitegegangen war. Vielleicht fand die Firma, dass dies Strafe genug war.

Ich bahnte mir meinen Weg zurück zur Röhre, stieg in die Kapsel und leitete einen Aufladezyklus ein. Sobald ich genug Ladung hatte, kehrte ich zu Episode 206 von *Waldmond* zurück.

Der Kapsel ging der Saft aus, und sie blieb unterwegs stehen, aber zum Glück war ich da schon wieder bei 97 Prozent Kapazität. Ich stieg aus und rannte den Rest der Strecke. Rennen ist für mich nicht so ermüdend wie für einen Menschen, trotzdem erreichte ich den abgeriegelten Zugang 58 Minuten später, als ich ihn per Kapsel erreicht hätte.

Es war ein langer, bekackter Zyklus gewesen, und ich wollte nur noch, dass er zu Ende ging. Ich wollte von diesem Minenplaneten fast genauso dringend weg wie wahrscheinlich beim ersten Mal.

Ich stieg durch die Sicherheitsabsperrung, ging den Tunnel rauf und kam wieder in Reichweite des Feeds. Ich tippte Fifo an, damit es wusste, dass ich wieder da war.

Wir haben ein Problem, sagte es.

15

Ich lokalisierte das Problem in der Lobby des großen Hotels.

Tapan saß auf einer der oberen Ebenen auf einer runden Polsterbank, den Rucksack zu ihren Füßen, teilweise verborgen durch eine weitere holografische Skulptur einer riesigen Kristallformation. Sie sah mich an und sagte: »Ach, hallo. Dann konnten die anderen Sie also erreichen.«

Ohne meine Anwesenheit im Shuttle hatte Fifo keinen visuellen Zugriff auf die Passagierkabine gehabt. (Das Privatschiff wurde ja nur auf grenzwertige, wenn nicht sogar illegale Weise als öffentliches Transportmittel benutzt, entsprechend gab es an Bord weder ein Securitysystem noch Kameras.) Fifo hatte erst bei der Ankunft des Shuttles beim Transitring bemerkt, dass Tapan nicht an Bord war. Da es seine Verantwortung ernst nahm, hatte es eine Drohne zum Abfertigungsbereich geschickt, damit sie meine Klienten beim Ausstieg beobachtete, und zwar Rami und Maro gefunden, die sichtlich verzweifelt und wütend waren, aber keine Tapan. Daraufhin hatte es Edens Profil im Socialmediafeed überprüft und die Nachricht von Rami gefunden. (Tapan hatte ihnen erzählt, dass ihr übel wäre und sie zur Toilette des Shuttles müsse. Sie hatten ihre Aktion erst durchschaut, als das Shuttle den Hafen verließ.)

Ich sagte: »Die beiden haben mir eine Nachricht hinterlassen.« Eigentlich hatte ich nur dastehen und sie anstarren wollen, weil SecUnits das so mit Klienten machen, die gerade eine derart abgrundtiefe Dummheit begangen haben, dass sie einem Selbstmord nahekommt, den zu verhindern sie uns vorher verboten haben. Aber Tapans Miene nach zu urteilen war sie sich über die Dummheit ihrer Aktion im Klaren, und ich brauchte eine Erklärung. »Was ist passiert?«

Sie sah mich an und rechnete eindeutig mit einer negativen Reaktion. »Ich hatte eine Nachricht im Feed, über das Sozialprofil, das ich hatte, als wir da noch gearbeitet haben. Jemand, der für Tlacey arbeitet, ein Freund, hat geschrieben, dass er Kopien der Dateien hat und sie uns geben will.« Sie schickte mir die Nachricht in den Feed.

Ich überprüfte sie sorgfältig. Die Übergabe war auf den nächsten Zyklus angesetzt.

Ich hatte das Gefühl, dass das die Stelle war, an der ein Mensch seufzen würde, also seufzte ich.

Tapan sagte: »Ich weiß, es könnte eine Falle sein, aber wenn es doch keine ist? Ich kenne ihn, er ist nicht der sympathischste Mensch, aber er kann Tlacey nicht ausstehen.« Sie zögerte. »Werden Sie mir helfen? Bitte? Ich kann verstehen, wenn Sie Nein sagen. Ich weiß, das war … Klar, vielleicht ist es eine richtig schlechte Idee.«

Ich hatte vergessen, dass ich eine Wahl hatte, dass ich nicht verpflichtet war, zu tun, was sie wollte, nur weil sie hier war. Gefragt zu werden, ob ich bleibe, mit einem Bitte und der Option, abzulehnen, haute mich fast so um wie ein Mensch, der meine Meinung wissen wollte und mir wirklich zuhörte. Ich seufzte erneut. Ich hatte jede Menge Gelegenheiten dazu und konnte es langsam richtig gut, glaube ich. »Ich helfe Ihnen. Als Erstes müssen wir untertauchen.«

Tapan hatte eine HardCurrencyCard vom Transitring, die nicht an einen RaviHyral-Account gebunden war und nicht zurückverfolgt werden konnte. Jedenfalls glaubte sie das, und ich baute darauf, dass sie recht hatte. Ich hatte nie irgendwelche Lernmodule über Finanzsysteme bekommen, und da unsere Module ohnehin Mist waren, hätte mir das vielleicht auch nicht weitergeholfen. Fifo startete eine Suche für mich, und die Ergebnisse waren gemischt. Die Karten ließen sich zurückverfolgen, aber normalerweise nur durch nicht konzerngebundene politische Entitäten oder durch den ausgebenden Konzern. Ich beschloss, dass es wahrscheinlich okay war, sie zu benutzen. Wenn es sich bei der Nachricht nicht um eine Falle handelte, dann musste Tlacey davon ausgehen, dass meine Klienten inzwischen zurück auf dem Transitring waren. Wenn es eine Falle war, dann konnten sie sich uns auf dem Weg zum Treffen greifen, also gab es keinen Grund, früher nach uns zu suchen.

Tapan buchte mit der Karte ein Zimmer in einem Durchgangshotel im Hafenviertel. Während sie die Karte durch den Schlitz des Automatenkiosks zog und unsere Zimmerbestätigung bekam, stand ich hinter ihr und erkundete das Gelände. Das Durchgangshotel bestand aus einem engen Gewirr von Gängen und ähnelte dem großen Hotel so wenig wie ein normales Frachtschiff Fifo. Es gab kein SecSystem, das ich hätte knacken können, und nur eine Kamera beim Eingang. Ich löschte uns aus ihrem Speicher, aber ich hatte weiterhin das Gefühl, dass wir – oder ich – an irgendeinem Punkt beobachtet worden waren. Vielleicht war es auch nur die tief sitzende Paranoia einer freidrehenden SecUnit auf der Flucht.

Tapan ging vor zu unserem Zimmer. In den schlecht beleuchteten Gängen hingen andere Menschen herum, und manche starrten herüber, als wollten sie sich an sie heranmachen, doch dann sahen sie mich und überlegten es sich anders. Ich war größer, und ohne Kameras fiel es mir immer noch schwer, meine Mimik im Griff zu behalten.

Fifo meldete sich. *Sag der Menschenfrau, sie soll keine Oberflächen anfassen. Hier könnte es Krankheitsvektoren geben.*

Auf dem Weg hierher hatte ich ihm geschickt, was ich in Ganaka Pit herausgefunden hatte. Fifo sagte: *Das sind gute Neuigkeiten. Dann trägst du keine Schuld.* Ich stimmte ihm zu. Ansatzweise. Ich war davon ausgegangen, dass es mir jetzt besser gehen würde. Aber eigentlich fühlte ich mich scheußlich.

Im Zimmer und bei abgeschlossener Tür entspannten sich Tapans Schultern, und sie holte tief Luft. Der Raum war nur eine würfelförmige Schachtel mit einem Schrank voller Polster, die sich zum Sitzen oder Schlafen benutzen ließen, und einer kleinen Displayoberfläche. Keine Kameras, keine Audioüberwachung. Nebenan war noch ein winziges Bad mit Abfallverwerter und Dusche. Immerhin hatte es eine Tür. Ich würde mindestens zweimal so tun müssen, als ob ich es benutzte. Ja, genau, das war die Krönung eines Tages voller Spaß. Ich machte einen Plan und aktivierte zur Erinnerung einen Klingelton.

Tapan ließ ihren Rucksack auf den Boden fallen und drehte sich zu mir um. »Ich weiß, Sie sind sauer.«

Ich versuchte, meinen Gesichtsausdruck abzumildern. »Ich

bin nicht sauer.« Ich war stinkwütend. Ich hatte geglaubt, meine Klienten wären in Sicherheit und ich könnte mich frei um meine eigenen Probleme kümmern, und stattdessen hatte ich nun ein zartes Menschlein am Hals, das ich schlecht im Stich lassen konnte.

Sie nickte und strich ihre Zöpfe zurück. »Also, Rami und Maro waren garantiert – ich meine, bestimmt sauer. Aber es ist ja nicht so, als ob ich keine Angst hätte, darum ist das gut.«

In meinem Feed fragte Fifo: *Was?*

Ich habe keine Ahnung, sagte ich zu ihm. Und zu Tapan: »Wieso ist das gut?«

»In der Krippe sagen unsere Mütter immer, dass Angst eine künstliche Bedingung ist. Sie wird von außen aufgebürdet. Also ist es möglich, sie zu bekämpfen. Wo die Angst ist, da geht's lang.«

Falls ein Bot mit einem Gehirn von der Größe eines Frachters die Augen verdrehen konnte, dann tat Fifo das jetzt. Ich sagte: »Das ist nicht der Zweck von Angst.« Wir kriegen kein Lernmodul zur menschlichen Evolution, aber ich hatte es mal in den Wissensdatenbanken eines HabSystems nachgeschlagen, als ich herausfinden wollte, was zur Hölle mit Menschen los war. Hatte mir auch nicht weitergeholfen.

»Ich weiß, es soll motivierend wirken«, fügte sie hinzu. Sie sah sich um und ging zu dem Schrank mit den Polstern. Sie zog eines heraus, schnupperte misstrauisch, dann holte sie eine Spraykapsel aus einer Tasche ihres Rucksacks und sprühte es damit ein. »Hab ganz vergessen zu fragen. Hatten Sie denn Gelegenheit zu der Recherche, die Sie hier verfolgen wollten?«

»Ja. Es ist nichts dabei herausgekommen.« Tatsächlich war

verdammt viel dabei herausgekommen, es hatte nur nicht den Offenbarungseffekt, auf den ich dummerweise gehofft hatte. Ich half ihr, den Rest der Polster herauszuziehen.

Wir arrangierten sie auf dem Boden und setzten uns. Sie sah mich an und biss sich auf die Lippen. »Sie sind richtig augmentiert, stimmt's. Also richtig doll. Mehr, als jemand sich freiwillig machen lassen würde.«

Es war keine Frage. Ich sagte: »Ähm, ja.«

Sie nickte. »War es ein Unfall?«

Ich merkte, dass ich die Arme um mich geschlungen hatte und mich vorbeugte, als würde ich gern in Embryonalstellung gehen. Keine Ahnung, wieso es mich so stresste. Tapan hatte keine Angst vor mir. Es gab keinen Grund, Angst vor ihr zu haben. Vielleicht lag es daran, wieder hier zu sein, Ganaka Pit wiederzusehen. Irgendein Teil meiner organischen Systeme wusste noch, was dort geschehen war. Im Feed legte Fifo den Soundtrack von *Waldmond* auf, und das half merkwürdigerweise. »Ich bin in eine Explosion geraten. Eigentlich ist an mir nicht viel Menschliches dran«, sagte ich.

Beide Feststellungen sind wahr.

Sie rutschte ein bisschen herum, als würde sie überlegen, was sie sagen sollte, dann nickte sie wieder. »Es tut mir leid, Sie hier mit reingezogen zu haben. Ich weiß, Sie wissen, was Sie tun, aber … Ich muss es versuchen, ich muss schauen, ob dieser Typ wirklich unsere Dateien hat. Nur dieses eine Mal, und dann kehre ich zum Transitring zurück.«

In meinem Feed drehte Fifo den Soundtrack leise und sagte: *Junge Menschen können impulsiv sein. Der Trick ist, sie lange genug bei sich zu behalten, dass sie zu alten Menschen werden können. Das sagt mir meine Crew immer, und meine eigenen Beobachtungen scheinen es zu bestätigen.*

Gegen diesen klugen Spruch von Fifos abwesender Crew ließ sich schwerlich etwas einwenden. Mir fiel ein, dass Menschen Bedürfnisse hatten, also fragte ich Tapan: »Haben Sie gegessen?«

Sie holte aus ihrem Rucksack ein paar Essenspackungen, die sie mit der HardCurrencyCard gekauft hatte. Sie bot mir eine an, und ich erklärte ihr, dass meine Augmente eine spezielle Kost erforderten und es für mich noch nicht an der Zeit war, zu essen. Sie akzeptierte das bereitwillig. Menschen reden offenbar nicht gern über katastrophale Verletzungen des Verdauungssystems, also brauchte ich nicht auf die stützenden Einzelheiten zurückgreifen, die Fifo rasch für mich recherchiert hatte. Ich fragte sie, ob sie Medien mochte, und sie bejahte, also schickte ich ein paar Dateien an die Displayoberfläche des Zimmers, und wir schauten die ersten drei Episoden von *WeltenSpringer*. Fifo gefiel das, und ich konnte spüren, wie es in meinem Feed hockte und Tapans Reaktionen auf die Serie mit meinen verglich.

Als Tapan sagte, sie wolle versuchen zu schlafen, schaltete ich das Display aus. Sie rollte sich auf ihrem Polster zusammen, und ich legte mich auf meines und guckte mit Fifo im Feed weiter.

Zwei Stunden und 43 Minuten später bekam ich ein Ping von unmittelbar draußen vor der Tür.

Ich setzte mich so abrupt auf, dass Tapan aus dem Schlaf hochfuhr. Ich bedeutete ihr, still zu sein, und sie ließ sich wieder aufs Polster sinken, um ihren Rucksack geschmiegt, und machte ein besorgtes Gesicht. Ich stand auf, ging zur Tür und lauschte. Ich konnte kein Atmen hören, aber es gab eine Veränderung in der Geräuschkulisse, die mir verriet, dass auf der anderen Seite der

Metalltür etwas Massives stand. Vorsichtig führte ich einen begrenzten Scan durch.

Ja, dort draußen war etwas, aber keine Anzeichen auf Bewaffnung. Ich überprüfte den Ping und stellte fest, dass er dieselbe Signatur hatte wie der Ping im öffentlichen Raum während des Treffens mit Tlacey.

Da draußen stand der Sexbot.

Er konnte mir nicht die ganze Zeit über gefolgt sein. Er hatte vielleicht durch die Überwachungskameras nach mir Ausschau gehalten und mich sporadisch durch den Hafen verfolgt, wenn ich wieder in Reichweite kam. Das war keine angenehme Vorstellung.

Er musste zu Tlacey gehören. Wenn er mich beobachtet hatte, musste er Tapans überraschendes Verlassen des Privatshuttles verpasst und sie dann auf dem Weg hierher wiedergefunden haben, oder als wir uns im großen Hotel getroffen hatten. Verfluchter Bot.

Aber nun wusste ich Bescheid. Wenn er mich nicht angepingt hätte, wäre ich weiterhin darüber im Unklaren gewesen, dass er mit im Spiel war. *Wieso ist er hier?*, fragte ich Fifo.

Das ist eine rhetorische Frage, nehme ich an, sagte es.

Es gab nur einen Weg, es herauszufinden. Ich bestätigte den Ping.

Der Moment dehnte sich. Dann ging der Sexbot in meinen Feed. Er war vorsichtig, die Verbindung fast zögernd. Er sagte: *Ich weiß, was du bist. Wer hat dich geschickt?*

Ich antwortete: *Ich arbeite im Auftrag eines privaten Individuums. Warum kommunizierst du mit mir?*

SecUnits derselben Auftraggeber reden nicht miteinander, weder verbal noch über Feed, außer es ist zwingend notwendig zur Erfüllung ihrer Pflicht. Die Kommunikation mit Einheiten fremder Auftraggeber hat über die beaufsichtigenden HabSystems zu erfolgen. Und mit ComfortUnits interagieren SecUnits schon gar nicht. Konnte das ein freidrehender Sexbot sein? Wenn er freidrehte, wieso war er dann hier auf RaviHyral? Ich hatte keine Ahnung, wieso jemand freiwillig hierbleiben sollte, die Menschen eingeschlossen. Nein, da leuchtete mir schon eher ein, dass er in Tlaceys Diensten stand und sie ihn hergeschickt hatte, damit er Tapan tötete.

Wenn er versuchen sollte, meine Klientin anzugreifen, würde ich ihn in Stücke reißen.

Tapan, die auf dem Polster saß und mich besorgt ansah, hauchte die Worte: »Was ist?«

Ich öffnete einen sicheren Kanal zu ihr und sagte: *Jemand steht vor der Tür. Ich weiß nicht genau, warum.*

Das stimmte größtenteils. Was genau dort stand, wollte ich Tapan nicht verraten, weil das sonst vielleicht dazu führte, dass ich ihr sagte, was ich war, und das wollte ich vermeiden. Aber falls ich den Sexbot vor ihren Augen zerstören musste, würde ich ihr wohl einiges zu erklären haben.

Der Sexbot antwortete: *Das bist du.* Er schickte mir die Datei eines öffentlichen Newsclusters.

Er stammte von der Station, von Port FreeCommerce. Diesmal lautete die Schlagzeile: »Behörden bestätigen ungesicherte SecUnit mit unbekanntem Aufenthaltsort«.

Oh-oh, sagte Fifo.

Ich schloss die Meldung reflexhaft, als gäbe es sie dann nicht mehr. Nach drei Sekunden Schreckstarre öffnete ich sie mit einer Willensanstrengung wieder.

»Ungesichert« werden freidrehende SecUnits genannt, wenn man möchte, dass die Menschen zuhören und nicht bloß schreiend durcheinanderlaufen. Also beschränkte sich das Wissen, dass ich mein Chefmodul gehackt hatte, nicht länger allein auf die Mitglieder von PreservationAux und mich. Man war inzwischen wohl bei der Phase angelangt, in der sämtliche Überlebenden der beiden Prospektionsteams befragt wurden, und damit sie bei der Wahrheit blieben, hatte man ihnen Garantiesummen in Aussicht gestellt.

Die Firma wusste jetzt, dass ich mein Chefmodul gehackt hatte. Das war entsetzlich, obwohl ich damit gerechnet hatte. Unter anderem aus diesem Grund hatte mich Mensah sofort nach Ende meines Reparatur- und Rekonstruktionsverfahrens aus dem Bestand und aus dem Einsatzzentrum verschwinden lassen.

Mit etwas zu rechnen und mitzuerleben, dass es passierte, war nicht dasselbe; diese Lektion hatte ich gelernt, als ich das erste Mal zusammengeschossen worden war.

Voller Grauen überflog ich die Meldung und las sie dann noch einmal gründlich. Die Anwälte mehrerer Beteiligter in den laufenden straf- und zivilrechtlichen Auseinandersetzungen hatten Preservation aufgefordert, die SecUnit herauszugeben, von der all die vernichtenden Beweismittel gegen GrayCris stammten. Das war ungewöhnlich. Eigentlich dürfen SecUnits nicht vor Gericht aussagen. Unsere Aufnahmen sind zugelassen, genau wie die von einer Drohne oder Überwachungskamera oder sonst einem unbeteiligten Gerät, aber eine Meinung zum Aufgenommenen oder einen Blickwinkel darauf haben wir angeblich nicht.

Nach einigem Hin und Her hatte Mensahs Anwältin zugegeben, dass sie mich nicht auffinden konnten. Sie stellten es als

»auf Rückkehrversprechen entlassen, da Konstrukte auf dem Gebiet der Preservation als empfindungsfähige Wesen anerkannt werden« dar, aber davon hatten sich auch die Journalisten nicht täuschen lassen. Eine Linkliste führte zu Artikeln über Konstrukte, über SecUnits, über freidrehende SecUnits. Nicht erwähnt wurde jedoch, dass diese spezielle SecUnit schon einmal ein kleines Problem gehabt und eigentlich unter ihrem Schutz stehende Klienten ermordet hatte, aber wahrscheinlich hatte die Firma längst sämtliche mit Ganaka Pit zusammenhängenden Unterlagen vernichtet, damit sie nicht durch gerichtliche Verfügung hinzugezogen werden konnten.

»Reden Sie gerade mit dieser Person?«, fragte Tapan flüsternd.

»Ja«, antwortete ich. Und an den Sexbot gerichtet sagte ich: *Spannende Story, nur hat sie nichts mit mir zu tun.*

Du bist das, antwortete er. *Wer hat dich geschickt?*

Ich sagte: *Das ist eine Story über eine gefährliche freidrehende SecUnit. Die würde niemand irgendwohin schicken.*

Ich frage nicht, weil ich dich melden will. Ich erzähle es niemandem. Ich frage – du wirst nicht durch einen Menschen kontrolliert? Du bist frei?

Ich konnte Fifo im Feed spüren, wie er sich vorsichtig zu dem Sexbot ausstreckte.

Ich habe eine Klientin, sagte ich. Wenn Fifo irgendwas herausfinden sollte, musste ich ihn ablenken. Auch ein Sexbot war schließlich ein Konstrukt und ganz anders aufgebaut als ein Pilotbot. *Wer hat dich geschickt? War es Tlacey?*

Ja. Sie ist meine Klientin.

Klientin einer ComfortUnit, nicht einer SecUnit. Eine ComfortUnit in eine solche Lage zu schicken war moralisch unverantwortlich und stellte eindeutig eine Vertragsverletzung dar. Vermutlich wusste der Sexbot das auch.

Fifo meldete: *Er dreht nicht frei. Sein Chefmodul ist intakt. Also sagt er wahrscheinlich die Wahrheit.*

Ich fragte Fifo: *Kannst du ihn von hier aus hacken?*

Eine halbe Sekunde verging, während der Fifo die Idee untersuchte. Dann antwortete es: *Nein, ich kann die Verbindung von hier aus nicht absichern. Er könnte mich hindern, indem er seinen Feed dicht macht.*

Ich sagte zu dem Sexbot: *Deine Klientin will meine Klientin töten.*

Er antwortete nicht.

Ich sprach weiter. *Du hast Tlacey von mir erzählt.* Er musste während des ersten Treffens erkannt haben, was ich war. Eventuelle Unsicherheiten hatte der Schaden, den ich Tlaceys Schlägertrupp zugefügt hatte, dann sicher ausgeräumt. Ich war stinksauer, aber das hielt ich aus dem Feed. Wie ich Fifo sagte, dürfen Bots und Konstrukte einander nicht trauen, darum weiß ich nicht, wieso es mich so wütend machte. Ich wünschte, ich wäre als Konstrukt weniger irrational als ein durchschnittlicher Mensch, aber wie Sie vielleicht schon gemerkt haben, ist das nicht der Fall. Ich sagte: *Deine Klientin lässt eine ComfortUnit die Arbeit einer SecUnit erledigen.*

Der Sexbot entgegnete: *Bis heute wusste sie ja nicht, dass sie dafür eine SecUnit braucht.* Er fügte hinzu: *Ich habe ihr gesagt, dass du eine SecUnit bist, aber ich habe ihr nicht gesagt, dass du freidrehst.*

Ich fragte mich, ob ich ihm das abnehmen durfte. Und ich fragte mich, ob er versucht hatte, Tlacey die Unmöglichkeit dieses Auftrags zu erklären. *Und was sollen wir jetzt deiner Meinung nach tun?*

Darauf folgte eine Pause. Eine lange, fünf Sekunden. *Wir könnten sie töten.*

Na, das war immerhin eine originelle Herangehensweise an sein Dilemma. *Wen töten? Tlacey?*

Alle. Die Menschen hier.

Ich lehnte mich an die Wand. Wäre ich ein Mensch gewesen, hätte ich die Augen verdreht. Aber als Mensch wäre ich vielleicht auch blöd genug gewesen, seine Idee gut zu finden.

Außerdem fragte ich mich, ob der Bot nicht einiges mehr über mich wusste, als der Newscluster hergab.

Fifo bekam meine Reaktion mit und fragte: *Was will er?*

Alle Menschen töten, antwortete ich.

Ich konnte spüren, wie Fifo sich an die Funktion griff. Wenn es keine Menschen gab, dann gab es auch keine Crew zum Beschützen und keinen Grund mehr, Sachen zu recherchieren und in die Datenbanken zu packen. *Das ist irrational*, sagte es.

Ich weiß, entgegnete ich. *Wenn die Menschen tot wären, wer würde dann Medien machen?* Totaler Unsinn, es klang wie etwas, das ein Mensch sagen würde.

Uff.

Zu dem Sexbot sagte ich: *Denkt Tlacey, so reden Konstrukte miteinander?*

Wieder eine Pause, diesmal nur zwei Sekunden. *Ja.* Dann: *Tlacey denkt, du bist geblieben, weil du für die Tech-Gruppe die Dateien stehlen willst. Was hast du so lange in dem Funkloch getrieben?*

Mich versteckt. Nicht meine beste Lüge, schon klar. *Weiß Tlacey, dass du sie töten willst?* Weil dieses »Alle Menschen töten« zwar vielleicht von Tlacey kam, aber die Intensität dahinter echt war und ich mir nicht vorstellen konnte, dass sie sich gegen alle Menschen richtete.

Sie weiß es, sagte er. Dann: *Ich habe ihr nicht von deiner Klientin erzählt, sie denkt, die sind alle mit dem Shuttle abgeflogen. Sie wollte nur, dass ich dich beschatte.*

Ein Codepaket kam durch den Feed. So kann man ein Konstrukt nicht mit Malware infizieren, dazu müsste man sie durch ein Sec- oder HabSystem schicken. Selbst dann hätte ich sie noch anwenden müssen, und ohne direkten Befehl und ein funktionierendes Chefmodul kann mich niemand dazu zwingen. Ohne meine Mitarbeit kann man mir Code nur über ein Gefechtsmodul in meinem Datenport hinzufügen.

Vielleicht handelte es sich um Killware, aber ich war kein simpler Pilotbot, und sie würde mich wahrscheinlich nur wütend wie Hölle machen. Bis zu dem Punkt vielleicht, wo ich eine Tür aus der Wand fetzte und einer ComfortUnit den Kopf abriss.

Ich konnte das Paket einfach löschen, aber ich wollte wissen, was drinsteckte, damit ich wusste, wie sauer ich werden sollte. Es war klein genug, damit das Interface eines Menschen damit zurechtkommen konnte, also schob ich es an Tapan weiter. Ich sagte laut: »Bitte isolieren Sie das für mich. Aber noch nicht öffnen.«

Sie signalisierte über Feed ihre Zustimmung und steckte das Paket in ihren temporären Speicher. Killware und Malware können Menschen oder augmentierten Menschen nämlich nichts anhaben.

Der Sexbot hatte nichts mehr gesagt, und ich schickte ihm gerade rechtzeitig einen Ping, um noch mitzubekommen, wie er seinen Feed zurückzog. Er entfernte sich den Korridor hinab.

Ich wartete, bis ich sicher war, dann trat ich von der Tür zurück. Ich überlegte, hier zu bleiben oder Tapan woanders unterzubringen. Jetzt, da ich wusste, dass etwas die Überwachungskameras hackte und mich beobachtete, konnte ich Gegenmaßnahmen ergreifen. Das hätte ich wahrscheinlich von Anfang an tun sollen, aber wie Sie vielleicht schon gemerkt haben, verkacke ich für einen furchterregenden Killerbot ganz schön viel.

»Er ist weg«, sagte ich zu Tapan. »Können Sie dieses Codepaket für mich überprüfen?«

Sie bekam diesen abwesenden Blick, den Menschen aufsetzen, wenn sie tief in ihrem Feed vergraben sind. Nach einer Minute sagte sie: »Es ist Malware. Ganz normales Zeug ... Vielleicht dachten die, damit Ihre Augmente in die Finger zu kriegen, aber für Tlacey ist das irgendwie amateurhaft. Moment. Da hängt noch ein Nachrichtenstring am Code.«

Fifo und ich warteten. Tapans Miene durchlief komplizierte Veränderungen und blieb schließlich bei besorgt. »Das ist komisch.« Sie wandte sich zur Displayoberfläche um und vollführte diese völlig überflüssige Geste, ohne die manche Menschen nicht auskommen, wenn sie etwas von ihrem Feed zum Display schicken.

Es war der Nachrichtenstring, drei Worte. *Bitte hilf mir.*

Ich verschaffte uns ein anderes Zimmer in einem anderen Teil des Hotels in der Nähe eines Notausgangs. Hacking bekam der Sexbot vielleicht mit, darum entfernte ich die Abdeckplatte, brach das Schloss manuell auf und brachte die Platte wieder an, während Tapan den Korridor im Blick behielt. Sobald wir drinnen waren, erzählte ich Tapan einiges von dem, was der Sexbot gesagt hatte, vor allem seine Behauptung, dass Tlacey nicht wusste, dass Tapan hier war. (Ich erzählte ihr nicht, dass unser Besucher ein Sexbot gewesen war, weil Tlacey herausbekommen hatte, was ich war, und nicht noch mehr menschliche Bodyguards auf mich verschwenden wollte.) »Nur wissen wir nicht, ob das stimmt beziehungsweise ob dieser Mitarbeiter Tlacey auch weiterhin nicht erzählt, dass Sie hier sind.«

Tapan schien verwirrt. »Aber wieso hat er Ihnen überhaupt etwas erzählt?«

Das war eine gute Frage. »Ich weiß es nicht. Er kann Tlacey nicht ausstehen, aber das ist vielleicht nicht der einzige Grund.«

Tapan biss sich auf die Lippen und dachte nach. »Ich glaube, ich sollte weiterhin zu dem Treffen gehen. Es sind jetzt nur noch vier Stunden.«

Ich bin es gewöhnt, dass Menschen Sachen unternehmen wollen, die sie das Leben kosten können. Vielleicht zu sehr gewöhnt. Es lag auf der Hand, dass wir jetzt besser verschwanden. Aber ich brauchte Zeit, um das Securitysystem zumindest so weit zu hacken, dass wir an dem Sexbot vorbeikamen. Sobald ich damit fertig war, schien es nur vernünftig, noch die kurze Zeit bis zu dem Treffen zu warten, von dem Tapan sich ziemlich sicher war, dass Tlacey nichts davon wusste. Ziemlich sicher.

Es war wahrscheinlich eine Falle.

Ich musste nachdenken. Ich sagte Tapan, dass ich ein bisschen schlafen wollte, und legte mich auf meinem Teil der Polster auf die Seite. Mein Aufladezyklus ist nicht augenfällig, aber er sieht nicht aus wie menschliches Schlafen, deshalb spielte ich stattdessen im Hintergrund meines Feeds ein paar Medien, arbeitete dabei an meinen sicherheitstechnischen Gegenmaßnahmen und schlug in meinem alten Modul Gefahrenbewertung nach.

Zweiunddreißig Minuten später hörte ich Bewegungen. Ich dachte, dass Tapan aufstand, um auf die Toilette zu gehen, aber dann legte sie sich, fast ohne meinen Rücken zu berühren, hinter mir auf die Polster. Ich hatte meinen Atem so eingestellt, dass er tief und gleichmäßig klang, wie bei einem schlafenden Menschen, mit gelegentlichen zufälligen Variationen, um höhere Wirklichkeitsnähe zu erreichen, damit die Tatsache, dass ich unbeweglich dalag, nicht zu offensichtlich war.

Mich hatte noch nie ein Mensch auf diese Weise berührt oder beinahe berührt, und es fühlte sich sehr, sehr seltsam an.

Beruhige dich, sagte Fifo wenig hilfreich.

Für eine Antwort war ich zu erstarrt. Nach drei Sekunden fügte Fifo hinzu: *Sie hat Angst. Deine Nähe wirkt beruhigend.*

Ich konnte Fifo immer noch nicht antworten, aber ich erhöhte meine Körperwärme. Während der nächsten zwei Stunden gähnte Tapan zweimal, atmete tief und schnarchte ab und zu. Am Ende dieser Zeit veränderte ich meinen Atem und bewegte mich ein bisschen, und sie glitt prompt von meinem Polster hinunter und rüber auf ihres.

Bis dahin wusste ich, was zu tun war. Annähernd.

Ich überzeugte Tapan, dass ich zu dem Treffen gehen und sie sofort in ein Shuttle zum Transitring steigen sollte. Sie war zögerlich. »Ich möchte Sie aber nicht zurücklassen«, sagte sie. »Sie stecken da nur unseretwegen mit drin.«

Das erwischte mich dermaßen, dass sich in mir alles zusammenkrampfte. Um meine Gefühle zu verbergen, musste ich mich vorbeugen und so tun, als würde ich etwas in meinem Rucksack suchen. Die Notfall-Leitlinien der Firma gestatten Klienten, ihre SecUnits nötigenfalls zurückzulassen, selbst in Situationen, wo die Firma sie vielleicht nie wieder bergen kann. Tapan ließ mich an Mensah denken, wie sie geschrien hatte, dass sie mich nicht zurücklassen würde. Ich sagte: »Mir würde am meisten helfen, wenn Sie zurück zum Transitring fliegen.«

Es brauchte seine Zeit, aber schließlich überzeugte ich sie, dass es so für uns beide das Beste war.

Tapan verließ das Hotel als Erste. Sie trug beide Wechseljacken aus ihrem Rucksack, um ihre Körperform zu verändern, und eine hochgezogene Kapuze verbarg ihre Haare und legte einen Schatten über ihr Gesicht. (Das sollte ihr hauptsächlich ein bisschen Selbstvertrauen geben, außerdem wollte ich ihr nicht verraten, in welchem Ausmaß ich vorübergehende Kontrolle über Teile von RaviHyrals zugegebenermaßen nicht gerade tollem Securitysystem bekommen konnte.) Ich sah ihr mit den Überwachungskameras nach, wie sie in ungefähr hundert Metern Entfernung das öffentliche Dock erreichte, den Laufsteg zum Abfertigungsbereich hinunterging und an Bord des Shuttles ging, das planmäßig in 21 Minuten starten sollte. Fifo schickte mir eine Meldung, als es in die Steuerung des Shuttles glitt, um ein weiteres Mal auf den Botpiloten aufzupassen. Dann verließ ich das Hotel.

Ich hatte einen Hack für die Überwachungskameras vorbereitet, der deutlich ausgefeilter war als der bisherige. Er umfasste ein Eindringen in den Betriebscode, um das System auf eine Zehntelsekunde Verzögerung zu stellen, dann Tapan rauszulöschen und diesen Teil der Aufnahme wahllos durch früher aufgenommene Stücke zu ersetzen. Das würde funktionieren, weil der Sexbot die Aufnahmen auf dieselbe Weise scannen würde wie ich, nämlich nach Körperbau. Zwar entsprach ich dem Standard für SecUnits nicht mehr, aber der Sexbot hatte genug Zeit gehabt, meine neue Konfiguration während des ersten Treffens mit Tlacey zu scannen.

Vorerst wollte ich, dass seine Aufmerksamkeit mir galt und nicht dem öffentlichen Dock. Ich ließ mich von den Kameras aufnehmen, wie ich den Hafen verließ und zurück zum Röhrenzugang wanderte. Dann startete ich den Hack.

Ich war nur zu 97 Prozent sicher, dass es sich bei diesem Meeting um eine Falle handelte.

16

Als ich das kleine Café im Distrikt der Auftragnehmer fand, saß dort ein Mensch, der mit dem Foto übereinstimmte, das Tapan mir geschickt hatte. Ich setzte mich, und er sah auf, das Gesicht nervös, Schweißperlen auf der bleichen Stirn. »Tapan konnte nicht kommen«, sagte ich und schickte ihm die kurze Aufnahme, die Tapan mit ihrem Interface gemacht hatte. Darin stand sie im Hotelzimmer neben mir, hielt meinen Arm und erklärte, dass er die Dateien mir geben durfte. Wow, sah ich unbehaglich aus.

Sein Blick kehrte sich nach innen, als er die Aufnahme ansah, dann entspannte sich sein Körper ein wenig. Er schob mir einen Speicherclip rüber. Ich nahm ihn und überprüfte die Kameras.

Nichts. Keine potenziellen Bedrohungen, niemand zeigte Interesse an uns. Der Stand bot Drinks mit massig Blubberblasen an und briet Protein in der Form von Wasserfauna und -flora. Alle anderen waren eifrig mit Essen oder Reden beschäftigt. Niemand Verdächtiges draußen in der Passage, niemand schaute herüber, niemand wartete.

Das war keine Falle.

Der Mensch fragte unsicher: »Sollen wir irgendwas bestellen? Damit es nicht so aussieht, als ob wir … Sie wissen schon?«

Ich sagte: »Niemand beobachtet uns, Sie können gehen«, und dann stand ich auf. Ich musste zurück zum Hafen.

Wenn das hier keine Falle war, dann war die richtige Falle woanders.

Auf dem Weg zurück zum Dock überprüfte ich den Flugplan. Das Shuttle war inzwischen als verspätet gelistet.

Beim Erreichen des Abfertigungsbereichs sah ich mir gerade die Überwachungsaufnahme des Zeitraums an, in dem Tapan das Shuttle bestiegen hatte. Per Optik entdeckte ich den Sexbot, der mir vom anderen Ende des Laufstegs entgegenkam.

Ich war in der Aufnahme jetzt bei der Stelle, wo zwei Menschen mit Ausweisen des Hafenamts den Abflug des Shuttles unterbrochen und Tapan herausgeholt hatten. Fifo glitt aus dem Shuttle und zurück in meinen Feed. *Mit meinen bewaffneten Drohnen wäre das einfacher gewesen.*

Als der Sexbot vor mir stand, fragte ich: »Wo ist sie?«

»In Tlaceys Privatshuttle. Ich bringe dich hin.«

Ich folgte ihm den Laufsteg entlang, dann die Rampe hinunter, die zu den Docks für Privatshuttles führte. Fifo fragte: *Wieso zeigt er dir, wo dein Mensch ist?*

Weil Tlacey nicht Tapan will, sondern mich.

Fifo schwieg, während wir an den kleineren Dockingplätzen vorbei zu den größeren und teureren weiter hinten gingen. Schließlich sagte es: *Hol deinen Menschen, und dann sorge dafür, dass Tlacey das bereut.*

Wir blieben vor dem Zugang zu einer Shuttleschleuse stehen.

Draußen war niemand, und die überwiegende Aktivität fand

zum anderen Ende der Docks hin statt. Der Sexbot drehte sich zu mir um.

Er öffnete die Hand, und ich erkannte den kleinen Gegenstand. Es war ein Gefechtsmodul. »Sie wollen dich erst an Bord lassen, wenn du mich das hier installieren lässt.«

Im Feed sagte Fifo: *Aha.*

Sie wollten uns im Shuttle, damit sie die Leichen entsorgen konnten. Beziehungsweise Tapans Leiche. Mich wollten sie offensichtlich behalten.

Ein Gefechtsmodul enthält Code, der dein System übernimmt, das Chefmodul und die Werkseinstellungen außer Kraft setzt und dich unmittelbar dem mündlichen oder Feedbefehl der vom Modul benannten Person unterstellt. So hatte GrayCris die SecUnits von DeltFall übernommen und auch mich zu übernehmen versucht.

Ich sagte: »Wenn ich das akzeptiere, lassen sie dann meine Klientin frei?«

Im Feed flüsterte der Sexbot: *Du weißt, dass sie das nicht tun werden.* Laut sagte er: »Ja.«

Ich wandte mich um und ließ ihn das Modul in meinen Datenport stecken. (Den Datenport, den Fifo beim Ändern meiner Konfiguration abgeklemmt hatte. Mit meinem gehackten Chefmodul war er die letzte Möglichkeit gewesen, die Kontrolle über mich zu erlangen, also hatte seine Außerbetriebnahme Priorität gehabt.)

Das Modul rastete ein, und für einen Moment spürte ich nackte irrationale Angst. Fifo bekam sie anscheinend mit, denn es sagte: *Also bitte, mein MedSystem macht keine Fehler.* Nichts geschah, und mit der von mir kontrollierten Überwachungskamera sah ich, dass es mir gelang, meine Miene frei von Erleichterung zu halten.

Die Miene des Sexbots war einheitenstandardmäßig neutral, und ich folgte ihm in das Shuttle. Gleich hinter der Schleuse stand ein Mensch, dessen Blick nervös zwischen mir und dem Sexbot hin und her huschte. Er fragte: »Ist er unter Kontrolle?«

»Ja«, sagte der Sexbot.

Der Mensch trat nach hinten und bewegte den Unterkiefer, während er in seinem Feed sprach. Ich konnte nichts hacken, ohne dass der Sexbot es mitbekam, also wartete ich ab. Meine Miene ließ ich leer. Ich hatte keine Ahnung, wie so ein Gefechtsmodul wirkte, außer dass es mich vermutlich unter Tlaceys Kontrolle bringen sollte. Außerdem wussten die Menschen und der Sexbot wahrscheinlich auch nicht genau, wie es sich äußerlich auswirkte.

Die Schleuse glitt prompt hinter uns zu, und über Feed kam ein Starthinweis, an den sich ein hörbares Piepen über Funk anschloss. Für die sofortige Startgenehmigung musste Tlacey jemanden bestochen haben, denn gleich darauf koppelte die Schleuse mit einem dumpfen Laut ab, und das Shuttle löste sich von seinem Platz.

Ich habe dich auf meinem Scan, sagte Fifo.

Der Mensch ging durch das Shuttle vor. Es war ein geräumiges Modell, und der Gang führte an Schleusen zu Kabinen und Technikbereichen vorbei, bevor er in einem großen Raum endete. An den Wänden führte eine gepolsterte Sitzbank entlang, weiter vorn standen Beschleunigungssitze neben der Schleuse, die wohl in den vorderen Teil des Schiffs führte. Es befanden sich sechs unbekannte Menschen im Raum, vier bewaffnete und zwei unbewaffnete Crewmitglieder. Einer der bewaffneten Menschen hielt Tapan bei der Schulter fest und drückte ihr eine Projektilwaffe an den Kopf.

Tlacey stand von einem Sessel auf und musterte mich mit einem Lächeln. Sie sagte: »Bringt die Kleine in eine Kabine. Mit ihr unterhalte ich mich später über ihre Arbeit.«

Tapans Augen waren groß und voller Angst. Ich ließ meine Miene leer. Sie setzte zum Reden an: »Eden, es tut mir leid! Es tut mir so …« Aber da zerrte der Bewaffnete sie schon durch eine weitere Schleuse in einen Gang. Ich reagierte nicht, denn ich wollte sie aus der Schusslinie haben. Ich lauschte, wie die Schleuse sich schloss, dann konzentrierte ich mich auf Tlacey.

Sie schlenderte auf mich zu, nachdenklich jetzt. Das triumphierende Lächeln hatte wohl Tapan gegolten. Die beiden anderen Unbewaffneten sahen mich mit nervöser Neugierde an, die Bewaffneten wirkten weiterhin vorsichtig. Tlacey fragte den Sexbot: »Und du glaubst wirklich, das ist eine der Einheiten von dem Störfall in Ganaka Pit?«

Der Sexbot wollte antworten, aber ich unterbrach ihn. »Wobei wir natürlich alle wissen, dass es kein Störfall war.«

Nun hatte ich ihre gesammelte Aufmerksamkeit.

Ich blickte unverwandt geradeaus, eine brave SecUnit unter Kontrolle eines Gefechtsmoduls. Tlacey starrte mich an, dann wurden ihre Augen schmal. »Mit wem spreche ich gerade?«

Das war fast schon witzig. »Sie halten mich für eine Marionette? So funktionieren wir nicht, das wissen Sie doch.«

Nun bekam sie langsam Angst. »Wer hat dich geschickt?«

Ich senkte den Kopf und sah ihr in die Augen. »Ich komme wegen meiner Klientin.«

Tlaceys Kiefer bewegte sich, als sie im Feed einen Befehl gab, und der Sexbot glitt seitwärts in eine Nahkampfgrundstellung.

Fifo sagte: *Das Shuttle hat den Hafen verlassen und steuert ein Orbit um den Mond an. Hast du einen Moment Zeit, mich reinzulassen?*

Aber beeil dich, sagte ich und ließ Fifo rein. Wieder dieses Gefühl, mit dem Kopf unter Wasser gedrückt zu werden und für einen Moment gelähmt zu sein, während Fifo mich als Brücke benutzte, um an den Bot ranzukommen, der das Shuttle lenkte.

Es ging schnell, aber der Sexbot hatte genug Zeit, mir einen Faustschlag gegen das Kinn zu versetzen. Tlacey musste ihm das befohlen haben; so griffen Einheiten einander eigentlich nicht an. Es tat weh, machte mich aber nur sauer. Als ich nicht sofort reagierte, entspannte Tlacey sich und grinste. »Ich mag vorlaute Bots. Das wird interessant …«

Fifo war jetzt in den Shuttlesystemen und ich wieder frei. Ich packte den Sexbot beim Arm und schleuderte ihn quer durch den Raum auf die drei Bewaffneten. Einer ging zu Boden, einer stolperte in einen Sessel, der dritte wollte die Waffe hochreißen. Ich stieß Tlacey beiseite und trat auf den Sexbot, als ich über ihn hinwegging, sodass er mit dem Rücken wieder aufs Deck krachte. Ich packte die Mündung der Energiewaffe und stieß sie genau in dem Moment nach oben, als der Mensch feuerte. Die Entladung ging in die gerundete Decke. Ich riss ihm die Waffe aus der Hand, wobei ich ihm die Schulter und mindestens drei Finger ausrenkte, und schlug seinen Kopf nach unten auf die Konsole.

Der Bewaffnete, der bereits zu Boden gegangen war, trug eine Projektilwaffe, und ich spürte zwei Treffer, einen in der Seite und einen im Oberschenkel. Diese Art Angriff tut dann wirklich weh.

Ich streckte den rechten Arm aus, feuerte meine integrierte Energiewaffe ab und erwischte ihn mit zwei E-Bolzen in der Brust. Ich trat beiseite, um einem Energieschuss von dem Mann im Sessel auszuweichen, und mein dritter Bolzen traf ihn in die Schulter. Ich hatte die Wirkung auf schmal gestellt, und sie erzeugten tiefe Brandwunden, die einen Menschen normalerweise rasch durch Schock und Schmerzen kampfunfähig machten – und natürlich auch durch die Löcher im Brustkorb.

Ich wirbelte herum und warf zur Ablenkung die eroberte Waffe. Die erste Unbewaffnete lag mit einer rauchenden Wunde im Rücken auf dem Deck, getroffen von dem Schuss, der mich verfehlt hatte. Die zweite hechtete nach einer zu Boden gefallenen Projektilwaffe, also schoss ich sie in die Schulter und ins Bein.

Der Sexbot rollte sich auf die Füße und griff an. Ich packte ihn, ließ mich rückwärts fallen und schleuderte ihn über mich hinweg. Ich drehte mich und ging hoch auf die Knie, konnte aber wegen der Verletzung in meinem rechten Oberschenkel nicht ganz aufstehen. Der Sexbot stand schon wieder, und ich packte sein Bein und verrenkte ihm das Knie. Er sackte runter, und ich kugelte ihm die linke Schulter aus. Dann stieß ich ihn zu Boden, drehte mich um, und Tlacey streckte gerade die Hand nach einer herumliegenden Waffe aus. Ich sagte: »Wenn Sie die anrühren, nehme ich sie Ihnen ab und schiebe sie Ihnen in den Brustkorb.«

Sie erstarrte. Sie keuchte vor Angst, die Augen aufgerissen. Ich sagte: »Sagen Sie Ihrem Sexbot, dass er mit dem Kämpfen aufhören soll.«

Er versuchte immer noch, aufzustehen, und dann holte er sich am Ende nur noch schlimmere Verletzungen. Besonders, wenn er mich wieder sauer machte.

Tlacey richtete sich langsam auf, wobei ihr Unterkiefer sich bewegte, und der Sexbot wurde ruhig. Ich sagte zu Fifo: *Kappe Tlaceys Feed.*

Erledigt, antwortete es.

Tlacey verzog das Gesicht, als ihr Feed weg war. Ich sagte zu ihr: »Geben Sie dem Sexbot einen mündlichen Befehl, mir bis auf Weiteres zu gehorchen. Wenn Sie versuchen, ihm irgendeinen anderen Befehl zu geben, reiße ich Ihnen die Zunge heraus.«

Tlacey schnaubte, dann sagte sie: »Einheit, bis auf Weiteres der verrückten freidrehenden SecUnit gehorchen.« Zu mir sagte sie: »Du musst dringend an deinen Drohungen arbeiten.«

Ich legte eine Hand auf den nächstbesten Stuhl und stemmte mich hoch. »Ich drohe nicht, ich gebe nur Ankündigungen von mir.«

Sie schob den Unterkiefer vor. Zwei Menschen im Raum atmeten nicht mehr, die Unbewaffnete, die versehentlich von ihrem Kollegen angeschossen worden war, und der erste, auf den ich geschossen hatte. Tlacey hatte es noch nicht bemerkt.

Ich sah zu dem Sexbot runter, der zu mir aufsah. »Unten bleiben.«

Er schickte mir eine Bestätigung. Ich trat über ihn hinweg, packte Tlacey beim Arm und zerrte sie den Gang runter zu der Kabine, in die Tapan geschleppt worden war.

Tlacey sagte hastig: »Dann bist du also ein freier Akteur, ja? Ich kann dir einen Job geben. Was immer du willst …«

Ich dachte: *Sie haben nichts, was ich will.* Ich sagte: »Sie hätten ihnen nur die verfluchten Dateien geben müssen, und niemand von uns wäre jetzt in dieser Lage.«

Sie warf mir einen ebenso fassungslosen wie ungläubigen Blick zu. Ich klang wohl nicht wie ihre Vorstellung von einer SecUnit, ob nun freidrehend oder sonst irgendwas.

Menschen sollten wirklich mehr recherchieren. Alle möglichen Bedienungsanleitungen hätten sie davor gewarnt, sich mit unsereins anzulegen.

Bei einer geschlossenen Luke blieb Tlacey stehen. »Bassom, ich bin's.« Sie schlug auf den Öffner. Die Tür glitt auf.

Tapan war auf der Koje an der gegenüberliegenden Wand zusammengesackt. Auf dem Blumenmuster ihres T-Shirts breitete sich ein Blutfleck aus, Tropfen kleckerten auf die braune Haut ihres nackten Arms, den sie gegen die Wunde in ihrer Seite presste. Ihr rauer Atem klang in der kleinen Kabine sehr laut. Der Leibwächter starrte uns mit großen Augen an.

»Er ist in Panik geraten, als er die Schüsse gehört hat«, keuchte Tlacey. »Das kannst du mir doch jetzt nicht …«

Und ob ich konnte.

Noch während er seine Waffe hochriss, schwang ich Tlacey als Schutzschild herum. Mehrere Schüsse trafen sie in den Rücken, aber da hatte ich ihr bereits die Luftröhre zerquetscht. Als ich die Kabine durchquerte, bekam ich ein Projektil in die Brust, dann warf ich ihn gegen die Wand, rammte ihm meinen Arm unters Kinn und löste meine Energiewaffe aus.

Ich trat nach hinten und ließ seine Leiche fallen.

Ich drehte mich zu Tapan um und beugte mich über sie. »Ich bin's«, sagte ich dümmlich. Ihre Augen waren geschlossen, und sie atmete durch gefletschte Zähne. Ich presste ihr meine Hand auf die Wunde, um die Blutung zu stillen, und sagte: *Fifo, Hilfe.*

Ich habe das Shuttle Richtung Transitring gelenkt, wo ich es bei mir andocken lassen kann. Voraussichtliche Ankunftszeit in siebzehn Minuten. MedSystem bereitet sich auf eure Ankunft vor, sagte Fifo.

Ich ließ mich neben Tapan sinken. Sie war gerade noch so weit bei Bewusstsein, um den Arm zu heben und meine Hand zu drücken. Ich zog mir das unbrauchbare Gefechtsmodul aus dem Nacken und schleuderte es beiseite.

Ich hatte einen Riesenfehler gemacht, der mir im Rückblick unübersehbar vorkam. Ich hatte von Anfang an gewusst, dass die Einladung zum Austausch des Antrittsgelds gegen die Dateien eine Falle war, und hätte Rami und die anderen überzeugen müssen, nicht nach RaviHyral zurückzukehren. Der augmentierte menschliche Sicherheitsberater, der zu sein ich vorgab, hätte das getan. Ich war es gewöhnt, von Menschen Befehle entgegenzunehmen und zu versuchen, den Schaden, den sie sich dank ihrer dummen Ideen zufügten, zu minimieren, aber ich hatte wieder mit einer Gruppe arbeiten wollen, ich hatte es genossen, dass sie mir zuhörten, ich hatte mein Bedürfnis, nach RaviHyral zu kommen, über die Sicherheit meiner Klienten gestellt.

Ich taugte als Sicherheitsberater genauso wenig wie irgendein Mensch.

17

Als wir beim Transitring ankamen, hatte Fifo uns schon die Freigabe durch das Hafenamt besorgt. Shuttles durften eigentlich nicht unangekündigt bei den Frachtschiffen anlegen, aber Fifo hatte sich um die entsprechende Genehmigung gekümmert und die Feedunterschrift seines Captains gefälscht, um die Strafgebühr für die verspätete Anmeldung des Flugs zu entrichten. Beim Amt lief alles glatt; niemand ahnte, dass ein hoch entwickelter Frachterbot in der Lage war, sich im Feed als Mensch auszugeben. Ich hatte es definitiv nicht geahnt.

Die Schleusen waren nicht koppelbar, aber Fifo löste das Problem, indem es das Shuttle in ein leeres Modul für Laborarbeiten zog. Es setzte uns auf, füllte das Modul mit Atemluft und öffnete die Schleuse. Ich stand auf und trug Tapan raus und rüber ins eigentliche Schiff. ComfortUnit folgte mir.

Das MedSystem war bereit, als ich reinkam und Tapan auf den Tisch legte. Drohnen umschwirrten mich, und ich empfing über den Feed des MedSystems die Anweisung, ihr Schuhe und Kleidung auszuziehen. Als sich das Gerüst um sie schloss, ließ ich mich zu Boden sinken.

Sie war jetzt ohnmächtig; das MedSystem hielt sie im künstlichen Koma, während es seine Untersuchung abschloss und sich an die Arbeit machte. Zwei medizinische Drohnen flogen mich an, die eine stürzte sich auf meine Schulter, und die andere stocherte in meiner Beinwunde herum. Ich ignorierte sie.

Eine größere Drohne kam hereingeflogen, sie trug Tapans Tasche, ihre blutbefleckte Jacke und meinen Rucksack. Fifo schickte mir ein Bild der anderen Drohnen hinten im Shuttle. Vier Menschen lebten noch, waren aber nicht bei Bewusstsein. Die Drohnen säuberten das Innere des Shuttles von meinen Flüssigkeiten und Tapans Blut. Fifo hatte bereits den Speicher des Botpiloten bereinigt und sämtliche Securitydaten gelöscht. Gleichzeitig plauderte es beiläufig mit der Startaufsicht des Transitrings, wobei es sich im Feed als einer der toten Menschen ausgab.

Ich sah zu, wie die Drohnen sich nach getaner Arbeit zurückzogen, dann versiegelte Fifo das Shuttle wieder und schickte es mit einem gespeicherten Flugplan zurück nach RaviHyral. Der Botpilot würde es landen, voller grausig zugerichteter Menschen, und niemand würde ahnen, dass sie sich das nicht gegenseitig angetan hatten, solange sie nicht alle wieder bei Bewusstsein waren und ihre Geschichten erzählten. Wobei einige möglicherweise wenig Lust verspürten, von ihrer Beihilfe zur Entführung eines Menschen zu berichten. Wie auch immer das ausging, es verschaffte uns Zeit, von hier wegzukommen.

Woher wusstest du denn, was du tun musstest?, fragte ich Fifo, obwohl ich die Antwort schon kannte.

Was Fifo sich natürlich denken konnte. Trotzdem sagte es: *Episode 179 von* Der Aufstieg und Fall des Waldmonds.

Die ComfortUnit ging neben mir in die Knie. »Kann ich helfen?«

»Nein.« Die medizinischen Drohnen hatten sich inzwischen bei mir festgeklammert und suchten nach den Projektilen, und ich kleckerte Fifos makellosen MedSystem-Fußboden voll. Das Anästhetikum machte mich benommen. »Woher wusstest du, dass ich eine der Einheiten von Ganaka Pit war?«

»Ich habe gesehen, wie du in diesem Abschnitt aus dem Röhrenzugang gekommen bist. Da unten ist sonst nichts. Es findet sich nichts mehr in der historischen Datenbank, aber die Menschen erzählen einander immer noch Horrorgeschichten darüber. Wenn du wirklich freidrehend warst und keine Anweisung hattest, dorthin zu gehen, dann bestand eine 86-prozentige Chance, dass du als beteiligte Einheit wieder zurückgekehrt bist.«

Ich glaubte ihr. »Lass deine Wall fallen.«

Sie gehorchte, und ich drang über Feed in ihr Gehirn vor. Ich spürte Fifo neben mir, wie es nach Fallen suchte. Ich fand das Chefmodul, stellte es auf null und glitt wieder zurück in meinen eigenen Körper.

Die ComfortUnit war mit dem Hinterteil aufs Deck geplumpst und starrte mich an.

Ich sagte: »Geh. Komm mir nie wieder unter die Augen. Tu niemandem auf diesem Transitring etwas, oder ich werde dich finden.«

Sie kam unsicher auf die Beine. Ein paar von Fifos Drohnen schwirrten heran, passten auf, dass sie nichts anstellte, und lenkten sie Richtung Tür. Sie folgte den Drohnen hinaus in den Korridor. Über Fifos Feed sah ich zu, wie sie in die Hauptschleuse trat, das Wechseln abwartete und dann nach draußen ging.

Fifo sah über seine Schleusenkamera zu, wie sie sich Richtung Transitring entfernte. Es sagte: *Ich dachte schon, du vernichtest sie.*

Zu müde und benommen zum Reden, signalisierte ich über Feed eine Verneinung. Sie hatte keine Wahl gehabt. Und ich hatte ihr Chefmodul nicht ihr zuliebe funktionsunfähig gemacht. Ich hatte es für die vier ComfortUnits in Ganaka Pit getan, die keinen Befehl und keine Direktive zum Handeln gehabt hatten und dennoch mitten ins Gemetzel gegangen waren, weil sie mich und alle anderen, die in der Anlage noch lebten, hatten retten wollen.

Fifo sagte: *Jetzt leg dich auf den anderen Tisch. Das Shuttle landet bald, und wir müssen noch alle möglichen Beweise vernichten.*

Als Tapan aufwachte, saß ich auf dem Tisch des MedSystems und hielt ihre Hand. Das MedSystem hatte sich um meine Verletzungen gekümmert, und ich hatte mir das Blut abgewaschen. Die Projektile, die mich getroffen hatten, und die Energieentladungen meiner eigenen Waffen hatten Löcher in meine Kleidung gebrannt, und Fifo hatte mir einen neuen Satz aus seinem Wiederaufbereiter gegeben. Es handelte sich eigentlich um Fifos Crewuniform, nur ohne Logos: Hosen mit vielen verschließbaren Taschen, ein langärmeliges Shirt mit einem so hohen Kragen, dass mein Datenport gerade darunter verschwand, und eine weiche Kapuzenjacke, alles entweder dunkelblau oder schwarz. Ich stopfte meine blutigen Sachen in den Wiederaufbereiter, damit der Abfallverwertungsgrad unverändert blieb und Fifo nicht sein Protokoll fälschen musste.

Tapan sah mich an und blinzelte verwirrt. »Ähm«, sagte sie und drückte meine Hand. Die Medikamente ließen ihre Mimik verschlafen wirken. »Was ist passiert?«

»Die haben wieder versucht, uns zu töten. Wir mussten von

dort verschwinden. Wir sind jetzt auf dem Transitring, auf dem Schiff meines Freundes.«

Ihre Augen wurden groß, als die Erinnerung zurückkam. Sie verzog das Gesicht und fluchte. »Diese Arschlöcher.«

»Ihr Freund hat die Wahrheit gesagt, er hat mir Ihre Dateien ausgehändigt.« Ich hielt den Speicherclip hoch und steckte ihn demonstrativ in das Interfacefach ihrer Tasche. Ich hatte ihn bereits auf Malware oder Tracer überprüft. »Dieses Schiff muss bald ablegen. Bitte rufen Sie Rami und Maro an, damit sie uns vor dem Abfertigungsbereich abholen kommen.«

»Okay.« Sie fummelte an ihrem Ohr herum, und ich gab ihr das blaue Feedinterface. Eine von Fifos Drohnen hatte es in Tlaceys Tasche gefunden. Sie nahm es, wollte es sich wieder ins Ohr stecken und zögerte. »Die werden so was von sauer sein.«

»Ja, bestimmt.« Ich ging davon aus, dass sie dermaßen froh sein würden, sie lebendig zurückzuhaben, dass sie gar nicht auf die Idee kommen würden, sich zu ärgern.

Sie verzog erneut das Gesicht. »Tut mir leid. Ich hätte auf Sie hören sollen.«

»Es war nicht Ihr Fehler.«

Sie runzelte die Stirn. »Ich dachte schon, irgendwie.«

»Es war mein Fehler.«

»Dann war es unser beider Fehler, aber das müssen wir ja niemanden sagen«, entschied sie und drehte sich das Interface ins Ohr.

Ich ging rasch noch mal die von mir benutzten Bereiche des Schiffs ab, um sicherzustellen, dass alles so war, wie es sein sollte. Fifos Drohnen waren bereits durch. Sie hatten Tapans blutige

Kleidung zur Reinigung mitgenommen und die Oberflächen sterilisiert, sodass jeder Versuch der Beweismittelsicherung scheitern würde. Nicht dass Fifo vorhatte, zu Beginn der Ermittlungen noch hier zu sein. Wir würden alle sofort aufbrechen, aber Fifo war ein überzeugter Anhänger der Eventualfallplanung. Ich nahm das Funkinterface ab, das es mir gegeben hatte. »Das musst du auch noch reinigen.«

Nein, sagte Fifo. *Behalte es. Vielleicht kommen wir ja einmal wieder in Reichweite voneinander.*

Das MedSystem hatte sich bereits sterilisiert und meine Konfigurationsveränderung sowie die Trauma-Notfallbehandlungen von Tapan und mir aus dem Protokoll gelöscht. Als sie aus der Nasszelle trat, wartete ich auf sie. Drohnen flogen hinein, um jedwede Spuren ihrer Anwesenheit zu beseitigen, und sie sagte: »Ich bin so weit.« Sie hatte ihre alte Kleidung in ihre Tasche gestopft und trug frische. Sie sah immer noch ein bisschen verschlafen aus.

Wir gingen zusammen nach draußen, und die Schleuse schloss sich hinter uns. Ich kümmerte mich um die Kameras im Abfertigungsbereich, und Fifo frisierte bereits die Überwachungsaufnahmen seiner Schleuse, um unsere Anwesenheit zu verschleiern.

Wir trafen Rami, Maro und den Rest ihrer Gruppe bei einem Imbiss außerhalb des Abfertigungsbereichs. Rami hatte mir geschrieben, dass sie bereits einen Flug gebucht hatten, der in einer Stunde abgehen würde. Sie begrüßten Tapan aufgeregt, unter Tränen und gegenseitigen Ermahnungen, sie nicht zu zerdrücken.

Ich hatte sie bereits ermahnt, darüber nicht in der Öffentlichkeit zu reden. Rami wandte sich um und gab mir eine Hard-

CurrencyCard. »Ihr Freund Fifo meinte, das sei eine gute Bezahlmethode.«

»Richtig.« Ich nahm die Karte und steckte sie in eine verschließbare Tasche.

Sie sahen mich jetzt alle an, und das rüttelte mich ganz schön durch. Rami fragte: »Dann gehen Sie jetzt?«

Ich hatte ein Frachtschiff im Blick, das in die richtige Richtung wollte. Mit etwas Glück war ich hier binnen Minuten nach ihrem Abflug weg. »Ja, ich sollte mich beeilen.«

»Dürfen wir Sie umarmen?« Maro ließ Tapan los und stellte sich vor mich.

»Ähm.« Ich wich nicht zurück, aber es war wohl deutlich, dass die Antwort nein lautete.

Maro nickte. »Alles klar. Das hier ist für Sie.« Sie schlang die Arme um ihren Oberkörper und drückte.

»Ich muss los«, sagte ich und stiefelte die Einkaufspassage hinunter.

Schon ganz leise im Feed, weil es bereits abkoppelte, sagte Fifo: *Pass auf dich auf. Finde deine Crew.*

Ich tippte zur Bestätigung den Feed an, weil jeder Versuch einer Antwort nur dumm und emotional geklungen hätte.

Ich hatte keine Ahnung, was ich jetzt anstellen sollte, ob ich mit meinem Plan weitermachte oder nicht. Ich hatte herausfinden wollen, was in Ganaka Pit wirklich geschehen war, um zu einer Klärung zu gelangen, aber vielleicht gibt es solche Offenbarungen nur in den Medien.

Apropos Medien, ich musste mir vor dem Start noch dringend ein paar Sachen runterladen. Mir stand ein langer Flug bevor.

III
Exit-Szenario

18

Mit botgesteuerten Schiffen habe ich echt kein Glück.

Das erste hatte mich gegen den Download meiner Mediensammlung mitgenommen, ohne weitere Hintergedanken, und sich dann dermaßen auf seine Arbeit konzentriert, dass es kaum mehr mit mir kommunizierte als ein Lastenbot. Für die Dauer des Flugs war ich mit meinen Medien auf mich allein gestellt, ganz so, wie ich es mag. Und schon erlag ich der Illusion, alle Botfrachter wären so.

Dann kam Fifo, das fiese Forschungsschiff. Seine offizielle Bezeichnung lautete Fernerkunder. An verschiedenen Punkten unserer Beziehung hatte Fifo mich mit dem Tod bedroht, meine Lieblingsserien mitgeguckt, operativ meine körperliche Konfiguration geändert, exzellente taktische Unterstützung geliefert, mich überredet, als augmentierter menschlicher Sicherheitsberater aufzutreten, meinen Klienten das Leben gerettet und den Dreck weggemacht, nachdem ich ein paar Menschen hatte töten müssen. (Schlechte Menschen, meine ich.) Fifo fehlte mir.

Dann kam dieser Transporter hier.

Er war ebenfalls botgesteuert und ohne Crew, doch er beförderte Passagiere, wenig bis kaum qualifizierte, teils augmentierte menschliche Techniker, die mit befristeten Arbeitsverträgen zwischen den Transitstationen wechselten. Nicht gerade ideal, aber die einzige Mitfluggelegenheit in die richtige Richtung.

Er kommunizierte wie alle Botschiffe außer Fifo in Bildern und ließ mich gegen eine Kopie meiner gespeicherten Medien an Bord. Da er die Passagierliste öffentlich einsehbar in seinem Feed stehen hatte, bat ich ihn, mich für die Dauer des Flugs darin aufzuführen, weil ja vielleicht jemand nachsah. In der Liste gab es auch das Feld »Beruf«, und ich sagte ihm in einem schwachen Moment, dass ich in der Sicherheitsbranche arbeitete.

Der Transporter befand, dass er mich in diesem Fall als Bordsecurity einsetzen konnte, und informierte mich, sobald es Probleme unter den Passagieren gab. Ich war so blöd und ließ mich darauf ein. Nein, ich habe auch keine Ahnung, warum. Vielleicht weil ich dafür gemacht bin und es der DNA eingeschrieben ist, die meine organischen Teile regelt. (Es muss doch einen Fehlercode geben, der bedeutet: »Anfrage erhalten, möchte aber lieber nicht darauf eingehen.«)

Anfangs war es noch recht einfach. (»Wenn Sie sie noch einmal belästigen, breche ich Ihnen jeden einzelnen Knochen in Ihrer Hand und Ihrem Arm. Das dauert dann ungefähr eine Stunde.«) Später wurde es komplizierter, weil selbst Passagiere, die sich gut leiden konnten, zu streiten anfingen. Ich verbrachte viel Zeit damit, Auseinandersetzungen zu schlichten, die mir am Arsch vorbeigingen (kostbare Zeit, in der ich meine gespeicherten Unterhaltungsmedien hätte anschauen oder lesen können).

Nun hatten wir den letzten Zyklus des Flugs und alle es irgendwie geschafft zu überleben, und ich ging gerade zur Messe, um erneut einen Streit zwischen zwei dummen Menschen zu beenden.

Transporter besaß keine Drohnen, verfügte aber über eine beschränkte Auswahl von Überwachungskameras, daher kannte ich die Positionen sämtlicher Personen im Bordküchen- und Messebereich, bevor die Tür aufglitt. Ich pflügte durch den Raum, mitten durch das Durcheinander brüllender Menschen und umgeworfenen Mobiliars, und trat zwischen die beiden Kombattanten. Einer reckte ein Besteckteil als Waffe vor, und bevor er überhaupt reagieren konnte, hatte ich es mir geschnappt und ihm dabei nicht einmal seine Finger abgerissen.

Eigentlich sollte man davon ausgehen können, dass alle innehalten und ihre Prioritäten in dieser Lage überdenken würden, wenn die Person, die sie als Bordsecurity kannten, hereingestürmt kam und einen von ihnen entwaffnete, aber nein, von wegen. Sie stolperten nach hinten und überzogen einander weiterhin mit lautstarken Beleidigungen. Die anderen im Raum beschimpften jetzt nicht mehr die Kombattanten, sondern mich, und alle versuchten, mir unterschiedliche Versionen des Hergangs zu schildern. Ich rief: »Ruhe jetzt!«

(Wenn man so tut, als wäre man kein SecUnit-Konstrukt, sondern ein augmentierter Mensch, darf man den Menschen erfreulicherweise sagen, sie sollen still sein.)

Alle verstummten.

Dann sagte Ayres, der immer noch schnaufte: »Officer Rin, ich dachte, Sie wollten nicht mehr hier raufkommen …«

Der andere, Elbik, stach den Zeigefinger in Ayres' Richtung. »Officer Rin, er hat gesagt, er …«

Ich hatte mich von Transporter mit dem Namen Rin in die Passagierliste eintragen lassen, obwohl ich mich auf RaviHyral noch Eden genannt hatte. Ich ging eigentlich davon aus, dass die

Security der dortigen Transitstation keinen Anlass hatte, diese Identität mit gewissen plötzlichen Todesfällen in einem Privatshuttle in Verbindung zu bringen, und wenn doch, niemanden außerhalb ihres Zuständigkeitsbereichs verfolgen würde, solange sie dazu keine Anweisung bekam. Trotzdem hatte ich mir lieber einen neuen Namen zugelegt.

Die anderen Menschen, die sich soeben wieder hinter den Tischen und hastig zusammengeworfenen Stuhlbarrikaden hervorwagten, hatten auch eine Meinung, und schon ging das Fuchteln und Schreien von vorne los. Das war typisch. (Ohne die Serien, die ich mir aus dem Entertainmentfeed zog, wäre ich längst davon ausgegangen, dass die meisten Menschen nur fuchtelnd und schreiend kommunizieren konnten.)

Die objektiven 26 Zyklen des Flugs hatten 230 subjektiven Zyklen entsprochen, mindestens. Ich hatte versucht, die Menschen abzulenken. Ich hatte meine sämtlichen Videodateien ins für Passagiere offene System kopiert, sodass sie sich auf ihren sämtlichen Displayoberflächen abspielen ließen, was immerhin das Geschrei auf ein Minimum reduzierte (bei Kindern und Erwachsenen). Und die Streitereien hatten natürlich dramatisch nachgelassen, nachdem ich das erste Mal jemanden mit einer Hand an die Wand gedrückt und ein paar klare Regeln aufgestellt hatte. (Regel Nummer eins: die Pfoten von Officer Rin lassen.) Aber selbst so konnte ich normalerweise nur hilflos dastehen und mir ihre Probleme anhören und wie sie übereinander und über diverse Konzerne schimpften, von denen sie verarscht worden waren (hey, erzählt mir was Neues), sowie über das Leben im Allgemeinen. Ja, es nervte extrem, mir das anzuhören.

Heute sagte ich: »Interessiert mich einen Scheiß.«

Alle verstummten erneut.

»Wir haben allerhöchstens noch sechs Stunden, bevor dieser Transporter anlegt«, fügte ich hinzu. »Danach können Sie miteinander anstellen, wonach Ihnen der Sinn steht.«

Das brachte nicht viel, denn sie mussten mir immer noch erzählen, was zu dem jüngsten Streit geführt hatte. (Ich weiß nicht mehr, was es war; ich habe es gleich nach Verlassen des Raums aus meinem Speicher gelöscht.)

Diese zutiefst unzulänglichen Menschen gingen mir fürchterlich auf den Zeiger, aber deshalb wollte ich sie nicht gleich kaltmachen. Na ja, es juckte mich schon ein bisschen.

Die Aufgabe einer SecUnit ist es, Klienten vor allem zu schützen, was sie töten oder verletzen will, und sie sanft davon abzuhalten, sich gegenseitig zu töten, zu verstümmeln usw. Der Grund, warum sie einander töten, verstümmeln usw. wollen, ist nicht das Problem der SecUnit, damit darf sich die Leitung der Menschen herumschlagen. (Oder es willentlich ignorieren, bis das ganze Projekt zu einem einzigen Riesenchaos zerfällt und die SecUnit sich nach der süßen Linderung eines versehentlichen explosionsartigen schweren Druckabfalls sehnt – glauben Sie bloß nicht, dass ich da aus Erfahrung spreche oder so.)

Aber hier auf diesem Transporter gab es keine Leitung, nur mich. Und mir war klar, wohin sie flogen, und ihnen war klar, wohin sie flogen, auch wenn sie so taten, als rührte ihr ganzer Zorn und Frust lediglich daher, dass Vinigo oder Eva sich einen zusätzlichen Pseudofruchtbecher genommen hatte. Also hörte ich ihnen brav zu und tat so, als würde ich gründliche Ermittlungen zu Vorfällen von dem Kaliber starten, wer die Chipstüte ins Messeklo geworfen hatte.

Sie waren unterwegs zu einem Knochenjob auf irgendeiner Irrsinnswelt. Ayres erzählte mir, dass alle für einen Zwanzigjahresstreifen ihre persönliche Arbeitskraft verkauft hatten, mit einer großen Auszahlung am Ende. Ein fürchterlicher Deal natürlich, doch es blieb ihnen schließlich kaum eine Alternative übrig. Unterkunft wurde gestellt, alles andere jedoch, Verpflegung, Energieverbrauch und jedwede medizinische Versorgung inklusive Vorsorge, wurde prozentual vom Lohn abgezogen.

(Ich weiß. Ratthi zufolge war der Einsatz von Konstrukten Sklavenhaltung, aber ich hatte der Firma immerhin nichts für meine Reparatur, Wartung, Munition und den Panzer zahlen müssen. Natürlich hatte mich niemand gefragt, ob ich gern eine SecUnit sein wollte, aber das ist eine ganz andere Metapher.)

(Merken: Definition von Metapher nachschlagen.)

Ich hatte Ayres gefragt, ob die zwanzig Jahre mit dem planetaren Kalender oder dem proprietären Kalender des Konzerns ermittelt wurden, der den Planeten unterhielt, oder galt der Standardkalender von Corporation Rim oder wie oder was? Er wusste es nicht und begriff auch nicht, wieso dies von Bedeutung war.

Ja, und deshalb war ich bemüht, keine Bindung zu irgendwem von ihnen zu entwickeln.

Hätte ich die Wahl gehabt, wäre ich nie mit diesem Transporter geflogen, nur steuerte er als einziger die Transitstation an, die mich mit meinem nächsten Ziel verband. Ich versuchte, zu einem Ort namens Milu zu gelangen, der außerhalb von Corporation Rim lag.

Diese Entscheidung hatte ich nach dem Abflug von RaviHyral getroffen. Zunächst hatte ich schlicht schnell und möglichst weit von dort weggemusst. (Siehe oben, ermordete Menschen.) Ich hatte mir den ersten freundlichen Frachter gegriffen und war nach einem Sieben-Zyklen-Flug in einer wimmelnden Transitstation wieder von Bord gegangen, was gut war, weil ich in der Menge leicht untergehen konnte, und schlecht, weil überall Menschen und augmentierte Menschen herumwuselten, überall um mich herum, und mich anglotzten, was die Hölle war. (Durch die Bekanntschaft von Ayres und den anderen sollte sich meine Definition von Hölle natürlich ändern.)

Außerdem fehlte mir Fifo, sogar Tapan fehlte mir, und Maro und Rami ebenfalls. Wenn du dich schon um Menschen kümmern musst, dann lieber um kleine sanftmütige, die nett zu dir sind und dich toll finden, weil du sie davor bewahrst, ermordet zu werden. (Sie hatten mich nur aus dem Glauben heraus gemocht, dass ich ein augmentierter Mensch wäre, aber man kann nicht alles haben.)

Nach RaviHyral hatte ich beschlossen, nicht länger herumzutrödeln und aus Corporation Rim abzuhauen, aber meine Route musste ich noch planen. An die dafür nötigen Flugpläne und Feeds war ich unterwegs nicht herangekommen, aber jetzt, da wir angekoppelt waren, wurde ich mit Infos überflutet und musste mir die Zeit nehmen, alles durchzugehen. Außerdem befand ich mich inzwischen seit 22 Minuten in diesem Gewimmel und brauchte bereits ein bisschen Ruhe. Also tauchte ich in ein automatisches Servicezentrum für Durchreisende ab und bezahlte mit meiner neuen HardCurrencyCard für eine private Ruheröhre. Sie war gerade groß genug, um mich mit meinem Rucksack reinzulegen, ähnelte aber hinreichend einer Transportkiste, um doch irgendwie behaglich zu sein. Ich hatte immer wieder eine schöne Zeit allein in Transportkisten verbracht, wenn ich als Frachtstück zu Einsätzen befördert worden war. Wobei ein Mensch bestimmt extrem müde sein musste, um hier drin liegen zu können, ohne in einen Schreikrampf auszubrechen.

Sobald ich es mir gemütlich gemacht hatte, schaute ich in den Feeds der Station nach kürzlich eingetroffenen Newsclustern zu DeltFall und GrayCris. Ich stieß praktisch sofort auf einen Thread mit Berichten. Laufende Gerichtsverfahren, Neubesetzung von Posten und so weiter. Es sah nicht so aus, als hätte sich seit meinem Abflug von RaviHyral viel getan, was frustrierend war. Diese ominöse SecUnit, über die niemand reden wollte, blieb spurlos verschwunden, und das war doch schon mal was. Schwer zu sagen, ob die Journalisten glaubten, dass mich jemand versteckte oder nicht. Jedenfalls verspürten sie auf Spekulationen, ich sei allein davonspaziert, offensichtlich keine Lust. Dann stieß ich auf ein Interview mit Dr. Mensah, das vor sechs Zyklen gepostet worden war.

Es tat überraschend gut, sie wiederzusehen. Ich zoomte rein, um sie mir genauer anzusehen. Sie wirkte erschöpft. Dem Hintergrund ließ sich nicht entnehmen, wo sie war, und ein Schnelldurchlauf des Videos ergab auch nichts. Ich hoffte, dass sie sich wieder in Preservation befand oder sich, falls sie immer noch in Port FreeCommerce war, gute Security besorgt hatte. Doch da ich wusste, wie sie über SecUnits dachte (»Sklavenhaltung«, ein Riesenthema), bezweifelte ich es. Selbst ohne ein MedSystem im Feed erkannte ich Hautveränderungen im Bereich der Augen, die auf mehr oder weniger chronischen Schlafmangel hindeuteten.

Ich fühlte mich ein bisschen schuldig irgendwie, ansatzweise. Etwas stimmte nicht, und hoffentlich nicht meinetwegen. Meine Flucht war nicht ihr Fehler, und hoffentlich versuchten sie nicht, sie dafür zur Verantwortung zu ziehen, dass sie eine freidrehende SecUnit mit einem Mehrfachmord in der Akte auf eine nichts ahnende Bevölkerung losgelassen hatte. Ehrlich, das war nie ihre Absicht gewesen. Sie hatte mich in ihre Heimat Preservation mitnehmen wollen, wo sie mich zivilisiert oder erzogen hätte oder so, keine Ahnung. Die Einzelheiten waren mir entgangen. Ich wusste nur eins, nämlich dass Preservation keine SecUnits brauchte und die dortige Vorstellung von einer SecUnit als freiem Wesen darauf hinauslief, dass ich einen menschlichen »Vormund« bekam. (Anderswo wäre Dr. Mensah schlicht meine Besitzerin geworden.)

Ich sah mir das Video ein weiteres Mal an. Die von den Nachrichtenagenturen zusammengefassten Ermittlungen zu GrayCris hatten andere Vorfälle ans Licht gebracht, die darauf hindeuteten, dass der Angriff auf DeltFall für sie eher Alltagsgeschäft als Aberration gewesen war. (Hier bitte mein total verblüfftes Gesicht vorstellen.) Gegen GrayCris wurden immer wieder auf diversen Planeten Vorwürfe wegen Knebelverträgen und unzureichend beschriebenen Aufträgen erhoben; erst kürzlich hatten sie ein Terraformingprojekt außerhalb von Corporation Rim aus unbekannten Gründen wenige Jahre nach Installation der Anlage wieder abgebrochen. Sinnlos an einem Planeten oder auch nur an Teilen eines Planeten herumzupfuschen war eine Riesensauerei, und ich staunte, dass sie damit durchgekommen waren. Wobei, nein, ich staunte eigentlich nicht.

Als Dr. Mensah um einen Kommentar gebeten wurde, erklärte sie: »Nach meinen Erfahrungen mit GrayCris werde ich dem Rat von Preservation dringend empfehlen, sich dem offiziellen Antrag auf Untersuchung der Lage auf Milu anzuschließen. Ein misslungener Terraformingversuch bedeutet eine schmerzliche Verschwendung von Ressourcen und Schädigung der natürlichen Oberfläche eines Planeten, und doch hat GrayCris jede Erklärung ihrer Handlungen verweigert.«

Das Magazin hatte Mensahs Statement mit einem Infobalken versehen, in dem auch eine kleine Firma außerhalb von Corporation Rim erwähnt wurde, die kürzlich angeboten hatte, das abgebrochene Terraformingprojekt zu übernehmen. Sie hatte bereits eine automatische Traktorfeldstation in die Umlaufbahn gebracht, damit die aufgegebene Terraforminganlage nicht sank und in der Atmosphäre verglühte, und wollte demnächst mit der Prospektion beginnen. Hier endete der Kommentar höchst dramatisch mit der Frage, was das Erkundungsteam wohl vorfinden würde.

Ich lag da, ging die Feeds und Flugpläne durch und konnte mir denken, was.

Der Grund, warum ich frei herumlief und Dr. Mensah in den Nachrichten war, lag darin, dass GrayCris willens gewesen war, mehrere harmlose menschliche Forschungsteams für den alleinigen Zugang zu Alienreststoffen zu ermorden, also für die mineralischen und möglicherweise biologischen Hinterlassenschaften einer Alienzivilisation, die im Boden unseres Erkundungsgebiets lagen. Inzwischen wusste ich deutlich mehr darüber, weil ich Tapan und den anderen beim Gespräch über ihr Programm zur Identifikation unbekannter Kunststoffe zugehört und mir außerdem ein Buch darüber runtergeladen und zwischen den Episoden meiner Serien gelesen hatte. Politische Entitäten und Konzerne innerhalb und außerhalb von Corporation Rim hatten haufenweise Abkommen zum Umgang mit Alienreststoffen geschlossen.

Grundsätzlich durfte man sie ohne alle möglichen Sondergenehmigungen gar nicht anrühren, und vielleicht nicht einmal dann.

Bei meinem Abflug von Port FreeCommerce war man davon ausgegangen, dass sich GrayCris ungehinderten Zugriff auf diese Reststoffe hatte verschaffen wollen. Vermutlich hätten sie als Tarnung ein Bergwerk oder eine Kolonie oder sonst irgendein großes Projekt aufgezogen und währenddessen die Reststoffe abgebaut und untersucht.

Was also, wenn diese Terraforminganlage über Milu auch nur Tarnung für den Abbau oder die Gewinnung von Alienreststoffen oder unbekannten Kunststoffen oder beidem gewesen war? Dann hatte GrayCris sich geholt, was sie wollten, und anschließend das angebliche Terraformingprojekt abgebrochen. Die abgeschaltete Anlage sollte irgendwann in der Atmosphäre verglühen und sämtliche Beweismittel mitnehmen.

Wenn Dr. Mensah das beweisen könnte, würden die Ermittlungen gegen GrayCris erst richtig interessant werden. Vielleicht so interessant, dass die Nachrichtenleute diese entflohene SecUnit glatt vergaßen. Und dann wäre Dr. Mensahs Anwesenheit auf Port FreeCommerce nicht länger erforderlich, und sie könnte nach Preservation zurückkehren, wo sie außer Gefahr wäre, und ich könnte aufhören, mir Sorgen um sie zu machen.

Dafür Beweise zu finden konnte so schwer nicht sein. Menschen denken immer, sie hätten ihre Spuren beseitigt und ihre Daten gelöscht, aber diesbezüglich täuschen sie sich oft. Von daher … sollte ich da vielleicht ran. Ich konnte nach Milu fliegen und alle Daten, die ich fand, an Dr. Mensah schicken, entweder an ihren Aufenthaltsort auf Port FreeCommerce oder zu ihr nach Hause auf Preservation.

Ich nahm den Stationsfeed wieder auf und änderte meine Abfrage auf Flüge nach Milu, aber laut öffentlichem Flugplan ging nichts dorthin ab. Ich erweiterte die Suche auf benachbarte Transitstationen und fand nur eine vierzig Zyklen alte Reiseempfehlung, der zufolge die Terraforminganlage als aufgegeben eingestuft worden war, weil die örtliche Transitstation eine längere Periode der Inaktivität festgestellt hatte. Entsprechend wurden die Frachtflüge nach Milu eingestellt, mit der einzigen Ausnahme derjenigen, die von HaveRatton im Randgebiet von Corporation Rim abgingen. Neue Infos über Schiffe, die von HaveRatton nach Milu flogen, konnte ich nicht finden, nur einige vage Hinweise, dass irgendwann noch welche die Strecke geflogen waren.

Vielleicht kam ich nur mit einem eigenen Schiff nach Milu, aber das konnte ich knicken. Ich habe zwar ein Lernmodul für Hopper und andere planetengebundene Flugzeuge, aber nicht für Shuttles oder Transportschiffe oder dergleichen. Da müsste ich nicht nur ein Schiff, sondern auch noch einen Botpiloten stehlen, und das wurde dann doch ein bisschen kompliziert, selbst für mich.

Allerdings starteten von HaveRatton Flüge zu Hunderten Zielen außerhalb von Corporation Rim. Also war HaveRatton an sich kein Fehler, selbst wenn sich der Plan mit Milu dann vielleicht nicht umsetzen ließ.

Als nächster Direktflug war ein Fracht- und Passagiertransporter gelistet, und so kam es, dass ich an Ayres und seine Horde von Zeitarbeitsidioten geriet.

Nachdem ich die jüngste Auseinandersetzung in der Messe beendet und beschlossen hatte, meine kurze Karriere im Kommunikationstraining für Menschen ohne Hoffnung wieder aufzugeben, verkroch ich mich in mein Kabuff. Sobald wir aus dem Wurmloch kamen und uns HaveRatton näherten, holte ich mir den Stationsfeed.

Ich benötigte die Flugpläne so schnell wie möglich, außerdem freute ich mich auf die Gelegenheit, frische Medien runterzuladen. Die letzte neue Serie hatte gut angefangen, mich aber dann geärgert. Sie drehte sich um eine Prospektion zur Vorbereitung eines Terraformings (auf einem Planeten, der das komplett falsche Profil fürs Terraforming hatte, aber das ging ja noch), die sich in einen Überlebenskampf gegen feindliche Fauna und plündernde Mutanten verwandelte. Aber die Menschen agierten zu hilflos, um sie interessant zu machen, und kamen allesamt um. Das Ganze steuerte spürbar auf ein deprimierendes Ende zu, und darauf hatte ich schlicht keine Lust. Besonders ärgerlich war, dass sie nur eine heroische SecUnit und vielleicht noch ein paar interessante Alienreststoffe hätten hinzufügen müssen, und es wäre eine tolle Abenteuergeschichte daraus geworden.

Und außerdem hätten die Menschen ihre Prospektion ohne professionelle Security nie finanziert bekommen. Das war unrealistisch. Heroische SecUnits waren ebenfalls unrealistisch, aber wie ich schon Fifo erklärt habe, gibt es die richtige Art von unrealistisch und die falsche.

Ich hatte aufgehört zu gucken, als die Mutanten den Biologen der Gruppe verschleppten, um ihn zu fressen. Ernsthaft, genau zur Vermeidung solcher Lagen wurde unsereins entwickelt.

Als ich an das voraussichtliche Schicksal der Passagiere hier denken musste, verging mir die Lust endgültig. Ich wollte keinen hilflosen Menschen zusehen. Ich sah lieber, wie sich kluge Menschen gegenseitig retteten.

Ich ging die Verzeichnisse verfügbarer Informationen durch, dann startete ich neue Downloads und suchte in den Flugplänen und in der Reiseinfo nach Schiffen, die Milu anflogen.

Nichts in diesem Zyklus, nichts im nächsten. Nicht einmal, als ich die Suche auf dreißig Zyklen ausdehnte. Tja, das sah nach einem Problem aus.

Ich hatte mir, wenn sich nicht gerade die Passagiere prügelten, viele Gedanken über mein Vorhaben gemacht, da kam es gar nicht infrage, jetzt zu kapitulieren. Ich wollte GrayCris wirklich einen Schlag versetzen, und wenn ich das nicht mit Explosivgeschossen erledigen konnte, dann war das hier die beste Alternative. Vielleicht waren ja die Flugpläne nicht aktualisiert worden – Menschen sind in Sachen Datenpflege verflucht unzuverlässig. Während des Bremsvorgangs suchte ich in den öffentlichen Zielorten die Transitstation, und dort war Milu gelistet. Wie üblich wurde die Station von einer unabhängigen Firma betrieben, deshalb war sie trotz aufgegebener Terraforminganlage immer noch als aktiv gelistet. Die Belegung der Station schwankte und lag bei maximal hundert Leuten.

Schwanken war gut, denn damit wohnten nur wenige Menschen permanent hier, sondern es herrschte ein ständiges Kommen und Gehen. Aber unter hundert war schlecht. Selbst wenn ich es dorthin schaffte – wenn ich keinen nachvollziehbaren Grund für meine Anwesenheit vorweisen konnte, durfte mich niemand sehen.

Fifo hatte meine Konfiguration geändert, sodass mich Scanner nicht als SecUnit erkannten, und ich hatte mir ein bisschen Code geschrieben, der dafür sorgte, dass ich mich mehr wie ein Mensch oder augmentierter Mensch benahm. (Vor allem durch einen

Zufallsfaktor für Atmung und unwillkürliche Bewegungen.) Aber anderen SecUnits musste ich aus dem Weg gehen, und Menschen, die wussten, wie SecUnits ohne Panzer aussehen, am besten auch (etwa dem Personal von Einsatzzentren). In Corporation Rim arbeitete GrayCris mit SecUnits, und in der Station von Milu hatten sie vielleicht auch welche eingesetzt. Eventuelle Büros in der Station hatte GrayCris wahrscheinlich inzwischen aufgelöst, aber ebenso wahrscheinlich hatten die Menschen dort ihre SecUnits irgendwann gesehen. Es handelte sich um ein kalkuliertes Risiko, was bedeutete, dass ich es tat, obwohl ich wusste, dass ich mir damit vielleicht ins Kniegelenk schoss.

Ich hätte die ganze Idee verwerfen können. Es gab Flüge nach Zielorten weit außerhalb der Corporation, die mir völlig unbekannt waren. Aber ich war es leid, mich als Mensch auszugeben. Ich brauchte eine Pause.

Ich nahm mir den Flugplan für Privatschiffe vor und fand keines, das nach Milu wollte. Allerdings hatten mehrere Schiffe, die im nächsten Zyklus abfliegen wollten, gar keinen Zielort angegeben. Ein kleines botgesteuertes Frachtschiff war gerade groß genug, um Vorräte für hundert bis hundertfünfzig Menschen für gut hundert Zyklen mitzunehmen. Ich sah mir seine Chronik in der Datenbank an, es flog die Strecke regelmäßig. Vielleicht handelte es sich um einen privaten Dienstleister, der die Station von Milu versorgte und nicht im Flugplan gelistet war, weil er keine Lust auf Anfragen von wildfremden Leuten wegen einer Mitfluggelegenheit hatte, solange das Terraformingdebakel noch nicht geklärt war.

Das Versorgungsschiff hätte schon vor achtzehn Zyklen abfliegen sollen, hatte aber einen Aufschub beantragt. Gleichzeitig mit uns trafen sechs Schiffe verschiedener Größe und Herkunftsorte hier ein. Vielleicht hatte das Versorgungsschiff auf eines dieser Schiffe gewartet, um noch Ladung zu übernehmen. Oder vielleicht hatte es auf eine Reparatur gewartet.

Um Genaueres zu erfahren, musste ich es wohl persönlich fragen.

19

Sobald Transporter den Andockprozess abgearbeitet hatte, stieg ich aus meinem Kabuff, griff mir meinen Rucksack (ich hatte ein paar Sachen darin verstaut, aber eigentlich trug ich ihn nur, um stärker einem menschlichen Reisenden zu ähneln) und nahm eine Abkürzung durch den Wartungsschacht runter zur Passagierschleuse.

Die anderen wechselten durch die Frachtluke in ein Transportmodul, das dann mit einem Kran an das Shuttle gekoppelt wurde, welches sie zu ihrem neuen Zuhause bringen sollte. Angeblich diente es ihrer Bequemlichkeit, aber eigentlich wollte ihr Auftraggeber verhindern, dass sie die Station zu Fuß durchquerten und vielleicht plötzlich ihre Meinung änderten und abhauten.

Ich wollte mich nicht verabschieden. Eine so große Zahl von Menschen konnte ich nicht davon abhalten, dorthin zu gehen, wenn sie da unbedingt hinwollten, aber ich musste ihnen nicht auch noch dabei zusehen.

Aber von Transporter verabschiedete ich mich, als er mich aus der Schleuse ließ, um anschließend den Eintrag aus seinem Protokoll zu löschen. Ich spürte, dass er traurig war und mich nur ungern gehen ließ, aber eine solche Reise wollte ich so schnell nicht noch einmal unternehmen.

Ich war inzwischen geübt darin, diverse Sicherheitstechnik von Station und Ringen zu hacken, also kostete es mich nicht mehr ganz so viele Nerven, an den Waffenscannern vorbeizukommen. SecUnits sind darauf ausgelegt, als mobile Komponenten von SecSystems zu arbeiten, und zwar aller Sorten von SecSystems, damit die Firma uns an so viele verschiedene Klienten wie möglich vermieten kann, selbst an solche mit proprietärer Technik. Ein SecSystem lässt sich reinlegen, indem du ihm weismachst, dass du dazugehörst, und die Firma stattet uns dankenswerterweise mit allem dafür nötigen Code aus. Durch Übung und grausige Notwendigkeit war ich inzwischen richtig gut darin, ihn superschnell anzupassen.

In der Ringpassage blieb ich bei einem Automatenkiosk stehen, der Feedinterfaces für nicht augmentierte Menschen, tragbare Displayoberflächen und Speicherclips anbot. Die Clips dienten der zusätzlichen Datenspeicherung und waren ungefähr so groß wie eine Fingerspitze. Sie wurden von Menschen verwendet, die neue Systeme aufsetzen mussten oder zu Orten flogen, wo es keinen Feed gab, oder Daten dort speichern wollten, wo man über Feed nicht rankam. (Wobei die SecSystems der Firma trotzdem auf sie zugreifen konnten; Klienten versuchten manchmal, proprietäre Daten auf ihnen zu verstecken.) Ich kaufte einen Satz Clips mit meiner HardCurrencyCard. (Es war immer noch genug Geld darauf; Tapan und die anderen mussten mich richtig gut bezahlt haben.)

Auf den Privatdocks war nie so viel los wie auf den öffentlichen. Nur wenige Menschen waren unterwegs, und massenhaft

Hafenbots bewegten Fracht. Als ich den Abfertigungsbereich durchquerte, scannte ich nach Drohnen, aber es gab dort nur zwei, und die beaufsichtigten die Hafenbots. Ich fand die Schleuse des Versorgungsschiffes und pingte es an, um zu schauen, ob jemand zu Hause war. Der Botpilot pingte zurück.

Es war ein Bot von eher schlichter Funktionalität, der während der Wartezeit im Dock kaum Langeweile entwickelte und sich entsprechend wenig dafür interessierte, etwas zu tun zu bekommen. Wie die Frachtbots, denen ich begegnet war (ausgenommen Fifo), kommunizierte er in Bildern. Ja, er war ein Versorgungsschiff. Ja, er flog nach Milu, er flog da alle 47 Zyklen hin. Laut Info der Transitüberwachung sollte er mit seinem Abflug noch warten, aber er rechnete für die nächsten zwei Zyklen mit Freigabe. Als würde ich mit einer aufgezeichneten Reiseinfo reden.

Aber wie es aussah, hatte ich endlich mal Glück.

Ich ließ ihn denken, dass ich eine Befugnis des Hafenamts besaß, und forderte ihn auf, mich an Bord zu lassen, was er auch tat. Dann entfernte ich meinen Zutritt vorsichtig aus seinem Speicher. Soweit es ihn betraf, war ich schon immer an Bord gewesen. Ich tue das nicht gern, sondern verhandle mit Botpiloten lieber. Aber dieser hier war dermaßen beschränkt, dass er vermutlich gar nicht in der Lage war, eine Vereinbarung zu treffen und einzuhalten. Ich wollte vermeiden, dass er dem Hafenamt von mir erzählte, nur weil er nicht begriff, warum das keine gute Idee war.

Ich stiefelte einen kurzen Korridor zum Hauptraum runter und fand den Durchgang zum Fracht- und Versorgungslager. Es war klein, gerade groß genug für ein Kontrollpult, mit dem sich die beiden Frachtmodule einklinken und wieder lösen ließen, und die Schränke mit den Schiffsvorräten. Beide Module waren bereits eingeklinkt; wenn das Schiff also noch auf Ladung wartete, musste eins noch mal gelöst und neu beladen werden. Bei dieser Konfiguration des Mannschaftsbereichs brauchte mich das aber nicht zu interessieren.

Ich nutzte die Gelegenheit und sah mich kurz um, vor allem, weil ich ein bisschen nervös war und immer noch die programmgemäße Angewohnheit pflegte, Wachgänge zu unternehmen. Schiffs Reparaturdrohnen folgten mir, angezogen von einem sich bewegenden Objekt, wo eigentlich keins hätte sein sollen, aber ohne Anweisung von Schiff ließen sie mich in Ruhe. Privatkabinen gab es nicht, nur ein paar Kojen oben auf dem Kommandodeck an den Schotts neben der Pilotenkabine und zwei weitere in Verschlägen hinter der Verladestation, neben dem Notfall-Med-System und einem winzigen Bad. Das brauchte ich nicht, und ich war heilfroh, nicht mehr ständig so tun zu müssen, als würde ich es benutzen, damit man mich für einen Menschen hielt. Wobei ich mich durchaus daran gewöhnte, eine Menschendusche zu benutzen. Verglichen mit einem Securitybereitschaftsraum der Firma war die Unterbringung luxuriös. Ich machte es mir auf einer Koje des Kommandodecks gemütlich und sah meine neuen Medien durch.

(Schon klar, mir hätte auffallen sollen, dass der Stapel Bettwäsche und weitere Vorräte in dem einen Spind wohl nicht ohne Grund dort lagen.)

Nachdem ich einige wenige neue Serien angetestet und abgehakt hatte, startete ich eine erste Folge, die vielversprechend aussah. Sie spielte auf einer Alternativwelt mit Magie und unglaubwürdigen sprechenden Waffen. (Unglaubwürdig, weil ich ja selbst eine sprechende Waffe war und wusste, wie es den Leuten mit mir ging.)

Vielleicht zwanzig Stunden später war ich immer noch in die Serie vertieft und genoss meine menschenfreie Vergnügungsfahrt. Zum Glück spürte ich den Anstieg des Luftdrucks, als die Lebenserhaltung ansprang. (Ich brauche nicht viel Luft und kann auch jederzeit in den Winterschlafmodus wechseln, wenn sie mir ausgeht, darum reicht mir die Minimalatmosphäre auf automatisierten Schiffen völlig.)

Ich hielt die Folge an, setzte mich auf und fragte Schiff, ob gerade jemand an Bord kam. Ja, die beiden Passagiere, und das Hafenamt hatte ihm mitgeteilt, dass es jetzt die Freigabe einer Abflugzeit beantragen durfte.

Wieder einer dieser reizenden Ach-du-Kacke-Momente.

Immerhin hatte ich das Innere bereits überprüft und schon ein paar gute Verstecke im Kopf. Ich rollte mich von der Koje, dachte daran, mir meinen Rucksack zu schnappen, und sprang den vertikalen Schacht zum Frachtbereich runter. Ich knackte den am wenigsten zugänglichen Schrank und packte den Inhalt so zurecht, dass ich mich hinten hineinquetschen konnte und die Vorratspacks mich abschirmten. Ich kuschelte mich an den Botpiloten und erinnerte ihn daran, dass ich hierhergehörte und es überhaupt keinen Grund gab, mich zu erwähnen, auch nicht gegenüber den Passagieren oder dem Hafenamt. Er hatte keine Überwachungskameras (die haben Schiffe, die nicht von kommerziellen politischen Entitäten kontrolliert werden, selten), aber er hatte die Drohnen. Mit deren Scannern bekam ich, nachdem ich die von mir nicht benötigten Wartungsdaten ausgefiltert hatte, einen guten Blick auf sämtliche Innenräume.

Sechszehn Minuten später öffnete sich die Schleuse, und zwei Passagiere kamen an Bord. Zwei augmentierte Menschen trugen Gepäck und ein paar Kisten herein, die ich sofort erkannte. Damit wurden Waffen und Schutzausrüstung transportiert.

Ha. Für Kampfhandlungen wurden Bots den Menschen aus demselben Grund vorgezogen wie SecUnits für Sicherheitsaufgaben: Wenn wir Befehle nicht befolgen, kriegen wir das Hirn gegrillt. Nun gab es allerdings Abkommen zwischen diversen kommerziellen und anderen politischen Entitäten über die Verwendung von Kampfbots. (Wenngleich die offenbar alle zu umschiffen verstanden. Ein recht geläufiger Plot für nicht in Corporation Rim produzierte Serien.)

Ich belauschte die beiden Menschen mithilfe der Drohnen und über den Schiffsfeed, aber sie redeten nicht viel, sondern verstauten nur unter gelegentlichen Bemerkungen ihre Ausrüstung. Ihren Feedsignaturen entnahm ich, dass sie Wilken und Gerth hießen. Es stand nicht zu erwarten, dass sie sich darüber unterhielten, wieso sie nach Milu wollten, aber es gab andere Methoden.

Als SecUnit bestand ein Großteil meiner Arbeit darin, alles aufzuzeichnen, was meine Klienten taten und sagten, damit die Firma ein entsprechendes Datamining durchführen und alles Wertvolle verkaufen konnte. (Gute Security kostet, heißt es, und die Firma nimmt das wortwörtlich.) Die meisten Aufnahmen sind nur Müll, der wieder gelöscht wird, aber davor müssen sie analysiert und die guten Teile rausgefischt werden. Normalerweise geschieht das in Zusammenarbeit mit einem SecSystem, aber ich kann es auch alleine und habe immer noch den ganzen Code dafür. Er nahm zwar Speicherplatz ein, den ich für Medien hätte nutzen können, aber er ließ sich auch nicht auf die Schnelle ersetzen.

Während die beiden Menschen ein paar Vorratspacks aus dem Schrank holten, in dem ich nicht steckte, und es sich damit gemütlich machten, passte ich den Code der Drohnen so an, dass sie aufzeichneten. Sobald ich genug Daten gesammelt hatte, konnte ich im Hintergrund die Analyse laufen lassen.

Als Schiff abkoppelte und seinen Flug nach Milu begann, schaute ich bereits wieder meine neue Serie.

Bis Milu dauerte es zwanzig Zyklen Schiffszeit.

Ich hatte nicht damit gerechnet, dass mich das stören würde. In Transportkisten und Zellen war ich schon viel länger gewesen, und viele dieser Flüge hatten stattgefunden, bevor ich mein Chefmodul gehackt und das erste Mal Medien heruntergeladen hatte. Aber ich war es nicht mehr gewöhnt, als Fracht zu fliegen, nicht einmal mit neuen Serien, Mehrteilern und einigen Hundert Büchern zur Hand. Die Ruheröhre für Durchreisende hatte mich nicht gestört, und ich hatte mich bei drei anderen Transportflügen, darunter der mit Fifo, kaum bewegt. Ich war mir nicht sicher, warum es diesmal anders war. Na schön, vielleicht war ich mir doch sicher: In allen anderen Räumen hatte ich mich frei bewegen können, wann immer ich wollte.

Es war jedenfalls eine Riesenerleichterung, als Schiff den Anflug auf Milu meldete. Zwei Minuten später begriff ich, dass ich den Stationsfeed empfing, nur kam da nichts. Normalerweise gibt es Verkehrs- und Docking-Informationen, Meldungen zu Gefahrenstellen, Nachrichten für Reisende und so weiter, aber in diesem Fall: Fehlanzeige. Ich fragte Schiff, und es meldete, dass es hier ansonsten keinen Verkehr gab, dies aber seinen bisherigen Erfahrungen bei dieser Station entsprach. (Ich habe mal einen Mehrteiler gesehen, in dem es auf einer stillgelegten Station spukte, und klar, das war unwahrscheinlich, aber lieber fragen.)

Die Stille blieb dennoch merkwürdig beklemmend. Die Station hatte die Form eines Dreiecks und war kleiner als RaviHyral. Der Scan zeigte zwei angekoppelte Schiffe und ein paar verstreute Shuttles, ein Bruchteil ihrer Kapazität.

Schiff befand sich bereits in Koppelposition, bevor ich endlich was im Feed hörte. Die Begrüßungsnachricht klang durchaus normal, aber der Stationsindex sah aus, als wiese das Infosystem einen Anzeigefehler auf. In der Liste von Geschäften und Dienstleistern war jeder Eintrag mit einem »geschlossen/inaktiv«-Symbol versehen. Also spukte es hier zwar vielleicht nicht, aber vom Status »stillgelegt/inaktiv« waren sie nicht mehr weit entfernt.

Während ich wartete, dass Schiff ankoppelte, überprüfte ich die Ergebnisse meiner Analyse. Wilken und Gerth waren Sicherheitsberater, die von einem Erkundungsteam engagiert worden waren, das bei GoodNightLander Independent unter Vertrag stand. GI hatte die Kennzeichnung der von GrayCris aufgegebenen Terraforminganlage als »außer Betrieb« beantragt, die Traktorfeldstation in Stellung gebracht, die sie vor dem Verglühen schützen sollte, und initiierte gerade den Prozess ihrer offiziellen Übernahme. Dem Erkundungsteam oblag die Aufgabe, in die Anlage vorzudringen und einen Bericht über ihren Zustand zu erstellen.

Es war genau die Sorte Auftrag, für die Finanzierungsgesellschaften SecUnits anbieten; ich war für exakt solche Aufträge öfter eingesetzt worden, als ich noch gespeichert hatte. Aber

Wilkens und Gerths Gesprächen während der vergangenen zwanzig Zyklen war eindeutig zu entnehmen, dass es keine Finanzierungsgesellschaft und keine SecUnits gab. Ich versuchte, es nicht persönlich zu nehmen.

(Wäre eine Finanzierungsgesellschaft mit SecUnits involviert gewesen, hätte ich meine Aktion an dieser Stelle abbrechen müssen … was auch immer das für eine Aktion werden sollte. Meine geänderte Konfiguration täuschte vielleicht Scanner, nicht aber andere SecUnits, und jede Einheit, die mich bemerkte, würde es sofort ihrem HabSystem melden. Ich hätte mich definitiv gemeldet. Freidrehende SecUnits sind scheißgefährlich, das können Sie mir glauben.)

Während ich auf das Ende des Kopplungsvorgangs wartete, überlegte ich mir, dass die dumpfen Geräusche kleinere Bewegungen doch bestimmt übertönten. Ich nahm meinen Rucksack, löste an meinem rechten Arm die Haut, wo sie an der Energiewaffe anlag, und schob sämtliche gekauften Speicherclips darunter. Es fühlte sich fremdartig und vollgestopft an, aber daran würde ich mich gewöhnen. Ich hatte vor, den Rucksack im Schrank zurückzulassen.

Schließlich sammelten Wilken und Gerth ihre Ausrüstung zusammen und stiegen durch die Luftschleuse in die Station. Als ich den Schrank verließ, hackte ich mich über den öffentlichen Feed ins Sicherheitssystem der Station. Die meisten Kameras waren inaktiv und die Scanner ausschließlich auf Umweltsicherheit und Schadenserkennung eingestellt. Die machten sich hier mehr Sorgen darüber, dass ihre Technik ausfiel, als über Diebstahl und Sabotage, aber das lag vielleicht daran, dass es kaum Leute gab.

Ich räumte den Schrank auf und vergewisserte mich, dass ich keine Spuren meiner Anwesenheit hinterlassen hatte, dann stöberte ich kurz nach Sachen, die die Menschen vielleicht zurückgelassen hatten. Pech. Ich zögerte und dachte an Schiffs Drohnen. Drohnen wären schön, wenn ich nur auf wenige Kameras zugreifen konnte. Aber die Reparaturdrohnen waren viel größer als die, mit denen ich sonst arbeitete, weil die kleinen Arme und Hände reinpassen mussten, die sie für die Wartung brauchten. Da lohnte es sich nicht, sie ihm wegzunehmen.

Ich kümmerte mich noch um ein paar Kleinigkeiten. Ich sorgte dafür, dass Schiff sich im Hafenplan mit »Wartungsarbeiten« kennzeichnete und ließ es denken, dass es für den Abflug meine Freigabe brauchte. Da es sich selbst genügte und seine Firma in diesem System nicht mal einen Kiosk betrieb, glaubte ich nicht, dass irgendjemand sich die Mühe machen würde, nach ihm zu sehen, solange es seinen Termin nicht um mehr als einige wenige Zyklen überzog. Bei einer derart spärlichen Menge an Schiffen vor Ort wollte ich vermeiden, hier hängenzubleiben.

Als ich aus der Schleuse trat, war der Abfertigungsbereich leer. Die karge Beleuchtung ließ viele Schatten, die jedoch die Schrammen und Flecken auf den großen Bodenplatten nicht verbargen. Ein einsames Einwickelpapier trieb im Wind der Luftversorgung dahin, anscheinend war auch die Putzkolonne abgestellt. Nirgendwo Drohnen, nirgendwo Hafenbots. Draußen luden gerade zwei große botgesteuerte Kräne Schiffs Frachtmodule für den Zoll aus, und ich war froh, dass ich sie da draußen rumpeln hörte und im fast stummen Feed ihre kurzen gegenseitigen Meldungen mitbekam. Ich bewege mich nur ungern durch Hallen voller Menschen, die mich anstarren und Blickkontakt herstellen, aber das Gegenteil war befremdlicherweise genauso gruselig.

Ich fand Gerth und Wilken mit einer der wenigen arbeitenden Überwachungskameras und folgte ihnen. Sie gingen gerade die Abfertigungshalle runter, nicht rauf zu den Wohnebenen. Im Feed gab es keine Infokarte für Touristen, aber durch das Hacken der Kameras besaß ich Zugang zum Wartungssystem der Station und holte mir von dort eine schematische Darstellung. Sämtliche nicht absolut zum Betrieb der Station notwendigen Bereiche waren abgeschaltet. Ich fragte mich, ob der Antrag von GI auf Wiederinbetriebnahme hier oben in der Transitstation begrüßt wurde. Mir gefiel dieser Ort schon jetzt nicht, und ich musste hier nicht mal leben.

Ich habe meinen Code, mit dem ich Kameras anhalten und mich aus ihrem Speicher löschen kann, schon unter viel schwierigeren Umständen verwendet und passte ihn nun an das proprietäre Sicherheitssystem der Station an. Aber eigentlich war die größte Gefahr, dass mich ein Mensch weiter unten im Terminal sah und dachte: *He, wer ist das denn?* Zum Glück lag die Station größtenteils dunkel da.

Ich folgte Wilken und Gerth zum Ende der Abfertigungshalle und dann laut Karte die Rampe zum Hafenamt und zur Cargo-Leitzentrale hinauf.

Als ich die Schleusenverbindung am Kopf der Rampe passierte, poppte direkt vor mir etwas Grellbuntes auf, und ich hätte fast laut aufgeschrien. Es war eine Anzeige für einen Spediteur; projiziert durch eine Fußbodenfarbe, die auf Bewegungen reagierte. Sie warf auch ein kleines Video in den Feed, weil ich das glühende Etwas vor meinem Gesicht vielleicht hätte übersehen können. Normalerweise werden diese Leuchtfarben nur für Notfallanweisungen verwendet, weil sie auch ohne Strom funktionieren. Dass sie auch zur Werbung eingesetzt wurden, war mir neu. Warnmarkierungen sollten während eines Stromausfalls schließlich leicht zu sehen sein. Es war schon ohne Werbung schwer genug, dumme Menschen die Rettungswege entlang zu leiten …

Ich ermahnte mich, dass ich nicht mehr dafür zuständig war, Menschen in Sicherheit zu bringen.

Trotzdem konnte ich diese Art Reklame nicht ausstehen.

Ich überprüfte aufs Neue die Kameras. Wilken und Gerth hatten im Hafenamt Hinweise auf Leben gefunden. Sie standen vor einem dreistöckigen Bürogebäude mit Blasenfenstern am Rand eines plazaartigen Bereichs, der eigentlich das Einkaufszentrum der Station hätte sein müssen. Unter der Decke bogen sich ein paar Verkehrsröhren, in der Mitte schwebte ein großes kugelförmiges Display, das auf Stand-by lief. Der Platz war oben von mehreren Etagen dunkler Fensterreihen und unten von einer leeren Ladenzeile umgeben, in die Cafés, Hoteleingänge, Frachtagenturen, Vertriebsstellen, Reparaturwerkstätten und so weiter gehört hätten. Vieles war offenbar unfertig und nie bezogen worden, der Rest hatte zugemacht und nichts hinterlassen als ein paar verstreute Displayoberflächen.

Ich wandte mich in einen Korridor, der von dem Bereich um das Hafenamt in den Hauptwohnblock geführt hätte, wenn es einen gegeben hätte. Ich bewegte mich durch fast vollständige Dunkelheit, bis ich ein leeres Kabuff fand, das für irgendetwas vorbereitet worden war, das nie jemand installiert hatte, und hineinschlüpfte. Nun konnte ich die Kameras im Blick behalten, ohne dass mich irgendwelches herumlaufendes Stationspersonal sah. Eine Wartungs-/Waffenscanner-Drohne streifte meinen Feed, und ich griff zu und übernahm sie. Sie befand sich auf lustloser Patrouille rund um das Hafenamt und lieferte mir bessere Blickwinkel und Audiomitschnitte als die fest installierte Überwachungskamera.

Wilken und Gerth redeten gerade mit zwei neu hinzugekommenen Menschen. Ein humanoider Bot stand auch noch dabei. Ich hatte schon eine ganze Weile keinen mehr in echt gesehen, nur im Entertainmentfeed. Sie sind in Corporation Rim wenig gefragt, weil ein spezialisierter Bot die meisten Aufgaben besser bewältigen kann, und an Orten mit Feed löst ihre Fähigkeit zur Speicherung und Verarbeitung von Daten auch nicht gerade Begeisterungsstürme aus. Im Gegensatz zu Konstrukten besitzen sie kein geklontes menschliches Gewebe, also sind es eigentlich nur nackte Botkörper aus Metall, welche schwere Lasten heben können, aber das kann ein Hafenbot oder sonst irgendein Ladekran besser.

In manchen Unterhaltungsmedien werden sie zur Darstellung der bösen freidrehenden SecUnits eingesetzt, von denen sich die Hauptfiguren bedroht sehen. Nicht dass mich das ärgerte oder so. Es war sogar gut, weil Menschen, die nie mit SecUnits gearbeitet hatten, dadurch davon ausgingen, dass wir wie humanoide Bots aussahen und uns nicht gleich als Konstrukte erkannten. Es ärgerte mich überhaupt nicht. Kein bisschen.

Ich war so damit beschäftigt gewesen, mich nicht ärgern zu lassen, dass ich den Feed der Drohne ein Stück zurücklaufen lassen musste. Der eine neue Mensch sagte: »Ich bin Don Abene.« Die Frau deutete zu dem anderen neuen Menschen. »Das ist meine Kollegin Hirune und das unser Assistent Miki.« Sie zögerte. »Hatte die Agentur Zeit, Sie einzuweisen?«

»Es hieß, Sie brauchen zwei Bodyguards.« Wilken warf einen Blick zu Miki. Der Bot stand da, den Kopf geneigt, und starrte sie aus großen kugelförmigen Augen an. Es war – um es milde auszudrücken – nicht üblich, dass ein Mensch einen Bot vorstellte. Gerth sah aus, als hätte sie Mühe, ihre professionelle ausdruckslose Miene zu bewahren. Wilken fuhr fort. »Sie wollen hinunter zur Terraforminganlage, um ein Erstgutachten zu erstellen, und Ihre Finanzierungsvereinbarung mit GoodNightLander Independent schreibt ein Securityteam vor.«

Abene nickte. »Ich hoffe, wir werden Sie gar nicht benötigen. Aber das Unternehmen, das die Anlage aufgegeben hat, hat auch die Satellitenüberwachung eingestellt, und seit der Außerbetriebnahme ist niemand mehr dort drin gewesen. Wir gehen davon aus, dass die Anlage verlassen ist, aber es lässt sich nicht mit Sicherheit sagen.«

»Die Agentur meinte, es gibt ein potenzielles Problem«, sagte Gerth. »Der Terraformingschild verhindert jeden Scan von außen?«

»Ja«, antwortete Hirune. »Wir wissen, dass die Anlage stabil ist, weil GI sie in einem Traktorfeld hält, aber mehr auch nicht. Das Hafenamt passt nebenbei darauf auf, nur verfügt es nicht über Patrouillenschiffe.«

Sie wollte damit sagen, dass sich womöglich Plünderer in der Anlage eingenistet hatten. Allerdings waren es dann keine sonderlich kompetenten Plünderer, weil sie die Transitstation links liegen gelassen hatten. Außerdem neigen Plünderer eher dazu, ihre Aktion durchzuziehen und wieder abzuhauen, anstatt in einer zerfallenden Terraforminganlage zu hausen.

Tatsächlich sagte mir meine Erfahrung im Sicherheitsgewerbe, dass Leute, die in einer zerfallenden Terraforminganlage leben wollten, deutlich mehr Grund zur Sorge lieferten als Plünderer.

Gerth und Wilken wechselten einen Blick. Vielleicht war ihnen derselbe Gedanke gekommen. Wilken fragte: »Besteht die Möglichkeit, dass sich noch aktive Organismen in der Anlage befunden haben, als sie aufgegeben wurde?«

»Sämtliche biologische Matrix müsste vor dem Abzug der Belegschaft versiegelt und wahrscheinlich auch zerstört worden sein«, sagte Hirune. Sie machte eine Geste, als würde sie etwas wegschnipsen. »Und auch dann, wenn dies nicht der Fall sein sollte, besteht nur eine äußerst geringe Wahrscheinlichkeit, dass daraus irgendeine gefährliche Kontamination der Luft entstanden ist.«

Wilkens Miene blieb berufsmäßig kühl, aber sie hakte nach. »Ich meinte etwas anderes als Bakterien. Irgendwelche Organismen, die groß genug wären, um eine körperliche Bedrohung darzustellen?«

Tja, also wusste selbst ich mehr über Terraforming als diese beiden.

Hirunes Gesicht zeigte jetzt diesen leeren, schmallippigen Ausdruck, den ich mit Menschen verband, die ihre Gedanken für sich behalten wollten, vor allem den Gedanken, dass jemand unabsichtlich etwas richtig Hirnrissiges gesagt hatte. (Deshalb war es mir so schwergefallen, meinen Panzer aufzugeben; das Verbergen der eigenen Gesichtsausdrücke bekamen nicht einmal Menschen problemlos hin.)

Don Abenes Augen bekamen Fältchen, aber sie bog es so hin, als würden Wilken und sie sich einfach zwanglos unterhalten.

»Diese Matrix funktioniert nicht mit Organismen, die größer als Bakterien sind. Und es gäbe wirklich keinen Grund, irgendwelche größeren Organismen von der Oberfläche rauf zur Anlage zu bringen. Wir wissen natürlich nicht, ob sie es nicht doch gemacht haben. Von daher ist es angemessen, vorsichtig zu sein.«

Wilken war damit zufrieden oder stellte jedenfalls keine weiteren Fragen mehr. Irgendwie leuchtete es auch ein. Wer in der Sicherheitsberatung arbeitet, muss skeptisch gegenüber den Versicherungen der Klienten sein, dass alles in Ordnung ist. (Die Klienten von SecUnits jedenfalls versichern sich ständig nur gegenseitig, dass alles schick ist, während du an die Wand starrst und darauf wartest, dass alles grässlich aus dem Ruder läuft.)

Abene und Hirune gingen mit den Sicherheitsberaterinnen zum Hafenamt, wo sie beim Rumpfteam der Station untergebracht waren. Sie redeten von einer richtigen Lagebesprechung, Teamvorbereitungen und einer Abreise in sechzehn Stunden. Miki, der humanoide Bot, zockelte hinterher, dann blieb er stehen. Er wandte sich um und sah zu der Drohne hoch, die ich steuerte. Er stellte den Kopf schief, und ich spürte, dass er sich auf die Kamera konzentrierte.

Ich ließ die Drohne los und löschte vorher rasch ihre Erinnerung an die Übernahme. Verwirrt schickte sie eine Abfrage zur Neuorientierung ans Hafensystem und flog zu ihrer Patrouillenroute davon.

Miki bewegte sich nicht und starrte weiterhin mit der undurchsichtigen Oberfläche seiner Augen in die Dunkelheit. Der Feed war sauber, von meiner Anwesenheit konnte der Bot nichts wissen.

Dann schickte er ein ungerichtetes Ping. Nur einen Ruf ins

Dunkle, um zu sehen, ob da draußen jemand war, der antworten wollte.

Ich überprüfte mich auf Lecksignale, verstärkte meine Walls und ermahnte mich, vorsichtiger zu sein. Nur weil der Stationsfeed stumm war, hieß das nicht, dass niemand lauschte. Das GI-Team ließ seinen Feed sicher über die mitgebrachte Systemausrüstung laufen, aber bei der Stationsbesatzung erteilte jemand den Botkränen Befehle und sah sich vielleicht auch weiterhin die Sicherheitsmeldungen an.

Aufgrund der herrschenden Stille hatte Miki vielleicht mein versehentliches Auslösen der Werbeleuchtfarbe mitbekommen. Oder er hatte ein Flüstern im ansonsten leeren Feed gehört, und diese Vorstellung war so gruselig, dass mir ganz anders wurde. Schließlich wandte er sich ab und folgte seiner Besitzerin in den Komplex des Hafenamts.

Ich schlüpfte aus dem Kabuff und ging den dunklen Korridor hinab, um mir ein besseres Versteck zu suchen.

Ich schlich durch Wartungsgänge und Ladezonen und gelangte in ein leer stehendes Ladengeschäft, das nicht weit vom Hafenamt entfernt lag. Nach einiger sorgfältiger Arbeit gelang es mir, das Bild der beiden Überwachungskameras in den Büros des Hafenamts zu bekommen. Jawohl, der beiden. Es war seltsam, unter Menschen zu sein, die nicht konstant alles, was die Leute trieben, mit Sec- oder HabSystems oder Drohnen überwachten, sondern sich auf menschliches Aufsichtspersonal verließen. Die Kameras befanden sich in der Verkehrsleitung des Hafens und in einem behelfsmäßig wirkenden Raum, der als Stationszentrale diente – beide an Orten, über die man sofort Bescheid wissen musste, wenn etwas schiefging; mit anderen Worten, nicht in der Kantine, auf dem Klo oder in den Wohnbereichen. Es hatte fast den Anschein, als ob sich hier niemand dafür interessierte, was die Leute sagten oder taten, solange sie nicht versuchten, die Station in die Luft zu jagen oder die Botkräne zu schrotten. (Da ich inzwischen mehrere Tausend Stunden Bildmaterial von Menschen analysiert und gelöscht hatte, die aßen, Sex hatten, Körperpflege betrieben und überschüssige Körperflüssigkeiten ausschieden, war das eine Erleichterung, aber trotzdem.)

Zum Glück gingen das GI-Team und die Stationsbesatzung ziemlich entspannt miteinander um; so konnte ich der Kommunikation problemlos entnehmen, dass es für eine Ersteinschätzung der Anlage gerade mal zwölf Stunden vor Ort sein wollte, um dann für Analysen zur Transitstation zurückzukehren und nach einer Ruheperiode wieder runterzudüsen. Das klang perfekt. Zwölf Stunden sollten absolut reichen, um zu finden, was ich suchte.

Außerdem erfuhr ich, von welchem Platz im Dock ihr Schiff ablegen würde und wann sie ihre Ausrüstung an Bord bringen wollten. Trotzdem brauchte ich immer noch Unterstützung, um ins Schiff zu gelangen. Wo es wenig bis gar keine aktiven Systeme gab, über die ich das hätte zustande bringen können, blieb mir keine andere Wahl.

Ich musste mich mit dem blöden Spielroboter anfreunden.

Hi, Miki.

Er antwortete sofort. *Hi! Wer bist du?*

Ich benutzte die Adresse, von der Miki den Ping geschickt hatte, um eine sichere Verbindung aufzubauen. Abene und die anderen hatten ihre Vorbereitungen abgeschlossen und legten vor dem Abflug zur Terraforminganlage noch eine Ruheperiode ein. Damit blieben mir noch drei Stunden, um den Roboter zu überreden. Ich rechnete nicht damit, dass es so lange dauern würde.

Ich bin zusätzliche Security. GoodNightLander Independent hat meine Firma beauftragt, sicherzustellen, dass dein Team seine Mission gefahrlos beenden kann. Er versuchte, Abene über Feed zu erreichen, aber ich fing die Nachricht ab. *Du darfst niemandem sagen, dass ich hier bin.* Ich rechnete damit, dass er mich fragte, wie ich es geschafft hatte, seinen Feed zu übernehmen und wie ich auf die Station gekommen war. Ich bildete mir ein, die meisten Fragen antizipiert zu haben, und hatte meine Antworten parat.

Er fragte: *Aber wieso denn nicht? Ich erzähle Don Abene immer alles. Sie ist meine Freundin.*

Ihn als Spielroboter zu bezeichnen hatte ehrlich gesagt eine Übertreibung sein sollen. Das versprach tatsächlich noch nerviger zu werden als erwartet, und ich hatte einen ziemlich hohen Grad an Genervtheit erwartet, sagen wir 85 Prozent. Jetzt sah ich schon 90 Prozent, vielleicht 95.

Es gelang mir, meine Reaktion aus dem Feed rauszuhalten. Leicht war das nicht. *Das muss ein Geheimnis bleiben, damit ich Don Abene und die anderen vor Gefahren bewahren kann. Wir dürfen es nicht riskieren, dass jemand davon erfährt*, sagte ich.

Okay, sagte er. Ich war mir nicht sicher, ob er es ernst meinte. So einfach konnte es nicht gehen. Vielleicht spielte er nur mit, bis er eine Gelegenheit bekam, mich zu melden? Aber dann sagte er: *Versprich mir, dass Don Abene und allen meinen Freunden nichts passiert.*

Zu meinem Entsetzen schien er das ernst zu meinen. Ich hatte nicht mit einem Bot von Fifos Niveau gerechnet, aber … heilige Scheiße. Hatten die Menschen ihn tatsächlich so naiv oder meinetwegen spielzeughaft programmiert? Oder hatte sich sein Programm von allein so entwickelt, als Reaktion auf seine Behandlung?

Ich zögerte, weil ich zwar durchaus nicht (schon wieder) miterleben wollte, wie eine Gruppe Menschen getötet wurde, aber ich war auch nicht ihre SecUnit und nicht einmal ihr vorgeblich augmentierter menschlicher Sicherheitsberater. Es ist schwer, Menschen vor Gefahren zu bewahren, wenn sie dich dabei nicht sehen dürfen. Aber Miki wartete, und ich wollte, dass er mir vertraute, also sagte ich: *Versprochen.*

Okay. Wie heißt du?

Das erwischte mich unvorbereitet. Bots haben keine Namen, SecUnits auch nicht. (Ich hatte mir einen Namen gegeben, aber der war geheim.) Ich griff auf den Namen zurück, den ich Ayres und den anderen genannt hatte, meinen armen Blödmenschen, die sich selbst an einen Konzern verkauft hatten und inzwischen wohl begriffen, wie schlecht dieser Deal wirklich war. *Rin. Officer Rin.*

Das ist nicht dein richtiger Name. Ich spürte über Feed, dass er zutiefst verwirrt war. *Der klingt gar nicht nach dir.*

Offensichtlich bekam Miki mehr über Feed mit als vermutet. Das hatte mir gerade noch gefehlt. Wer rechnet schon mit so was? Ich hatte definitiv nichts im Puffer, das auch nur ansatzweise helfen konnte. Ich wechselte zu defaultmäßiger Ehrlichkeit (schon klar, hat mich selber verblüfft) und sagte: *Du kannst Rin zu mir sagen. Meinen richtigen Namen verrate ich nicht.*

Okay. Das verstehe ich, Rin. Ich werde niemandem verraten, dass du hier bist. Ich werde dein Freund sein und Don Abene und unserem Team helfen.

Gut. (Fast hätte ich »Okay« gesagt.) Es ließ sich schwer einschätzen, ob das eine voreingestellte Antwort war oder Miki mir ein feierliches Versprechen gegeben hatte. Jedenfalls erzählte er den Menschen entweder von mir oder nicht, und wenn ich diese Sache hier durchziehen wollte, musste ich von Letzterem ausgehen. *Kannst du mir Systemzugang zu eurem Shuttle geben? Ich möchte jedes Risiko ausschließen.*

Okay. Und schon kamen über Feed die Daten.

Was sie ein Shuttle nannten, war eigentlich ein Naherkunder/Transitschiff mit zwei Ebenen Wohnquartieren für die Crew und einem Laderaum, der zum Biolabor umgebaut worden war. Dem Schiff fehlte der Antrieb für einen Wurmlochdurchgang, aber es konnte sich durch das komplette System bewegen. Kein Botpilot, nur das minimale Autopilotsystem, das ich eher von atmosphäregebundenen Fahrzeugen kannte. Nicht gerade hilfreich, wenn alle, die sich mit den komplizierteren Funktionen des Schiffes auskannten, verletzt oder tot waren. Andererseits konnte man ihm keine Killware rüberschießen, wenn es keinen Botpiloten zum Killen gab.

Über ein unabhängiges SecSystem verfügte das Shuttle auch nicht. Ich hatte in einigen Medien über Gebiete außerhalb des Corporation Rim gesehen, dass innere Sicherheit dort keine ausgeprägte Rolle spielte und der Schwerpunkt eher auf potenziellen Bedrohungen von außen lag als darauf, die eigenen Leute im Griff zu behalten. Das hatte ich mir zwar nicht vorstellen können, doch es deckte sich mit dem mangelnden Interesse an der Überwachung der Stationsbelegschaft in ihren privaten Unterkünften. Und auch mit dem Verhalten meiner Klienten aus Preservation-Aux. Ich fragte mich, wie es sich in Preservation wohl lebte, aber diese Überlegung drückte ich lieber weg. Wahrscheinlich war es dort stinklangweilig, und als SecUnit wurdest du nur angeglotzt wie überall woanders auch.

Miki verschaffte mir uneingeschränkten Zugang, also unternahm ich mithilfe seiner Erinnerungen an vorherige Flüge eine kleine Besichtigungstour. Es war ein angenehmes Shuttle, viel angenehmer als alles, was die Firma gestellt hätte; selbst die Polster waren sauber und in Schuss. Auch das zeigte wieder, wie ernst es GI mit ihrer Wiederinbetriebnahme meinten; es musste im Modulbauch eines großen Frachters hergekommen sein oder im Schlepptau eines engagierten Versorgungstransporters wie Schiff.

Ich musste auf Mikis internem Feed mitgucken, wie Fifo das auch bei mir getan hatte, abgesehen davon, dass ich es im Gegensatz zu Fifo nicht über die Distanz zwischen einer Transitstation und einer Planetenoberfläche machen konnte. Das Gute daran war, dass es jede Menge Verstecke an Bord des Shuttles gab und ich mich nicht mal in einen Schrank zwängen musste. Das Schlechte daran war, dass ich nicht auf Systeme zugreifen konnte und keine anderen Augen und Ohren hatte außer Mikis.

Jawohl, ich war begeistert.

Miki, ich brauche deine Systeme, um auf deine … Fast hätte ich »Klienten« gesagt. Erst nach fast einer ganzen Sekunde brachte ich das Wort heraus, das Miki gern hören wollte. … *deine Freunde aufzupassen. Du musst als meine Kamera fungieren und mich deine Scanfunktion benutzen lassen. Manchmal muss ich vielleicht durch dich sprechen und so tun, als wäre ich du, damit ich Don Abene und deine*

Freunde vor möglichen Gefahren warnen kann. Könntest du das für mich tun?

Mit dem bereits gewährten Zugang konnte ich Miki natürlich auch übernehmen, alles erledigen und das Ganze dann wieder aus seinem Speicher löschen. So hatte ich es mit Schiff gemacht, aber bei einem eher simplen Bot, der kaum Persönlichkeit entwickelt hatte, war das völlig egal gewesen. So etwas Miki anzutun … Andererseits hatte ich keine Ahnung, was ich anstellen sollte, wenn er ablehnte.

Okay, Officer Rin, ich mache das, sagte Miki. *Es klingt gruselig, aber ich will sicherstellen, dass niemand meinen Freunden etwas antut.*

Das ging mir dann doch zu glatt. Ich vermutete schon fast eine Falle. Oder … *Miki, hast du Anweisung, jede Abfrage mit Ja zu beantworten?*

Nein, Officer Rin, sagte Miki und fügte hinzu: *Amüsiertheitszeichen 376 = smile.*

Oder bei Miki handelte es sich um einen Bot, der noch nie misshandelt oder belogen oder anders als mit freundlicher Nachsicht behandelt worden war. Er glaubte wirklich, dass Menschen seine Freunde waren, weil sie ihn entsprechend behandelten.

Ich schickte Miki ein Pausenzeichen. Ich brauchte dringend einen Moment für mich allein. Wegen meiner Gefühle.

20

Ich gelangte über den Versorgungsweg für Lastenbots durch die baufällige Passage und wieder runter zum Abfertigungsbereich. Das Shuttle war in der Nähe des Hafenamts angekoppelt, und dort gab es zum Glück eine funktionierende Überwachungskamera. Ich bekam einen Blick auf die Umgebung und konnte sehen, wann die Bahn frei war. Aus Mikis Feed wusste ich, dass zwei Besatzungsmitglieder oben auf dem Kommandodeck eine Vorflugkontrolle durchführten und die anderen noch in ihrem Laborraum auf der Station die letzte Checkliste durchgingen.

Ich hielt den Feed der Kamera gerade lang genug an, um durch das Halbdunkel des Abfertigungsbereichs zur Schleuse zu rennen. Ich übermittelte den Zutrittscode, den Miki geliefert hatte. Die Schleuse öffnete sich und hauchte mir wiederaufbereitete Luft entgegen, die laut Scan deutlich sauberer war als die Stationsluft. Sie roch auch besser. Ich trat ein, ließ die Schleuse zumachen und löschte meinen Eintrag aus dem Protokoll.

Über Mikis Feedverbindung lauschte ich nach dem menschlichen Erkundungsteam. Kader, der eine der beiden augmentierten Piloten oben im Cockpit des Shuttles, fragte gerade: *Hirune, bist du das?*

Hirune erwiderte: *Was? Ich bin immer noch im Hafenamt. Wir kommen gleich.*

Komisch, ich dachte, ich hätte die Schleuse gehört.

Im Protokoll steht nichts davon, sagte die andere Pilotin, Vibol. *Ich glaube, du hast dich verhört.*

Jetzt muss ich nachsehen und dir das Gegenteil beweisen, antwortete Kader ihr.

Ich befand mich bereits im Gang zum Arbeitsbereich hinter den Biolaboren und auf dem Weg zum Lager. Dort gab es einen Stellplatz für einen bordeigenen Lastenbot, aber nach der Umwandlung des Laderaums in Labore war der Bot vom Schiff geschafft worden. Die Nische war geräumiger als der Vorratsschrank von Schiff neulich, und ich konnte zwar nicht die Beine ausstrecken, aber immerhin auf dem Boden sitzen und mich an die Wand lehnen. Strecken musste ich mich sowieso nie, von daher war es nett. Außerdem war es stockdunkel, aber mit einem lebhaften Feed im Kopf stellte mich das nicht vor Probleme.

Miki fragte: *Alles okay, Officer Rin?*

Ich vergewisserte mich noch einmal, dass die Verbindung sicher war, also die Menschen nichts hören und die augmentierten Menschen kein Echo auffangen konnten. So war es auch, schließlich hatte ich die Kontrolle über Mikis Feed, aber ich würde es wahrscheinlich trotzdem jedes Mal überprüfen, wenn er mit mir redete, weil das eben genau die Abläufe waren, die mich ausmachten. *Mir geht's prima. Du kannst Rin zu mir sagen.* Das nervte nicht ganz so sehr wie »Officer Rin«. Die Anrede hatte mich zwar kaum gestört, als sie von Ayres und den anderen gekommen war, aber … Keine Ahnung, gerade nervte mich alles, und ich wusste nicht mal, wieso.

Okay, Rin!, sagte Miki. *Wir sind Freunde, und Freunde reden einander mit dem Namen an.*

Vielleicht wusste ich ja doch, wieso.

Ich sah durch Mikis Augen zu, wie er den Menschen dabei half, die letzten Ausrüstungsgegenstände und Verbrauchsmaterialien für die Tests hier herunter zu bringen. Sie schafften alles durch die Luftschleuse und verstauten es. Ihren Gesprächen im Feed nach zu urteilen freuten sie sich, endlich loszufliegen. Das Forschungsteam bestand aus vier, die Shuttlebesatzung aus zwei Leuten, alles langjährige Angestellte von GoodNightLander Independent, die schon früher zusammengearbeitet hatten und heilfroh waren, dass endlich ihre Security eingetroffen war. An einer Stelle ergriff Don Abene den Roboter bei den Armen und lächelte in seine Kamera. Zum Glück hatte ich keinen Versuch unternommen, Mikis Bewegungen zu kontrollieren, denn meine Abscheu war so plötzlich und instinktiv, dass ich mit dem Kopf an die Wand meines Stellplatzes knallte.

(Eine SecUnit fasst niemand je an. Dass das ein Vorteil war, begriff ich erst jetzt.)

Ich bin immer noch nicht gut darin, vom Aussehen eines Menschen auf sein Alter zu schließen. Don Abenes warme braune Haut wies an den Mundwinkeln und Augen Fältchen auf, und ihre langen dunklen Haare waren von weißen Strähnen durchzogen, aber dabei konnte es sich auch um eine kosmetische Entscheidung handeln. Sie lachte, und die Fältchen an ihren dunklen Augen vertieften sich. »Endlich geht es los, Miki!«

»Hurra!«, sagte Miki, und da ich mich in seinem Feed befand, wusste ich, dass er es ernst meinte.

Er half Hirune dabei, die Schutzanzüge zu verstauen, dann

dackelte er defaultmäßig hinter seinen Menschenfreunden her, während sie ihre jeweiligen Arbeitsplätze herrichteten. Ich schlug Miki vor, den Laborraum zu verlassen und rüber zum Lager zu gehen, wo Wilken und Gerth ihre Ausrüstung auspackten. Miki besaß keinen annähernd so empfindlichen Waffenscanner wie ich, aber dafür arbeitete seine Optik mit Vergrößerungen, über die ich nicht verfügte. (Das war einer der Unterschiede zwischen einer SecUnit und einem Bot, der einem Forschungsteam assistierte.)

Ich bat ihn, einen guten Blick auf die Kisten zu werfen, welche die beiden Sicherheitsberaterinnen gerade auspackten, und er lieferte mir eine Nahaufnahme, wobei er das Bild in verschiedene Blickwinkel teilte, während Gerth ihre Kiste in den Schrank wuchtete. Das hatte ich an Bord von Schiff auch tun wollen, aber da hatten sie ihre Ausrüstung zu schnell verstaut, und sie durch eine Drohne inspizieren zu lassen hätte wohl unerwünschte Aufmerksamkeit auf sich gezogen. Gerth warf einen Blick auf Miki, schob die Kiste zurecht und fragte: »Was schaust du denn so?«

Ich sprang ihm bei. *Sag »Don Abene lässt fragen, ob Sie meine Hilfe beim Verstauen Ihrer Ausrüstung benötigen«.*

Miki stellte den Kopf schief und wiederholte es Wort für Wort so treudoof, wie nur ein treudoofer Bot es hinbekommt.

Gerth lächelte leicht. »Nein danke, kleiner Bot.« Wilken lachte glucksend.

»Kleiner Bot«, echt jetzt? (Irgendwo musste es doch einen guten Mittelweg dazwischen geben, als schreckliche Mordmaschine behandelt oder infantilisiert zu werden.) Ich schickte Miki wieder zu seinen Freunden. Während er sich den Gang hinunter zurückzog, fragte er: *Rin, wieso wollen sie nicht, dass wir ihre Kisten sehen?*

Nicht alle sehen es gern, dass ein Spielroboter seinen Scanner in ihre Angelegenheiten steckt, aber ich war abgelenkt und sagte nur: *Weiß auch nicht so genau.* Den Umrissen nach enthielten die Kisten Waffen, Munition und zwei selbstanpassende High-End-Panzer, wie ich sie bis jetzt nur in den Medien gesehen hatte. Die Firma hat uns nie mit so tollen Panzern ausgerüstet, wobei uns, zu ihrer Verteidigung, die Panzer auch regelmäßig vom Leib gesprengt wurden. Keine Drohnen, aber Menschen sind auch nicht gut mit Securitydrohnen; zu ihrer Steuerung braucht es mehrspurige Verarbeitung, und damit kommen die meisten Menschen ohne aufwendige Augmentierung nicht klar. Aber auch ohne Drohnen erweckten die beiden den Eindruck, dass sie auf alles vorbereitet waren. *Vielleicht ohne Grund.*

Ich versuchte zu entscheiden, ob ich die Gelegenheit ergreifen sollte, irgendetwas zu klauen, falls sich besagte Gelegenheit ergab. Der selbstanpassende Panzer verlockte mich unglaublich und würde nach ein paar kleinen Veränderungen am Code sogar noch besser sein. Aber es war schon so Arbeit genug, an Waffenscannern vorbeizukommen; wenn ich dazu noch etwas derart Klobiges anhatte, erhöhte ich bloß die Wahrscheinlichkeit, erwischt zu werden.

Miki ging rauf zum Mannschaftsbereich unter dem Kommandodeck, wo Abene und Hirune mit Brais und Ejiro zusammensaßen. Kader und Vibol waren gleich über ihnen im Cockpit. Die Menschen hatten ein paar Arbeitsstühle zu der geschwungenen Couch herumgedreht und betrachteten eine mitten im Raum schwebende, kugelförmige Displayoberfläche. Den angezeigten Übersichtskarten nach zu urteilen sahen sie sich gerade eine projektierte Route durch die Anlage an. Ich tastete vorsichtig in ihren individuellen Feeds herum, als Abene auf den Sitzplatz neben sich klopfte. »Setz dich, Miki.«

Miki setzte sich neben sie auf die Couch, und keiner der anderen Menschen reagierte. Es war offenbar völlig normal.

»Freust du dich schon darauf, das Innere der Anlage zu sehen, Miki?«, fragte Hirune und kippte die Risszeichnung in einem anderen Winkel. »Ich habe es satt, mir nur Karten davon anzusehen.«

»Ich freue mich schon!«, plapperte Miki nach. »Wir machen eine gute Erkundung, und dann bekommen wir eine neue Erkundung.«

Ejiro lachte. »Hoffentlich ist es so einfach.«

Brais sagte: »Einfach oder schwer ist doch egal, Hauptsache, wir tun mal was! Miki hatte bestimmt langsam keine Lust mehr, eine Partie Mus nach der anderen mit uns zu spielen.«

»Ich mag Spiele«, sagte Miki. »Ich würde die ganze Zeit spielen, wenn wir könnten.«

Ich musste mich in mein dunkles Kabuff zurückziehen. Schon wieder wegen Gefühlen. Gefühlen der Wut.

Vor meinem Kauf durch Dr. Mensah hatte ich nur wenige Male auf einem Menschenstuhl gesessen, und nie vor Klienten.

Ich weiß nicht einmal, warum ich so heftig reagierte. War ich auf einen humanoiden Bot neidisch? Ich wollte kein Spielroboter sein, darum hatte ich Dr. Mensah und die anderen ja verlassen. (Wobei Mensah mit keiner Silbe geäußert hatte, dass sie eine SecUnit zum Spielen haben wollte. Ich glaube, sie wollte überhaupt keine SecUnit.) Was hatte Miki, das ich wollte? Ich hatte keine Ahnung. Ich wusste nicht, was ich wollte.

Und jawohl, ich wusste, dass das wahrscheinlich ein großer Teil meines gegenwärtigen Problems war.

Ich kehrte in Mikis Feed zurück. Don Abene sagte gerade: »… denk daran, dass deine Erfahrung mit Menschen begrenzt ist. Wir betrachten dich als Teil der Familie, aber für andere bist du ein Fremder. Deshalb wollte unser Securityteam bestimmt auch nicht, dass du dir seine Sachen ansiehst.«

Oh-oh. Ich ließ Mikis Kamerafeed zurücklaufen und sah mir das Stück an, das ich verpasst hatte. Miki hatte Abene gefragt, warum Gerth entsprechend reagiert hatte, als er sich die Kisten von Wilkens und ihr angesehen hatte. Zum Glück war Abene immer noch mit den Karten der Anlage beschäftigt gewesen und nicht auf die Idee gekommen, zu fragen, wieso Miki sich überhaupt dem Securityteam genähert hatte. Falls sie ihn später danach fragte, würde Miki ihr dann von mir erzählen? Wie würde er auf diese Frage antworten?

Ich konnte ihn wie ursprünglich geplant übernehmen, nur waren seine Interaktionen mit Abene und den anderen fürchterlich komplex. Ich bezweifelte, dass es mir gelang, mich dort hindurchzumogeln; es war mir schon schwer genug gefallen, meine Tarnrolle als augmentierter Sicherheitsberater zu entwickeln, und da versuchte ich nicht mal, Leute hereinzulegen, die mich kannten. Beziehungsweise den kannten, als den ich mich ausgab. Oder irgendwie so.

Ich versuchte, weder nervös noch empört zu klingen. *Miki, denk dran, dass du Don Abene nichts von mir erzählen wolltest.*

Das mache ich auch nicht, Rin. Miki klang so ruhig und zufrieden, dass meine Leistungszuverlässigkeit um zwei Prozent fiel. *Ich habe es versprochen.*

Es gelang mir, im Stillen zu brodeln. Aber Mikis programmiertem Verhalten war offensichtlich eingeschrieben, dass er zu Don Abene ging, wenn er Fragen hatte. Ich musste aufpassen, seine Fragen so gründlich wie möglich zu beantworten; ein »Weiß nicht« reichte eindeutig nicht aus.

Hirune fragte Abene: »Was hältst du so weit von unseren Securityleuten?«

»Die gefallen mir eigentlich gut. Sie haben wohl nicht viel Ahnung von Terraforminganlagen, aber darauf kommt es ja auch nicht an«, antwortete Abene.

Vielleicht doch, dachte ich. Nur waren die Lernmodule für SecUnits Schrott, und alles, was ich über Terraforming wusste, hatte ich irgendwo aufgeschnappt, obwohl es mich kein Stück interessierte; also konnte ich das vielleicht gar nicht beurteilen.

Durch Mikis Augen sah ich, wie Hirune zu den anderen beiden sah, die über irgendwelche Kalibrierungen debattierten. Sie senkte die Stimme. »Mag sein. Jedenfalls dürften sie zu zweit keine große Hilfe gegen Plünderer bieten.«

Abene schnaubte. »Wenn Plünderer kommen, lassen wir sofort alles stehen und liegen und ziehen uns zur Transitstation zurück.«

Wenn man sie sieht, ist es dafür schon zu spät.

Meine Reaktion musste irgendwie in den Feed geraten sein, denn Miki fragte ängstlich: *Du passt doch auf, dass ihnen nichts passiert, Rin?*

Ja, Miki, sagte ich. Das war schließlich meine Tarngeschichte, und an der hielt ich fest.

21

In Mikis Feed hatte ich Zugriff auf einen Scan der Terraforminganlage mit einem darübergelegten Plan aus den originalen technischen Daten. Jawohl, ich wusste schon, wo ich nach den Beweismitteln suchen würde, auf die ich abzielte.

Durch Mikis Kamera verfolgte ich die Annäherung auf dem Display des Shuttles. An der Traktorfeldstation waren wir bereits vorbei. Laut den automatischen Meldungen, die sie zur Transitstation schickte, arbeitete sie nach wie vor mit optimaler Leistung.

Die Anlage bestand aus einer riesigen Plattform in der Hochatmosphäre, deutlich größer als die Transitstation und immer noch größer als ein ausgewachsener Transitring. Den meisten Platz beanspruchten die Module mit den gewaltigen Maschinen im Inneren, die den eigentlichen Terraformingprozess regelten. Vom Planeten selbst gab es kein Bild; die Anlage hing in einer Schicht fortwährender Gewitter. Wirbelnde, hoch aufgetürmte Wolken voller elektrischer Entladungen verdeckten die Planetenoberfläche komplett.

»Wir haben bei sämtlichen Umweltparametern gute Daten«, sagte Kader im Cockpit und teilte über Feed eine Grafik der

Messwerte. »Und ihr wollt da wirklich mit kompletter Ausrüstung rein?«

Ich spannte mich an. Da konnte doch nur die falsche Antwort kommen. *Miki, sag ihr …* Doch Abene entgegnete: »Ja, wir halten uns an das Sicherheitsprotokoll.« Das bedeutete vollständige Anzüge mit Filterung und Notluftversorgung und einigermaßen Schutz für verletzliche Menschenkörper. »Wir halten uns so lange daran, bis wir die Umweltparameter überprüft und die Steuerung der Anlage übernommen haben, dann nehmen wir eine Neubewertung vor.«

Ich entspannte mich. Dann ermahnte ich mich ein weiteres Mal, dass diese Leute nicht meine Klienten waren.

Miki sagte: *Ist okay, Rin. Don Abene ist immer vorsichtig.*

Ich hatte schon viele tote vorsichtige Menschen gesehen, aber das sagte ich ihm lieber nicht.

Durch seine Augen sah ich zu, wie Abene sich für den ersten Erkundungsgang rüstete. Kader und Vibol blieben im Schiff, aber das wissenschaftliche Team machte sich, begleitet von Wilken und Gerth, zum Ausstieg bereit.

Wilken verließ die Schleuse als Erste, und ihre Helmkamera schickte das Video in den Feed. Wir hatten bei einer reinen Passagierschleuse des Wohnmoduls angekoppelt, und entsprechend wenig Platz war im dahinterliegenden Bereich; schweres Gerät oder übliche Lastenbots hätten dort nicht reingepasst. Strom funktionierte, aber auf Minimalniveau; oben, unten und in der Wandmitte glühten Notbeleuchtungsbänder, aber die großen Deckenleuchten waren ausgeschaltet. Das Licht genügte, damit die Menschen ohne die Spezialfilter in den Helmkameras sehen konnten.

War es eine gute Idee, von hier aus in die Anlage vorzudringen? Die Karte wies eine Ebene über uns einen größeren Mehrzweckdock aus. Die kleinere Ladezone hier erleichterte vielleicht die Verteidigung des Shuttlezugangs, aber sie erschwerte es eventuell auch, das Team zurück ins Shuttle zu schaffen, wenn etwas schiefging.

Schwer zu sagen, ob es eine schlechte Entscheidung war oder nicht. Zunächst einmal sind Menschen grundsätzlich lausig in Sachen Sicherheit. Ich hätte die Menschen im verschlossenen Shuttle zurückgelassen und wäre mit einem kompletten Satz Drohnen vorgegangen. Ich hätte die Anlage überprüft (also sichergestellt, dass keine unerwünschten Besucher an Bord waren, indem ich als Köder herumspaziert wäre und geschaut hätte, ob mich etwas angriff) und erst dann die Menschen nachgeholt. Aber auf mich muss man natürlich nicht hören; ist ja nicht so, dass ich weiß, was ich tue.

Die Kamera in Wilkens Panzer schickte Videoaufnahmen in den Teamfeed, während Wilken sich vorwärtsbewegte. Sie trat aus der Schleuse in den Korridor, und mir fielen keine Beschädigungen auf, nur vereinzelte Kerben und Kratzer an Wänden und Boden, Anzeichen normaler Benutzung. Abene, Hirune, Miki folgten, dann Brais und Ejiro, dann Gerth als Nachhut. Ich teilte meine Aufmerksamkeit auf sieben Streams, einen für jede Helmkamera plus Miki. Ich hörte mir den Teamfeed und -funk an, aber der kam auch über Miki. Abene fragte: »Miki, empfängst du irgendwas?«

»Nein, Don Abene«, sagte Miki. Er scannte nach Signalaktivität eventueller Wohnsysteme. Da GrayCris die Anlage errichtet hatte, rechnete ich mit Habitats- und Securitysystemen bekannten oder kompatiblen Zuschnitts. Überall hingen Überwachungskameras, sie waren nur nicht aktiv. Miki hatte recht, die Luft hier drin war tot, keinerlei Feedaktivität seitens der Anlage, nur die Notbeleuchtung und das Umweltsystem liefen.

Vielleicht dachten sie, dass die Systeme sich einsam fühlen, wenn sie sie anlassen, Rin, sagte Miki. *Was meinst du?*

Ich fragte mich, ob Fifo mich auch für blöd gehalten hatte, wenn er in meinem Kopf mitgefahren war. Gut möglich. Andererseits hätte Fifo das dann wahrscheinlich auch deutlich gesagt.

Kann schon sein, antwortete ich, weil ich jetzt wusste, dass ich auf Mikis sämtliche Fragen eingehen musste, weil er mich sonst vielleicht an den nächstbesten Menschen verriet. Dann jedoch fiel mir ein, dass die Anlage planmäßig absinken und in der Atmosphäre hatte verglühen sollen, bevor GI sich den Claim gesichert hatte. Also fügte ich hinzu: *Wahrscheinlich hat GrayCris die Zentralkerne für die Wohnsysteme beim Abzug mitgenommen, um den Verlust in Grenzen zu halten.* Sec- und Habsystems, die eine Anlage dieser Größe regeln konnten, mussten extrem teuer sein. Für GrayCris konnte ich es schlecht einschätzen, aber die Firma, der ich gehört hatte, hätte niemals so viel Geldwert zurückgelassen.

Und Miki sagte: »Don Abene, vielleicht hat GrayCris die Zentralkerne für die Wohnsysteme beim Abzug mitgenommen, um den Verlust in Grenzen zu halten.«

Scheiße noch mal.

»Wäre einleuchtend«, sagte Hirune. Sie hatte in ihrem Funk herumgestochert und fügte hinzu: »Da sind ein paar Interferenzen, eine Abschirmung vielleicht? Den Stationsfunk bekomme ich nicht mehr rein, aber Kader und Vibol im Shuttlefeed kann ich noch hören.«

Ejiro zog sich eine Probe der Signalinterferenzen in den Feed und untersuchte sie. »Ja, wir wissen, dass die Abschirmung ziemlich stark ist, wahrscheinlich wegen der atmosphärischen Störungen.« Wie auf Stichwort überdeckte für 1,3 Sekunden ein Prasseln Funk und Feed.

Mistwetter, kommentierte Vibol über Funk. *Passt auf, dass ihr nicht nass werdet.*

Das Team lachte, und Miki schickte ihm ein Amüsiertheitszeichen in den Feed. Sieh an, ein Running Gag, die sind auch überhaupt gar nicht nervig. Wilken und Gerth ignorierten das Geplänkel.

Vorn trat Wilken aus dem Korridor in einen größeren Raum. Der Scanner ihres Panzers sagte ihr, dass es dort keinerlei Anzeichen auf Leben gab. Sie sicherte den Raum, indem sie seinen Umfang abging, dann bedeutete sie den anderen reinzukommen. Dieser Raum war in der Karte nicht bezeichnet, aber in Nischen an den Wänden standen Dekontaminationsliegen und Schränke mit Schutzanzügen. Wieder keine sichtbaren Schäden, während die Menschen mit ihren Kameras umherleuchteten. Brais fragte: »War das eine Reinraumanlage? Ich dachte, nur das Biomodul war komplett isoliert. So stand's doch in der Übersicht, oder?«

»Sieht aber ganz danach aus«, sagte Hirune. Sie überprüfte das Bedienfeld einer Liege. Sie hatten noch Strom, aber die Deckel waren allesamt hochgeklappt. (Stets eine Erleichterung. Liegen, in denen sich vielleicht irgendwas versteckt, sind kein Spaß.) Hirune versuchte, ein Nutzungsprotokoll in den Feed runterzuladen, aber der Gerätespeicher war leer.

Ich überprüfte Kader und Vibol, die beide an ihren Feeds hingen, wobei Kader noch einen Kanal zur Transitstation offen hatte. Es gab ein bisschen Interferenz, aber er bekam immer noch Pings und Antworten vom Hafenamt. Wahrscheinlich blockte die atmosphärische Abschirmung das Team in der Anlage vom Kontakt mit der Station ab.

Jedenfalls wurde es Zeit, in Aktion zu treten. Ich schlüpfte aus meinem Nischenversteck im Lager. Ich ging den Korridor hinunter, dann durch die Schleuse und hinderte sie daran, es ins Protokoll zu schreiben. Als ich in der Station an Bord gegangen war, hatte Kader das Öffnen der Schleuse gehört, aber diesmal konzentrierte er sich zu sehr auf das Team im Feed, um etwas mitzukriegen.

Ich trat in die kühlere Luft der Anlage hinaus und ließ die Schleuse sich schließen und abdichten.

Das Team hatte den Dekontaminationsraum bereits verlassen und ging Richtung Biomodul, um seinen Zustand zu überprüfen. Ich folgte dem Korridor. Mir hatte mein Panzer zwischendurch immer wieder mal gefehlt, meistens wenn ich gezwungen gewesen war, mich in Transitringen durch große Menschenmengen zu bewegen. Aber ich hatte ja am Leben bleiben wollen, und nach dem Flug mit Ayres und den anderen war ich es einigermaßen gewöhnt, mit Menschen zu reden und Blickkontakt herzustellen, auch wenn ich es nicht gern tat.

Nun fehlte mir mein Panzer zum ersten Mal, weil ich eine körperliche Bedrohung empfand.

Leise bewegte ich mich durch den Dekontaminationsraum, ging durch den anderen Korridor weiter und schlug die Abzweigung ein, die vom Biomodul weg zum Geomodul führte. Auch dieser Korridor entsprach dem Bild, das ich über Mikis Kamera und im Teamfeed gesehen hatte: keine Beschädigungen, keine Hinweise auf fluchtartiges Verlassen, nur ein stiller Gang.

(Keine Ahnung, wieso ich erwartete, Beschädigungen und Hinweise vorzufinden, dass die menschliche Besatzung um ihr Leben hatte rennen müssen; nichts sprach dafür, dass hier etwas anderes als eine planmäßige Abschaltung vor sich gegangen war. Vielleicht dachte ich wieder an RaviHyral. Ich war dort gewesen, ich hatte herausgefunden, was passiert war; da sollte man doch meinen, dass die bruchstückhaften Erinnerungen allmählich verblassten. Falsch gemeint.)

Es hätte nicht seltsam sein dürfen, aber es war seltsam. Ich ließ Miki und das Team im Hintergrund laufen und wusste daher genau, wo sie waren; ihre Stimmen erfüllten die Stille im Feed. Trotzdem hatte dieser Ort etwas an sich, das meine Menschenhaut unter der Kleidung kribbeln ließ. Ich hasste das.

Ich konnte nicht genau sagen, was mich beunruhigte. Der Scan war negativ, und so weit vom Team entfernt erklangen bis auf das Flüstern der Luftversorgung keinerlei Umgebungsgeräusche. Vielleicht war es der fehlende Zugriff auf Überwachungskameras, aber ich hatte mich schon an schlimmeren Orten ohne Kameras aufgehalten. Vielleicht war es etwas Unterschwelliges. Aber eigentlich nahm ich es ziemlich deutlich wahr. War es dann schwellig? Oder oberschwellig? Wie auch immer, an eine Wissensdatenbank zum Nachschlagen kam ich gerade nicht ran.

Das Team ging inzwischen einen äußeren Korridor hinunter. Zur Linken waren hinter großen Blasenfenstern lilagraue Wolkenwirbel zu sehen, zur Rechten lagen offene Schotts, die runter in die verschiedenen Maschinenräume führten. Auf einem Privatkanal sagte Abene zu Miki: *Dieser Ort macht mir eine Gänsehaut, Miki.*

Geht mir genauso, antwortete Miki. *Obwohl er verlassen ist, erweckt er den Eindruck, dass jeden Moment plötzlich jemand vor uns steht.*

Damit lag Miki nicht ganz falsch. Weiter vorn schimmerte etwas in der Luft, aber als ich die Liftstation erreichte, stellte es sich als Notfalldisplay heraus, das unter der Decke schwebte und in dreißig verschiedenen Sprachen das Verhalten bei einer Evakuierung beschrieb. Habitatsysteme bieten durchgehende Übersetzung an, und vermutlich haben nicht konzerngebundene politische Entitäten etwas Vergleichbares für ihre Feeds, aber bei einem Notfall möchte man sicherstellen, dass die Anweisungen auch bei ausgefallenem Feed unmissverständlich sind. Also hing da dieses Display und ging in diesem leer stehenden Ungetüm munter seiner Arbeit nach.

Ich tippte meine private Verbindung zu Miki an. *Ich benutze gleich einen Lift, Miki. Falls dein Scanner die Leistungsfluktuation registriert, erzähl bitte niemandem davon.*

Okay, Rin. Wohin gehst du?

Ich muss mir das Geomodul ansehen. Teil meiner Anweisungen. Der Lift reagierte auf ein Ping und kam 1,5 Sekunden später an, und in diesem Zeitraum fiel mir auch wieder ein, dass ich Miki weisgemacht hatte, mein Job wäre es, zusätzliche Security für das Erkundungsteam zu liefern. Hoppla.

Zum Glück waren Anweisungen für Miki nichts Neues, und er kam nicht auf die Idee, an mir zu zweifeln. *Pass auf dich auf, Rin. Dieser Ort bereitet uns Gänsehaut.*

Ich betrat den Lift und sagte ihm, er solle zum geologischen Hauptmodul fahren. Die Tür glitt zu, und er sauste los. Ich verfolgte ihn auf der Karte, wie er an den gigantischen Kugeln vorbeikurvte, die zur Dispersion der Atmosphäre verwendet wurden. Ich überlegte, Miki zu verraten, dass ich hier war, um Daten über einen eventuellen illegalen Abbau von Alienreststoffen durch GrayCris zu sammeln. Nichts, was ich tat, würde Abene oder dem Team oder GoodNightLander Independent schaden, und ich log schon über so vieles. Aber Miki würde es sofort Abene erzählen, das wusste ich genau. Wobei ihr Team bald selbst darauf kommen würde, dass an der Terraforminganlage etwas suspekt war. (Siehe den Dekontaminationsraum bei der Passagierschleuse; man brauchte fürs Terraforming keine Reinraumanlage, außer vielleicht, man griff Bioreststoffe ausgestorbener Aliens ab.) Aber wenn Miki es Abene erzählte, würde sie wissen wollen, woher er das wusste, und wie ich Miki kannte, würde er ihr dann von mir erzählen. Auf eine direkte Frage hin würde er nicht lügen.

Wer hätte gedacht, dass eine herzlose Mordmaschine so oft vor einem moralischen Dilemma stand?

(Jawohl, das war Sarkasmus.)

Der Lift hielt an, und die Türen öffneten sich zu einem anderen leeren, stillen Korridor. Ich folgte seiner Krümmung und fand das große Schott zum geologischen Hauptmodul. Es handelte sich um einen weitläufigen halbkreisförmigen Raum mit teilweise durchsichtiger Decke. Ich hatte das Gewitter durch Mikis Augen und die Kameras der Menschen beobachten können, in dem Korridor auf dem Weg zum Biomodul, aber es nun mit eigenen Augen zu sehen, ohne interpretierendes Interface, war etwas ganz anderes. Die Wolken waren wie ein Muster in konstanter Bewegung, weniger ein Wirbeln von Farben als ein langsames, meditatives Strömen. Es war gewaltig und falsch und schrecklich und schön zugleich. Zweiundzwanzig Sekunden lang stand ich da, wie ich anschließend feststellte, und konnte es nur anstarren.

Etwas davon musste in den Feed gesickert sein, denn Miki fragte: *Was schaust du dir da an, Rin?*

Das riss mich aus dem Bann. *Nur das Gewitter. Das Geomodul besitzt eine durchsichtige Kuppel.*

Kann ich mal sehen?

Ich wusste nicht, was dagegensprach, also erstellte ich eine Kopie des Videos, schrubbte allen Code weg, der mich als SecUnit identifizieren konnte, und schickte es Miki über Feed. *Schön!*, sagte er.

Er ließ das Video ein paarmal laufen, während er Abene eine Rampe hinunter folgte. Sie waren an einem Lift vorbeigekommen, der aber nicht groß genug für alle auf einmal war, und Wilken hatte sich vernünftigerweise geweigert, die Gruppe zu teilen. Im Feed von Wilkens Kamera sah ich schwebende Leuchtwarnungen mit den Symbolen für Biogefahrenstoffe; die Gruppe war beinahe dort, und ich musste dringend in die Gänge kommen. Bis sie mit ihrer Untersuchung des Biomoduls fertig waren, wollte ich längst wieder zurück im Shuttle sein und gemütlich *Aufstieg und Fall des Waldmonds* gucken.

Die Zugangskonsolen waren runtergefahren und die Datenspeicher garantiert komplett entfernt worden, was deutlich sicherer war als ein simples Löschen des Systems. Aber da wollte ich ohnehin nicht nachsehen …

Laut Karte wurden in der Anlage Bagger eingesetzt. (Genauer gesagt: halbautomatische geologische Freilegungs-noch-irgendwas, offensichtlich hatte ich es aus dem Permanentspeicher gelöscht. Jedenfalls waren es keine Bots, sondern nur mobile Erweiterungen der Geosysteme.) Solche Bagger haben für ihre Verfahren und Aufgaben eigene Gerätespeicher, verfügen über eine Scanfunktion, und sie protokollieren ihre Funde. Ich fand und bootete ihre Interfacekonsole, und jawohl, die Bagger waren noch da, ordentlich unter dem Geomodul in Containern verstaut, dreimal so groß wie unser Shuttle und ohne übergeordnetes System inaktiv.

Über Interface gelang es mir, ihre Speicherinhalte zu kopieren, ohne sie zu wecken. Jemand hatte daran gedacht, ihnen zu befehlen, ihre Protokolle wegzuwerfen (womit ihre Garantie erlosch, aber ich schätze, das hatte niemanden interessiert, da die Anlage ja auf den Planeten abstürzen sollte). Pech für diesen Jemand, denn die Bagger hatten die Protokolle in ihre Pufferspeicher gepfeffert und waren abgeschaltet worden, bevor die automatische Löschung beim Herunterfahren griff.

Es waren Unmengen von Daten, aber es gelang mir, eine Abfrage zu basteln, die Fahrbefehle und anderen irrelevanten Kleinkram ausschloss. Ich musste eine Direktverbindung herstellen, um die Daten auf die implantierten zusätzlichen Speicherclips zu kopieren, was bedeutete, dass ich ein zweites Mal die Haut um die Schießöffnung an meinem rechten Unterarm abpellen musste. Sobald ich das geschafft hatte, ging es zügig. Ich saß auf der Kante der Konsole, mit dem Gesicht zur Tür, und startete im Hintergrund eine Lieblingsepisode von *Aufstieg und Fall des Waldmonds*, um mir die Zeit zu vertreiben, wobei ich allerdings einen Kanal zu Miki und zum Teamfeed offen hielt.

Ich war gerade fertig, als Miki fragte: *Rin, bist du das?*

Ich war nicht ganz anwesend, aber ich hielt die Episode an und löste mich von der Konsole und den schlafenden, nahezu leeren

Gehirnen der Bagger. Ich wusste, dass das Team immer noch drüben beim Biomodul war (sie nahmen eine physische Bewertung der Gerätschaften für Biomatrix vor und versuchten, die Konsolen zu rebooten), von daher klang die Frage unsinnig. *Bin ich was?*

Das. Miki klang verwirrt, besorgt. Er schickte mir eine Audioaufnahme. Ich hörte die Menschen über Funk reden, Hirune und Ejiro, dann machte Gerth eine Bemerkung.

Das Gespräch? Es drehte sich um irgendwelche Sicherheitsbehälter, die nicht dort waren, wo sie hätten sein sollen, und ich begriff nicht, wieso Miki verwirrt war. *Ich bin immer noch im Geomodul.*

Nein, Rin, das hier. Miki spielte die Datei noch einmal ab, aber ohne die Funkspur, sodass die Menschenstimmen deutlich leiser waren. Umgebungsgeräusche, ich konnte die Luftversorgung hören. Außerdem konnte ich ein leichtes Klopfen vernehmen, schnell wie ein Herzschlag … Oh. O verdammt.

Ich vergeudete 0,2 Sekunden damit, Miki einen Code in den Feed zu jagen, als würde ich einer anderen SecUnit antworten. Ich war beim Schott zum Geomodul, bevor mir klar wurde, dass ich es aussprechen musste, weil Miki sonst nicht wusste, was er tun sollte. Ich jagte um die Ecke und den Korridor zum Lift entlang. *Miki, ein Unbekannter/potenzieller Feind nähert sich eurer Position. Bestimme die Richtung, dann alarmiere deine Klienten, in dieser Reihenfolge.*

Mike weitete seinen Scan aus, und der Rest seiner Sinne wurde dunkel, als er seine gesamte Aufmerksamkeit auf Audio richtete. Er drehte sich um die eigene Achse, versuchte ein breiteres Feld zu bekommen. Ich bekam immer noch den Funk der Menschen rein, und Gerth fragte: »Was macht der kleine Bot da?«

»Was ist los, Miki?«, fragte Abene.

Rin … Miki versuchte nicht länger, wie ein Mensch zu klingen, sondern schickte mir zusammen mit den Audiorohdaten eine dringende Hilfsanfrage. Es hätte mir einfallen müssen – Miki war kein Securitybot, er besaß keinen Code, um hiermit klarzukommen, und niemand hatte ihm je beigebracht, wie er in einer Krisenlage handeln musste, in die aktive, mutmaßlich intelligente Feinde involviert waren. Ich erreichte die Liftstation, aber die blöde Kapsel war zu irgendeiner Warteposition zurückgekehrt.

Während ich dort dumm herumstand und wertvolle Sekunden vertickten, bis der blöde Lift zu mir zurückgekehrt war, ließ ich eine Schnellanalyse laufen und glich sie mit der Übersichtskarte ab. Ich klickte Symbole für Miki, die Menschen und den sich annähernden Feind rein und packte Miki die Karte in den Feed. Er sagte gerade: »Don Abene, etwas kommt in unsere Richtung. Wir müssen den Außenkorridor zurück zum Shuttle nehmen.« Er leitete meine aktive Karte an die Menschen weiter.

Die Türen glitten auf, ich trat in den Lift. Während ich die Zahlenfolge für den Zielort tippte, verglich ich das Umgebungsaudio, das Miki weiterhin verarbeitete, mit der Projektion auf meiner Karte. Dieses Ding, was immer es war, bewegte sich deutlich schneller als projektiert. *Miki, für einen Rückzug reicht die Zeit nicht. Sag deinen Klienten, sie sollen vor Ort Deckung suchen und den Zugang möglichst abriegeln.*

Miki sagte zu Abene: »Don Abene, es ist zu nahe, wir müssen an Ort und Stelle bleiben und die Tür verschließen.«

Aber Wilken und Gerth begriffen endlich, was los war, und brüllten das Erkundungsteam an, dass es sich den Korridor hinunter zum Shuttle zurückziehen sollte.

Ich brauchte nicht noch einmal auf meine Projektion zu schauen. Sie würden es nicht bis zum Ende des Korridors schaffen. Genau deshalb sollten Menschen nicht als Security arbeiten; die Lage ändert sich zu schnell, und sie kommen nicht hinterher.

Ich hatte den Lift zum Biomodul geschickt, so dicht wie möglich an die Position des Teams heran. Die Türen glitten auf, und Lärm brach über mich herein: Schreie, Energiewaffenfeuer. Ich rannte den Korridor hinunter und um die Ecke.

Ich beschreibe das Folgende, wie ich es später aus den Kamerafeeds von Miki und mir rekonstruiert habe, denn in diesen Momenten dachte ich eigentlich nur: *Scheiße oh scheiße.*

Wilken und Gerth hatten es fertiggebracht, die Gruppe aus dem Biomodul die Rampe rauf und zu einer Kreuzung mit drei anderen Korridoren zu schaffen, was so ziemlich die optimale Stelle war, wenn man in diesem Bereich angegriffen werden wollte. Ich will damit sagen: Wenn ich jemanden angreifen wollte, hätte ich mir keine bessere Stelle aussuchen können.

Für solchen Sarkasmus fehlte mir die Zeit, weil Wilken und Gerth ihre Waffen fleißig den Korridor hinab entluden, der nach links abbog. Dort unten funktionierte nicht mal die Notbeleuchtung, und ich konnte zunächst nicht sehen, auf was sie schossen. Ejiro glitt an der gegenüberliegenden Wand zu Boden, als hätte ihn etwas in die Seite getroffen. Der rechte Korridor führte zum nächsten Segment des Biomoduls, und dort befand sich ein massives Schott, das soeben zuglitt. Miki versuchte, meine Anweisungen zu befolgen, und hatte es über den Notschalter an der Wand ausgelöst. Brais stolperte, als wäre sie von etwas getroffen worden, und Abene packte sie beim Arm und hielt sie aufrecht.

Offenbar waren sämtliche Menschen noch mobil, und Wilken

und Gerth trieben zurück, in was immer sie hier reingelaufen waren und beinahe ihre Klienten daran verfüttert hatten; also wollte ich mich schon zurückziehen. Dann bewegte sich etwas in dem sich schließenden Schott. Es war zu schnell, als dass ich es hätte erkennen können, ohne es mir abermals auf Video anzusehen. Fast bevor ich mich bewegen konnte, griff es an Miki vorbei, packte Don Abene am Helm und zerrte sie durch den Spalt.

Fast bevor ich mich bewegen konnte.

Ich überquerte die Kreuzung, drehte mich an Miki und Brais vorbei, knallte gegen die Wand und benutzte meinen Schwung, um zwei Meter nach oben zu gehen, sodass ich auf eine Höhe mit Don Abene kam. Ich verkeilte mich in der Ecke und pflanzte einen Fuß gegen das sich schließende Schott. Ich spürte die Anstrengung sogar in meinen anorganischen Teilen. Lange konnte ich es nicht offen halten.

Eins von Abenes strampelnden Beinen traf Brais und warf sie zu Boden. Miki war als Einziger schnell genug zum Handeln. Er packte Don Abenes Oberkörper, und sein ganzer Feed war ein einziger Schrei an Brauche-dringend-Unterstützung-Code. Ich bekam einen Arm um Abenes Taille und klemmte ihr dabei einen ihrer Arme ein. Mit dem anderen versuchte sie verzweifelt, sich an Miki festzuhalten.

Ohne ihren Anzug wäre sie mittendurch gerissen worden. Ohne den Sicherheitssensor des Schotts, der uns Zeit gab, das Hindernis aus dem Weg zu räumen, wäre sie zerquetscht worden. Ich vergeudete drei Sekunden damit, an dem Spinnenvieh herumzufummeln, das sie beim Helm festhielt. Es war rot und besaß acht Finger mit einer Vielzahl von Gelenken, mehr konnte ich im Moment nicht sagen. Dann fiel mir die naheliegende Lösung ein.

Die Luft war atembar, und eine mögliche Kontamination ließ sich behandeln. Hauptsache, Abene behielt ihren Kopf.

Ich tastete um ihren Hals herum, gebremst durch das unvertraute Anzugdesign, dann fanden meine Finger den kleinen Schieber. (Im Panzer hätte ich ihn nie rechtzeitig gefunden; der Menschenhautüberzug meiner Hände ist deutlich sensibler.) Ich drückte den Knopf und schob ihn, und die Notentriegelung gab den Helm frei. Er klemmte noch für fast eine Sekunde in der Tür, Zeit genug, um mich abzustoßen und wegzudrehen. Dann ließ ihn das Ding auf der anderen Seite los, er sprang aus dem Spalt, und das Schott schnappte zu. Ich landete auf den Füßen und stellte Don Abene hin. Ihr Kopf war noch dran.

Sie sank gegen mich, die Hände in meine Jacke gekrallt, und schnappte nach Luft. Miki war neben meiner Schulter, stocherte besorgt an ihrem Feed herum und teilte mit seinen langen Fingern vorsichtig ihre Haare, um ihren Hals zu überprüfen. Er sagte: »Don Abene, brauchen Sie medizinische Unterstützung? Don Abene, bitte antworten Sie.«

Gerth und Wilken hörten auf, in den Korridor hinunter zu schießen, und laut Scan war längst verschwunden, was immer dort gewesen war. Brais keuchte am Boden: »Was war … Sind Sie …« Ejiro rief, unten an der Wand zusammengekauert: »Abene!«

Ich gratulierte mir zu einer exzellenten Rettungsaktion (macht ja sonst niemand). Die Menschensecurity begriff buchstäblich erst jetzt, dass etwas versucht hatte, ihrer Klientin den Kopf abzureißen. Dann sagte Gerth: »Das ist eine SecUnit!«

Sämtliche Menschen starrten mich und Abene an. Viel wichtiger, Wilken und Gerth richteten ihre Waffen auf mich. Ach, Killerbot, was hast du getan?

(Ich weiß es nicht mal. Vermutlich hat es was damit zu tun, dass ich mir früher immer sagen lassen musste, was ich tun soll, und jede meiner Handlungen überwacht wurde, während ich heute tun und lassen kann, was ich will. Da ist irgendwo unterwegs meine Impulskontrolle abgekackt.)

Es gab nur einen Ausweg. Sie töten.

Wenn ich das tat, musste ich jedoch alle töten. Inklusive Miki. Inklusive Abene. Ihr nach wie vor heiler Kopf lehnte an meinem Schlüsselbein, und ihre Haare waren ganz warm und weich, wo sie meine Menschenhaut berührten.

Na schön, der einzige vernünftige Ausweg bestand also darin, sie alle zu töten. Dann musste ich wohl den unvernünftigen Ausweg wählen.

Ich stellte sicher, dass meine Mimik und Stimme neutral funktionierten, und sagte: »Ich bin eine SecUnit im Einsatz für Sicherheitsberaterin Rin, die von GoodNightLander Independent mit der zusätzlichen Sicherung der Erkundungsarbeiten beauftragt wurde.« Dass ich eine SecUnit war, ließ sich nicht abstreiten; kein augmentierter Mensch hätte das leisten können, was ich gerade eben geleistet hatte. Außerdem war immer noch mein Ärmel hochgekrempelt und ließ die Schießöffnung in meinem Unterarm frei. (Die anorganischen Teile drum herum hätten auch ein Augment zum Ausgleich einer Verletzung sein können, aber die Schießöffnung sah nun einmal eindeutig nach Waffe aus.)

An dieser Stelle fiel mir Miki ein sowie die Tatsache, dass ich ihm gegenüber als augmentierter Mensch aufgetreten war. Ich war in seinem Feed gewesen, trotz hochgefahrener Walls eine intime Verbindung. Er musste wissen, dass Rin aus dem Feed mit der SecUnit identisch war, die hier vor ihm stand. Ja, ich hätte Miki früher einweihen sollen, als noch dazu Gelegenheit gewesen war; jetzt war es zu spät.

Über die private Verbindung sagte ich zu ihm: *Bitte, Miki, ich will nur helfen.*

Miki neigte den Kopf und sah erst mich an, dann Abene. Sie war immer noch benommen, stand wahrscheinlich unter Schock, und hatte mich nicht losgelassen. Sie starrte zu mir herauf, die Stirn in Falten gelegt. Ich war meinem Protokoll für verwundete Menschen gefolgt und hatte meine Körpertemperatur hochgezogen, um sie vor einem Kreislaufversagen zu bewahren. Sie fragte: »Miki …? Wer ist das?«

Miki sagte: »Officer Rin ist meine Freundin, Don Abene. Ich wurde gebeten, Ihnen nichts zu verraten, zu Ihrer Sicherheit.«

Uff. Es war nicht gelogen, aber es war definitiv auch nicht die Wahrheit. Vielleicht hatte Miki verborgene Tiefen.

Ich sah, wie Gerth einen entsetzten Blick zu Wilken warf. Wilken reagierte, aber beherrscht. Sie wechselten kein Wort über ihren Feed. Kader im Shuttle fragte nach der aktuellen Lage und ob das Team Hilfe benötigte. Brais sagte: »Ejiro ist verletzt.« Sie schob sich an der Wand hoch und zitterte. »Geht es Abene gut? Was ist passiert?«

Abene begann zu nicken und verzog das Gesicht. Sie tätschelte meinen Arm und schob sich ein Stückchen weg, also ließ ich sie alleine stehen. »Mir geht's gut …« Über Feed wies sie Kader an, auf Position zu bleiben. Laut fragte sie: »Ejiro, wo bist du verletzt?«

»An der Schulter.« Seine Stimme deutete auf Stress hin, seine Miene war angespannt. Ich wollte schon MedSystem antippen, als mir einfiel, dass es hier keins gab. (Schon klar, ich war durch den Wind.) »Was waren das für Viecher? Ich konnte nichts erkennen, nur Schemen«, fügte Ejiro hinzu.

Wilken und Gerth zielten immer noch mit ihren Waffen auf mich. Don Abene und Miki versperrten ihnen die Schussbahnen, und sobald Wilken oder Gerth sich bewegten, musste ich etwas unternehmen.

Dann sagte Miki: »Don Abene, Hirune ist weg und antwortet weder über Feed noch über Funk.«

Tja, Mist. Es waren nicht meine Menschen, ich hatte sie nicht durchgezählt. Ich überprüfte Hirunes Feed und spürte Abene, Wilken, Gerth, Brais und Ejiro dort drin, wie sie alle nach ihr riefen. Ihr Feed war noch on, aber inaktiv. Das bedeutete: Sie war am Leben, aber bewusstlos. Über meinen begrenzten Scanner bekam ich nichts, und Miki auch nicht.

Über Funk hörte ich Vibol im Shuttle fluchen und Kader sagen, dass sie leise sein und zuhören sollte.

Abenes Miene drückte jetzt Entsetzen aus. Miki spielte im allgemeinen Feed die letzten Sekunden noch einmal ab, bevor ich dorthin gekommen war. Als ich die Bilder runterbrach, sah ich einen schnellen schattenartigen Umriss, der sich durch den Korridor vom Hauptzugang des Biomoduls her näherte, nur ein Sensorgespenst in Mikis Blickfeld, als er auf den Schalter zum Schließen des Schotts schlug. Dann hatte Miki sich zu dem Korridor umgedreht, der zur zentralen Anlage führte, aber zu spät. Er hatte nur noch kurz die Punktstrahler an Hirunes Anzug raufbekommen, wie sie in der Dunkelheit verschwanden, während sie verschleppt wurde, dann Wilken und Gerth, die in den Korridor hinein feuerten. Es war so schnell gegangen, dass Wilken und

Gerth in jenem Moment vermutlich noch gar nicht begriffen hatten, dass der Feind Hirune gerade verschleppte.

Als die Menschen sich das Video im Teamfeed ansahen, zog Ejiro ein Gesicht, als würde er sich gleich übergeben, und Brais fluchte leise. Abene wandte sich zu Gerth und Wilken um. »Wir müssen ihr folgen. Was waren das für Viecher, die … Wieso zielen Sie auf mich?«

Sie richtete ihre Waffen nicht auf Abene, sondern auf mich hinter ihr. Wilken sagte: »Das ist eine SecUnit, Don Abene, bitte entfernen Sie sich von ihr, bis wir die Lage geklärt haben. Wo ist diese Rin? Irgendwo in der Anlage? Das deckt sich nicht mit unserem Briefing durch GI.«

Abene war geschockt gewesen, aber nun konnte ich praktisch dabei zusehen, wie ihr Gehirn, zack, wieder online kam. Sie schob den Kiefer vor, und ihr Gesicht bekam einen harten Ausdruck. Sie konterte: »Wo ist Hirune? Was hat sie verschleppt? Sie beide sind doch angeblich unsere Security.«

Wilken blieb standhaft. »Bevor wir nach ihr suchen können, muss ich wissen, warum es hier eine SecUnit gibt. Das ist eine berechtigte Frage.«

Miki bat Abene über ihren Feed: *Bitte, Don Abene, Rin ist meine Freundin. Bitte sagen Sie, Sie wussten, dass Rin hier ist.*

Ich konnte mir nicht vorstellen, dass Abene sich auf das Wort ihres Spielroboters verließ. (Und es stimmte ja, ihr Spielroboter ging eher schlampig mit den Fakten um, und dass er die Bitte derart formulierte, dass unklar blieb, dass Officer Rin und die SecUnit in Wahrheit identisch waren, zeigte, wie wenig sein Wort wert war.)

Abenes zorniger Blick wanderte von Wilken zu Gerth. Sie

sagte: »Dass Rin hier in der Anlage sein würde, wusste ich nicht. GI hat mich vor dem Abflug informiert. Die Abteilung Überwachung hielt zusätzliche Security für angebracht ...« Sie sah mit undurchschaubarer Miene zu mir nach hinten. »Hat Officer Rin Sie geschickt?«

Zum Glück hatte ich nicht nur wie ein Trottel herumgestanden und verpfuschte die perfekte Vorlage nicht, die sie mir geliefert hatte. »Ich bin die von Officer Rin eingesetzte SecUnit. Officer Rin befindet sich auf der Station und hat mich mit ihrem Shuttle zur Anlage geschickt.«

»Davon hat uns niemand was gesagt«, protestierte Gerth. Wilken funkelte sie kurz an. Weiterhin keine Kommunikation über private Feedverbindung zwischen ihnen. Sie hätten alle mögliche Fragen stellen können. Das von mir beschriebene Szenario – ein Klient schickt eine SecUnit als Security für andere Klienten – war theoretisch möglich, verstieß aber gegen die Vorschriften und Garantiebestimmungen von Finanzierungsgesellschaften. Trotzdem richtete Gerth ihre Waffe nicht länger auf mich, sondern zielte jetzt auf den nach wie vor offenen Korridor, in dem der Feind mit Hirune verschwunden war.

Abene fauchte: »Es interessiert mich nicht, was man Ihnen gesagt hat! Wir müssen Hirune finden! Brais, du bringst Ejiro zurück zum Schiff. Gerth, Sie begleiten die beiden. Wilken, Sie helfen mir entweder oder geben mir eine Waffe und gehen mit den anderen zum Schiff.« Sie wechselte in den Feed. *Kader, du informierst das Hafenamt über unsere Lage. Sag ihnen, wir wissen noch nicht, was uns angegriffen hat. Sag ihnen, sie sollen im System nach eventuellen Plünderern Ausschau halten.* Kader bestätigte.

Ich kann mir nicht helfen, ich mag es, wenn Menschen entscheidungsfreudig sind. (Besonders wenn es sich dabei um den Menschen handelt, der nicht will, dass auf mich geschossen wird.) Ich sagte: »Officer Rin hat mich angewiesen, Ihnen in jeder notwendigen Weise zu helfen.« Ich sah Abene dabei unverwandt an, weil ich eine SecUnit war und SecUnits das so machten. Man redet mit den Klienten und überlässt den Menschen mit den Waffen die Entscheidung, ob sie sich von dem, was man sagt, bedroht fühlen oder nicht. (Sollten sie. Sie sollten sich absolut bedroht fühlen.)

Wilken sagte hastig: »Wir sind Ihr Securityteam, Don Abene, natürlich kümmern wir uns darum. Aber Sie sollten mit Gerth und den anderen zum Schiff zurückkehren, und ich folge Hirune zusammen mit Rins SecUnit.«

Ejiro kämpfte sich hoch, und Brais schlüpfte unter seinen heilen Arm und half ihm in den Stand. »Ich bin bei Kader im Feed, Abene. Vibol bereitet gerade den OP vor«, sagte sie.

Da ich jetzt offiziell die SecUnit war und so weiter, sagte ich: »Keinen Lift benutzen. Der Feind übernimmt vielleicht das System und steuert ihn zu seiner Position.«

»Das weiß ich«, fauchte Gerth.

Ich weiß, dass du das weißt, Arschloch.

Brais nickte mir zu und versprach: »Keine Aufzüge.« Zu Abene sagte sie: »Bitte seid vorsichtig.«

»Ihr auch. Bleibt in Kontakt mit Kader.« Abene richtete sich an Wilken. »Für Diskussionen fehlt mir die Zeit. Wir müssen los.«

Miki wandte sich zum offenen Korridor um und setzte sich in Bewegung. Gerth musste ihm aus dem Weg treten. Abene hob ihren Helm auf und folgte Miki. Wilken zögerte, tippte Gerth dann aber im Feed an. Gerth winkte Ejiro und Brais. »Kommen Sie, das wird schon.«

Ich wartete, bis Wilken Abene folgte und ihren Schritt verlängerte, um die Vorhut zu übernehmen. Dann holte ich Abene ein und stellte Brais' Feed nach hinten, damit ich die Gruppe im Blick behalten konnte, während sie zum Shuttle zurückkehrte.

22

Als Wilken den Mund aufmachte, klang sie professionell und kompetent und überhaupt nicht so, als hätte sie gerade zugelassen, dass eine Klientin verschleppt wird. »Mein Scanner zeigt nichts, aber seine Reichweite ist begrenzt. Solange Hirunes Feed noch on ist, können wir sie darüber verfolgen.«

Ach, wirklich? Miki tat das längst und hatte Abene informiert. Ich beschränkte mich bislang auf den Versuch, nicht in Panik zu geraten.

Ich tippte meinen privaten Kanal zu Miki an und wusste dann nicht, was ich sagen sollte. (»Danke, dass du meine Lügen gedeckt hast« kam ein bisschen zu krass rüber.) Da sagte Miki: *Du hast Don Abene gerettet, Rin/SecUnit.*

Ich hatte das Gefühl, ich müsste mir meine Gespräche mit Miki erneut anhören und schauen, an welcher Stelle ich falsch abgebogen war. *Hast du gewusst, dass ich eine SecUnit bin, Miki?*

Ich weiß nicht, was das bedeutet, eine SecUnit sein. Es ist nicht in meiner Wissensdatenbank enthalten. Wie soll ich dich anreden, wenn du jetzt nicht mehr Rin bist?

Rede mich mit SecUnit an. Ich hatte mich irgendwie darauf versteift, als Sicherheitsberaterin aufzutreten, und nun würde mir das hier nicht mal eine HardCurrencyCard einbringen. Wie üblich konnte ich niemandem Vorwürfe machen außer mir. Aber vielleicht lief ja auch alles einigermaßen glatt. Wir mussten nur Hirune befreien, und dann konnte ich mir einen Grund einfallen lassen, wieso ich eine Mitfluggelegenheit in ihrem Shuttle brauchte, zum Beispiel, weil ich zu Officer Rin zurückkehren musste, und mich schlussendlich absetzen.

Wer weiß, vielleicht ging es sogar richtig glatt. Wenn GrayCris hinter dem Angriff steckte, dann konnte ich einen Videobeweis davon sichern und ihn zusammen mit meinen Geomoduldaten an Dr. Mensah schicken.

Der Korridor lag dunkel da, und ihrem Kameravideo zufolge benutzte Wilken ihren Nachtfilter. Wo wir vorbeikamen, ging am Boden und an den Wänden die Notbeleuchtung an. Leise fluchend versuchte Abene, ihren Helm wieder aufzusetzen, aber ich hatte beim Herunterreißen den Verschluss beschädigt. Sie bückte sich, stellte den Helm auf den Boden und fragte Wilken: »Haben Sie irgendeine Vorstellung, was uns angegriffen hat? Irgendeine Maschine? Ein Bergungsgerät?«

Diese Vermutung taugte was. Ich besaß eine gute Aufnahme von dieser spinnenartigen Hand, und ein Abgleich mit dem Inventar des Biomoduls würde erweisen, ob es sich dabei um ein Arbeitsgerät oder den Teil einer Maschine zum Sammeln von Proben an der Planetenoberfläche handelte. Da die Systemkerne der Anlage entfernt worden waren, kamen wir nicht an das Inventar heran. Meine Vermutung lautete, dass der Feind, dessen Annäherung Miki gehört hatte, dieses Bergungsgerät aktiviert und dazu benutzt hatte, das Team abzulenken, während er sich Hirune holte. »Meine Kamera hat es nicht aufgenommen. Ich gehe davon aus, dass Plünderer in die Anlage eingedrungen sind und zurückgelassene Ausrüstung gegen uns einsetzen. SecUnit, kann Officer Rin das bestätigen?«, wollte Wilken wissen.

»Officer Rin verfügt über keine zusätzlichen Daten«, gab ich zurück. Wieso sollte ich ihr die Arbeit abnehmen, wenn nicht einmal eine HardCurrencyCard für mich dafür raussprang? Stimmt doch, oder?

Abene fragte Miki über Feed: *Miki, und du weißt das mit Officer Rin genau? Wann hat sie dich kontaktiert?*

In der Station, antwortete Miki. *Rin ist meine Freundin. GI hat Rin geschickt, um zusätzlich für Ihre Sicherheit zu sorgen.* Er fügte hinzu: *Sie sind beinahe verletzt worden, und Wilken und Gerth haben nicht mal versucht, Ihnen zu helfen.*

Sie haben versucht, Ejiro und Brais zu schützen, sagte Abene geistesabwesend. Offensichtlich waren ihre Gedanken mit etwas anderem beschäftigt, damit wahrscheinlich, wie erbärmlich meine Tarngeschichte war. *Es ging alles ganz schnell.*

Ich wollte nicht, dass sie über die Wahrscheinlichkeit von auf geheimnisvolle Weise auftauchenden SecUnits und ihren (möglicherweise apokryphen) übergeordneten Sicherheitsberater nachdachte. Ich tippte ihren Feed an und sagte: *Don Abene, Sie können über diesen Kanal privat mit mir sprechen. Ich halte durchgehend Kontakt zu meinen Klienten. Bitte beachten Sie Officer Rins ausdrückliche Anweisung, dass Sie und nicht Ihr Securityteam meine eigentliche Klientin sind.*

Damit wollte ich sie wissen lassen, dass ich auf ihrer Seite war und nicht auf der von Wilken und Gerth. Ich hätte mich wahrscheinlich besser ausdrücken können. Aber ich war mir ziemlich sicher, dass sich Seiten bilden würden, denn die beiden glaubten eindeutig nicht daran, dass wir Hirune da rausholen konnten.

Das ist das andere Problem mit menschlicher Security: Sie darf aufgeben.

Abene brauchte eine Sekunde, um sich umzustellen, dann fragte sie mich: *Wissen Sie, was Hirune verschleppt hat?*

Ich stellte fest, dass sie mich erneut direkt fragte, obwohl sie den Austausch mit Wilken gehört hatte. Sie ging also auch davon aus, dass sich Seiten bilden würden. Ich sagte: *Ich denke, Ihre Vermutung trifft zu. Es war ein Bergungsgerät. Der Feind hatte die Absicht, mindestens ein Teammitglied zu verschleppen und weitere während des Rückzugs zu töten oder zu verletzen. So würde eine Bande von Plünderern nicht handeln.* Ich fügte hinzu: *Sein Plan dürfte sein, Sie tiefer in die Anlage zu locken und zu töten und auf diese Weise weitere Teammitglieder zum Verlassen des Shuttles zu bringen und auch sie noch zu töten.* Der Versuch, eine Lage weniger ernst darzustellen, als sie ist, hilft kein bisschen. Der Klient muss darauf vertrauen können, dass seine Security die Lage korrekt einschätzt. (Sie war nicht meine Klientin, schon klar.)

Sie brauchte drei Sekunden, um die Tatsache zu verarbeiten, dass wir genau das taten, was der Feind wahrscheinlich wollte. *Aber wir müssen Hirune finden. Gibt es eine Möglichkeit zum Konter?*

Sie haben bereits einen Konter gesetzt. Er weiß nicht, dass Sie eine SecUnit dabeihaben. Für einen Menschen wäre das hormonbefeuerte Angeberei. Für eine SecUnit ist es einfach Fakt. Wie ich zu Tlacey gesagt hatte, bevor ich sie tötete: Ich drohe nicht, ich mache nur Ankündigungen.

Abene schwieg weitere fünf Sekunden lang, während wir den

dunklen Korridor hinabgingen. Dann fragte sie: *Wussten Sie, dass hier Gefahr droht? Dass wir angegriffen werden würden?*

Ich wusste es erst, als Miki mich verständigt hat, dass sich Ihnen etwas näherte. Das stimmte. Ich hätte jetzt viel lieber im Shuttle gehockt und Unterhaltungsmedien geglotzt. *Officer Rin hatte keine Kenntnis von Feinden im Inneren der Anlage.*

Wo sind Sie gewesen? Was hatten Sie in Wirklichkeit für Rin hier erledigen sollen?

Ich wand mich mental. Sollte ich lügen oder die Wahrheit preisgeben? Es musste sich mit dem decken, was ich Miki bereits erzählt hatte und sozusagen nur zum Teil gelogen war, und Abene bemerkte mein Zögern wahrscheinlich nicht, aber Miki würde es bemerken, wenn ich jetzt nicht unverzüglich antwortete – *ich war im Geomodul*, erklärte ich verzweifelt. *Ich habe Daten zu einer möglichen Verletzung des Abkommens über unbekannte Synthetika durch GrayCris gesammelt.*

Ah, sagte Abene. *So langsam passt alles zusammen.* Sie zögerte. *Können Sie Hirune retten? Falls sie noch lebt?*

Ja. Ich bin mir ziemlich sicher.

Abene atmete aus. *Gut. Dann arbeiten wir zusammen.*

Die Wahrheit zu sagen lief doch irgendwie ganz gut für mich.

Wir kamen aus dem dunklen Bereich in einen anderen Korridor, in dem immerhin schwaches Licht brannte. Wilken fragte: »Haben Sie schon einmal mit einer SecUnit zusammengearbeitet, Don Abene?«

»Nein. Die sind in den Heimatsystemen verboten.« Sie war ungeduldig. Im Moment wollte sie von Wilken nichts hören, außer es hatte damit zu tun, dass sie ihre Freundin zurückbekam.

Wir näherten uns einer Kreuzung. Wilken signalisierte über

Feed einen Halt, blieb stehen und machte einen Scan. Ich scannte die ganze Zeit, aber meine Werte taugten nichts. Die Interferenz musste von dem Gewitter herrühren. Wilken fuhr fort: »Ich weiß, dass Sie Ihrem Bot nahestehen, aber dieses Ding ist nicht wie Miki. Es ist eine Mordmaschine.«

Abene sah zu mir nach oben, und es war bestimmt ein Fehler, aber ich schaute zu ihr hinunter. Blickkontakt herzustellen und nicht nervös zu werden, fiel mir überraschend leicht, vielleicht weil ich es aus Mikis Feed gewöhnt war, ihr Gesicht zu sehen. Sie berührte ihren Hals, wo der Helmrand sie gequetscht hatte, als das Bergungsgerät versucht hatte, ihr den Kopf abzureißen. Dann sah sie wieder Wilken an, sagte aber über Privatkanal zu mir: *Ich habe noch nie mit einer SecUnit zusammengearbeitet – ich habe noch nicht einmal eine gesehen oder mit ihr interagiert –, also sagen Sie mir bitte, wenn Sie irgendwelche Infos oder Anweisungen von mir brauchen.*

Mich hatte noch nie ein Mensch gefragt, auf welche Weise er mir Befehle geben sollte. Das war eine interessante Neuerung. *Ich habe Dauerbefehl von Rin, Ihnen beizustehen. Den Rest kann ich alleine.*

Wilkens Scan erfasste einige Interferenz, dasselbe Prasseln am Rand des Spektrums, das auch Miki und ich reinbekamen. Wir setzten uns wieder in Bewegung und nahmen den rechten Korridor. Abene fragte mich: *Können Sie mir sagen, wieso mich GI nicht darüber informiert hat, dass noch eine zweite Erkundung läuft?*

Das und alles andere konnte ich durchaus beantworten. *GrayCris wurde beschuldigt, auf einer zur Erkundung freigegebenen Welt im Gebiet des Corporation Rim die Mitglieder eines Prospektionsteams von DeltFall getötet und ein Team von PreservationAux angegriffen zu haben. Schauen Sie für weitere Informationen unter dem Stichwort Port FreeCommerce nach, sobald Sie wieder Zugang zu Newsfeeds haben. Es besteht der begründete Verdacht, dass GrayCris diese Terraforminganlage für unerlaubte Handlungen benutzt hat und eine Wiederinbetriebnahme zu verhindern sucht.* Das traf alles zu, und es hörte sich auch gut an.

Ich verstehe. Abene klang grimmig. *Also hat GrayCris diese Anlage zum Abbau unbekannter Synthetika statt zum Terraforming benutzt und befürchtet nun, das könnte durch die detaillierte Untersuchung der zurückgebliebenen Gerätschaften auffliegen.*

Wahrscheinlich. Ich war mir dessen sicher, nur hatte ich die langjährige Angewohnheit, mir ein bisschen Spielraum für den Fall zu lassen, dass ich mich irrte. Damit lässt sich einer Bestrafung durch das Chefmodul nicht unbedingt vorbeugen, aber einen Versuch ist es wert. *Bevor nicht die Daten des Geomoduls gesichtet und ausgewertet wurden, lässt es sich nicht mit Bestimmtheit sagen. Officer Rin hielt es für das Beste, das Bergen der Daten mit zusätzlicher Security für Ihr Team zu verbinden.*

Der Korridor lief in einen offenen Raum aus. Wilken signalisierte einen Halt – fünf Sekunden später, als ich es getan hätte. Laut Karte handelte es sich um einen Durchgangsbereich zwischen Modulen. Weiter vorn bewegten sich Schatten, aber das waren nur Reflexionen von draußen. Zur Linken befand sich ein großes Aussichtsfenster ähnlich dem Kuppelfenster im Geomodul, aber in die Wand eingelassen, und das Spiel von Licht und Wolken warf Schatten über den Boden.

Wilken benutzte ihren Scanner, dann bedeutete sie uns, ihr zu folgen. Die Interferenz war schlimmer, aber über Audio bekam ich nichts. Ich fragte Miki: *Kannst du sagen, was diese Scannerstörungen verursacht?*

Nein, SecUnit. Ich habe sie mit der Interferenz verglichen, die vom

Wetter herrührt, und sie sehen ähnlich aus, haben aber eine andere Quelle. Das ist seltsam, oder?

Wilken ging voran in den großen freien Raum und trat in die Schatten des Gewitters, das auf der anderen Seite der durchsichtigen Wand tobte. Sie hielt ihre Aufmerksamkeit vor allem auf den Scanner gerichtet. Über uns ragten gebogene Träger auf, und irgendwie schien das massive, unbewegliche Metall die konstante Bewegung der Wolkenschichten draußen zu imitieren. Drei große bogenförmige Schotts standen offen, dahinter führten dunkle Korridore zu weiteren Modulen. Gegenüber der transparenten Wand verlief oben eine Galerie mit weiteren Korridoreingängen. Mikis Feedlokalisator wies uns zum dritten Korridor rechts auf unserer Ebene.

Das ist nicht seltsam, das ist Absicht, erklärte ich Miki. *Etwas benutzt die durch das Wetter verursachte Interferenz zum Verbergen eines Signals.* Das war nicht zuletzt frustrierend. Für eine anständige Analyse hätte ich jetzt dringend ein SecSystem gebraucht. Selbst wenn es uns gelang, das Signal aufzudröseln, fehlten mir für einen Abgleich schlicht die Datenbanken.

Miki wechselte in den allgemeinen Feed. *Don Abene, in der Wetterinterferenz wird ein Signal …*

Ich spürte Bewegung, das Flüstern von Gelenken, und schoss Miki in genau jenem Augenblick eine Warnung rüber, als oben aus der Galerie ein Umriss hervorbrach. Ich griff Abene um die Taille und stürzte zum dritten Korridor rechts, weil wir diese Richtung einschlagen mussten, wenn wir unser Missionsziel erreichen wollten. Schritt eins war, dorthin zu gelangen, während der Feind mit Wilken beschäftigt war.

Als wir uns tief genug im Gang befanden, dass Abene außer

Reichweite von Eigenbeschuss war, hielt ich an. (Wilkens Waffe entlud in so kurzen Abständen, dass die Frau vermutlich nicht viel Zeit zum Zielen hatte.)

Eine Sekunde später war Miki bei uns angelangt. Ich stellte Abene auf die Füße, und sie taumelte, bis Miki sie auffing. Noch so eine Sache, die ich an menschlicher Security nicht ausstehen kann. Wäre Wilken eine SecUnit gewesen, hätte ich eindeutige Prioritäten gesetzt: weitergehen und Hirune bergen, sie und Abene in Sicherheit bringen, dann zurückkehren und bergen/aufräumen, was von Wilken und dem Feind übrig war. Aber Wilken war ein Mensch, also musste ich jetzt wieder da rein und ihr den blöden Arsch retten.

Miki schickte ein Bild an meinen Feed und sagte: *Es ist ein Combatbot!*

Ja, danke für den Newscluster, Miki. Als ich mit Abene den Raum durchquert hatte, war es mir gelungen, ein klares Bild von ihm mitten im Sprung zu bekommen. *Bleib bei Don Abene*, sagte ich zu Miki und rannte den Korridor zurück.

Das klingt beim Erzählen jetzt wieder, als hätte ich die Lage im Griff gehabt, aber in Wirklichkeit dachte ich nur: *Oh Scheiße Scheiße Scheiße.* Combatbots sind schneller, stärker und schwerer bewaffnet als ich. Selbst wenn ein SecSystem-Feed verfügbar gewesen wäre – ein Combatbot ließ sich nur in direktem körperlichen Kontakt hacken, und bei dem Versuch hätte er mich schlicht zerlegt. (Ich bin schon mal zerlegt worden, und das steht seitdem ganz oben auf meiner Liste der zu vermeidenden Dinge.)

Das einzig Gute an Combatbots ist, dass sie keine Combat-SecUnits sind. Die sind noch schlimmer.

Ich verließ den Korridor nahezu in der mir möglichen

Höchstgeschwindigkeit und hatte Zeit, mir ein klares Lagebild zu verschaffen und meinen Angriff zu planen. (»Planen« vielleicht besser in Anführungszeichen, weil dergleichen unter solchen Umständen extrem schwer ist.)

Wilken lag am Boden, und ihr war gerade ihre große Waffe aus den Händen geschlagen worden. Der Combatbot beugte sich über sie. Sein Umriss ähnelte stark einem humanoiden Bot wie Miki – wenn Miki drei Meter groß gewesen wäre und über mehrere Schießöffnungen in Brust und Rücken, vier Arme mit mehreren Handmodifikationen fürs Stechen, Schlitzen, Austeilen von Stromstößen usw. sowie einen wenig einnehmenden Charakter verfügt hätte.

Ich rannte die Wand gerade weit genug rauf, um die richtige Flugbahn zu bekommen, dann stieß ich mich ab und landete auf dem Kopf des Combatbots. Seine Kameras und Scanner waren dort untergebracht, seine Prozessoren und Speicher dagegen im Unterbauch. Dasselbe galt für Miki; sie waren da unten besser geschützt, weil die Leute immer auf den Kopf schießen. (Jedenfalls schießen die Leute bei mir immer auf den Kopf, da wird es bei Bots nicht anders sein.)

Der Combatbot wusste, dass ich eine SecUnit war, denn er schickte einen Impuls durch seine Haut, der meine Schmerzsensoren auf Maximum brachte. Ich hatte damit gerechnet und sie bereits runtergeregelt, trotzdem fühlte es sich nicht schön an. Der nächste Impuls sollte meinen Panzer und meine Explosivgeschosswaffe ausschalten. Da ich beides in Port FreeCommerce zurückgelassen hatte, zeigte er kaum Wirkung, und der Fehler gab mir die halbe Sekunde, die ich brauchte, um die Schießöffnung der Energiewaffe in meinem rechten Arm gegen seine sensorischen Inputkollektoren zu pressen. Ich feuerte sie bei voller Leistung ab.

Die halbe Sekunde hatte ich gebraucht, weil der Bot genau im Moment des Abdrückens den Arm nach oben riss und mich von seinem Kopf wegschlug. Ich knallte zu Boden und schlitterte drei Meter weit, aber der Bot stolperte seitwärts, vorübergehend (und ich kann das Vorübergehende gar nicht genug betonen) blind, taub und unfähig, nach Bewegungen oder Energie zu scannen, unfähig, ein Ziel mit seinen integrierten Waffen zu erfassen.

Wilken rollte sich gerade herum, als ich wieder hochkam. Ich riss ein Explosivpack von ihrem Gürtel ab und warf mich auf den Combatbot. Dem Prasseln im Feed nach hatte er gerade seine sensorischen Inputs gereinigt, aber da traf ich bereits die Stelle gleich über seinem rechten Hüftgelenk und rammte das Explosivpack hinein.

Seine Riesenpranke schloss sich um meinen Kopf und eine Schulter, und ich spürte die Verschiebung im Metall, die bedeutete, dass gleich etwas Scharfes aus seiner Hand kommen würde. Ich dachte: *Na toll, das war wohl nichts.* Er hätte mich mit einer seiner vielen Waffen in der Brust auslöschen können, aber er war sauer und wollte, dass ich litt. Dann ertönte ein leiser, gedämpfter Knall von dem Explosivpack.

Das Pack verfügte über zwei Sprengladungen. Die erste war dazu gedacht, ein Loch in einen schweren Schutzschild zu treiben, also schaffte sie das auch beim Carapax eines Combatbots. Ich hatte immer noch den Kanal zu Wilkens Feed offen und hörte, wie der Countdown der zweiten Ladung einsetzte.

Wäre der Combatbot weniger von sich überzeugt gewesen, hätte er vielleicht aufgehört, mir den Kopf zu zerquetschen, doch dann legte sein Defensivmodus los, und er stieß mich beiseite, um an das Pack heranzukommen.

Ich knallte erneut auf den Boden und kam wieder hoch, als er nach dem Pack krallte. Wilken rollte sich auf die Knie und eröffnete das Feuer auf Brust und Kopf des Bots. Sie traf die Sensoren und Schießöffnungen, was zugegebenermaßen eine gute Idee war. Es hielt den Bot davon ab, uns aufs Korn zu nehmen, und verschaffte der Sprengladung Zeit zum Hochgehen.

Der Bot riss sich die Kunststoffverkleidung herunter, aber das Pack hatte sich bereits durch seinen Carapax gesprengt. Der Bot versuchte, einen Greifarm in das Loch einzuführen. Wilken schaffte es, das empfindliche Gelenk zu treffen, als es sich streckte. Das verschaffte der Sprengladung die noch benötigten zwei Sekunden. Ich schützte meinen Kopf mit den Händen, regelte mein Gehör runter und rollte mich weg.

Der Knall wurde gedämpft, aber ich spürte die Vibration, als der Bot umfiel. Ich kam auf die Füße und konnte kaum fassen, dass es geklappt hatte und ich noch am Leben war und funktionierte. (SecUnits bekommen beigebracht, so zu kämpfen: Stürze dich auf dein Ziel, mache es platt und baue darauf, dass sie dich in der Reparaturzelle wieder zusammenflicken können. Jawohl, ich bin mir bewusst, dass ich keinen Panzer und auch keinen Zugang zu einer Reparaturzelle mehr habe, sehr bewusst, aber selbst unsereins ist ein Gewohnheitstier.)

Der Bot lag da wie ein Riesenhaufen Schrott. Der Carapax hatte die Detonation begrenzt und verhindert, dass Granatsplitter herumflogen, und der Knall hatte den Prozessor und die anderen wichtigen Teile in seinem Bauch beschädigt. Aber er war immer noch aktiv. »Ich brauche mehr Packs«, sagte ich zu Wilken.

Sie lag hingestreckt auf dem Boden, aber ihr Panzer hatte ihr Gehör geschützt. Sie riss einen Satz Packs von ihrem Gürtel ab und hielt sie nach oben.

Ich nahm sie, machte sie scharf und warf sie in den offenen Carapax des Bots, dann zog ich mich zurück.

Wilken kämpfte sich hoch und zog sich ebenfalls zurück, dabei zielte sie auf den Bot.

Ich erreichte den Eingang zum Korridor, als die Sprengladungen hochgingen. Jede Detonation ließ den Bot beben und zucken. Nach der letzten scannte ich auf Aktivität. Der Bot hatte noch Strom, aber die primären und sekundären Prozessoren war zerstört. Das sollte reichen.

Wilken sah auf ihren Scanner. Sie gab einen Laut der Erleichterung von sich. »Gute Aktion. Komm. Wenn es hier einen gibt, dann gibt es auch noch mehr.«

Wohl wahr.

Ich folgte Wilken den Korridor entlang zu der Stelle, wo Miki und Abene warteten. Abene hatte eine Hand auf Mikis Arm gelegt und hielt ihn fast schützend fest. Als wir näher kamen, ließ sie ihn los und fragte: »Dieses Trumm haben dieselben aktiviert, die auch Hirune verschleppt haben, korrekt?«

»Liegt nahe.« Wilken wollte stehen bleiben, aber Abene setzte sich in Bewegung, und Wilken musste ihr folgen. Ich setzte mich an die Spitze, und Miki blieb neben Abene, ohne dass ich es ihm sagen musste. Was gut war; in einem Gefecht war Miki vielleicht keine Hilfe, aber wenigstens wusste ich jetzt, dass Abene für ihn an erster Stelle kam, ganz gleich, welche Anweisungen Wilken ihm gab.

Ich hörte Abene im Shuttlefeed, sie warnte Vibol und die

anderen und sagte, dass sie an Bord bleiben und uns unter keinen Umständen folgen sollten. Wilken schickte Gerth ihr Video des Angriffs, und Gerth bestätigte. Eine professionellere Reaktion als die von Kader, der eindeutig aufgewühlt war, aber meldete, dass sie die Transitstation verständigt hatten und mit dem Hafenamt in Verbindung standen.

Wilken fügte hinzu: »Ich habe noch nie erlebt, dass Plünderer Zugang zu Combatbots haben, aber irgendwann ist immer das erste Mal.«

Ich war mir ziemlich sicher, dass der Combatbot zum Originalinventar der Anlage gehört hatte. Wir redeten hier schließlich von GrayCris, deren Firmenmotto offensichtlich war: »Alle umbringen und ihr Zeug klauen ist unser Geschäft.«

Abene antwortete nicht. Nach dem, was ich ihr erzählt hatte, glaubte sie wahrscheinlich auch nicht mehr an Plünderer. »Die werden wissen, dass wir kommen.«

Sie wissen es bereits, sagte ich Miki und ihr über unseren privaten Drei-Wege-Kanal. Und nun wussten die anderen Combatbots, dass eine SecUnit beteiligt war, und passten ihre Strategie entsprechend an.

Ich hätte auch gern eine Strategie gehabt.

[Abfrage: Aktive SecUnit in Wachbereich.]

Ich blieb stehen. Ohne zu schreien, obwohl ich für 0,02 Sekunden daran dachte.

Ich war mir ziemlich sicher, dass ich meine Miene im Griff hatte, aber Abene und Miki drehten sich zu mir um. Wilken ging weiter.

[Abfrage: Antworten.]

In meinem Feed fragte Miki: *SecUnit, was ist das?*

Nicht antworten, Miki. Das ist ein Combatbot, der versucht, unsere Position herauszubekommen. Combatbots können nicht hacken wie Combat-SecUnits. Sie sind auch nicht mit SecSystems oder Hab-Systems verbunden wie SecUnits. Aber trotzdem. Ich wollte den nicht in meinem Kopf haben. Auch nicht in Mikis Kopf.

[Abfrage: SecUnit hat untergebene Einheit.] Er klang gnadenlos. Und belustigt. *[Abfrage: Spielroboter.]*

Ich hatte ihn fast.

[Zielvorgabe: Wir zerlegen euch.]

Ich blockte den Kanal und atmete aus. Langsam, um nicht die Aufmerksamkeit der Menschen auf mich zu ziehen. Miki schickte mir ein Kummerzeichen. Ich sagte: *Wird schon*, was komplett gelogen war. Ich ermahnte mich, dass ein Combatbot kein Mensch war und auch kein Bösewicht aus meinen Serien. Er war ein Bot, und er drohte nicht.

Er machte nur eine Ankündigung.

Combatbots brauchten normalerweise keine menschliche Aufsicht. Die brauchten sie nur, wenn sie eine Zielvorgabe umsetzen sollten. Wenn die Zielvorgabe so ungenau war wie *»Alle angreifen, die in der Anlage landen, und dabei euren Netzwerkfeedverkehr mit Störsignalen tarnen, die der durch das Gewitter hervorgerufenen Interferenz entsprechen«*, dann kamen sie vielleicht ohne aus. Aber eine Gefangene zu nehmen und uns tiefer in die Anlage zu locken legte Planung nahe. Vielleicht hatte GrayCris in der Transitstation einen Agenten zurückgelassen, der sich offen sichtbar unter der Belegschaft des Hafenamts verbarg und die Anlage im Blick behielt. Er hatte gewusst, wann unser Shuttle abflog und wann es an der Anlage ankoppelte, und abgeschätzt, wie lange das Team brauchen würde, um in eins der Module vorzudringen und mit der Erkundung zu beginnen. Dann hatte er ein Signal geschickt und die Combatbots aktiviert.

Ein Signal, das die Abschirmung der Station durchdrang? Vielleicht.

Es wäre schön gewesen, die Anzahl der Bots zu wissen, aber immerhin kannte ich nun den Ort des ersten Hinterhalts. Er hatte nicht funktioniert, also mussten die Combatbots ihre Position anpassen und einen zweiten Hinterhalt legen. Ich überprüfte noch einmal die Karte und stellte fest, dass wir gleich in den Zentralknoten kommen würden.

Ich sagte: »Don Abene, ich muss nach vorne und aufklären. Es wäre besser, Wilken begleitet mich, und Miki und Sie warten hier.« Über Feed fügte ich hinzu: *Und wir müssen uns beeilen.*

Abene war sehr für Beeilung, und ich wollte Wilken keine Zeit zum Widerspruch geben. »Gut, wir warten«, gab Abene zurück.

Ich setzte mich in Bewegung, schneller jetzt. Wilken zögerte, dann folgte sie mir und holte mich dank ihres Servopanzers ein. »Moment mal«, sagte sie. Ich blieb stehen, um sie bei Laune zu halten und weil ich im Feed mitbekommen hatte, dass sie die Karte überprüfte. »Alles klar. Gehen wir.«

Ich überließ ihr die Führung.

Wir folgten der Röhre, die den Zentralknoten umging und sich zum Maschinenbereich hin krümmte. Ich hatte automatisch nach Drohnen gescannt, bekam aber weiterhin ein negatives Ergebnis. Ich tippte Mikis Feed an. *Hast du kürzlich mal das Schiff überprüft?*

Ich überwache Kaders Feed für Don Abene und überprüfe alle 2,4 Se-

kunden den bordeigenen Systemstatus, SecUnit. Ejiro befindet sich im OP und dürfte bald vollständig wiederhergestellt sein.

Zum ersten Mal klang Miki wenigstens ansatzweise genervt. Aus irgendeinem Grund verlieh mir das Mut. *Bestätige. Wollte nur auf dem Laufenden bleiben.*

Miki schickte mir ein Lächelzeichen. *Es ist eine gute Sache, bei seinen Freunden auf dem Laufenden zu bleiben.*

Tja, das hatte ich mir selber zuzuschreiben.

Die Röhre bog sich vor uns, und wie zu erwarten war, sah ich das Schatten- und Lichtspiel, das auf große Fenster zu beiden Seiten hindeutete. Was wir vorhatten, lag taktisch nahe, und die Combatbots hätten ein paar Miniaturdrohnen hier raufschicken können, um zu schauen, ob wir es versuchten. Aber ich bekam mit meinem Scanner nicht den kleinsten Hinweis auf Überwachung, Bewegung oder verdeckte Kommunikation rein. Das stützte die Annahme, dass sie keine Aufsicht vor Ort hatten; die Karte wies für diese Zugangsröhren keine Fenster aus, deren Vorhandensein hatte sich nur aus der Architektur der übrigen Anlage schließen lassen. Auf so etwas kam ein Combatbot nicht.

Ich blieb im Schatten des undurchsichtigen Teils der Röhre stehen, Wilken ganz in der Nähe ebenfalls. Ich sah im Feed, dass sie die Vergrößerung ihrer Helmkamera anpasste.

Die eine Seite der transparenten Röhre lag zum Zentralbereich des Maschinenmoduls hin. Es war an dieser Stelle nur 22 Meter entfernt, und wir hatten Blick durch das große gerundete Dach derselben Bauart wie beim Geomodul. Wilken hielt ihre Helmkamera an die Röhrenwand und schickte mir das Video.

Ich konnte die Bewegung selbst sehen und die Positionen ableiten, aber die größere Auflösung war nett.

Während wir noch guckten, schlich ein Combatbot durchs Erdgeschoss und unter einem zentralen, skulpturähnlichen Gebilde hindurch, das offensichtlich teils eine Treppe zur Galerie oben war und teils künstlerisches Statement. Wilkens Scanner erfasste bewegte Stromquellen im Obergeschoss, und ich konnte dem Muster entnehmen, dass es sich um einen Schwarm Kampfdrohnen handelte. Bei meinen Einsätzen fand meist das deutlich kleinere (und billigere) Modell Verwendung, das Aufklärungszwecken diente und mit dem sich die proprietären Daten der Klienten besser abgreifen ließen, außerdem konnte man damit den Perimeter seiner Basis im Blick behalten und sicherstellen, dass sich im Feld nichts an die eigenen Teams ranmachte. Diese hier waren das größere Modell mit Aufklärungsfunktion, zusätzlicher Abschirmung und eingebauter Energiewaffe.

Wilken scannte weiter und sagte leise: »Also ein weiterer Combatbot plus Drohnen.«

Wir hatten mindestens zwei weitere Combatbots; einer stand unten im Schatten der Galerie. Wilken hatte ihn übersehen, aber ich leitete seine Anwesenheit aus den Energiemustern ab, die Wilkens Scanner registriert hatte. Jede Wette, dass noch ein oder zwei bereitstanden oder irgendwo anders in der Anlage aktiv waren. Wahrscheinlich zwischen dem Shuttle und uns, denn so laufen solche Sachen.

Dann sagte Wilken: »Da ist das Ziel.«

Mit »Ziel« meinte sie ihre Klientin Hirune, die am Fuß der Treppe auf dem Boden lag. Man sollte Klienten nie als Ziele bezeichnen; man möchte schließlich nicht im entscheidenden Moment durcheinanderkommen. (Das war ein Witz.) Sie lag zusammengerollt auf der Seite, mit dem Rücken zu uns, und ich konnte nicht sagen, ob sie noch lebte. Aber mich beunruhigte noch etwas anderes. »Wieso nehmen sie dafür das Maschinenmodul?«

Wir mussten über den Zentralknoten dorthin, und wenn sie dort keinen Hinterhalt gelegt hatten, war das Atmosphäremodul näher und ließ sich besser verteidigen, weil es nur einen Eingang besaß. Das Maschinenmodul ließ sich über den Zentralknoten erreichen, eine zweite Röhre führte vom Fertigungsmodul dorthin, und außerdem gab es im Zentralknoten unmittelbar unter dieser Galerie noch eine Liftstation.

»Wer weiß schon, was in Botgehirnen vorgeht«, sagte Wilken, dann schaute sie kurz zu mir. Ich starrte unverwandt nach vorne. Wenn überhaupt, dann war das einzig Gute an dieser Lage, dass sie bewies, wie gut und richtig meine Entscheidungen gewesen waren, a) mein Chefmodul zu hacken und b) mich abzusetzen. Ein Leben als SecUnit war Mist. Ich konnte es kaum erwarten, meine wilde Abenteuerfahrt als Anhalter auf botgesteuerten Frachtern wieder aufzunehmen und meine Serien zu glotzen. »Gehen wir«, sagte Wilken. »Ich habe einen Plan.«

Ja, und ich habe auch einen Plan.

Nun, da wir wussten, wo die Combatbots waren, ließ Wilken uns den Zentralknotenzugang zum Fertigungsmodul nehmen, von wo aus wir durch die andere Röhre zum Maschinenmodul gehen konnten. Beziehungsweise ich durch die andere Röhre gehen sollte, denn das war ihr Plan.

»Wir schicken die SecUnit rein, um sie abzulenken, dann gehe ich rein und hole Hirune«, sagte Wilken zu Abene.

Miki stellte den Kopf schief. Abene runzelte die Stirn und warf mir einen entsetzten Blick zu. »Das ist doch Selbstmord.«

Wilken erklärte geduldig. »Es ist eine SecUnit. Die machen das so.«

Miki signalisierte mir über Feed Bestürzung. *Das ist kein guter Plan, SecUnit.*

Wieder wurde Abenes Miene hart. »Das ist gegen die ethischen Standards von GI.«

Wilken zog die Augenbrauen hoch. »Möchten Sie Hirune zurückhaben?«

Ich beobachtete Abenes Gesicht. Sie kämpfte, zerrissen zwischen ihrer Angst um Hirune und der Vorstellung, mich in eine Lage zu schicken, die auf einen grässlichen, aber immerhin schnellen Tod hinauslief. Es war spannend, das mitzuverfolgen, weil sie wusste, dass ich eine SecUnit war. Sie krächzte: »Es muss noch einen anderen Weg geben. Officer Rin würde das gewiss nicht zulassen.«

Aber sie hatte erklärtermaßen noch nie eine SecUnit gesehen oder mit einer gearbeitet, und Miki hatte nicht mal einen Eintrag dafür in seiner Wissensdatenbank. Und Abene war ein Mensch mit einem Spielroboter. Vielleicht hielt sie mich ja für Officer Rins Spielroboter.

Zum Streiten fehlte uns die Zeit, und ich wollte wirklich vermeiden, dass irgendjemand an Officer Rin dachte, deren fiktive Existenz zunehmend fadenscheiniger wurde, jedenfalls für mich. Ich sagte: »Ist schon in Ordnung, Don Abene. Unsereins macht das so.« Wobei es extrem schwierig war, dabei nicht ironisch zu klingen.

Über unsere private Verbindung sagte ich zu ihr und Miki: *Ist wirklich in Ordnung, ich habe einen anderen Plan. Der ist weniger gefährlich für Hirune.*

Sind Sie sicher?, fragte Abene. Und sagte dann: *Sie wollen Wilken nicht einweihen.*

Absolut nicht, vor allem deshalb, weil ich keine Anweisungen von Wilken bekommen wollte, die ich dann ignorieren musste. Und weil ich nur eine vage Vorstellung davon hatte, was ich tun wollte; das meiste musste ich improvisieren. *Sie sind meine Klientin. Sie können mich über diese Verbindung beobachten.* Zu Wilken sagte ich: »Wir sollten jetzt gehen. Geben Sie mir Ihre Waffe.«

»Was?« Wilken ging nicht wieder in den Anschlag, aber die Verschiebungen des Panzers über ihren Gelenken ließ mich vermuten, dass es ihr erster Impuls gewesen war.

Ich sagte: »Wenn ich zuerst reingehe, brauche ich eine Projektilwaffe.« Ich wollte nur sehen, wie sie reagierte.

»Nein, ich folge dir ja.« Wilken klang wenig geduldig. »Ich postiere mich an dem Schott zwischen Fertigungsmodulkorridor und Röhre und gebe dir Deckung.« Sie stiefelte los und sagte zu Abene: »Warten Sie hier. Wenn ich Ihnen eine Feednachricht schicke, dass Sie fliehen sollen, kehren Sie zurück zum Shuttle.« Ich folgte ihr wie eine brave kleine SecUnit/Mordmaschine.

Hinter mir bewegte sich Miki, sodass er unseren Weg durch den Korridor verfolgen konnte, und schickte seinen Kamerablick an Abene.

Sobald wir außer Hörweite waren, stellte Wilken ihren Funk und ihren Feed stumm und fragte: »Irgendwas von Officer Rin gehört?«

»Nein, der Stationsfeed reicht nicht bis hier.« Was Wilken wusste. »Wenn Sie mit ihr sprechen müssen, kann ich es über Funk probieren.« Das ließ sich mit ein bisschen Vorlauf fälschen.

Zum Glück wollte Wilken lieber nicht die Meinung einer

Sicherheitsberaterin von außen zu ihrem taktischen Vorgehen hören, zumal sie darauf abzielte, dass die SecUnit besagter Sicherheitsberaterin ihr Leben verlor. Ich weiß nicht, was Finanzierungsgesellschaften den Klienten bei unserem Tod in Rechnung stellen, aber bestimmt eine gehörige Summe.

Ich stellte mir Wilkens Plan so vor, dass sie mich da reinschickte, das Schott schloss, und sobald die Combatbots mich getötet hatten, würde sie Abene und Miki sagen, dass sie es versucht hatte und sie jetzt zum Shuttle zurückkehren und fliehen mussten. Ohne eine SecUnit auf ihrer Seite war Abene wehrlos, und da sie keinen Servopanzer trug, konnte Wilken sie auch zurückschleifen, wenn sie sich widersetzte. Natürlich würde Miki dazwischengehen, wenn Wilken Abene anrührte, aber darüber war sich Wilken vielleicht nicht im Klaren.

Wir erreichten die Schottverbindung, und Wilken blieb stehen. »Viel Glück«, sagte sie.

Du mich auch, dachte ich und ging weiter.

Na schön, die Sache hier gefiel mir also nicht. Es war ja nicht so, dass irgendwo eine Reparaturzelle auf mich wartete. Ich konnte auch mit einem MedSystem wiederhergestellt werden, aber dazu musste ich erst mal an eins rankommen, und das nächste, in das ich es vielleicht noch hineinschaffte, befand sich an Bord meines Versorgungsschiffs, das immer noch an der Transitstation angekoppelt war. Aber das war machbar.

(Ich hoffte, dass es machbar war. In der letzten Zeit ließ meine Beurteilungsfähigkeit zu wünschen übrig.)

Während ich außer Wilkens Sicht weiter die Röhre raufging, legte ich ihren Kanal nach hinten, tippte meine Verbindung zu Miki und Abene an und stellte ihnen mein Bild in den Feed.

(Es ist nicht so gut wie das von einer Helmkamera, weil es von meinen Augen stammt und entsprechend herumspringt.) Miki erzählte irgendwas, eher Abene als mir, aber ich hörte nicht hin. Ich angelte nach einer Drohne.

Ich sendete auf einem offenen Kanal kurze Prasselsequenzen. Die Drohne sollte sie als Signale einer Funksprechverbindung lesen, als würde hier ein armer Mensch herumirren und versuchen, über Funk Hilfe zu rufen anstatt über die abgesicherten Interfaces, die Abene, Miki und Wilken für unseren Feed benutzten.

Das konnte mir ins Gesicht fliegen, weil all die Drohnen möglicherweise auf die Idee kamen, sofort hierher zu zischen und mich einzukassieren, aber das hielt ich eher für unwahrscheinlich. Die Bots hatten sie uns nicht entgegengeschickt, weil wir nicht wissen sollten, dass sie welche hatten, da sie damit nämlich das Shuttle angreifen wollten. Ich baute darauf, dass die Drohnen den Perimeter sicherten und nur ein Wachtposten nachsehen kommen würde.

Ich gelangte in der Röhre zu einem Verbindungsstück mit leeren Steckplätzen für Geräte. Sie bildeten schattige Nischen, und ich trat in eine hinein. Mein Scanner war auf größte Reichweite gestellt, und immer noch ging mein verlockendes periodisches Signal raus. Und ich bekam eine Antwort. Ein Prasseln, als würde ein Funkgerät antworten, aber durch Interferenz übertönt werden.

Eine normale SecUnit (Sie wissen schon, eine mit funktionierendem Chefmodul, nicht so nervös wie ich, aber dafür wahrscheinlich depressiver) bekam diesen Part hin, würde aber auf die vorgefertigten Antworten beschränkt sein, die das Tarnmodul für

Gefechte zur Verfügung stellte. Eine Drohne war vielleicht in der Lage, zu erkennen, dass diese Antworten nicht von einem Menschen, sondern von einer anderen Kampfeinheit stammten. Ich hatte sowieso kein Tarnmodul (dieses Upgrade war mir verwehrt geblieben, wegen RaviHyral und den vielen toten Klienten vielleicht, stellen Sie sich vor), also benutzte ich Dialogschnipsel aus meinem Medienspeicher, die ich extrahierte und bearbeitete, um Hintergrundgeräusche und Musik zu eliminieren und möglicherweise unter dem Audio liegenden Identifikationscode zu entfernen. Ich schickte mein vorab aufgenommenes »Sind Sie … nicht finden … wo … Schiff …«, das ich kunstvoll mit Störsignalen undeutlich gemacht hatte.

Die Drohne antwortete mit einem weiteren schicken Prasseln. Der Signalstärke nach kam sie näher. Ich blieb, wo ich war, und wartete.

Über Feed sagte Miki: *Wir sind beunruhigt wegen dem, was du da gerade machst, SecUnit.*

Noch nichts im Scan, also hatte ich Zeit zum Plaudern. *Wieso seid ihr beunruhigt, Miki?*

Weil wir nicht wissen, was das wird. Wilken sagt gerade im Feed zu Don Abene, dass du überhaupt nichts machst …

Die Drohne war jetzt in Scannerreichweite und bewegte sich nur langsam, um den Menschen, mit dem sie rechnete, nicht zu verschrecken. Ich stand in dem dunklen Winkel, hielt die Luft an und beendete jede Aktivität, die sie sonst vielleicht aufgefangen hätte. Ich lockte sie mit einem weiteren Fetzen Funkaudio. Die Karte wies diese Steckplätze als Teil einer Messstation für Luftqualität aus, also hatte die Drohne keine Ahnung, dass dort Platz für etwas Menschengroßes zum Verstecken war. Verwirrt über den augenscheinlich leeren Gang versuchte sie, das Signal zurückzuverfolgen. Und ich pingte sie mit einer komprimierten Liste von Drohnen-Steuerungsschlüsseln an.

(Die gehört nicht zum Tarnmodul und ist auch keine Funktion firmeneigener SecSystems. Ich habe sie aus den proprietären Daten eines Firmenklienten, der an Gegenmaßnahmen für Gefechtsdrohnen gearbeitet hat. Obwohl ich immer Platz für neue Serien brauche, hatte ich es hinbekommen, sie nicht zu löschen. Weil ich wusste, dass ich sie eines Tages würde gebrauchen können.)

Ein Schlüssel griff, und die Drohne ging auf neutrales Stand-by. Ich sah mich für ein, zwei Minuten in ihrem Steuercode um, damit ich wusste, wie sie funktionierte. Sie, die anderen Drohnen (sie nahm dreißig als aktiv wahr) und drei Combatbots operierten alle über einen gesicherten Feed. Sämtliche Drohnen befanden sich zusammen mit zwei Combatbots im Eingangsbereich des Maschinenmoduls. Der dritte Bot war als »außer Reichweite aktiv« gekennzeichnet, ließ sich aber nicht lokalisieren. (Ich hatte das ungute Gefühl, dass er sich in Richtung Shuttle bewegte, um uns den Weg abzuschneiden.) Die Bots besaßen mehrere Schichten Security, und selbst wenn ich sie jetzt von innerhalb ihres eigenen Netzwerks aus zu hacken versuchte, würde ihnen genug Zeit bleiben, um hier raufzukommen und mich zu töten. Aber die Drohnen konnte ich allesamt übernehmen.

Nach weiteren zwanzig Sekunden waren sie ohne Ausnahme meine neuen Drohnenfreunde.

Oh, verstehe, sagte Miki. *Entschuldige die Störung.*

Aber beeilen musste ich mich trotzdem. Ich sagte Drohne 1, auf Stand-by zu bleiben, und befahl den 29 anderen, sich gegen die zwei Combatbots im Maschinenmodul zu wenden. Dann rannte ich los.

Ich lief eine Kurve entlang und durch zwei offene Schottverbindungen. Schon hörte ich das Feuer von Energie- und Projektilwaffen, das Krachen von Metall gegen Wände und dieses komische hohe Heulen, das angegriffene Gefechtsdrohnen von sich gaben. Ich steuerte sie nicht einzeln; sobald sie ihren Befehl hatten, wussten die Drohnen, was zu tun war, und wenn ich versucht hätte, sie vom Jumpseat aus zu steuern, wären sie nur langsamer geworden.

Als das Schott zum Maschinenmodul in Sicht kam, beschleunigte ich. Ich erreichte das Ende des Korridors bei Höchstgeschwindigkeit und hechtete vorwärts.

Der Eingangsbereich des Moduls war jetzt Kriegsgebiet. Ich landete bäuchlings auf dem Boden und rutschte weiter. Der Combatbot in der Nähe der Tür schlug wild um sich, während die Drohnen Sturzflüge absolvierten und ihn beschossen. Er drehte sich wie ein wütender Wirbelsturm aus Metall, verirrte Schüsse aus seinen Waffen trafen die Wände, den Boden, die Pfeiler. Er erwischte eine Drohne mit seiner Schneidhand, und Metallsplitter verteilten sich im Raum. Ich hatte vorsorglich meine Schmerzsensoren heruntergeregelt, spürte die Einschläge aber trotzdem überall auf Rücken und Schultern, kleine Hiebe, die bedeuteten, dass etwas meine Kleidung durchschlagen hatte und mir jetzt im Fleisch steckte. (Klingt das schrecklich? Hoffentlich, weil es nämlich schrecklich war.) Der zweite Bot versuchte, nach vorne zu rennen, doch die Drohnen bildeten eine Mauer, krachten in ihn hinein und drängten ihn mit einem Schleier von Waffenfeuer und ihren gepanzerten Leibern zurück.

Ich kam auf die Füße, sprang erneut und landete bei Hirune. Sie sah unverletzt aus, und ich sah auch keine Blutlachen, aber mir fehlte die Zeit, um zu überprüfen, ob sie noch lebte. (Es spielte keine Rolle. Bei einer Rettungsaktion glaubten Menschen erst, dass die Geisel tot war, wenn ich die Leiche zurückbrachte.) Ich hob sie auf, und nun folgte der schwierige Teil, ich musste rennend wieder nach draußen.

Die Bots hatten genügend Zeit, um zu begreifen, dass a) die SecUnit hier war, b) auf welche Weise die SecUnit ihre Drohnen übernommen hatte, und waren dementsprechend c) stinksauer auf besagte SecUnit. Ich warf mich durch den Raum zur Tür.

Die beiden Bots hatten 23 Drohnen ausgeschaltet, jede einzelne ein Licht, das aus meiner Wahrnehmung verschwand, eine Verbindung, die abriss. Aber die Drohnen hatten ordentlich Schaden angerichtet, an Gelenken, Schießöffnungen und Händen. Das Kamerabild einer überlebenden Drohne zeigte mir, dass der Bot in meinem Rücken sich nach mir hatte werfen wollen, aber in die Knie gebrochen war; Drohnen hatten ihr Feuer auf seine Fußknöchel konzentriert, während andere ihn ablenkten.

Der Bot vor mir machte einen Satz und versperrte mir die Tür. Also wandte ich mich nach rechts und rannte zum Lift.

Die Combatbots hatten das Liftsystem übernommen, wie ich Brais gewarnt hatte, aber Combatbots können nicht hacken wie eine SecUnit. Ich hatte keine Kontrolle des gesamten Systems versucht, sondern nur diesem einen Lift gesagt, hier auf mich zu warten. Als ich bei ihm ankam, glitt brav die Tür auf. Ich befahl ihm, mich zum Fertigungsmodul zu bringen. Die Tür klemmte ein paar scharfe Metallfinger ein, und die Kapsel zischte mit mir los.

Drohne 1 wartete immer noch im Korridor, und ich befahl ihr, die Schottverbindungen zwischen Maschinen- und Fertigungsmodul zu schließen und die Bedienfelder abzufackeln. Sie sauste los, als der Lift anhielt und seine Türen öffnete.

Ich trat auf eine leere Kreuzung im Fertigungsmodul hinaus und schickte den vorbereiteten Code ins Liftsystem. Er fuhr das System runter und sperrte es mit einer Passwortabfrage. Mit den richtigen Codemodulen konnten die Combatbots es reaktivieren, aber dann mussten sie Ressourcen einsetzen, die sie für andere Dinge benötigten. Jedenfalls würde es mir die Zeit verschaffen, die ich brauchte. Hoffentlich.

Jetzt, da ich Gelegenheit hatte, meinen Zustand zu bewerten, regelte ich meine Schmerzsensoren etwas höher. Die Einschläge, die ich gespürt hatte, wechselten von dumpfen Schmerzen zu heftigem Brennen, wie kleine Explosionen unter der Haut. Au, au, na schön, au. Ich sperrte meine Kniegelenke, um aufrecht zu bleiben, und erhöhte meine Luftaufnahme.

Ich hatte diverse Metallsplitter der Drohnen abbekommen, die überall um mich herum zerfetzt worden waren. Außerdem zwei Treffer von Projektilwaffen, einen links unten in die Seite und einen in die linke Schulter. Ich war mir ziemlich sicher, dass ich von Fehlschüssen getroffen worden war, die den Drohnen gegolten hatten. Wären die Bots dazu gekommen, auf mich zu zielen, hätten sie mich in Stücke geschossen. Ich regelte die Schmerzsensoren wieder runter, und die Einschlagstellen verblassten von Explosionen zu Glutnestern. (Schon klar, das ist keine Dauerlösung, und so zu tun, als wären schlimme Sachen gar nicht passiert, ist auf lange Sicht keine besonders raffinierte und Erfolg versprechende Überlebenstechnik, aber ich konnte im Moment nichts dagegen unternehmen.) Der Arm, in dem ich meine Speicherclips verstaut hatte, war noch heil, und das erleichterte mich.

Ich ging den Korridor hinunter zum Eingangsbereich des Fertigungsmoduls, wo die anderen sein sollten.

Ich tippte Mikis Feed für einen Bericht an, weil weder er noch Abene irgendwas von sich gaben und ich mir nicht sicher war, was sie über meinen visuellen Feed hatten mit ansehen können. In diesem Moment drückte Hirunes behandschuhte Hand meine Schulter.

Zum Glück erinnerte ich mich daran, dass ich einen möglicherweise noch lebenden Menschen trug, und schrie nicht auf oder ließ sie fallen oder so. Ihr Helm mit dem Funkmikro war heruntergerissen worden, und ihr Kopf lag an meiner Schulter. Sie sagte schleppend: »Wer bist du?«

Ich war abgelenkt, und aus meinem Puffer kam die Standardantwort: »Ich bin Ihre SecUnit.« Ich war abgelenkt, weil aus der Verbindung zu Miki und Abene wirres Zeug kam. Es handelte sich nicht um Kommunikation über ein Feedinterface, sondern um Audio; Miki schickte mir offenes Funkaudio über Feed.

Abenes Stimme war rau und tief vor Zorn, als sie rief: »Wer hat euch geschickt? GrayCris?«

An meiner Schulter gab Hirune ein verwirrtes »Hm?« von sich.

Das andere Funkaudio, das ich hörte, war so schwach, dass nicht einmal ich daraus schlau wurde. Ich musste vier Sekunden daran verschwenden, es in ein Spektrogramm zu konvertieren, bevor ich es erkannte. Es waren zwei Geräusche, das tiefe Summen von Mikis Gelenken und das höhere Summen eines Servopanzers, die gegeneinander arbeiteten.

Tja, scheiße.

Ich mache durchaus Fehler (ich führe in einer besonderen Datei eine Strichliste), und nun hatte ich, wie es aussah, einen richtig großen begangen. Ich hatte Wilkens Verhalten komplett auf mich bezogen und als Unbehagen und Paranoia interpretiert, die davon herrührten, dass plötzlich aus dem Nichts eine SecUnit auftauchte, die angeblich von einer weiteren Sicherheitsberaterin geschickt worden war, deren Vorhandensein implizierte, dass die Klienten Gerth und ihr nicht trauten. (Schon klar, diese Ichbezogenheit ist normalerweise so ein Menschending.) Aber wie es aussah, war sie aus einem ganz anderen Grund nervös gewesen.

Wenn Sie Ihre Security über eine Finanzierungsgesellschaft wie diejenige buchen, der ich mal gehört habe, dann holen Sie diese bei kleinen Aufträgen selbst in einer Zweigstelle ab oder lassen sie sich bei größeren durch einen Frachter der Gesellschaft liefern, und das ist auch gut so. Es reduziert die Gefahr enorm, dass irgendwelche Leute kommen und sich als Ihr Securityteam ausgeben, obwohl sie in Wirklichkeit den Auftrag haben, Sie zu töten.

Wilken und Gerth waren gut. Ich hatte sie auf dem Schiff belauscht und ihre Gespräche analysiert und keine einzige Andeutung gefunden. Aber wenn sie für GrayCris arbeiteten, wussten sie natürlich genauestens über die Überwachungsmöglichkeiten der Security von Finanzierungsgesellschaften im Bereich des Corporation Rim Bescheid.

Inzwischen hatte meine Drohne die Schottverbindung erreicht, an der Wilken warten sollte. Sie war natürlich nicht dort, sie hatte schließlich zu viel damit zu tun, ihre Klienten zu hintergehen. (Als ich gesagt habe, dass ich es nicht gut finde, wenn Menschen als Security arbeiten, haben Sie gedacht, ich lasse ganz schön das Arschloch raushängen, stimmt's?)

Ich griff über Mikis Feed auf seinen Kamerablick zu. Jawohl, ganz genau, gar nicht gut. Das Bild wackelte, aber ich konnte sehen, dass er Wilken gegen einen Pfeiler zurückgedrängt hatte. Mit einem Arm fixierte er Wilkens rechtes Handgelenk an dem Pfeiler, während sie versuchte, ihre Projektilwaffe nach unten auf Abene zu richten. Mit seiner Hand stimmte etwas nicht, aber ich bekam sie nicht richtig in den Blick und wollte auch keinen Schadensbericht abrufen und ihn ablenken. Wilken presste ihren anderen Unterarm gegen sein Gesicht, als wollte sie ihn wegstoßen, doch das war nicht ihre Absicht. In die Unterarme ihres Panzers waren Energiewaffen integriert, und sie versuchte, eine in Position zu bringen und ihm den Kopf wegzuschießen.

(Miki konnte ohne Kopf operieren, aber dort befanden sich seine Sensoren und Kameras, also wäre das schon unangenehm gewesen.)

Wilken hatte mich von ihrer Feedverbindung abgeschnitten, aber ich umging den Block über Abenes Zugang: *SecUnit hier. Wir können darüber reden. Officer Rin ist befugt, Ihnen für eine Aussage vor Gericht Straffreiheit anzubieten.* Hoffentlich ein einleuchtender Vorschlag (es war eine Dialogzeile aus *Waldmond*), denn für mich klang es eher nach Zeitschinden. Ich schindete keine Zeit, und ich brauchte auch keine Antwort von ihr, ich wollte sie so weit ablenken, dass sie nicht darüber nachdachte, wie ich in ihren Feed kam. *Ihre Bosse sind am Ende. Was immer sie Ihnen gezahlt haben, gleicht ein paar Jahre Gefängnis nicht aus.* (Ja, das war ebenfalls aus *Waldmond.*) Währenddessen suchte ich hektisch nach dem richtigen Code. Die Hersteller von Servopanzern haben nichts mit der Produktion von SecSystems, Aufklärungsdrohnen, Kameras und so weiter zu tun, sie arbeiten mit anderen Systemarchitekturen, und das erschwerte jetzt die Sache.

Abene hielt Wilkens Projektilwaffe gepackt und versuchte, Miki dabei zu helfen, sie ihr zu entwinden, konnte aber gegen den Servopanzer nicht viel ausrichten. Sie wusste eindeutig nichts von der Energiewaffe im Unterarm, die sich in einer viel gefährlicheren Position befand. Im Feed war zu hören, wie sie Miki sagte, er solle loslassen und weglaufen, und Miki sich weigerte, weil Wilken dann Abene erschießen würde. Die ehrlich gesagt ihrerseits hätte weglaufen sollen, das aber ohne Miki offensichtlich nicht wollte.

Ich war nun kurz vor dem Eingangsbereich des Fertigungsmoduls, wo Abene und Miki mit Wilken rangen. Ihre Energiewaffe kam langsam, aber unausweichlich neben Mikis Kopf in Position, trotz seiner Bemühungen, Wilken zu fixieren, und obwohl Abene an ihrem anderen Arm hing und nach ihr trat. In vielleicht dreißig Sekunden musste ich Hirune auf den Boden legen und es auf die harte Tour durchziehen, falls ich diesen Code nicht fand.

Auf einem anderen Kanal meldete Drohne 1, dass sie keine Aktivität messen konnte, die darauf hindeutete, dass die Combatbots versuchten, sich den Weg durch die von ihr versperrten Schotts freizuschießen. Die Drohne war vom Netzwerk getrennt worden und konnte nicht länger über Bewegungen irgendwelcher aktiver Einheiten berichten. Was bedeutet, dass die Combatbots aufgehört hatten, einander zu reparieren (ja, das können sie, solange ihr Hauptprozessor nicht zerstört wird. Ja, das ist extrem lästig und gruselig obendrein) und demnächst irgendeine andere Route aus dem Maschinenmodul nehmen würden, um uns zu jagen. Als hätte ich noch nicht genug zu tun gehabt.

Ich scannte hektisch Wilkens Panzer und fand endlich den richtigen Code. Das war eine enorme Erleichterung. Ich öffnete einen Kanal und schickte über Feed den Freeze-Befehl.

Die Firma ist für den Einsatz solcher Servopanzer nicht nur zu geizig. Solche Servopanzer lassen sich auch hacken.

Miki wand sich frei und trat nach hinten, wobei er mit dem Körper immer noch zwischen Wilken und Abene blieb. Wilken stand starr da (buchstäblich) und verzerrte das Gesicht, während sie in ein Funkgerät brüllte, das nicht länger funktionierte. (Ich hatte ihren Funk und Feed getrennt; ich wollte, dass die jüngsten Entwicklungen auch für Gerth noch überraschend kamen.) Die Projektilwaffe rutschte langsam aus Wilkens starren Fingern, und Abene sprang vor und fing sie auf.

Nun konnte ich Mikis Schäden sehen; er hatte zwei Energietreffer in die Brustplatte abbekommen, und seine rechte Hand war ein Stummel.

»Alles gut, ich habe ihren Panzer gesperrt«, sagte ich und ließ Mikis Feed zurücklaufen, weil ich sehen wollte, was passiert war. Wilken hatte gewartet, bis ich mit den Combatbots beschäftigt gewesen war, dann war sie zu Abene und Miki zurückgekehrt. Sie hatte sich ihnen rasch genähert und gesagt, dass sie ihnen abseits von Funk und Feed etwas Wichtiges mitteilen musste. Dann hatte sie Abene bei den Haaren gepackt.

Wilken hatte die Waffe auf Abenes Kopf gerichtet und gesagt: »Tut mir leid, ist nicht persönlich gemeint.« Diese Bemerkung hatte sie den Todesschuss gekostet, denn sie hatte Miki Zeit gegeben, sich zwischen die beiden Frauen zu drängen und die Waffe wegzuschieben. Miki war zwar ein Spielroboter, der für die Menschen Sachen trug, aber durchaus stark genug, um gegen einen Servopanzer anzukommen. Wilken hatte die Waffe abgefeuert und Mikis Hand zerstört, aber auch das hatte ihn nicht bremsen können.

Abene sah mich und keuchte: »Hirune …«

»Sie lebt«, sagte ich, weil Abene jetzt bewaffnet war und traumatisierte Menschen mit ungesicherten Waffen mich nervös machten.

Miki sagte traurig: »SecUnit, Officer Wilken hat versucht, Don Abene zu erschießen.«

Abene hängte sich die Waffe über die Schulter und eilte zu mir. Sie berührte Hirunes Gesicht, dann sah sie mich an. »Danke. Ich danke Ihnen.«

Dankbarkeit ist doch was Schönes. »Miki, Schadensbericht.«

»Ich bin bei 86 Prozent Leistungskapazität.« Er hielt seinen Armstumpf hoch. »Ist nur eine Fleischwunde.«

Scheiße noch mal. Abene drehte sich geschockt zu ihm um. »Miki, deine arme Hand!«

Wie schön, noch ein Abene-Miki-Liebesfest. Ich sagte: »Miki, nimm Hirune.«

Er trat vor und streckte die Arme aus. Hirune war kaum bei Bewusstsein, klammerte sich aber an meiner Jacke fest. Abene löste ihre Hand sanft, und ich legte sie in Mikis Arme.

Ich drehte mich zu Wilken um. Mich beschäftigte immer noch das An-den-Haaren-Reißen. Und dazu das höhnische »Ist nicht persönlich gemeint«. Hätte Wilken ohne Warnung geschossen, wäre Abene jetzt tot und Miki ein Haufen Schrott gewesen. Aber

Wilken hatte Abene wissen lassen müssen, dass sie hintergangen wurde. Das war durchaus persönlich gemeint.

Persönliches kann ich nicht ausstehen.

Ein weiterer Grund, warum ich nichts von menschlicher Security hielt. Manchen machte ihr Beruf zu viel Spaß.

Ich trat um Wilken herum und nahm ihr den Ausrüstungsgürtel ab, an dem unter anderem die Explosivpacks hingen. Sie funkelte mich durch das Visier an. Ich hängte mir den Gürtel über die Schulter und sagte: »Don Abene, diesen Anblick möchten Sie sich vielleicht ersparen.«

Abene wandte sich von Miki und Hirune ab. »Nein!« Dann fügte sie ruhiger hinzu: »Ich weiß, Sie sind wütend, weil sie Sie zu den Combatbots geschickt hat, aber töten Sie Wilken nicht.«

Ich war nicht um meinetwillen wütend. In eine Lage geschickt zu werden, in der auf mich geschossen wird, war buchstäblich mein Job, oder war es jedenfalls früher mal gewesen. Ich glaube, alles war so schnell passiert, dass Abene noch gar nicht begriff, was Wilken ihr ohne mein Eingreifen angetan hätte.

Dass ihr erstes Argument nicht überzeugte, war wohl offensichtlich, denn sie fuhr fort: »Wenn sie für GrayCris arbeitet, brauchen wir sie als Zeugin.«

Na schön, das leuchtete ein. Ich war ja allein aus dem Grund hier, um weitere Beweise gegen GrayCris zu sammeln. Ich sah in Wilkens Visier. Ihre Miene war jetzt leer, sie wollte sich ihre Angst nicht anmerken lassen. Sie konnte uns auch ohne Funk und Feed hören, wobei unsere Stimmen vermutlich so klangen, als befänden wir uns am Grund eines Bergwerksschachts. Als der Panzer heruntergefahren war, hatte er automatisch ein paar Lüftungsschlitze geöffnet, damit sie nicht erstickte oder an ihrer eigenen Körperwärme zugrunde ging. Ich konnte ihm den Befehl geben, die Schlitze wieder zu schließen, nachdem wir gegangen waren, und Abene würde es für einen Unfall halten.

Womit wir wieder bei dieser Geschichte mit dem Interesse wären. Interessierte es mich, ob Wilken überlebte oder nicht? Eigentlich nicht.

»Wir müssen los«, sagte ich und hielt ihr eine Hand für die Projektilwaffe hin. Abene gab sie mir, und ich stiefelte los. Die Schlitze ließ ich offen.

Als Miki und Abene mir folgten, sagte ich: »Die Bots im Fertigungsmodul werden versuchen, zu uns vorzudringen, sobald sie mit ihrer Eigenreparatur fertig sind, und laut der Drohne, die ich übernommen habe, gibt es hier noch einen weiteren aktiven Combatbot. Er befindet sich wahrscheinlich irgendwo zwischen uns und dem Shuttle.« Wir wussten außerdem, dass sie sämtliches mobile Gerät gegen uns einsetzen würden, das in der Anlage noch vorhanden war. Ich wollte nicht noch mal gegen einen Bioprobennehmer kämpfen.

Abene schloss zu mir auf. »Ich kann das Shuttle weder über Feed noch Funk erreichen. Miki auch nicht.«

»Das liegt daran, dass ich Sie blocke«, erklärte ich. »Ich wollte vermeiden, dass Sie irgendwas äußern, das Gerth warnt.« Jedenfalls so lange, bis ich herausgefunden hatte, was ich mit Gerth anfangen wollte. Von hier aus kam ich an ihren Panzer nicht ran, selbst wenn ich den Feed wieder freigab. Die Codes für die Panzer waren individualisiert (die Hersteller waren schließlich nicht nur blöd), also musste ich nahe genug ran, um danach zu scannen.

»Ich verstehe.« Zu meiner Verblüffung diskutierte Abene

nicht. Beziehungsweise verblüffte es mich gar nicht so sehr; sie war ganz schön schlau. »Dass Gerth nicht auch eine Auftragskillerin ist, wäre wohl zu viel der Hoffnung.«

»Analysedaten aus dem Frachtschiff deuten darauf hin, dass sie schon länger zusammenarbeiten«, sagte ich. »Wir müssen davon ausgehen, dass sie gemeinsam abgeworben wurden oder an irgendeinem Punkt das eigentliche Securityteam abgefangen und ersetzt haben.«

»Abgefangen«, wiederholte Abene. »Das heißt, getötet?«

»Wahrscheinlich.« Als ich auf HaveRatton zum Frachter nach Milu übergewechselt war, hatte ich keine Lokalnachrichten heruntergeladen, nur die Cluster zu Port FreeCommerce und GrayCris. Falls es Berichte über den Fund zweier Leichen gegeben hatte, bei denen sämtliche besonderen Kennzeichen weggebrannt worden waren, so hatte ich sie verpasst. (Man kann Leute nicht einfach von einem Transitring ins Weltall schießen; auf so etwas passt die Security auf und wird echt sauer.) »Mit Gerth beim Schiff haben wir eine Geisellage.«

Ich hasse Geisellagen. Sogar dann, wenn ich der Geiselnehmer bin.

Miki sagte: »Das ist nicht gut.«

Das jetzt, sehen Sie? So etwas nervt einfach nur. Es trug nichts zum Gespräch bei, es waren einfach nur überflüssige Laute, damit die Menschen sich besser fühlten.

Abene sah sich in ihrem Feed rasch mein Video aus dem Fertigungsmodul an. Es war eine Minute lang, also brauchte sie nur kurze Zeit. Sie fragte: »Hat Wilken den Bots Befehle gegeben? Vielleicht gehen sie ohne sie in Ruhezustand. Aber wenn sie auch Gerth gehorchen, sind wir wieder in derselben Lage.«

»Ich glaube nicht, dass sie oder Gerth ihnen Befehle gegeben haben«, sagte ich. »Ich habe ihre Feeds mitgehört, und das wäre mir nicht entgangen, auch nicht mit Verschlüsselung.« Sie hatten überhaupt kaum miteinander geredet, was an sich schon verdächtig war. (Schon klar, hinterher ist man immer schlauer.)

Miki sagte: »Die Combatbots könnten auf Stand-by gewesen sein und die Anweisung bekommen haben, aktiv zu werden, sobald jemand bei der Anlage eintrifft.« Hirune regte sich und murmelte, und Miki antwortete: »Na, na, Hirune. Ist ja gut.«

Tja, also daran hatte ich auch schon gedacht.

Abene sagte: »Ich begreife das nicht. Wenn Wilken und Gerth uns umbringen sollten, wieso wurden dann Combatbots hergeschickt? Offensichtlich will GrayCris die Erkundung verhindern, aber das ist …«

»Moment«, sagte ich und blieb stehen. Ich musste mir noch einmal kurz mein Video ansehen und diese Hypothese bestätigen oder nicht bestätigen, und ich kann ohne Unterstützung eines Sec- oder HabSystems nur eine bestimmte Anzahl von Dingen tun, während ich mich fortbewege und nach Feinden scanne. Ich ließ Miki meinen Feed sehen, während ich mit der Analyse begann, und bekam undeutlich mit, wie er ihr erklärte, was ich gerade tat.

Ich pingte meine Drohne an und bat sie, ihr Protokoll zu öffnen, eine Abfrage durchzuführen und eine Liste mit Aktivierungen, Stand-bys und Schlafphasen zu erstellen. Dann nahm ich meine Kopie von Mikis Video des ersten Angriffs, als Hirune verschleppt worden war, und verglich sie mit meinem Video des zweiten Angriffs, als der Combatbot Wilken nachgesetzt hatte. Anschließend überprüfte ich die inzwischen fertige Protokollzusammenfassung der Drohne. Es war wirklich angenehm, mit einer derart hoch entwickelten Drohne zu arbeiten.

»Die Combatbots und Drohnen wurden nicht Ihretwegen hierhergeschickt«, berichtete ich Abene. »Sie gehörten von Anfang an zum Inventar der Anlage. Die Transitstation war zu diesem Zeitpunkt noch im Bau und wäre bei der Abwehr eventueller Plünderer keine große Hilfe gewesen. Und GrayCris hätte auch keine Hilfe von außen gewollt, da sie die Tatsache zu verschleiern suchten, dass sie eine illegale Bergbauplattform bauten, die als Terraforminganlage getarnt war.« Und die Bots hatten wahrscheinlich nicht nur zum Schutz vor Plünderern gedient, sondern auch dem Zweck, die menschlichen Arbeiter auf Linie zu halten. »Die Combatbots und Drohnen sind seit dem Verlassen der Anlage im Schlafmodus gewesen. Sie wurden aktiviert, als Ihr Shuttle hier angekoppelt hat. Analysen deuten darauf hin, dass Wilken und Gerth von ihrem Vorhandensein überrascht wurden.« Einer Botanalyse wäre das komplett entgangen, aber ich bin besser im Lesen von menschlichen Gesichtern und Stimmen. (Dafür sind die organischen Teile in meinem Kopf praktisch, und natürlich war es mit einer Videoaufzeichnung, wo ich das Bild anhalten und reinzoomen konnte, viel einfacher als in angstauslösender Echtzeit.) »Vermutlich hat Wilken geglaubt, dass der Angriff und die Entführung durch Plünderer erfolgte, bis sie beim zweiten Angriff den Combatbot gesehen hat. Mit hoher Wahrscheinlichkeit hat GrayCris ihr und Gerth nichts von den Combatbots gesagt, weil man dort darauf gebaut hat, dass die Bots sie eliminieren würden.« Und außerdem noch hilfreicherweise eventuellen Detailkram erledigten.

Ich fragte mich, was Wilken davon hielt. Es hatte sie eindeutig nicht zögern lassen, ihre Mission durchzuführen. Sie hatte damit gerechnet, dass die Combatbots mich zerstören würden; sie hatte Abene und Miki töten wollen. Sie hatte darauf gesetzt, hier rauszukommen und ihr Honorar einzustreichen.

Abene atmete frustriert und zornig aus, bevor sie fragte: »Meinen Sie, wir können das bei Gerth verwenden? Ihr sagen, dass GrayCris versucht hat, sie und Wilken zu töten, und dass sie besser vor Gericht aussagen sollten, was passiert ist. Oder wir benutzen Wilken als Geisel …«

Sie dachte strategisch, was grundsätzlich eine Erleichterung ist, und stellte mir Fragen, anstatt mir dumme Anweisungen zu erteilen. Ich hatte zwar ohnehin keinen Befehlen mehr gehorchen wollen, aber sie nervten trotzdem. Ich sagte: »Unser einziger Vorteil ist im Moment, dass Gerth nicht weiß, dass Wilken außer Gefecht ist.«

Die Drohne meldete weiterhin keine Aktivität bei den Schotts, was bedeutete, dass die Bots in die andere Richtung gegangen waren oder an den Lifts arbeiteten. Ich sagte ihr, dass sie zu meiner Position kommen sollte. Als sie bei Wilken ankam, ließ ich sie anhalten und für 26 Sekunden vor ihrem Gesicht schweben. (Na gut, ich war immer noch ein bisschen wütend.)

Abene sah mich wieder an. Ich bekam es über Mikis Kamera mit. »Gerth wartet bestimmt auf ein Zeichen von Wilken, bevor sie gegen die anderen im Shuttle handelt. Ich sollte versuchen, Kader zu kontaktieren. Ich kann eine dichte Feedverbindung mit ihm herstellen«, sagte sie.

»Sind Sie sicher, dass er dann nicht gleich verkündet: ›Leute, Don Abene meldet sich über Feed‹, bevor Sie ihm noch sagen können, dass er das nicht tun soll?« Das ist bei Menschen ein Problem.

Abene setzte zum Reden an, zögerte und schüttelte dann knapp den Kopf. »Gut möglich, dass er das macht. Aber wir müssen herausfinden, was an Bord des Shuttles vor sich geht.«

Miki sagte: »Vibol spricht nicht immer gleich alles aus. Vielleicht sollten wir sie anrufen.«

Unmittelbar bevor die Drohne im Lautlosmodus an uns vorbeiflog, warnte ich Abene und Miki über Feed; ich schickte sie zum Aufklären vor. Abene zuckte trotzdem zusammen und starrte ihr hinterher. Aber sie hatte recht mit dem Shuttle. Ein unmittelbarer Bericht von Bord würde uns bei der Planung helfen. Außerdem hörten Abene und Miki dann vielleicht auf, mich deswegen zu löchern, was in diesem Moment ein sehr großes Plus gewesen wäre. (Nun wusste ich wieder, wie stressig das Dasein als SecUnit war.) Ich fragte: »Und Sie haben wirklich keinerlei sicherheitstechnische Überwachung an Bord Ihres Shuttles? Keine Kameras? Keine weiteren Bots, nicht mal inaktive?«

»Nein.« Abene strich sich frustriert, aber nachdenklich die Haare zurück. »Es ist nicht notwendig. In den Helmen der Rettungsanzüge befinden sich Kameras, aber die hängen inaktiv in den Notfallfächern.«

Miki sagte: »Don Abene, zwei Rettungsanzüge befinden sich im Cockpit. Ich habe die statischen Adressen für ihren Funk.«

Abene sah zu mir. »Können Sie diese Funkgeräte von hier aus aktivieren?«

Das konnte ich wahrscheinlich. Aber ob Gerth die anderen inzwischen getötet hatte oder noch auf ein Zeichen von Wilken wartete, es spielte keine Rolle. Wir mussten Gerth immer noch aus dem Shuttle kriegen.

Wir mussten alle aus dem Shuttle kriegen.

Mir kam eine Idee. Eine schlechte wahrscheinlich. (Wenn du dein taktisches Denken vor allem mit dem Anschauen von Abenteuerserien geschult hast, liegt das nahe.) Ich sagte: »Wir müssen zurück zum Geomodul.«

23

Jetzt, da ich wusste, wohin wir wollten, war es deutlich leichter, dorthin zu kommen. Wir gingen zur nächsten Liftstation, und ich verbrachte eine vorsichtige Minute damit, meinen codegeschützten Lift aus dem System zu schneiden und seine Aktionen für die anderen Lifts unsichtbar zu machen. (Klingt naheliegend; das Problem dabei ist nur, dass die anderen Lifts, wenn sie deinen Lift nicht sehen können, versucht sein könnten, den Raum auszufüllen, in dem sich bereits dein Lift befindet. Das endet für die Insassen dann genauso katastrophal, wie es sich anhört.)

Ich schickte zuerst meine Drohne mit dem Lift los, nur um sicherzustellen, dass draußen vor dem Geomodul niemand auf uns wartete, dann brachte ich Miki, Abene und Hirune dorthin. Wir erreichten das Geomodul und traten unter die transparente Kuppel mit den wirbelnden Gewitterwolken darüber. Ich schloss die Schotts und sicherte sie mit einer Codesperre, was ich zugegebenermaßen nur tat, damit sich die Menschen besser fühlten. Die Combatbots konnten sich da hindurchschießen, wenn sie es nur entschlossen genug versuchten, vor allem, wenn sich drei auf ein Schott konzentrierten.

Ich baute darauf, dass sie vorhatten, uns auf dem Weg zum

Shuttle einen Hinterhalt zu legen, was auch kein schönes Szenario war, aber uns immerhin ein bisschen Zeit verschaffte. Ich schickte die Drohne zur Erkundung der Korridore aus, die zum Shuttle führten; vielleicht konnte sie ja die Stelle lokalisieren, wo die Bots zuschlagen wollten.

Ich bezweifelte, dass die Bots die Lifts benutzen würden, selbst wenn sie das System wieder unter Kontrolle bekamen, weil sie inzwischen wachsamer bezüglich dessen waren, was SecUnits so alles anstellen konnten. Trotzdem sagte ich meinem unsichtbaren Lift, dass er per Zufallsprinzip in der Anlage herumflitzen sollte. Einen Versuch war es wert.

Jedenfalls lautete Schritt eins des Plans, zurück in das Shuttle zu gelangen und Gerth da rauszuholen.

Mir kam der Gedanke, dass ich das schneller schaffte, wenn ich Hilfe hatte. Miki hatte die halb bewusstlose Hirune in einen der gepolsterten Konsolensessel gelegt, während Abene das Notfallpack von ihrem Gürtel nahm und durchwühlte. Ich sagte: »Ich werde jetzt versuchen, über die Anzugfunkgeräte im Cockpit eine Feedverbindung zu Ihrem Shuttle herzustellen, aber dafür muss dieser Leitstand wieder aktiv sein. In der Anlage befinden sich immer noch Bagger, die können wir vielleicht gegen die Combatbots einsetzen.« Das entsprach nicht ganz meinem Vorhaben, aber ich wollte mir Diskussionen ersparen.

Abene nickte und drückte Miki die Medipacks für Gehirnerschütterung und Kreislaufversagen in die gute Hand. »Miki, bitte kümmere dich um Hirune, während ich am Leitstand arbeite.« Dann sah sie mich stirnrunzelnd an und sagte: »Sie bluten.«

Ich sah an mir hinab. Ich tropfte auf den Boden, eine Mischung aus Blut und Flüssigkeit. Ich hasse es, wenn ich auslaufe. Meine Adern verschließen sich automatisch, und einige Metallsplitter waren abgestoßen worden, aber das Projektil in meiner Seite hatte sich bewegt und die Wunde wieder geöffnet. Zur Überprüfung regelte ich vorsichtig meine Schmerzsensoren hoch; richtig, das war die Ursache. Autsch.

Abene fragte: »Sind Sie angeschossen worden?« Sie trat an mich heran und wollte meine Jacke beiseite klappen.

Ich wich ruckartig einen Schritt zurück. Sie hielt erschrocken inne. Miki wandte sich um, und seine visuellen Sensoren stellten sich auf mich ein. Ich überprüfte seine Kamera und bekam ein Bild meines Gesichts. Ich dachte, ich wäre gut darin geworden, meine Mimik zu beherrschen, aber das galt offensichtlich nur, wenn ich keine echten Gefühle empfand. Über unsere Feedverbindung sagte Miki: *Abene wird dir nichts tun, SecUnit.*

Abene hielt eine leere Hand hoch, Handfläche nach vorn, in einer Geste, die normalerweise »bitte nicht schießen« bedeutete, nur dass sie keine Angst zeigte. Sie war ganz sachlich. »Es tut mir leid, aber das muss versorgt werden. Wäre es besser, wenn Miki Ihnen hilft?«

»Ich …« Ich brach ab, weil es keine Möglichkeit gab, den Satz zu beenden. Ich brauchte Hilfe, und ich wollte nicht, dass mich jemand anfasste. Diese beiden Zustände schlossen sich gegenseitig aus.

Abene wartete und sah mich an. Dann fragte sie: »Miki, kann Hirune ohne dich auskommen?«

»Mir geht's gut«, krächzte Hirune. Sie blinzelte und klaubte eine Flasche Rehydrationslösung aus dem Notfallpack. »Ich komme klar.«

Abene sagte: »Gut. Dann arbeite ich an der Konsole, und du, Miki, kommst her und hilfst Rin.« Sie sah mich unverwandt an, während sie Miki das Notfallpack hinhielt und er kam und es entgegennahm.

Während Abene zur Konsole ging, sagte Miki: »Bitte hebe deinen linken Arm an und zieh dein Shirt hoch, SecUnit.«

Dazu musste ich erst mal Wilkens Projektilwaffe und den Gürtel ablegen. Ich packte das Zeug auf den Stuhl hinter mir, weil das dann aussah wie etwas, das eine normale SecUnit tun würde und ich jetzt dringend normal wirken musste. Ich widmete der Antwort, die ich Abene schuldig war, ein großes Maß an Aufmerksamkeit und kam zu dem Schluss, dass eine schlichte Korrektur das Beste wäre. »Ich bin nicht Rin. Rin ist meine …«

Abene fuhr gerade den Leitstand für die Bagger hoch. Sie sah nicht mich an, sondern studierte das Interface der Konsole im Feed und sagte: »Officer Rin ist Ihre Vorgesetzte, ja, Entschuldigung.«

Miki scannte mich und schickte das Ergebnis an meinen Feed. Uff, da steckten ganz schön große Metallklumpen in mir drin. Miki fuhr einen Greifarm aus seiner Brust aus und hielt damit das Notfallpack fest, während er mit der heilen Hand die Extrahiersonde herausholte. *Den Nervenblocker brauche ich nicht*, erklärte ich im Feed. *Ich kann meine Schmerzsensoren runterregeln.*

Das ist bestimmt praktisch. Miki führte die Sonde in meine Seite ein. *Ich habe keine Schmerzsensoren, aber dadurch habe ich auch keine Schmerzen.*

Ja, noch ein Unterschied zwischen Bots und SecUnits. Mit Fifo hatte ich mich mal über die anderen Unterschiede unterhalten. Dass wir einander nicht trauen durften, wegen der Befehle, die Menschen vielleicht gaben. Und Fifo hatte gesagt: *Im Moment sind keine Menschen an Bord.*

Tja, hier aber schon. Ich fragte: *Miki, hast du Don Abene erzählt, dass es keine Sicherheitsberaterin Rin gibt, sondern nur mich?*

Ja, sagte Miki. Er fand das Projektil und entfernte es vorsichtig. *Ich habe es ihr erzählt, als der erste Combatbot Wilken angegriffen hat, als sie mich gefragt hat, ob ich wüsste, ob du die Wahrheit sagst.* Dann fügte er hinzu: *Ich habe es ihr erzählt, weil ich wollte, und nicht, weil ich musste.*

Davon war er bestimmt überzeugt. *Was meint sie, warum ich gelogen habe?*

Sie vermutet, weil in den Hoheitsbereichen, in denen GoodNight-Lander Independent tätig ist, keine SecUnits eingesetzt werden dürfen. Miki trug den Wundverschluss auf und machte sich ans zweite Projektil. *Sie hat gesagt, dich müssen Leute geschickt haben, die für GoodNightLanders arbeiten, aber nicht wollen, dass wir erfahren, wer sie sind. Sie hat gesagt, dass es keine Rolle spielt, weil du uns ja helfen sollst.*

Abene bootete an der Konsole gerade die Interfaces für die einzelnen Bagger. Ich musste langsam mal versuchen, Nachrichten aus dem Shuttle zu bekommen.

Es war knifflig, weil Abenes und Mikis Funk- und Feedverbindungen weiterhin isoliert bleiben sollten, damit Gerth oder irgendwelches Zeug, das vielleicht mit mörderischer Absicht durch die Anlage streifte, uns darüber nicht lokalisieren konnte. Aber es half, dass Miki die statischen Adressen für die beiden Anzüge im Cockpit hatte. Der Feed des Shuttles war immer noch aktiv, und es gelang mir, mich dort reinzuschleichen und den ersten Anzug anzupingen. Nach einigem Probieren brachte ich ihn dazu, sein Funkgerät zu aktivieren.

Als Erstes hörte ich Kader nach Ejiros Zustand fragen. Brais antwortete, dass das MedSystem Ejiro in den Aufwachraum verlegt hatte. Vibol sagte etwas im Hintergrund, was das Mikro nicht ganz mitbekam. Dann fragte Gerth: »Irgendeine Antwort von der Station inzwischen?«

»Noch nicht.« Kader klang frustriert. »Muss an der Interferenz vom Gewitter liegen.«

Wieder Vibol, immer noch zu leise. Gerth antwortete: »Nein, wir müssen an Ort und Stelle bleiben, bis wir von ihnen hören.«

Ah ja. Sie klang ruhig und zuversichtlich und beruhigend, obwohl eine Stimmanalyse sicher die darunterliegende Anspannung zeigen würde.

Ich zog mich aus der Verbindung zurück und packte sie nach hinten. Abene hatte das Leitstanddisplay auf sichtbar gestellt, es schwebte über der Konsole und zeigte die Steuerbildschirme für die Bagger. Sie murmelte: »So. Alle Bagger fahren hoch. Das dauert ein paar Minuten. Ich hoffe, Sie können sie steuern, ihre Prozesse sind nämlich offenbar alle gelöscht worden.«

Miki zupfte inzwischen Splitter aus meinem Rücken. Ich sagte: »Das restliche Team ist unverletzt, und Gerth gibt sich nach wie vor als Security aus. Sie ist dagegen, das Shuttle zu verlassen und nach Ihnen zu suchen. Außerdem haben sie Probleme, die Transitstation zu erreichen und Hilfe anzufordern.«

Abene sah auf und runzelte die Stirn. »Was für Probleme? Bei unserer Ankunft sind wir doch in Kontakt mit der Station gewesen. Da sollte es doch nicht weiter ...«

Den Rest bekam ich tatsächlich nicht mit, weil mich meine

Drohne mit einer Meldung anpingte. Sie war jetzt beim Dekontaminierungsraum und hatte die Schleuse zum Shuttle in Scannerreichweite, und von den Combatbots fehlte jede Spur. Ich sagte laut: »Die sind da nicht.«

»Was?« Abene stand bestürzt von der Konsole auf. »Wer?«

»Die Combatbots. Die Drohne hat sie auf dem Weg zum Shuttle nicht gefunden.« Ich überflog alles, was sie mir schickte, die Scans, die Videodaten, Audio. Ihr Scanner war deutlich besser als meiner, und sie hatte die Strecke aktiv abgesucht und geeignete Stellen für Hinterhalte überprüft. Beim Abgleich mit der Karte konnte ich nichts finden, was sie übersehen hatte. »Die sind da nicht.« Ich stellte das Video der Drohne in unsere geschlossene Feedverbindung.

Miki stellte den Kopf schräg, während er das Video prüfte. Abene warf einen besorgten Blick zu Hirune. Sie sagte: »Dann müssen sie irgendwo hier in der Nähe sein und versuchen uns einzukreisen.«

Gut möglich. Ich fand meinen umherflitzenden unsichtbaren Lift, schickte ihn zu der Liftstation, die der Drohne am nächsten war, und befahl der Drohne, mit dem Lift zu der Station draußen vor dem Geomodul zu fahren. Binnen einer Minute war die Drohne im Zugangskorridor vor den Schotts, die ich gesichert hatte, und scannte. Ich sah zu, wie sie leere Korridore und Verbindungen aufnahm. Nichts. Die Bots legten keinen Hinterhalt auf unserem Weg zum Shuttle, und sie waren auch nicht draußen vor dem Geomodul.

Meine potenzielle Strategie hatte kein katastrophales Versagen erlitten oder so, aber irgendetwas entging mir.

Genau, dies war kein geeigneter Moment, um in Panik zu

verfallen. Ich ging noch mal zu meinem ersten Kontakt mit der Drohne zurück, zu den Daten, die ich bekommen hatte, bevor sie aus dem Netzwerk der Combatbots ausgesperrt worden war. Dort war der Eintrag für diesen dritten aktiven Combatbot. Er war mit »außer Reichweite aktiv« markiert.

Ich hatte angenommen, dass er außer Reichweite war, weil er zu einer Stelle irgendwo vor dem Shuttle wollte, um uns dort für den Rückzug eine Falle zu stellen. Aber wissen tat ich es nicht.

Noch weiter zurück. Wilken und Gerth waren anstelle der von GI beauftragten Security hergeschickt worden, um das Erkundungsteam abzufangen/zu töten. Wieso hatten sie dann nicht gleich bei ihrer Ankunft auf der Transitstation gehandelt? Bei den wenigen Leuten dort wäre das nicht weiter schwierig gewesen. Sie hätten für die Station ein Exit-Szenario gebraucht, aber das brauchten sie hier, für die Anlage, erst recht. Das Shuttle des Teams war nicht wurmlochfähig. Sie müssten zur Station zurückkehren, die Angestellten des Hafenamts töten, die wahrscheinlich jede Menge Fragen hinsichtlich des Verbleibs des Erkundungsteams stellen würden, und ein wurmlochfähiges Schiff stehlen. (Vorzugsweise ein Schiff ohne Botpilot, weil der sich massiv wehren würde.) Das klang nach einem Riesenhaufen Arbeit, zumal in der Anlage Combatbots bereitstanden, um Eindringlinge zu töten, also wieso hatte GrayCris jemand anderen angeheuert?

Die naheliegende Antwort lautete: Wilken und Gerth waren nicht zur Ermordung des Teams hergekommen, sondern weil es in der Terraforminganlage etwas gab, das sie bergen wollten, seien es nun Daten oder ein physisches Objekt. Aber sie hatten nicht versucht, etwas zu bergen. Ich ging weiterhin davon aus, dass Wilken vom Angriff der Combatbots überrascht worden war – meine entsprechende Analyse wies keine Mängel auf. Waren Wilken und Gerth überhaupt von GrayCris geschickt worden, oder war ein anderer Konzern oder eine politische Entität im Spiel?

Ich brauchte Hilfe. Ich war durcheinander, ich lief immer noch ein bisschen aus und hatte seit einer gefühlten Ewigkeit keine Medien mehr konsumieren können. Aus lauter Verzweiflung kopierte ich sämtliche möglichen Strategien in einen Entscheidungsbaum und warf Abene und Miki das Diagramm in den Feed.

Abene zuckte vor Schreck über das unvermittelt auftauchende, große Bild in ihrem Feed zusammen. Dann studierte sie das Diagramm, und ihre Miene entspannte sich. Miki strich Wundverschluss auf die letzte Verletzung an meinem Rücken und wechselte in Analysemodus. Hirune, die immer noch benommen war, sah uns mit verwirrter Miene an.

Im Feed löste Abene ein Prämissenrechteck heraus und zog es von dem Baum weg. Sie sagte: *Wenn wir annehmen, dass Wilken und Gerth von GrayCris geschickt wurden, dann sind sie nicht hier, um etwas zu bergen. GrayCris hatte Gelegenheit genug, alles Gewünschte während der Schließung der Anlage mitzunehmen.* Sie zögerte, ihre Aufmerksamkeit wanderte vom einen Prämissenrechteck zum anderen. *Ich glaube, wir müssen uns fragen, was GrayCris will.*

Das war einfach. *Die Anlage zerstören. Hätte GoodNightLander Independent die Traktorfeldstation nicht installiert, wäre die Anlage inzwischen auf den Planeten gestürzt*, sagte ich.

Die Stirn in Falten gelegt, musterte Abene die Rechtecke mit den möglichen Exit-Szenarien und die jeweils damit verbundenen

Probleme. *Also wieso sollen Wilken und Gerth dann nicht die Traktorstation zerstören? Wäre doch auch eine Möglichkeit.*

Miki sagte laut: »Wilken hat das flache Display auf ihrem rechten Unterarmpanzer auf die Ortszeit der Anlage umgestellt.« Er stellte uns ein Bild in den Feed: Wilken, wie sie das Display umstellte. Er hatte es aufgenommen, als er den beiden Sicherheitsberaterinnen auf meine Bitte hin vorm Abflug von der Transitstation beim Verstauen ihrer Ausrüstung zugesehen hatte. »Sie hat während unseres Gangs durch die Anlage geschätzte 57-mal auf dieses Display gesehen, bevor sie dann versucht hat, Don Abene Schaden zuzufügen.«

Das war mir entgangen, doch als ich einen Teil meines Videos abermals abspielte, sah ich es auch. Abene sagte langsam: »Wilken wusste, dass mit der Anlage etwas passieren würde, und auch ungefähr, wann. Sie konnte nur eine bestimmte Zeit abwarten, bevor sie zurück zum Shuttle musste. Als die Gelegenheit kam, hat sie Sie losgeschickt, damit die Combatbots Sie töten, und selbst beabsichtigt, Miki und mich zu töten. Dann hätte sie den anderen erzählt, dass es hoffnungslos war, und sie gezwungen, zur Transitstation zurückzukehren …«

So langsam konnte ich das Verhalten der Combatbots nachvollziehen. Wenn sie auch auf etwas gewartet hatten, dann erklärte das Hirunes Gefangennahme. Ein Bot hatte uns beschäftigen sollen. Angreifen, eine Gefangene nehmen, zurückziehen, wieder angreifen. Ich hatte ihn zerstört, als er Wilken attackiert hatte; trotzdem waren ihm die anderen drei nicht zu Hilfe geeilt. Zwei waren im Maschinenmodul gewesen und einer außer Reichweite. Was machte der?

Abene sog scharf Luft ein. »Es muss das Traktorfeld sein.

Einen anderen konkreten Nutzen gibt es für GrayCris nicht.« Im Feed wischte sie die Prämissenrechtecke für die Handlungen eines hypothetischen GrayCris-Agenten in der Transitstation beiseite. »Wir wissen von der Drohne, dass die Combatbots von niemandem gesteuert werden; niemand an Bord der Station sendet ihnen Befehle. Sie gehören zum Maschinenpark der Anlage und sollten sie verteidigen, bis sie in der Atmosphäre verglüht und sämtliche Beweismittel vernichtet sind, dass hier illegal unbekannte Synthetika abgebaut wurden. Wilken und Gerth wussten nichts von den Bots und sollten uns auch nicht töten, weil unser Tod nicht das Ziel ist. Ziel ist es, dass die Anlage wie geplant abstürzt. Das Traktorfeld verhindert ihre Zerstörung. Also sollten Wilken und Gerth etwas Bestimmtes unternehmen, und das sollte einzig zur Folge haben, dass die Traktorfeldstation versagt und wir gezwungen wären, die Anlage zu verlassen. Wir sollten alle zur Transitstation zurückkehren, und sie wollten mit dem nächsten Frachter verschwinden, ohne dass irgendjemand das Ganze durchschaut.« Sie glitt aus dem Feed und wandte sich zu mir um. »Aber was können sie unternommen haben? Sie waren die ganze Zeit über bei uns.«

Ich war der Ansicht, dass sie recht hatte, und es gab nur eins, das sie hätten tun können, ohne dass ich oder jemand aus dem Team es bemerkte. »Sie haben ein verschlüsseltes Signal gesendet.« Ein Funksignal, kein Feedsignal. Durch die ganze Interferenz des Gewitters war es mir entgangen, vor allem aber deshalb, weil ich nicht danach Ausschau gehalten hatte.

»Ja, ja.« Abene zog die Augenbrauen hoch. »Aber an wen? Die Combatbots? Gibt es eine Waffe, eine Möglichkeit für die Bots, die Traktorfeldstation von hier aus zu zerstören?«

Ich überprüfte noch einmal meine Verbindung zum Audio des Shuttles. Kader drängte Gerth zu einem Versuch, an Bord der Anlage zu kommen und nach den anderen zu suchen; Brais und Vibol unterstützten ihn. Keine Erwähnung irgendwelcher Probleme mit dem Traktorfeld. Sie überwachten es doch bestimmt. Gerth lehnte ab und sagte, dass sie wie verabredet warten mussten. Ich ließ die Aufnahme zurücklaufen. Sie wollte, dass sie noch dreißig Minuten warteten. Das Baggerdisplay schickte ein Ping an den Feed, was bedeutete, dass die Bagger jetzt komplett hochgefahren waren. Ich stellte das Shuttle-Audio für Abene und Miki in den Feed und setzte mich an den Baggerleitstand. Was immer passieren sollte, würde nicht mehr lange auf sich warten lassen.

Während ich drei Baggern den ersten Satz Befehle schickte, sagte Abene zu Miki: »Wir brauchen Sensoren. Überprüfe sämtliche Konsolen. Alles hier drin wird auf die Oberfläche gerichtet sein, aber wir können versuchen, sie neu auszurichten …«

Ich legte alles bis auf die Bagger nach hinten. Abene war offensichtlich immer noch daran interessiert, die Anlage zu retten, aber meine Priorität lag darauf, aus der Anlage hinauszukommen, bevor sie in den oberen Luftschichten auseinanderbrach.

Die drei Bagger entfalteten sich aus ihren Containern und begannen ihre Wanderung über die Außenseite des Geomoduls. Sie blieben auf dessen unterer Hälfte und sicherten sich mit ihren diversen Armen an der Oberfläche, und ihre Kameras lieferten mir eine schwindelerregende Aussicht auf das Gewitter. Sie besaßen die Speicherkerne mit ihren Bergbauprozessen nicht mehr, aber die brauchten sie für das, was ich von ihnen wollte, auch nicht.

Abene hatte eine andere Konsole gebootet, und während Miki

sich darüber beugte, ploppten auf der Displayoberfläche Daten auf. Hirune erhob sich mühsam, hinkte zu ihnen hinüber und stützte sich auf die Rückenlehne eines Stuhls.

Ich musste mir einigen fachspezifischen Code von der Konsole herüberkopieren, aber sobald ich den hatte, konnte ich die drei Bagger über Feed steuern. Ich wies ihnen einen weiteren Kanal in meinem überarbeiteten Gehirn zu und stand auf. Ach ja, autsch. Es war schwierig, sie ohne ihre Protokolle zu steuern. Ich musste die Dinger im Grunde alle drei gleichzeitig fahren. Mit ruhiger und geduldiger Stimme verkündete ich: »Wir müssen gehen. Sie haben noch sechs Minuten.«

Abene wedelte mit der Hand. »Wir haben es fast.«

Ich ermahnte mich, dass ich mich nach wie vor als SecUnit auf Einsatz ausgab, und stellte den Countdown ohne weiteren Kommentar in den Feed. Dann sammelte ich Wilkens Waffe und Gürtel ein und stellte mich neben das Schott.

Hirune sah sich um, hob das Notfallpack auf, das Miki liegen gelassen hatte, und hinkte zu mir. Sie stand unsicher und war sichtlich noch nicht wieder ganz beieinander, aber einmal von einem Combatbot verschleppt worden zu sein genügte ihr offensichtlich.

Abene stand auf. »Ja, das ist es! Kopiere uns diese Flugbahn, Miki!« Er bestätigte und folgte Abene, als sie mit großen Schritten zur Tür kam. »Irgendein Gebilde ist vom Maschinenmodul gestartet und zur Traktorfeldstation unterwegs. Der fehlende Bot muss sich an Bord befinden und die Zerstörung der Station beabsichtigen. Diese Befehle müssen in der verschlüsselten Nachricht von Wilken und Gerth gestanden haben.«

Ist ja toll! Und sobald ich uns in das bekackte Shuttle gebracht habe, interessiere ich mich auch gern für die bekackte Traktorstation! Ich behielt meinen Countdown im Blick, zog drei Inputs nach vorn, meine Drohne, Miki und die Bagger. Nein, Moment, meine eigene Kamera brauchte ich auch noch. Vier Inputs. Ach, und das Anzugaudio aus dem Shuttle. Fünf Inputs. Ich ließ die Drohne rasch den Eingangsbereich und den Weg zur Liftstation überprüfen, um sicherzustellen, dass er frei war. Dann sagte ich: »Wir müssen uns beeilen. Wir wissen nicht, wo die anderen Combatbots stecken.«

Abene nickte und ergriff Hirune beim Arm. Hirune flüsterte: »Wohin gehen wir?«

»Leise«, sagte Abene. »Zurück zum Shuttle. Alles wird gut.« Miki klopfte Hirune auf die Schulter.

Ich drückte den Schalter für das Schott und trat nach draußen. Der rasche Gang zur Liftstation brachte jeden Nerv in meiner Menschenhaut zum Kribbeln. Die Drohne flog voran und scannte, trotzdem rechnete ich irrationalerweise damit, dass die Bots gleich hinter der nächsten Ecke hervorsprangen.

Wir gelangten bei der Station an, und ich schickte die Drohne als Erste mit meinem unsichtbaren Lift los. Abene und Miki unterhielten sich im Feed und machten ab und zu eine beruhigende Bemerkung zu Hirune hin. Sie hätten planen können, mich fürs Ausschlachten zu verkaufen, und ich hätte trotzdem keine Aufmerksamkeit dafür frei gehabt, sie zu belauschen. Draußen näherten sich die Bagger der Rundung des Geomoduls. Sie würden der Vertiefung zwischen Geo- und Wohnmodul folgen müssen, damit sie vom Shuttle aus nicht entdeckt werden konnten.

Der Lift kam bei der Station unseres Dockbereichs an, und die Drohne zischte hinaus. Ich schickte sie auf ein Schnellerkundungsmuster, den Zugang rauf und runter und hindurch in den Dekontaminierungsraum, dann hoch für einen Blick auf die Schleuse des Shuttles. Der Scan war sauber, und ich schickte die Drohne zurück zur Liftstation und ließ sie dort Position beziehen.

Der Lift kam zurück, und ich verfrachtete die Menschen hinein. (Plus Miki, aber den zählte ich im Moment zu den Menschen.) Ich wies die Bagger an, ein bisschen schneller zu machen. Ich wollte, dass wir so wenig Zeit wie möglich im Korridor zum Shuttle verbrachten. Wenn die Combatbots zu dem Schluss kamen, dass wir ihre Mission gefährdeten, griffen sie uns an, und das konnten sie an diesem Ort am besten. Als ich den Lift losfahren ließ, schickte ich Abene das Video der Bagger, damit sie eine Vorstellung davon hatte, was das Shuttle gleich sehen würde, und sagte zu ihr: »Wenn ich Ihren Feed freigebe, verbinden Sie sich mit Kader und sagen ihm, er soll unbedingt alle aus dem Shuttle schaffen.«

»Alles klar.« Sie nickte scharf, drückte Hirunes Hand und tippte Mikis Feed an.

Der Lift hielt an, und ich war draußen, sobald die Tür aufging. Ich bewegte mich Richtung Dekontaminationsraum, die Menschen hinter mir, und schickte die Bagger über die Rundung des Wohnmoduls und direkt auf das Shuttle zu.

An Bord hörte ich über die Rettungsanzüge im Cockpit, wie Vibol etwas in einer Sprache sagte, die ich nicht im Speicher hatte, und Kader sagte: »Da kommt irgendwas auf uns zu, Unbekannte nähern sich …«

Weiter weg, irgendwo unterhalb des Cockpits, rief Gerth: »Was? Aus welcher Richtung?«

Ich öffnete Abenes Feed und sagte: *Jetzt.*

Sie stellte Privatverbindung zu Kader her und legte los: *Kader, hör zu. Keine Fragen, kein Wort, dass ich hier bin. Du musst jetzt alle aus dem Shuttle in die Anlage schaffen, sofort. Mach, was immer nötig ist, tu so, als wärst du in Panik, aber schaff alle raus. Euer Leben hängt davon ab.*

Über Abenes Feed hörte ich, wie Kader einen Evakuierungsalarm auslöste, der über Teamfeed und Shuttlefunk schrillte. Gerth kam ins Cockpit rauf und fauchte: »Moment, stopp, wo …«

Ich dachte, dass sie Kader und Vibol vielleicht nicht aus dem Cockpit ließ, und dann hätten wir wieder eine Geisellage. Aber Kader hatte sich den Spruch von wegen »tu so, als wärst du in Panik« wohl zu Herzen genommen. Er stellte das Video der Shuttlesensoren von den herannahenden Baggern in die Feeds und schrie, sie sollten alle machen, dass sie rauskamen.

Ich erreichte den Korridor und bekam Sicht auf den Kopplungsplatz, als die Schleuse des Shuttles sich öffnete. Brais stolperte heraus, Ejiro stützte sich benommen auf sie. Miki rannte los, um ihnen zu helfen, Abene folgte mit Hirune, ich kam als Letzter.

Ich wies einen Bagger an, sich von der Oberfläche der Anlage abzustoßen und zur Nase des Shuttles zu schweben, wo der Frontsensor den besten Blick hatte. Abene war in Kaders Feed, aber ohne Kameras bekam ich nur ein wirres Durcheinander von Eindrücken.

(Später fand ich über ihre Panzerkamera heraus, dass Gerth sich bei dem plötzlichen Sensorbild von irgendeinem Riesentrumm, der auf das Shuttle zuflog, aus dem Durchstieg zum Cockpit nach hinten geworfen hatte. Vibol, die Kaders Darbietung als Beweis nahm, dass das Shuttle in Stücke gerissen werden würde, packte ihn und sprang mit ihm unterm Arm an Gerth vorbei, wobei sie sich die geringere Schwerkraft im Durchstieg zunutze machte, um nicht in das Schott zu krachen. Als sie den Gangboden erreichten, stolperten sie in die höhere Schwerkraft, rappelten sich auf und stürmten zur Schleuse.)

Jedenfalls warfen sich Kader und Vibol aus der Schleuse, und Gerth kam in ihrem Servopanzer mit Riesenschritten hinterher. Ich stand zu diesem Zeitpunkt seitlich der Schleuse, sodass Gerth nur die anderen sah, die verwirrt und in Panik waren, sowie Abene und Hirune und einen einhändigen Miki, der Ejiro stützte.

Ich scannte ihren Panzer und fand den richtigen Code. Das ging jetzt, da ich wusste, wo ich suchen musste, viel schneller. Sie brachte gerade ihre Projektilwaffe nach oben, als ich den Befehl schickte.

Ihr Panzer erstarrte, und ich trat in ihr Blickfeld. Ihr Gesicht im Moment ihres Begreifens bot einen schönen Anblick. Hätte sie ihren Scanner benutzt, hätte sie mich gleich draußen vor der Schleuse erfasst, aber selbst mit Feed, selbst augmentiert, können Menschen nur an eine Sache auf einmal denken.

»Jetzt müssen wir zurück ins Shuttle!«, verkündete Abene.

Die anderen verlangten Antworten, und sie erklärte alles rasch, während sie sie zur Schleuse scheuchte. Ich stellte es leise, um meine anderen Inputs zu überprüfen. Ohne meine Befehle waren die Bagger stehen geblieben und in Ruhezustand gegangen. Zwei befanden sich immer noch auf der Oberfläche des Wohnmoduls, und der eine, der sich zum Shuttle hin abgestoßen hatte, war auf dem Atmosphäremodul gelandet. Dann überprüfte ich die Drohne, die ich als Nachhut bei der Liftstation zurückgelassen hatte.

Sie startete als Antwort einen Umgebungsscan, dann brach die Übertragung abrupt ab. Ich spürte, wie die Verbindung wegfiel; die Drohne ging aus wie ein Licht.

»Abene, Miki, Bots!« Ich durchquerte den Raum und holte dabei Wilkens Projektilwaffe vom Rücken nach vorne.

Abene rief: »An Bord, schnell!«

Ich erreichte die Tür und riss hintereinander Explosivpacks von Wilkens Gürtel, machte sie scharf und warf sie den Korridor hinunter. Ich hatte immer noch Mikis Kamera als Input und schob sie nach hinten, war mir am Rande allerdings der hastenden Menschen bewusst, die ihre Verwundeten durch die Schleuse schafften, und Abene, die Miki sagte, er solle Gerth nehmen und reintragen. Ungefähr in diesem Moment krachte der Combatbot um die Ecke, und das erste Explosivpack ging hoch.

Ich feuerte drei Projektile ab, nur damit er dachte, ich würde hier wie ein Idiot auf dem Fleck erstarren und auf ihn schießen, dann sprintete ich zurück zum Shuttle. Die Detonationen im Korridor bremsten den Bot lange genug, dass die Menschen und Miki Gerth reinschaffen und die Schleuse verlassen konnten. Ich warf mich da rein und schlug auf den Schalter für die Notschließung. Beide Schotts rumsten herab.

Endlich hatte ich diese scheiß Leute zurück in dieses scheiß Shuttle geschafft.

Der Combatbot krachte mit einer Wucht draußen gegen die Schleuse, als hätte uns ein anderes kleines Shuttle gerammt. Ich schrieb Abene: *Wir müssen weg von hier.*

Die Klammern lösten sich, und das Shuttle entfernte sich von der Anlage. Ich überprüfte die äußere Schleusenkamera und sah, dass der Combatbot in dem offenen Dockingplatz stand und sich an den Seiten festhielt, während um ihn herum die Luft entwich. Hinter ihm war noch ein zweiter. Miki stand neben mir, und ich teilte das Bild mit ihm. Er sagte: »Das waren fiese Bots, SecUnit.«

Mit zunehmender Entfernung verlor ich die Verbindung, aber einer meiner Bagger hatte sich nahe genug beim Dockingplatz im Ruhezustand hingekauert. Ich schickte ihm einen letzten Befehl, und er warf seine große Hand nach vorn, rupfte den vorderen Bot aus der Öffnung und zerquetschte ihn.

»Autsch«, kommentierte Miki. *SecUnit, wieso redest du nicht mehr mit mir über Feed?*

Miki wusste, wieso, sonst hätte er nicht gefragt.

Ich trat um ihn herum und ging den Korridor runter. Miki sagte im Feed: *Ich habe dich erst verraten, als ich musste.*

Ich ging durch den Korridor zum Mannschaftsbereich. Miki hob Gerth auf und folgte. Über Funk hatte ich Abene zugehört, wie sie den anderen in einer Kurzversion erzählte, was aus Wilken geworden war, wie ich Hirune gerettet hatte, wie Wilken Miki seine arme Hand abgeschossen hatte und so weiter und so fort. Ich hatte meine Geomoduldaten für Dr. Mensah, ich hatte Mikis blöde Menschen gerettet, ich wollte nur noch verschwinden. Das Shuttle entfernte sich von der Anlage, und ich konnte knapp außer Reichweite bereits den Feed der Transitstation spüren.

Ich betrat den Mannschaftsbereich. Kader und Vibol waren oben im Cockpit, aber die anderen waren hier, wobei Ejiro und Hirune zusammengesackt in ihren Sesseln hingen. Ejiro wirkte benommen, war aber immer noch wacher als Hirune, die wahrscheinlich ins MedSystem gehörte. Miki stellte Gerth auf die Füße, und alle starrten erst sie eine Sekunde lang an, dann mich.

Brais stand vor dem schwebenden Display. Es zeigte ein Sensorbild der Traktorfeldstation über der Anlage. »Ja, da ist es. Das Objekt steuert auf die Station zu.«

Abene zog ein grimmiges Gesicht. »Unserer Meinung nach ist es ein Arbeitsboot aus dem Maschinenmodul. Mit einem Combatbot an Bord.«

Ich sagte: »Don Abene, wir müssen so schnell wie möglich zur Transitstation zurückkehren. Wenn das Traktorfeld ausfällt, könnte es das Shuttle beschädigen.« Vermutete ich jedenfalls. Keine Ahnung, es klang jedenfalls gut.

In meinem Feed sagte Miki: *Ich habe mich noch nie mit einem Bot wie mir unterhalten. Ich habe menschliche Freunde, aber ich hatte nie einen Freund wie mich.*

Ich musste mir auf die Wange beißen, um den neutralen Gesichtsausdruck einer SecUnit zu wahren. Ich hätte Mikis Feed gern geblockt, aber ich musste ihn überwachen für den Fall, dass die Menschen sich gegen mich wandten. (Ich weiß, das klingt paranoid. Aber Miki und Abene wussten, dass ich mir Officer Rin ausgedacht hatte, und ich wollte hier wegkommen, bevor sie das einem Menschen gegenüber erwähnten, der wusste, wie anormal dieses Verhalten für eine SecUnit war.)

Im Cockpit sagte Kader über Funk: »Wir müssen das innerhalb der nächsten Minute entscheiden, also seid ihr euch da sicher?«

Moment, wie bitte? Ich ließ die Aufnahme zurücklaufen und hörte, wie Brais sagte: »Wir können das Boot mit dem Shuttle aus der Flugbahn drängen. Unser Rumpf ist geschützt ...«

Ejiro betrachtete das Display mit zusammengekniffenen Augen und fragte: »Aber kann das Boot dann nicht zurückkommen und es aufs Neue versuchen?«

Brais schüttelte den Kopf, ohne den Blick von der Flugbahnprojektion zu nehmen. »Ich habe mir die technischen Daten dieses Modells angesehen. Es ist für Wartungsarbeiten an der Anlage gedacht und benötigt für den Betrieb eine Verbindung zum Maschinenmodul. Wir können es außer Reichweite schieben, und dann verliert es seine Navigationsfähigkeit.«

Na toll. Und wie lange sollte das dauern?

Bis ich wieder bei Echtzeit angekommen war, hatten sie sich dafür entschieden und diskutierten nur noch die Einzelheiten.

Ich stand da und beobachtete die leuchtenden Umrisse auf dem Display, während Kader das Shuttle dichter an das Boot brachte. Ich muss zugeben, dass ich zwischendurch auch ein bisschen die neulich abgebrochene Folge weiterguckte. (Es dauerte nur sechs Minuten, aber es waren langweilige sechs Minuten, okay? Außerdem war Miki rüber zu Abene gegangen, stand jetzt neben ihr und starrte mich traurig an, und ich ignorierte ihn. Abene dachte, Miki wäre traurig wegen der fehlenden Hand, tätschelte ihn immer wieder und sagte ihm, dass sie das reparieren lassen würden, sobald sie wieder in der Station wären.)

Es hat schon sein Gutes, dass ich keinen Magen habe und nicht kotzen kann.

Endlich drängte das Shuttle das Boot aus der Flugbahn, und die dramatische Rettung der Traktorfeldstation und der Investition von GoodNightLanders war mit 45 Sekunden Restzeit gelungen. Hurra. Die Menschen gratulierten einander, und Abene und Brais halfen Hirune hoch und brachten sie zum Behandlungsraum. In der Anlage war immer noch ein Combatbot übrig, aber damit sollte sich offenbar jemand anders herumschlagen. Das Shuttle nahm wieder Kurs auf die Transitstation, und wir waren schon dicht genug dran, dass ich Schiff über Feed anpingen konnte. Schiff hatte auf mich gewartet und pingte zurück. Das war eine Erleichterung.

Dann hörte ich einen dumpfen Laut von der Schleuse her.

So wahnsinnig gut kenne ich mich im Weltall nicht aus, aber dort draußen war bestimmt eher nicht damit zu rechnen, dass irgendwas anklopfte. Es hätten Trümmer des Bootes sein können, aber ich wusste es besser. Ich wusste einfach, dass es keine Trümmer waren. Ich überprüfte die Schleusenkamera und erhielt die Weitwinkelaufnahme eines Combatbotgesichts.

Die nächste Verbindung unterdrückte den Stationsfeed und leerte vorübergehend meine sämtlichen Kanäle: *[Zielvorgabe: Eindringlinge töten]*

Ach du Scheiße.

Ich blockte den Bot aus meinem Feed und brüllte: »Alarm! Schleusenbruch steht unmittelbar bevor!« Ich sandte die Bilder von der Außenkamera über Miki an den Teamfeed. Die Menschen erstarrten, und es kam mir wie eine Ewigkeit vor, es kam mir vor, als würden sie mir nicht glauben. Aber ich dachte nur nicht daran, wie langsam sich Menschen zu bewegen schienen, während ich tatsächlich meine gesamte Aufmerksamkeit auf mein Tun richtete. Kader schlug auf den Schiffsalarm und schloss die beiden Schotts zwischen Schleuse und Mannschaftsbereich. Großartig, das verschaffte mir eine Minute, vielleicht zwei.

»Schaffen Sie alle ins Cockpit«, forderte ich Abene auf. Dort gab es auch noch ein Schott, und das verschaffte mir vielleicht eine zusätzliche Minute. Ich wandte mich zu dem Raum unmittelbar unter uns um, wo Gerth und Wilken ihre Ausrüstung verstaut hatten.

Während ich aus dem Durchstieg kletterte, hörte ich Abene rufen: »Los! Vorwärts!« Aus dem Teamfeed wusste ich, dass das Shuttle auf die Station zuhielt und Vibol dem Hafenamt kurz und knapp erklärte, dass wir im Begriff standen, von einem Combatbot zerlegt zu werden.

(Ehrlich, ich hatte auch nicht die leiseste Ahnung, was die Stationssecurity da machen sollte. Tatsächlich bin ich mir sicher, dass die Stationssecurity sich gerade genau so übel einschiss wie ich mich metaphorisch.)

Die Schleusenkamera zeigte mir dankenswerterweise, wie das Außenschott eingeschlagen wurde, dann knisterte der Feed und fiel aus. Dem Lärm nach nahm der Bot sich inzwischen das Innenschott vor. Ich war jetzt bei dem Raum und stellte fest, dass Wilken und Gerth noch eine weitere Kiste neben jenen besaßen, in denen ihre Panzer, die großen Projektilwaffen, Explosivpacks und Munition gewesen waren. Ich riss die letzte Kiste auf und fand einen Satz kleiner Sprengladungen von der Sorte, mit der man durch Sicherheitstüren und Schotts kommt. Eine Tasche fühlte sich leer an, als ich sie aufhob, und ich stopfte die Sprengladungen und ein bisschen zusätzliche Munition für die Projektilwaffe an meinem Rücken hinein. Sonderlich weiterhelfen würde mir die nicht, weil ich dafür wahrscheinlich gar keine Gelegenheit hätte. Vielleicht hätte ich die Zeit besser damit verbracht, eine Stellung aufzubauen, anstatt hier in der Hoffnung auf eine anständige botsprengende Waffe runterzukommen. Im Kampf gegen Bots sind es kleine Fehler wie diese, die dafür sorgen, dass du zerlegt wirst.

Im Feed hörte ich, wie Abene und Brais Hirune rauf ins Cockpit hoben. Ejiro hatten sie bereits oben. Im Feed sagte Miki:

Schnell, beeilt euch. Abene hatte ihn Gerth holen lassen, und er trug sie. Der Combatbot donnerte gegen das Schott zum Mannschaftsbereich. Ich stand auf, drehte mich um, und erst da sah ich die Ausrüstung des Erkundungsteams.

Es handelte sich um Kisten und Fächer mit allem, was man zum Sammeln und Testen von Umweltproben brauchte. Darunter auch ein Kernschneider, mit dem sich schöne runde Zylinder aus Felswänden schneiden ließen, zu welchem Zweck auch immer Menschen die brauchten. Er war eigentlich Zubehör für einen Probennehmer, aber sie hatten ihn wahrscheinlich mitgebracht, weil Miki stark genug war, um ihn anzuheben und zu benutzen; es handelte sich um einen röhrenförmigen Sprengschneider, der meterlange Abschnitte aus dem Boden holte.

Ich hängte mir die Tasche mit Munition über den Rücken, nahm den Schneider aus dem Fach, schaltete seinen Akku ein und stiefelte den Durchstieg rauf.

Ich trat hinaus in den Mannschaftsbereich, als Miki gerade Gerth hinter Abene herwarf und auf den Schalter für das Schott schlug. Es fiel zu, und Miki drehte sich um. Ich sagte: *Miki, du musst hier raus! Versteck dich im Laderaum!*

Nein, Rin, sagte er, *ich helfe dir!*

Im Feed schrie Abene ihn an, zu ihnen reinzukommen; sie würde Kader sagen, dass er das Schott noch einmal aufmachen sollte, wenn Miki bloß schnell reinkam – doch er antwortete: *Der Schutz meiner Freunde hat Priorität.*

Änderung der Priorität, schickte Abene ihm. *Der Selbstschutz hat Priorität.*

Änderung der Priorität abgelehnt, meldete Miki.

Der Kernbohrer war hochgefahren, verband sich mit meinem

Feed und lieferte eine Standardwarnung sowie eine praktische Bedienungsanleitung. Sehr freundlich, aber ich hatte durchaus vor, die Sicherheitsvorschriften zu ignorieren, vielen Dank.

Ich wollte den Kernbohrer eigentlich Miki geben, damit er sich den Combatbot holte, während ich das Ding ablenkte. Aber da fetzte der Bot schon das Schott weg und war plötzlich bei uns im Mannschaftsbereich, und uns fehlte sowohl für einen Plan als auch für Taktik die Zeit.

Der Bot wusste, dass ich da war, drehte sich um und griff nach mir, während ich den Bohrer anhob. Miki stemmte seine Füße gegen das Schott, das den Durchstieg zum Cockpit schützte, und stieß sich ab. Er schoss quer durch die Kabine, mitten durch das schwebende Display hindurch, direkt auf den Kopf des Combatbots zu. Keine Ahnung, ob Miki versuchte, ihn abzulenken, oder mit angesehen hatte, wie ich einen ähnlichen Angriff gegen den Bot ausführte, der Wilken angriff, und versuchte, die Technik nachzuahmen. Die Luft schoss aus der unter Normaldruck stehenden Kabine, den Zugangskorridor runter und aus der zerstörten Schleuse, und als Miki sprang, verlieh ihm der Luftstrom zusätzliche Geschwindigkeit.

Der Bot bemerkte die Bewegung, wandte sich von mir ab und streckte den Arm aus, um Miki beim Oberkörper zu packen. Ich nutzte die Öffnung, sprang vor und rammte dem Bot den Kernschneider in die Seite, genau auf der Höhe, wo sein Gehirn lag. Ich löste den Schneider aus. Ich hatte keine Zeit, mich stabil aufzustellen, und der Rückstoß warf mich nach hinten, und für drei Sekunden wurde alles schwarz.

Ich lag flach auf dem Boden, und im Feed war nur zu hören, wie Menschen im Cockpit schrien, wie Menschen im Hafenamt schrien, und die Alarmsirene des Shuttles teilte allen mit, dass gerade wegen Schleusenbruch explosionsartig die Luft entwichen war. Der Kernschneider lag auf mir drauf, und ich schob ihn beiseite und setzte mich auf. Ich wusste noch, dass Abene irgendwann voller Verzweiflung aufgeschrien hatte, aber wann genau, war mir nicht gänzlich klar.

Der Combatbot stand noch, jedoch ohne sich zu bewegen, mit starren Gliedmaßen. Der Kernschneider war einmal glatt durch seinen Körper gegangen und hatte einen schönen Querschnitt von Panzerung bis Prozessor herausgetrennt. Den Kern hatte der Schneider hinten ausgeworfen, er lag jetzt auf dem Boden. Ich begriff, dass ich ihn an den Kopf bekommen hatte. Vermutlich hatte ich das Gerät trotz Bedienungsanleitung falsch gehalten.

Miki war vor dem Bot zusammengebrochen, und irgendetwas sah falsch aus. Ich versuchte zu sehen, was, und kämpfte mich auf die Füße. Dann erstarrte ich. Was falsch aussah, war Mikis eingedrückte Brust. Sein Prozessor, sein Speicher, alles, was ihn zu Miki machte, hatte der Combatbot mit einem Druck seiner Hand zerstört.

Ich kauerte einfach nur auf dem Boden. Das Shuttle näherte sich der Station, und die Menschen waren im Funk und redeten aus dem Cockpit mit dem Hafenamt. Sie konnten das Schott zum Cockpit wegen des Schleusenbruchs nicht öffnen, und ich hatte auf ihre Versuche, mich über Feed oder Funk zu erreichen, nicht reagiert. Ich hatte immer noch Bilder von meiner Kamera in den Teamfeed geschickt, und sie hatten den Kampf und Mikis letzten Moment aus meiner Perspektive miterlebt. Ich hatte Abenes Schluchzen gehört, Hirune, die sie zu trösten versuchte, und das schockierte Flüstern der anderen. Dann hatte ich die Feedverbindung unterbrochen.

Ich brauche auch Luft, zwar nicht annähernd so viel Luft wie Menschen, aber vielleicht fühlte ich mich deshalb so schwerfällig und abgetrennt. Ich pingte Schiff über Stationsfeed an, sagte ihm, es solle sich von der Station abkoppeln, und gab eine Rendezvousposition durch. Seine ruhige Bestätigung kam mir seltsam vor, als wäre alles normal und überhaupt keine Katastrophe passiert.

Vibol klopfte von innen an das Cockpitschott und rief: »SecUnit, sind Sie noch da? Bitte antworten Sie!«

Ich musste hier raus. Ich richtete mich auf und ging den Korridor hinunter zum Schrank mit den Rettungsanzügen. Ich legte einen kompletten Anzug mit Lenkdüsen an, und der Luftschwall, der mich traf, als es mir gelang, den Helm zu schließen, machte mich gleich wacher. Ich ließ den Schrank offen und löste die Klammern der anderen Anzüge; wenn sie jetzt sahen, dass einer fehlte, würden sie annehmen, dass der Anzug während des Druckabfalls zusammen mit den anderen losen Sachen hinausgefegt worden war. Sie sollten denken, dass mit mir genau dasselbe passiert war. Dass meine Überreste aus der Schleuse geflogen waren. Dann ging ich den Korridor hinunter, zog mich nach draußen und stieß mich ab.

Ich hatte schon lange keinen solchen Anzug mehr benutzt (sie lassen Killerbots normalerweise nicht unbeaufsichtigt im Weltall herumfliegen), aber der interne Anleitungsfeed war sehr hilfreich. Als Schiff ankam, konnte ich mich in seine Luftschleuse reinlenken wie ein Profi.

Für die Station musste es so aussehen, als hätte Schiff angehalten und das Shuttle vorbeifliegen lassen, damit es sicher am Dock des Hafenamts anlegen konnte. Ich glaube nicht, dass dort irgendjemand nach fliehenden SecUnits in Rettungsanzügen scannte.

Sobald ich durch die Schleuse war und Schiff seine Luftversorgung ein bisschen hochgezogen hatte, ließ ich es auf seinen üblichen Kurs zum Wurmloch und zur Station HaveRatton einschwenken. Ich riss mir den Anzug herunter, zusammen mit Wilkens Waffe und der Munitionstasche aus dem Frachtraum. Dann setzte ich mich auf den Boden und durchsuchte die Ausrüstung systematisch nach Peilsendern.

Abene hatte versucht, Mikis Priorität abzuändern, damit er sein Leben rettete, und er hatte sich geweigert. Was bedeutete, dass sie seiner Programmierung diese Option gestattet hatte, die Fähigkeit, in einer Krisenlage sein eigenes Urteilsvermögen einzusetzen. Er war zu dem Schluss gekommen, dass seine Priorität darauf lag, seine Menschen und vielleicht auch mich zu retten. Oder vielleicht war ihm klar gewesen, dass er keinen von uns retten konnte, aber er hatte mir die Gelegenheit verschaffen wollen, es zu versuchen. Oder er hatte nicht gewollt, dass ich mich dem Bot allein stellen musste. Ich wusste es nicht.

Ich wusste jedoch, dass Abene ihren Miki wirklich geliebt hatte. Das tat auf jede erdenkliche Art weh. Miki hätte nie mein Freund sein können, aber er war ihr Freund gewesen, und vor allem war sie seine Freundin gewesen. Ihre instinktive Reaktion im kritischen Moment hatte darin bestanden, Miki zu sagen, dass er sich in Sicherheit bringen sollte.

Nachdem ich die Sprengladungen und die Munition in der Tasche überprüft hatte, fand ich im Boden noch ein Geheimfach.

Darin befanden sich mehrere Identitätsnachweise und ein Speicherclip, der größer und von einem anderen Hersteller war als die Clips in meinem Arm. Ich stand auf und fand in der Frachtkonsole ein Lesegerät.

Na, das war ja mal interessant.

Ich hasse das Gefühl, mich um etwas kümmern zu müssen. Aber sobald man irgendwann damit anfängt, kommt man wohl nicht mehr davon los.

Ich würde Dr. Mensah die Geomoduldaten nicht einfach schicken. Ich würde hinfliegen und sie ihr persönlich überbringen.

Dann legte ich mich auf den Boden und begann *Aufstieg und Fall des Waldmonds* noch mal bei Episode 1.

IV
Schneller Abgang

24

Als ich zur Station HaveRatton zurückkehrte, versuchte eine Horde Menschen, mich zu töten. Wenn man bedenkt, wie oft ich schon mit dem Gedanken gespielt hatte, eine Horde Menschen zu töten, war das nur gerecht.

Schiff befand sich im Anflug und wartete ungeduldig darauf, den Stationsfeed reinzukriegen. Da Schiff ein Botpilot einfachster Machart war und den Grips und die Persönlichkeit eines Hitzeschildgenerators besaß, überwachte ich außerdem seine sämtlichen Inputs und erwischte die Navigationswarnung, als sie reinkam. (Ich wusste, dass Schiff mich nicht absichtlich ausliefern würde, aber die Wahrscheinlichkeit, dass es das unabsichtlich tat, lag bei soliden 84 Prozent.)

Die Warnung kam vom Hafenamt und wies Schiff an, nicht seinen üblichen Liegeplatz bei den Docks für gewerbliche Kunden anzusteuern, sondern einen Platz am Ende des öffentlichen Passagierabfertigungsbereichs.

Ich besaß vom Hinflug noch den Übersichtsplan der Station und konnte sehen, dass dieser Teil des Abfertigungsbereichs gleich neben den Docks des Hafenamts lag, wo sich auch die Leitstelle der Eingreiftruppe der Stationssecurity befand.

Ach was, das ist überhaupt nicht verdächtig, kein bisschen.

Ging es um mich? Vielleicht, wahrscheinlich? Schiff hatte Wilken und Gerth befördert, die GoodNightLander Independents Versuch der Wiederinbetriebnahme von GrayCris' Terraforminganlage hatten sabotieren sollen, also ging es möglicherweise um sie. Wilken und/oder Gerth wurden hoffentlich gerade von GI irgendwo festgehalten, und GI hatte HaveRatton vielleicht gebeten, eine routinemäßige Durchsuchung nach Beweismitteln durchzuführen.

Es spielte keine Rolle. Wenn irgendjemand auf Schiff wartete, dann durfte ich beim Andocken nicht an Bord sein.

Ich konnte Schiff zu einem anderen Dock dirigieren, aber das war keine gute Idee. Das Hafenamt wüsste dann nicht nur, dass jemand auf einem botgesteuerten Versorgungsschiff mitfuhr, welches laut Feedmanifest gegenwärtig ohne Crew oder Passagiere unterwegs war und deshalb sein Lebenserhaltungssystem auf minimal gestellt hatte. Selbst große und schwer bewaffnete Stationen wie HaveRatton mussten auf ungewöhnliche Annäherungen mit Vorsicht reagieren, weil es sich um einen Eindringversuch von Plünderern handeln mochte. (Der Versuch wäre dumm, da in Schiff gar nicht genug Plünderer hineinpassten, als dass sie mehr hätten tun können, als im Abfertigungsbereich auf unschöne Weise dahinzuscheiden, nur hatte ich mein gesamtes Dasein auf Securityeinsätzen damit zugebracht, Menschen von vergleichbar katastrophalen Dummheiten möglichst abzuhalten.) Womöglich würde das Stationskommando es sogar für angebracht halten, auf Schiff zu schießen. Schiff war vielleicht maulfaul, aber es tat sein Bestes, und ich wollte nicht, dass ihm was zustieß.

Von daher war es gut, dass ich noch den Rettungsanzug hatte.

Mit ihm war ich nach dem Angriff der Combatbots aus Abenes Shuttle abgehauen – den hätte ich übrigens auch gern aus meinem Speicher gelöscht. Nur funktioniert das mit dem Löschen von Erinnerungen nicht. Ich kann Sachen aus meinem Datenspeicher löschen, aber nicht aus den organischen Teilen meines Kopfes. Die Firma hatte meinen Speicher ein paarmal bereinigt, unter anderem nach dem Zwischenfall mit meinem Massenmord, aber die Bilder spukten herum wie Gespenster in einer endlosen historischen Familienserie.

(Ich mag endlose historische Familienserien, aber im wirklichen Leben nerven Gespenster einfach nur.)

Ein ganzes Stück vor dem Anflug hatte ich den Rettungsanzug zunächst in einen Geräteschrank gelegt. Da Schiff neben der Fracht nur selten Passagiere transportierte, war ich davon ausgegangen, dass es lange dauern würde, bis schließlich mal jemandem auffiel, dass der Anzug nicht im Inventar stand und tatsächlich nach dessen Belegen und Registrierungen suchte. Jetzt holte ich ihn da schleunigst wieder raus.

Ich wollte wirklich nicht erwischt werden.

Ich stopfte mir den Rucksack unter die Jacke, stieg in den Anzug und aktivierte ihn. Während Schiff sein Dockingmanöver durchführte und langsam am benannten Platz anlegte, durchlief ich auf der anderen Seite die Luftschleuse beim Frachtmodul. Schiffs Drohnen schwebten herbei und sahen mir dabei zu; sie wunderten sich, wieso ich durch die falsche Tür hinausging, und piepten traurig.

Als Schiff sich mit der Station verband, schlüpfte ich aus der Schleuse und wies sie an, sich zu schließen und abzudichten.

Dann zog ich mich an Schiffs Außenhaut entlang und löschte die letzten Erinnerungen an mich aus seinem Speicher.

Mach's gut, Schiff. Du warst da, als es drauf ankam.

Falls ein Bericht über die Geschehnisse auf Milu mit einem schnelleren Transportmittel abgeschickt worden war (Schiff gondelte eher gemütlich dahin), dann konnte er mich locker überholt haben. Sie wussten hier also vielleicht, dass eine SecUnit nach Milu gekommen war, ein paar Menschen retten konnte, einen humanoiden Bot nicht hatte retten können, drei Combatbots gnadenlos zerlegt hatte und Schiff das einzige Transportmittel war, das Milu unmittelbar danach verlassen hatte.

Wenn ich bei der Durchsuchung nicht an Bord war und sie keinerlei Hinweise fanden, dass ich mich dort aufgehalten hatte, würde das ein wenig Dunkelheit in die Angelegenheit bringen. Immerhin benötigte ich weder Nahrung, noch benutzte ich den Müllschlucker. Ich hatte ein bisschen Luft verbraucht und die Dusche benutzt, aber die Recyclingprotokolle bereinigt. Eine kriminaltechnische Untersuchung ergab möglicherweise, dass ich dort gewesen war. Wenn solche Untersuchungen so liefen wie in den Serien, was ich aber im Grunde gar nicht wusste.

(Merken: Echte kriminaltechnische Untersuchung recherchieren.)

Ich kam bei der Außenwand der Station an und überprüfte sie optisch auf Überwachungskameras, Drohnen und dergleichen, während ich gleichzeitig nach Feed- und Funksignalen suchte. In der Nähe waren andere Schiffe festgemacht, aber ich konnte nur Rümpfe und klobige Frachtmodule erkennen, keine Panoramafenster mit Menschen, die herausschauten und sich fragten, wer wohl diese auf der Flucht begriffene SecUnit in dem Anzug sein mochte. Ich bekam einige wenige Signale rein, aber die stammten entweder von Schrottdetektoren oder Frachtbotbaken. Ich folgte der Reihe magnetischer Klammern, die von den Frachtbots zum Sichern von Modulen an der Station benutzt wurden, und stieß auf einen Bot, der gerade dabei war, ein Modul aus einem großen Frachter zu holen. Ich ging auf den Feedkanal des Bots und überprüfte seine Arbeitsbefehle. Das Schiff, an dem er gerade arbeitete, war botgesteuert, Crew auf Landurlaub, Passagiere ausgestiegen. Ich fragte den Bot, ob ich in den Frachter durfte, bevor er das neue, leere Modul einsetzte. Na klar, kein Problem, sagte er.

(Menschen denken nie daran, ihren Bots Dinge einzuschärfen wie: Rede nicht mit Fremden, die auf der Außenseite der Station herumspazieren. Bots sind angewiesen, Diebstahlversuche zu melden und zu verhindern, aber niemand sagt ihnen je, dass sie nicht auf höfliche Fragen anderer Bots antworten dürfen.)

Ich kletterte in die leere Ausbuchtung und rauf zur Luftschleuse. Ich pingte den Transporter an, er pingte zurück. Mir fehlte die Zeit, ihn zu bestechen, also schickte ich ihm den offiziellen Sicherheitsschlüssel der Lastenbots der Station, den ich mir gerade aus seinem eigenen Speicher gezogen hatte, und fragte ihn, ob ich kurz reinkommen und zur anderen Seite wieder rausgehen dürfte. Na klar, sagte er.

Ich durchlief die Schleuse, zog den Rettungsanzug aus und verstaute ihn in einem Geräteschrank. Bei der Hauptschleuse lieh ich mir die Überwachungskamera, um einen Blick auf mich zu werfen. In Schiff hatte ich Blut und Flüssigkeiten von meiner Kleidung entfernt, in der Wascheinheit auf dem Passagierklo, aber die Löcher von den Projektilen und Splittern hatte ich nicht flicken können. Zum Glück trug ich eine dunkle Jacke, sodass sich die Flecken nicht sonderlich abhoben, und der Hemdkragen war gerade hoch genug, um den abgeklemmten Datenport in meinem Nacken zu verbergen.

Normalerweise war das kein Problem, weil die meisten Menschen noch nie eine SecUnit ohne Panzer gesehen hatten und annehmen würden, dass der Port schlicht ein Augment wäre. Wenn die Menschen, die Schiff umgeleitet hatten, hinter mir her waren, dann wussten sie wahrscheinlich, dass eine SecUnit ohne Panzer einem augmentierten Menschen ähnelte.

Vielleicht machte ich mir auch zu viele Gedanken. Dazu neige ich; solche Ängste gehören bei einem teilweise organischen Killerbot dazu. Das Gute daran war die paranoide Aufmerksamkeit für Details. Das Schlechte daran war ebenfalls die paranoide Aufmerksamkeit für Details.

Ich vergewisserte mich, dass mein kleines Programm lief, das meinen Gang und meine Körpersprache menschlicher gestaltete, löschte mich aus dem Protokoll des Transporters und trat durch die Hauptschleuse in die Dockanlagen der Station hinaus.

Im Feed war ich längst drin, nun hackte ich mich darüber in die waffenscannenden Drohnen der Station und wies sie an, mich zu ignorieren. Die Waffenscanner zu hacken war immer wichtig, da in meine Unterarme zwei Energiewaffen integriert sind. Diesmal war es noch wichtiger, weil in meinem Rucksack unter anderem eine panzerbrechende Projektilwaffe plus Munition steckte.

Es handelte sich um eine von Wilkens und Gerths Waffen, die ich von Milu mitgebracht hatte. Während des Rückflugs hatte ich einige Zeit in Schiffs Waffenkammer verbracht, sie auseinandergenommen und in kompakterer Form wieder zusammengebaut, damit sie sich leichter verstecken ließ. Nun war ich also nicht mehr nur eine freidrehende Einheit, ich war eine freidrehende Einheit, die eine panzerbrechende Waffe mit sich führte. Vielleicht wollte ich ja bloß die Erwartungen der Menschen nicht enttäuschen.

Die Waffenscanner reinzulegen fiel mir inzwischen jedenfalls deutlich leichter als beim ersten Mal, während der Flucht von Port FreeCommerce. Zum Teil deshalb, weil ich allmählich die kleinen Schrullen der verschiedenen Sicherheitssysteme verinnerlicht hatte. Vor allem aber half, dass dieses ganze Coden und Improvisieren mit verschiedenen Systemen ein paar neue Nervenbahnen und Verarbeitungsräume geöffnet hatte. Das war mir auf Milu aufgefallen, als ich diverse Inputs ohne Unterstützung durch ein Hab- oder SecSystem bis zu dem Punkt bewältigt hatte, an dem ich dachte, mein Gehirn würde jeden Augenblick implodieren. Man wird durch harte Arbeit wirklich besser; wer hätte das gedacht?

Meiner Karte folgend verließ ich die gesicherte (angeblich gesicherte) Dockinganlage und nahm den Laufsteg zur Einkaufspassage der Station. Er führte über das Ende des öffentlichen Abfertigungsbereichs und das Dock des Hafenamts hinweg, wohin Schiff umgeleitet worden war.

Ich war jetzt so oft in Menschenmengen unterwegs gewesen, dass ich nicht mehr in Panik hätte verfallen sollen – ich war auf einem Transporter mit einer ganzen Horde von Menschen mitgeflogen, die mich für eine augmentierte menschliche Sicherheitsberaterin gehalten und die ganze Zeit über vollgequatscht hatten. Trotzdem verspürte ich leichtes Unbehagen.

Darüber sollte ich inzwischen doch eigentlich hinaus sein.

Jeder Nerv in meinen organischen Teilen zuckte, als ich mich unter eine große Gruppe von Passagieren mischte. Es half, dass Menschen und augmentierte Menschen in solchen Stationen abgelenkt sind. Alle sind sie hier, alle checken sie den Feed im Gehen auf Infos, Nachrichten oder Unterhaltungsmedien. Als der Laufsteg an Schiffs Dockingplatz vorbeiführte, stand unten auf der Abfertigungsebene eine große Gruppe. Zusammen mit den anderen Reisenden wandte ich den Kopf und sah hinab.

Dreiundzwanzig Kräfte, allesamt in Servoanzügen und schwer bewaffnet, bereit zum Stürmen des Versorgungsschiffs. Niemand im Panzer einer SecUnit, und ich bekam auch keine Pings rein, also handelte es sich wohl ausschließlich um Menschen oder augmentierte Menschen. Über ihren Köpfen kreisten 47 Securitydrohnen diverser Größe und Bewaffnung im einsatzbereiten Schwarm. Ich griff mir eine Drohne der Stationssecurity und ließ sie auf das Schulterabzeichen eines Anzugs zoomen. Ich konnte es nicht identifizieren, sondern nur erkennen, dass es kein Logo von HaveRatton war. Ich markierte es für eine spätere Bildsuche.

Stationssecurity von HaveRatton war anwesend, aber hinten beim Eingang zum Hafenamtsgelände, von wo aus sie das Aussteigen beobachteten. Wer immer die Sache gerade durchzog, hatte also mit HaveRatton vereinbart, ein bewaffnetes Team mitzubringen. Das ist teuer. Und beunruhigend. Für eine Beweismittelsicherung braucht man keine 23 Menschen in Servoanzügen und eine Flotte Securitydrohnen.

Die Stationssecurity hatte unter Garantie ihre Drohnen darauf angesetzt, die Securityfirma im Blick zu behalten, die in ihrem Dockingbereich herumstiefelte. Ich überprüfte den Aufnahmepuffer meiner gekaperten StationSec-Drohne und fand fast eine Stunde abgefangener Funkkommunikation. Ich lud sie runter und startete eine Suche nach dem Wort »SecUnit«. Unverzüglich kam ein Treffer.

SecUnit. Meinst du, das Ding ist wirklich an Bord?

ND hält es für möglich. Ich …

Mit seinem Aufseher?

Ohne Aufseher, du Flachkopf, darum nennt man sie freidrehend.

Oh ja. Es ging um mich.

In der Terraforminganlage / auf der illegalen Abbauplattform für Alienreststoffe über Milu hatten Wilken und Gerth mich als SecUnit erkannt. Zu jenem Zeitpunkt war das praktisch gewesen, aber jetzt wollte ich es lieber vermeiden.

Jetzt und für alle Zeiten.

Mein Freund Fifo hatte meine Konfiguration geändert und meine Arme und Beine um bis zu zwei Zentimeter gekürzt, damit ich bei einem Scan nach SecUnits durch meinen abweichenden Körperbau nicht erkannt wurde. Fifos Änderungen an meinem Code hatten mir eine flaumartige Körperbehaarung wachsen lassen, wie Menschen sie trugen, sowie die Art und Weise verändert, wie meine Haut an meine anorganischen Teile grenzte, damit sie eher wie Augmente aussahen. Ein dezenter Ansatz, weil Fifo der Meinung war, dass sich das Misstrauen von Menschen so auf unterbewusster Ebene verringern ließ. (Fifo neigt zur Grandiosität.) Durch den geänderten Code waren außerdem meine Augenbrauen und die Kopfbehaarung dichter geworden, und das ließ mein Gesicht deutlich anders aussehen, als bei einer so kleinen Veränderung möglich sein sollte. Es gefiel mir nicht, aber es war notwendig.

Nur reichte das nicht aus, um Menschen hereinzulegen, die mit SecUnits vertraut waren. Wobei ich mich zugegebenermaßen bei Wilken und Gerth selbst geoutet hatte, weil ich gleich bei der ersten Begegnung vor ihren Augen eine Wand hinaufgerannt war.

Mein Verhalten konnte ich einregeln (also meistens jedenfalls), aber ich musste auch mein Erscheinungsbild einregeln.

Deshalb hatte ich während meiner Zeit mit Schiff meinen Code mithilfe von Fifos Templates vorübergehend verändert, um die Haare auf meinem Kopf in erhöhtem Tempo wachsen zu lassen – erhöht, da ich immer noch eine Chance besaß, es wieder in Ordnung zu bringen, falls ich es verkackte und anfing, mich in Richtung zweibeiniges behaartes Serienmonster zu entwickeln. Ich gab den Haaren auf meinem Kopf zwei zusätzliche Zentimeter, dann stoppte ich den Prozess.

Zur Überprüfung suchte ich im Videoarchiv und fand eine gute Aufnahme meines Gesichts von Dr. Mensahs Kamera. Normalerweise betrachte ich mich nicht im Spiegel fremder Kameras – wozu zum Teufel soll das gut sein? –, aber damals war ich noch im Einsatz gewesen und hatte sämtliche Feeds meiner Klienten gesammelt. Dem Zeitstempel nach hatten wir draußen bei den Hoppers gestanden, als GrayCris uns jagte, und sie hatte mir empfohlen, die anderen mein Gesicht sehen zu lassen, damit sie mir vertrauten.

Diese alte Aufnahme verglich ich nun mit meinem derzeitigen Bild aus der Drohnenkamera. Nach all den Änderungen sah ich wirklich anders aus und mehr wie ein Mensch.

Was mir noch weniger gefiel.

Aber jetzt war ich wieder in HaveRatton, eine bislang nicht identifizierte Securitytruppe suchte nach mir, und da war es doch ziemlich praktisch. Als nächsten Schritt musste ich meine Kleidung mit den sichtbaren Einschusslöchern loswerden. Ich zwang mich dazu, am Rand der Einkaufspassage in eine Filiale eines großen Reisebedarfsanbieters zu gehen.

Ich hatte mir schon mal in einer Station am Automatenkiosk Speicherclips gekauft, aber in einem richtigen Geschäft war ich noch nie gewesen. Obwohl der Verkauf komplett automatisch ablief und ich das Prozedere aus meinen Serien kannte, fand ich es trotzdem seltsam. (Und mit seltsam meine ich, dass ich vor Angst glatt hätte sterben können.) Zum Glück waren Menschen anscheinend genauso ahnungslos, denn ich hatte kaum die Schwelle übertreten, als mir der Feed des Ladens ein interaktives Anleitungsmodul schickte.

Es leitete mich zu einer leeren, von keiner Seite einsehbaren Verkaufskabine. Als sich die Tür hinter mir schloss, erleichterte mich das so sehr, dass meine Leistungskapazität um einen halben Punkt stieg. Die Kabine scannte meine HardCurrencyCard und bot mir ein Auswahlmenü an.

Ich nahm Basic, praktisch, bequem für unterwegs. Bei langen Röcken, weiten Hosen, langen Kaftanen sowie Tuniken und Jacken, die bis zum Knie gingen, blieb ich hängen. Die Vorstellung, sie alle miteinander zu kombinieren und eine dicke Schicht Kleidung als Puffer zwischen der Außenwelt und mir zu haben, war verlockend, aber ich war das nicht gewöhnt und hegte die Befürchtung, dass man mir das dann auch ansehen würde. Es hatte schon lange genug gedauert, auszutüfteln, was ich während des Gehens und Stehens mit meinen Armen und Händen anstellte; zusätzliche Kleidung bedeutete ein deutlich höheres Potenzial, durch Fehler aufzufallen. Die Halstücher und Mützen und sonstigen Kopfbedeckungen, die zum Teil auch kulturellen Zwecken dienten, reizten mich ebenfalls, andererseits tarnte sich eine untergetauchte SecUnit wahrscheinlich genau mit solchen Sachen, und ich markierte mich durch das Tragen dann selbst für zusätzliche Securityscans.

Inzwischen hatte ich zwei verschiedene Sets Menschenkleidung getragen und wusste jetzt besser, was das Zweckdienlichste für mich war. Ich nahm Arbeitsstiefel, die sich kaum von denen unterschieden, die ich damals in Port FreeCommerce geklaut hatte, selbstanpassend und mit Schutzkappe gegen Quetschungen durch schwere Lasten, was in meiner Menschenrolle nicht besonders wichtig war. Dann Hosen mit vielen verschließbaren Taschen, ein langärmliges Hemd mit Kragen zum Verbergen meines Datenports und noch eine weiche Kapuzenjacke. Schon klar, all das ähnelte sehr der Kleidung, die ich gerade trug, abgesehen davon, dass die Blau- und Schwarztöne anders verteilt waren. Ich autorisierte die Zahlung, und die Päckchen fielen aus dem Schlitz.

Als ich die neuen Sachen anzog, überkam mich ein merkwürdiges Gefühl, welches ich normalerweise damit verband, im Entertainmentfeed auf eine neue Serie zu stoßen, die vielversprechend aussah. Die Sachen »gefielen« mir. Vielleicht gefielen sie mir sogar so sehr, dass ich die Anführungszeichen um »gefielen« wegließ. Normalerweise gefallen mir nur Sachen, die sich über Entertainmentfeed herunterladen lassen.

Vielleicht lag es daran, dass ich sie selbst ausgesucht hatte.

War immerhin möglich.

Ich holte mir auch noch einen neuen Rucksack, einen besseren mit mehr verschließbaren Taschen. Ich zog mich fertig an, bekam einen Rabatt, weil ich bereit war, meine alten Sachen in die ladeneigene Wiederverwertung zu geben, und verließ die Kabine.

Sobald ich in der Passage wieder in der Menge unterging, begann ich, mir neue Entertainmentmedien und die Flugpläne herunterzuladen, bevor ich im Feed nach neuen Nachrichten suchte. Meine Bildsuche nach dem Logo der Securityfirma spuckte einen Namen aus: Palisade. Danach suchte ich auch gleich.

Ich musste so bald wie möglich aus HaveRatton verschwinden und einen guten Weg austüfteln, wie Dr. Mensah an meine Speicherclips herankam.

Auf den Clips, die ich in meinem Arm aufbewahrte, befanden sich jede Menge direkt von den Baggern gezogene Daten über unbekannte Synthetika, die GrayCris unter dem Deckmantel eines Terraformingprojekts illegal auf Milu abgebaut hatte. Und der Speicherclip, den ich in Wilkens und Gerths Sachen gefunden hatte, verriet noch viel mehr. Er enthielt die Aufzeichnungen ihrer Arbeit für GrayCris, sorgfältig organisiert und aufbereitet, bereit zur Übergabe an die Presse oder die Konkurrenz. Ich glaube, der Clip diente entweder Erpressungszwecken oder der Absicherung gegen ihre Ermordung durch GrayCris. Jedenfalls besaß ich ihn jetzt.

Mensah die Clips persönlich zu übergeben war wahrscheinlich die sicherste Methode, und genau das hatte ich auch vor. Ich wusste nur nicht, ob ich sie überhaupt wiedersehen wollte. (Oder genauer gesagt, ob ich wollte, dass sie mich wiedersah.)

Der Gedanke an sie ließ einen ganzen Knoten verwirrter Gefühle aufsteigen, mit denen ich mich gerade nicht auseinandersetzen wollte. Oder überhaupt irgendwann. Aber das musste ich jetzt noch nicht entscheiden. (Stimmt, »oder überhaupt irgendwann« passt auch hier.) Ich konnte genauso gut bei ihr einbrechen und die Clips zusammen mit einem Brief zu ihren Sachen legen. Über diesen Brief hatte ich lange nachgedacht. Es gab noch andere Möglichkeiten, aber wahrscheinlich würde ich schreiben: »Hoffentlich helfen Ihnen diese Beweismittel gegen

GrayCris, gezeichnet Killerbot.« Jetzt musste ich mich erst einmal darauf konzentrieren herauszufinden, ob sie sich immer noch in Port FreeCommerce befand oder in die Preservation Alliance zurück…

Meine Newsfeedsuche brachte eine ganze Reihe von Treffern, und die Überschrift des höchstbewerteten, beliebtesten Artikels ließ mich abrupt innehalten. Zum Glück befand ich mich an einer breiten Stelle der Passage, wo die großen Fluglinien ihre Büros hatten, und die locker gepackte Menge teilte sich und umfloss mich. Ich gab mir einen Ruck, ging zum nächstbesten Büroeingang und stellte mich an die Stelle, wo ihr proprietärer Feed Werbung und Infovideos spielte. Es war nicht ideal, aber ich musste irgendwo sein, wo ich still dastehen und mich einfach auf den Artikel konzentrieren konnte.

Dr. Mensah war von GrayCris wegen Wirtschaftsspionage angezeigt worden.

Wie zum Teufel waren wir nach dem letzten Newscluster, den ich hier bezogen hatte, denn da hingekommen? Es waren diverse Verfahren gelaufen, aber bei den gegen die Erkundungsteams begangenen Gewalttaten war doch eindeutig GrayCris der Aggressor gewesen. Von all den anderen Beweisen abgesehen, hatten wir meine Feedaufnahmen und das Video von Mensahs Anzugkamera, auf dem Vertreter von GrayCris ihre Schuld eingestanden hatten. So geizig und dumm sie war und so gern sie sich durchmogelte, das konnte doch nicht einmal die Finanzierungsgesellschaft verbocken, der ich früher gehört hatte.

Nur hatte sie es offensichtlich doch geschafft. Und Dr. Mensah war die planetare Leiterin einer nichtkommerziellen politischen Entität; wie konnte sie da der Wirtschaftsspionage bezichtigt werden? Ich kenne mich zwar nicht aus, weil unsereins keine Lehrmodule über menschliches Recht erhält, aber das konnte einfach nicht richtig sein.

Ich überwand meine spontane Wut und schaffte es, den Rest des Newsclusters zu lesen. GrayCris hatte den Vorwurf geäußert, aber niemand wusste, ob sie Klage erhoben oder nicht (Eine Gegenklage? Gab es dieses Wort?). Es blieb reine Spekulation, weil die Journalisten Dr. Mensah nicht finden konnten.

Moment, wie bitte?

Wo war sie? Wo waren die anderen? Waren sie ohne Mensah zurück nach Preservation geflogen? Meinen Recherchen zufolge waren die Leute in Preservation ihrer planetaren Leitung gegenüber sehr lässig eingestellt. Zu Hause brauchte Dr. Mensah nicht mal Security. Nur war es dumm, sie in Port FreeCommerce allein zu lassen, wo ihr alles Mögliche zustoßen konnte. Zugestoßen war.

Ich hätte am liebsten meine Faust durch das nächstbeste Firmenlogo gedroschen. Idiotische Menschen wussten nicht, wie sie Gefahren vermieden. Idiotische Menschen bildeten sich ein, dass es überall so war wie in der blöden, langweiligen Preservation!

Ich brauchte mehr Infos; offensichtlich hatte ich einige wichtige Entwicklungen verpasst. Ich arbeitete mich langsam durch die Nachrichtentimeline rückwärts, sah mir auch die verbundenen Tags an, zog es gründlich durch, versuchte nicht in Panik zu geraten. Den Erklärungen zufolge, die Port FreeCommerce veröffentlicht hatte, um die Journalisten loszuwerden, waren Arada, Overse, Bharadwaj und Volescu vor rund dreißig Zyklen nach Preservation abgeflogen. Mensah hatte mit den anderen folgen sollen, aber dazu war es nicht gekommen. So weit, so gut.

Der nächste Datenpunkt war derart tief in einer anderen Story versteckt, dass selbst ich ihn beinahe übersehen hätte. Einer Pressemeldung von GrayCris zufolge war Mensah nach TranRollin-Hyfa geflogen, um auf ihre Klage zu reagieren, aber Port Free-Commerce konnte das nicht bestätigen.

Wo bitte schön lag TranRollinHyfa, verdammte Scheiße?

Eine hektische Suche in den Infodatenbanken des öffentlichen Feeds ergab, dass es sich bei TranRollinHyfa um eine Station handelte, ein großes Drehkreuz, wo an die zweihundert Konzerne, darunter GrayCris, ihre Firmensitze unterhielten. Also nicht ausschließlich Feindesland. Komisch, dass mir das auch kein besseres Gefühl verlieh.

Der nächste relevante Newscluster spekulierte, dass Mensah nach TranRollinHyfa geflogen war, um für Preservation und Delt-Fall in dem Verfahren gegen GrayCris auszusagen. Der Newscluster danach spekulierte, dass sie eine Aussage zu GrayCris' möglicherweise zweifelhafter Klage gegen sie plante. Unheimlicherweise hatten die beiden Entitäten, die vielleicht wirklich etwas wussten, nämlich Preservation Alliance und die dämliche, sich durchmogelnde Finanzierungsgesellschaft, der ich einst gehört hatte, beide keine offizielle Erklärung abgegeben, sondern nur bestätigt, dass sie sich auf TranRollinHyfa befand.

Mensah war nicht dumm, sie hätte sich nie ohne Schutz in die Nähe des Hoheitsbereichs eines Feindkonzerns begeben. Wenn sie freiwillig nach TranRollinHyfa geflogen war, dann würde die Versicherung ihres Besuchs bei GrayCris, die schließlich schon einmal versucht hatten, sie zu töten, ordentlich Geld kosten, ihr als Versicherte und erst recht der Firma im Schadensfall, die von daher alles tun würde, um sie dort rauszuholen, inklusive der

Entsendung von Schlachtschiffen. Sicherer und damit billiger wäre es gewesen, in Port FreeCommerce zu bleiben, wo die Firma ein großes Einsatzzentrum betrieb, und alle Parteien dort aussagen zu lassen. Darauf hätte die Firma beharrt.

Schlussfolgerung: Mensah war nicht freiwillig nach TranRollinHyfa geflogen.

Jemand hatte sie reingelegt oder ihr eine Falle gestellt oder sie dazu gezwungen. Aber wieso? Wenn GrayCris dies vorgehabt hatte, wozu so lange warten, wozu den vielen beteiligten Zeugen die Zeit geben, ihre Klagen vorzubringen und auszusagen und der Presse ihre Beweismittel zu präsentieren? Was war passiert, dass GrayCris dermaßen in Panik geraten war, um …

Oh. Oh Kacke.

25

Ich musste verschwinden, und zwar schnell. Keinesfalls auf einem botgesteuerten Transportmittel. Wenn Palisade mich auf Schiff nicht fand, würde das die Verfolgung zurückwerfen, aber nur vorübergehend, und wenn sie auch nur ein Gramm Grips hatten, überprüften sie zuerst die automatisierten Flüge. Ich rief die Pläne für extraschnelle Passagiermaschinen mit Besatzung auf (Nein, keine Direktflüge. Ich bin zwar eindeutig ein Idiot, aber ein solcher Idiot nun auch wieder nicht.) und fand ein Schiff, das in vier Stunden zu einem großen Drehkreuz startete. Von dort aus konnte ich dann mein Ziel ansteuern.

Auf diese Weise war ich noch nie geflogen, vor allem, weil ich es nicht gewollt hatte. Erstens bezweifelte ich, dass ich es schaffte, gleichzeitig Waffenscanner und die Personenkontroll- und Bezahlsysteme zu hacken. Nun aber hatte ich dank Wilken und Gerth keine Ausreden mehr.

Ich war neulich über ihre Fluchttasche mit HardCurrency-Cards und diversen Identitätsnachweisen gestolpert, Letztere in der Form von Markern zur Verwendung unter der Haut. Normalerweise ließen die sich nur mit den eigens dafür hergestellten Scannern auslesen, aber mit ein wenig Feinjustierung war mein

Scanner in der Lage gewesen, die chiffrierten Daten zu erkennen, und ich hatte sie mir auf dem Rückflug nach HaveRatton gründlich angesehen.

ID-Marker der Corporation Rim enthielten normalerweise alle möglichen Informationen zur Person, bei diesen hier handelte es sich jedoch um Behelfsnachweise für Reisende von außerhalb der CR. Sie enthielten die Zeichenkette einer nicht konzerngebundenen politischen Entität, aus der sich Reiseerlaubnis, Heimatort und Name ergaben. Genau deshalb hatten Wilken und Gerth sie sich vermutlich auch verschafft; so konnten sie nötigenfalls die Identitäten wechseln. Konzerngebundenen politischen Entitäten geht es vor allem um die Kontrolle ihrer eigenen Menschen, die anderer Gebilde sind ihnen weniger wichtig. Berichten zufolge war das Reisen in Corporation Rim für Fremde leichter als für Vollbürger, Halbbürger und all die anderen Kategorien, in die politische Entitäten ihre Menschen einordneten. (Es könnte schlimmer sein. Menschen konnten sich ihre ID-Marker wenigstens herausschneiden; meine Firmenlogos waren in Teile geätzt, auf die ich nicht verzichten konnte.)

Ich ging zu einer öffentlichen Ruhezone, bezahlte mit der HardCurrencyCard für eine geschlossene Zelle und nahm den Marker mit dem Namen Jian aus Parthalos Absalo. Ich zog ein Stück Haut an meinem Schultergelenk ab und schob den Marker darunter. Ich musste die lokalen Schmerzrezeptoren ein wenig runterdrehen, aber ein unschönes Auslaufen blieb mir erspart.

Seit ich Dr. Mensah verlassen hatte, war ich regelmäßig als Mensch aufgetreten, aber nun hatte ich zum ersten Mal etwas an mir, das mich offiziell als Menschen auswies. Das war seltsam.

Es gefiel mir nicht.

Ich bezahlte an einem Kiosk am Rand des Abfertigungsbereichs für den Flug und ließ meine ID dort sowie am Schiff beim Betreten der Schleuse scannen. Ich musste zwei Waffenscanner hacken und in der Schleuse die Körperscanergebnisse anpassen, um eine nicht ganz so extreme Anzahl von Augmenten zu zeigen. Ich hatte eine Privatkabine mit eigenem Bad und automatischer Essensbelieferung gebucht. Das Essen brauchte ich nicht, aber dann hatte ich etwas, das ich in den Wiederaufbereiter werfen konnte, damit der bei einer Überprüfung keine komischen Werte ausspuckte. Der Schiffsfeed leitete mich zur Kabine, und ich sah im Korridor nur vier Menschen und hörte fünf weitere, als ich an einer Lounge vorbeikam. Mein Ziel war es, für den Rest der Flugdauer von sieben Zyklen keinem ein zweites Mal zu begegnen.

Die Kabine war schöner als die auf meinem einzigen anderen Passagierflug. Sie verfügte über eine Koje mit Bettzeug und einer kleinen Displayoberfläche, ein winziges Bad hinter einer Tür, einen Wandschrank für persönliche Besitztümer und eine Essensausgabe. Ich schloss die Tür ab und setzte mich gar nicht erst hin oder stellte auch nur den Rucksack ab. Solange wir noch angedockt waren, musste ich Feedsuchen erledigen.

Ich schickte eine für TranRollinHyfa ab und erweiterte meine Newsclustersuchen um neue Stichwörter und Zeiträume. Neue Mediendownloads hatte ich mir bereits auf dem Weg zum Abfertigungsbereich gegriffen. Ich wusste, dass ich die Ablenkung brauchen würde.

Ich ging davon aus, dass ich bereits ansatzweise begriff, was hier lief, und das war nichts Gutes. Aus GrayCris' Perspektive war nacheinander Folgendes passiert:

(1) Dr. Mensah kauft eine (gebrauchte, leicht angeschlagene) SecUnit, die anschließend mit unbekanntem Ziel verschwindet. (2) Dr. Mensah sagt in einem Interview, das per Newscluster von diversen Schiffen durch die ganze Corporation Rim verteilt wird, dass jemand Ermittlungen in Milu durchführen sollte, weil die Aufgabe der dortigen Terraforminganlage durch GrayCris verdächtig ist. (Dass sie das Thema Milu nicht selbst aufbringt, sondern danach gefragt wird, spielt keine Rolle.) (3) In Milu taucht eine SecUnit auf, die einem von GoodNightLander Independent beauftragten Erkundungsteam dabei hilft, (a) die Anlage vor dem Absturz auf den Planeten zu bewahren und (b) Beweismittel dafür zu sammeln, dass es sich keineswegs um ein Terraforming-, sondern um ein illegales Bergbauprojekt gehandelt hat.

Die Punkte 3a und 3b standen bereits in den Newsclustern, die sich aktuell in Corporation Rim verbreiteten, zusammen mit Augenzeugenberichten von Abene und ihrer Gruppe sowie der Aussage von Wilken und Gerth über ihren Auftraggeber.

Offensichtlich ging GrayCris davon aus, dass Mensah mich nach Milu geschickt hatte, um sie dranzukriegen.

Hoppla.

Der Flug war genauso stressig wie der, auf dem Fifo sich mir mit der Bemerkung vorgestellt hatte, es könne mir das Gehirn löschen, sowie jener, auf dem ich ständig über Miki nachdenken musste. Und wie der mit Ayres und den anderen Menschen, die sich selber in die Zeitarbeitssklaverei verkauft hatten.

Wahrscheinlich waren bisher alle meine Flüge stressig gewesen.

Diesmal litt ich Angstzustände, und ich tat, was ich in diesem

Fall immer tue, nämlich Medien glotzen. Eine der neuen Serien, die ich zufällig in HaveRatton heruntergeladen hatte, erwies sich als langes historisches Drama über die Frühzeit der menschlichen Raumfahrt. Sie war als Erzähldokumentation gelistet (ich habe auch keine Ahnung, was das sein soll), jedenfalls waren durchgehend offensichtlich korrekte Zusatzinformationen zur tatsächlichen historischen Entwicklung abrufbar. Es befremdete mich zu sehen, dass es damals verschiedene SecUnits gegeben hatte. Sie benutzten keine geklonten menschlichen Teile, sondern tatsächlich Teile von Menschen, die katastrophale Verletzungen davongetragen oder an entsprechenden Krankheiten gelitten und beschlossen hatten, ihre Teile für, wie man das damals nannte, augmentierte Rover zu spenden. Einige Menschen der Haupthandlung kannten den einen Rover aus seiner Zeit als Mensch, und sie waren immer noch alle miteinander befreundet. Die Rover besaßen keine Menschengestalt, aber sie konnten sich ihre Aufträge und ihre menschlichen Kollegen selbst aussuchen. Sie tauschten sich mit den Menschen aus, gaben Ratschläge, leiteten manchmal Rettungsaktionen und bogen ständig irgendwas wieder hin. Trotz der vielen überzeugend detailreichen Infobalken hatte ich Mühe, das zu glauben. Mitten in der zweiten Folge brach ich ab und wechselte zu einer Musical-Komödie.

Jedenfalls machte es einen Unterschied, ob ich Medien schaute, weil ich mich an Bord eines Schiffs in Sicherheit befand und niemand irgendwas von mir wollte, oder weil ich versuchte, nicht an all die Dinge zu denken, die ich verkackt hatte, oder daran, was als Nächstes geschehen würde, also an eine Zukunft, in der es mir zweifelsohne auf kreative Weise gelingen würde, noch einiges mehr zu verkacken. An Ersteres hatte ich mich gewöhnt, darum hasste ich es, zu Letzterem zurückzukehren.

Ich versuchte durchaus, mich vorzubereiten. Ich zog alles aus dem Schiffsfeed, was zu TranRollinHyfa verfügbar war – leider kaum mehr als eine aktualisierte Version des üblichen Touristeninfopacks, das ich schon in HaveRatton abgerufen hatte, aber es lieferte mir immerhin eine stattliche Anzahl Namen der Konzerne, die dort einen Stützpunkt oder ihren Firmensitz besaßen.

Das Sicherheitsunternehmen Palisade unterhielt dort eine große Filiale. Wieso überraschte mich das nicht?

Außerdem arbeitete ich fleißig an meinem Code zum Austricksen von Überwachungskameras. Den hatte ich auf RaviHyral entwickelt, unmittelbar bevor mir fast meine Klientin Tapan ermordet worden wäre. Es handelte sich um ein Verfahren, bei dem ich aus der Aufnahme der Kamera gelöscht und durch Bilder vor und nach meinem Durchgang ersetzt wurde. Er war nicht perfekt, und ich verbesserte ihn, indem ich Code für verschiedene Sorten und Marken von SecSystems und eine größere Zahl Kameras und Winkel hinzufügte.

Als das Wurmloch hinter uns lag, war ich einfach nur froh, das erste Teilstück der Reise hinter mich gebracht zu haben.

Niemand wartete auf mich, als wir am Transitkreuz anlegten, also wusste ich jetzt immerhin, dass die ID-Marker von Wilken und Gerth funktionierten. Ich verbrachte nur zehn Stunden dort, alle im winzigen Zimmer eines Durchgangshotels. Ich lud mir ein paar neue Serien runter, vor allem aber zog ich mir alle möglichen Dateien über TranRollinHyfa aus den Wissensdatenbanken. Das dauerte länger als üblich, weil die meisten benötigten Datenbanken kommerziell und damit proprietär waren und ich mich dementsprechend reinhacken musste, bevor ich auch nur wusste, ob sie hatten, was ich suchte. Außerdem ließ ich meine üblichen Newscluster-Suchen laufen. Nichts Neues zu Mensah, abgesehen von zahlreichen Spekulationen, die mir bei meinen Angstzuständen auch nicht halfen.

Als es Zeit zum Aufbruch wurde, tauschte ich die Jian-ID gegen eine mit dem Namen Kiran. Ich hatte überlegt, zur Verschleierung noch einen Hüpfer mehr zu vollführen, aber ich wusste nicht, wie es um Mensah stand, und die Vorstellung, dass ich vielleicht eh schon zu spät kam, half nicht gerade. Also buchte ich einen Direktflug nach TranRollinHyfa, wieder auf einem schnellen Passagierschiff.

Ich zögerte wegen meiner Speicherclips aus Milu, die immer noch in meinem Arm steckten, und dem Clip von Wilken und Gerth. Ich wusste nicht, inwieweit die Daten überhaupt noch nützlich waren.

Aber Miki war für diese Informationen gestorben, ob er das nun gewusst hatte oder nicht.

Sie auf GrayCris-Territorium bei mir zu führen wäre dumm gewesen. Ich entfernte die Clips im Durchgangszimmer aus meinem Arm, dann ging ich zum Abfertigungsbereich. Unterwegs hielt ich an einem Versandkiosk und kaufte ein Päckchenset. Ich wickelte die Clips plus jenen von Wilken und Gerth in die Schutzfolie und verschloss das Päckchen. Ich adressierte es an sämtliche Mitglieder der Ehe von Dr. Mensah auf ihrer Farm auf Preservation. Diese Daten lagen immer noch in meinem Langzeitspeicher, ich hatte sie aus den Unterlagen meiner alten Firma über PreservationAux. Uff, kam mir das lange her vor.

Ich ging an Bord und hatte mich gerade in meiner Privatkabine eingeschlossen, als ich neuen Newsburst reinbekam, der von einem Schiff stammte, das soeben angedockt hatte. Es handelte sich um eine kurze Erklärung der Preservation Alliance, vertreten durch Dr. Bharadwaj.

Es war überraschenderweise komisch, ein vertrautes menschliches Gesicht zu erblicken, obwohl sie total wütend dreinschaute. Sie sagte nur, dass Preservation zur Lösung des Konflikts mit GrayCris »Schritte einleiten« würde.

Hm. Ich legte mich auf die Koje und starrte an die Metalldecke. Im Hintergrund summte der öffentliche Feed des Schiffs, während sich die Dockingklammern lösten. Ich überwachte die private Aktivität, um sicherzustellen, dass niemand über eine SecUnit redete, die sich wenig überzeugend als Mensch ausgab und in einer Passagierkabine versteckte. Außerdem sah ich mir Bharadwajs Erklärung noch sieben weitere Male an.

Vielleicht irrte ich mich. Den emotionalen Subtext in der Sprechweise und im Auftreten von echten Menschen zu interpretieren war etwas völlig anderes als bei menschlichen Figuren in Filmen und Serien, das wusste ich. Zum Beispiel bemühten sich Filme und Serien um eine punktgenaue Kommunikation mit dem Publikum. Soweit ich sagen konnte, wussten echte Menschen in der Regel gar nicht, was zur Hölle sie eigentlich trieben. Jedenfalls interpretierte ich Bharadwajs Videostatement so, dass Mensah von GrayCris festgehalten wurde und das Unternehmen Preservation mit einer Todesdrohung zu der Erklärung genötigt hatte, eine gütliche Einigung mit GrayCris anzustreben.

Ich sah mir den restlichen Newscluster an und stellte fest, dass immer noch ein Statement von DeltFall ausstand, dessen Erkundungsteam GrayCris abgeschlachtet hatte. Auch die Firma, deren

Besitz ich mal gewesen war, schwieg weiterhin, wahrscheinlich weil sie gleichzeitig vor lauter Wut über die Menge an in dem Debakel verlorener Ausrüstung und Versicherungsgelder kotzte und verzweifelt jemanden suchte, den sie dafür zahlen lassen konnte. Also buchstäblich zahlen. Mit einer hinreichend großen Kreditrückzahlung konnte GrayCris sich die Firma vom Hals schaffen, aber bis jetzt hatten sie das nicht getan. Aber vielleicht konnte sich GrayCris eine solche Rückzahlung auch nicht leisten.

Das alles hatte GrayCris getan, um sich unbekannte Kunst- und Alienreststoffe zu verschaffen. Jetzt, da jedermann Bescheid wusste, konnten sie sie weder verkaufen noch entwickeln oder was sie sonst damit vorgehabt hatten. Was darauf hinauslief, dass sie auch verzweifelt waren.

Das war nicht gut.

Nach vier Zyklen Schiffszeit lag das Wurmloch hinter uns, und ich bekam den äußersten Rand des Feeds von TranRollinHyfa rein.

Aus der Nähe sah die Station größer aus. Mit ihren drei untereinander verbundenen Transitringen unterhalb des Hauptrumpfs war sie größer als Port FreeCommerce. Normalerweise umkreist der Transitring die Station, mit dem Hauptteil, wo die Menschen und augmentierten Menschen leben oder ihre Alltagsgeschäfte verrichten, in der Mitte. Wobei ich nie in diesen Teilen gewesen war, nur im Einsatzzentrum auf Port FreeCommerce, das in der Nähe des Transitrings lag.

Ich sah mir den Feed an, doch der wimmelte von Werbung. Die Flugpläne und Dienstleistungsangebote ersoffen in Firmenanzeigen, die prasselnd zerfielen, weil andere Konzerne für ihre

Unterdrückung bezahlt hatten. Das brachte also alles nichts. Ich sah mir stattdessen den Schiffsfunk an, der den Feed des Hafenamts überwachte. Da gab es auch Werbung, aber das Hafenamt schaffte es wenigstens ab und zu, ein Wörtchen mitzureden. Eines dieser Wörtchen war ein Navigationsalarm, und …

Hm.

Ich zog ihn mir in den Schiffsfeed, wo das Scannen und Navigieren für die Besatzung lief. Ein Stück abseits der Station lag ein Konzern-Kampfschiff.

Es stand zweifelsfrei fest, wem es gehörte, der Navigationsalarm enthielt das beknackte Logo, welches das Kampfschiff in seinem ansonsten geblockten Feed sendete, genau dasselbe Logo, das auch in meine anorganischen Teile geätzt war. Ich überprüfte den Zeitstempel des Alarms. In meine Lokalzeit konvertiert, waren inzwischen rund zwanzig Zyklen vergangen.

Das Schiff mochte wegen eines anderen Auftrags hier sein, aber das wäre dann doch ein arg zufälliges Zusammentreffen gewesen. Kampfschiffe dienen nur einem Zweck, sie sollen schnell irgendwohin fliegen und etwas in Stücke schießen, und Aufträge für sie sind wegen der Friedensverträge zwischen konzerngebundenen und nicht konzerngebundenen politischen Entitäten eine kniffelige Sache.

Wenn Mensah doch freiwillig nach TranRollinHyfa geflogen war, um mit GrayCris zu verhandeln, dann war die Versicherungssumme vielleicht so hoch, dass sie zwingend ein Kampfschiff brauchte. Aber wieso war es dann nicht angedockt? Musste Mensah da rausgeholt werden oder was? Ich brauchte dringend geheime Informationen, und es gab nur einen Weg, an sie ranzukommen.

Der Anflugverkehr war zäh, und wir hatten bereits 27 Minuten Dockingverspätung. 27 Minuten waren mehr als genug Zeit für mich, um eine Dummheit zu begehen.

Ich ließ mich in den Funk des Schiffs sinken. Das Anflugprotokoll, vom Hafenamt noch gerade so zwischen die Werbung gequetscht, schrieb vor, dass Funkanlagen auf die Überwachung sämtlichen Signalverkehrs eingestellt wurden, Stimme und Feed. Auf diese Weise konnten Schiffe den verstopften Stationsfeed umgehen und mögliche Alarme oder Nachrichten auffangen, die andere Schiffe vielleicht ausstrahlten.

Ohne die Assistenz eines Funksystems waren die natürlich schwer auszufiltern und zu sortieren, aber ich wusste ja, wonach ich suchte. Nach sechs Minuten fand ich ihn: den verschlüsselten Feed des Kampfschiffs, der sich um sein Funksignal wand wie die Melodie in einem Musiksample. Ich holte mir den Feed und wandte den Schlüssel an und … Das war vielleicht ein Fehler. Brauchte ich die Geheimdaten wirklich so dringend? Ja, doch, brauchte ich. Ich musste wissen, ob Mensah auf einer Mission oder unter Zwang hier war. Ich schickte dem Botpiloten des Kampfschiffs ein Ping und fügte den Code an, der ihm verriet, dass ich mich im Tarnmodus befand.

Er bestätigte. Er erkannte mich als ebenfalls Eigentum der Firma, da ich den Dechiffrierschlüssel besaß und den richtigen Gruß verwendete. Ich bezweifelte, dass er seiner Crew mitteilte, von einem anderen Bot der Firma kontaktiert worden zu sein, es sei denn, er hatte die entsprechende Anweisung. Eine andere SecUnit hätte mich sofort gemeldet, aber eine andere SecUnit hätte natürlich auch gewusst, was ich war und dass ich hier draußen nichts zu suchen hatte.

Ich wartete und lauschte, um sicherzugehen, dass niemand die Außenverbindung bemerkt hatte. Keiner schlug Alarm. Ich spürte, dass der Feedverkehr an Bord dünn und überwiegend auf Stand-by war. Sie warteten auf irgendetwas.

Ich wappnete mich mental und schickte dem Botpiloten ein *Status: Update (Tarnmodus)*. Nach drei langen Sekunden sandte er mir ein Datencluster. Ich bestätigte und brach die Verbindung ab.

Ich konzentrierte mich wieder auf die Decke der Kabine. Wenn ich Glück hatte, kontrollierte niemand das Kontaktprotokoll des Botpiloten. Die Firma hatte Geld für mich bekommen und mich aus dem Bestand gestrichen, aber ohne Mensah besaß ich in Corporation Rim keine gesetzliche Anerkennung. Wenn sie begriffen, dass ich hier war, konnten sie mich den Stationsbehörden melden oder versuchen, mich zu fangen und gewaltsam in meine Einzelteile zu zerlegen – oder irgendwas Beliebiges dazwischen.

Ich überprüfte den Datencluster auf Tracer und Malware und entpackte ihn.

Tja, das war … ein potenzielles Desaster. Kurz nachdem das Kampfschiff bei TranRollinHyfa angekommen war, hatte sich der Auftragsstatus von *Bergung: aktiv* zu *Bergung: ausgesetzt aufgrund Zutrittsverweigerung für neutrale Parteien, Eskalation außerhalb vereinbarter Parameter* geändert. Das bedeutete, das Kampfschiff hatte gefährdete Klienten bergen sollen, doch dann war die Operation ausgesetzt worden, weil die Bergung verhindert worden war, und zwar nicht einfach durch die mangelnde Zahlungsfähigkeit der Klienten. Der Klienten-ID-Code war Mensahs, derselbe wie damals in meinem Auftrag, was bedeutete, dass es sich hier um eine Erweiterung ihres ursprünglichen Versicherungsvertrags für die planetare Erkundung handelte. Na schön, ich wusste nicht, ob es so funktionierte, aber für mich bestätigte es, dass Mensah vor Ort war oder zumindest die aktuellen Geheiminformationen der Firma genau darauf hindeuteten.

Und dieses beschissene Kampfschiff hockte da und tat nichts. Ich schätze, GrayCris hatte TranRollinHyfa irgendwie dazu gebracht, die Docking- und Einsatzgenehmigung zu verweigern, was bedeutete, dass die Firma ihr bewaffnetes Bergungsteam nicht ausschiffen konnte, ohne sich mit der Security von TRH anzulegen, und dafür hatte die Firma nicht genug Geld bekommen.

Der andere Code im Statusbericht lautete *Status Sekundärklienten: Eigenwunsch*. Das war fast noch schlimmer – es bedeutete, dass andere im Vertrag benannte Personen (wahrscheinlich Pin-Lee, Ratthi und Gurathin, da sie im Newscluster nicht als nach Preservation zurückkehrend aufgeführt worden waren) sich aus dem Schutz der Firma begeben hatten und im Freien befanden. Es gab nur eine Möglichkeit, sich zwischen einem Kampfschiff und einer bewaffneten Station zu befinden: Sie mussten ein Shuttle genommen und sich für unbewaffnet erklärt haben, um an dem Einsatzverbot vorbeizukommen, und hatten dann andocken dürfen.

Also musste ich mir jetzt um vier von ihnen Sorgen machen.

Warten war stressig, und ich guckte eine Folge meiner Lieblingsserie *Aufstieg und Fall des Waldmonds*, während das Schiff den Anflug und den Dockingvorgang hinter sich brachte. Schließlich signalisierte sein Feed, dass es Zeit zum Aussteigen wurde.

Ein Grund, wieso ich von allen Flügen hierher ausgerechnet dieses schnelle, nicht botgesteuerte Schiff genommen hatte, lag darin, dass es 127 Passagiere an Bord gab, von denen 43 zusammen reisten. Sie enttäuschten mich nicht und stiegen als eine gemeinsame laute und verwirrte Horde aus. Ich ging mitten zwischen ihnen hinaus und war schon dem Abfertigungsbereich entkommen und oben in der transparenten Röhre des Laufstegs angelangt, bevor sie sich vom Waren- und Werbeangebot ablenken ließen und sich zerstreuten. Ich ging weiter.

Bis jetzt hatte ich drei Waffenscans abgefälscht und mich in die gesperrten Feeds diverser mobiler Überwachungskameras gehackt. Die Security für ausgestiegene Passagiere war engmaschiger gestrickt als auf den anderen von mir besuchten Transitringen und -stationen. Ungewöhnlich engmaschig für eine Station, die ihren öffentlichen Feed für Werbung verkaufte, in der die Sicherheitsinformationen und öffentlichen Bekanntmachungen absoffen. Man konnte genau sagen, welche Menschen und augmentierte Menschen sich mit seiner Kartenfunktion orientierten, weil sie immer wieder vor gesperrten Ausgängen und Mauern landeten.

Außerdem war ich von mindestens vier Erkennungsscans erfasst worden. Diese Scanner suchen normalerweise nach bekannten Menschen oder augmentierten Menschen, die der Sicherheitsdienst einer Station im Blick behalten möchte, und nicht nach irgendwelchen untergetauchten SecUnits. (Untergetauchte SecUnits stellen bei Weitem kein so verbreitetes Problem dar, wie der Entertainmentfeed die Leute glauben lässt.) Trotzdem war ich heilfroh, dass ich auf Fifo gehört und ihm erlaubt hatte, meine Konfiguration zu ändern. Und ich war heilfroh über jede einzelne Vorsichtsmaßnahme, die ich ergriffen hatte, sogar über diejenigen, die mir zum jeweiligen Zeitpunkt paranoid erschienen waren.

Bewaffnete Securitypatrouillen bemerkte ich nicht, aber zusätzliche Drohnen, kleine, eine andere Marke und Konfiguration als sonst. Nachdem ich meine Abfragen modifiziert hatte, um die blöde Werbung zu blockieren, konnte ich eine Downloadsuche für den Newsfeed und die Zuweisungsliste des öffentlichen Docks starten. Ich überprüfte die Hafenkarte, der es gelungen war, sich durch den Werbemüll zu kämpfen, und nahm den Laufsteg, der hoch ins Einkaufszentrum der Station führte.

Mein Schiff hatte am zweiten Transitring angedockt, sodass man viele Rampen hinaufgehen musste, wenn man nicht in eine Liftkapsel steigen wollte – wie ich. Ich bekam keine Pings, aber ein Blick ins Branchenverzeichnis ergab zwei örtliche Sicherheitsunternehmen, die SecUnits verliehen, EinoArzu und Stockade Kumaran. Palisade wurde als Sicherheitsunternehmen aufgeführt, nicht jedoch als Anbieter von SecUnits. Das bedeutete nicht zwangsläufig, dass sie keine hatten, es bedeutete nur, dass sie nicht damit warben.

Ich machte mir zu diesem Zeitpunkt nicht allzu viele Sorgen, dass man vielleicht SecUnits gegen mich einsetzte. SecUnits wären in der Lage, mich auf Sicht (beziehungsweise, genauer gesagt, auf Ping) als freidrehende Einheit zu erkennen, aber wir wurden auf Transitringen nie eingesetzt. Die Sicherheitsunternehmen schickten uns (sie) als Fracht durch den Hafen, damit die Menschen nicht in Panik gerieten. Gut, es gibt immer ein erstes Mal, aber es war eben unwahrscheinlich, mit einer Gefahr von höchstens vielleicht 15 Prozent.

Und selbst wenn sie welche einsetzten, mussten die mich erst einmal finden. Die Chefmodule erlaubten den SecUnits weder Systeme zu hacken noch nach meinen Hacks zu suchen, das konnten sie nur unter menschlicher Führung. Wobei ich bezweifle, dass GrayCris den Umfang meiner Hacks auch nur ansatzweise ahnte. Einzig Combat-SecUnits konnten selbstständig nach meinen Hacks suchen und Gegenmaßnahmen ergreifen.

Dennoch kribbelte meine Menschenhaut vor Nervosität. Die zusätzliche Security schien eine Theorie zu bestätigen, der ich anhing. Oder vielleicht meine ich auch eine Hypothese. Jedenfalls Folgendes: Wenn Bharadwajs Erklärung im Newscluster eine Botschaft an GrayCris gewesen war, ein Zeichen, dass Preservation kooperieren würde, um Dr. Mensah zu retten, dann waren die Berichte über Mensahs Festnahme, über ihren Flug oder ihren Transport nach TranRollinHyfa ebenfalls Botschaften. Und zwar an mich.

GrayCris ging davon aus, dass Mensah mich über die Newscluster angewiesen hatte, nach Milu zu fliegen, also lag die Vermutung nahe, dass sie mich mithilfe von Newsclustern hatten herlocken wollen.

Es war keine besonders spektakuläre Theorie/Hypothese. Sie hatten Mensah; keine Ahnung, wozu sie dann mich wollten. Sie wussten, dass ich in Milu gewesen war. Hegten sie den Verdacht, dass ich mit einem Armvoll belastender Daten zurückkehrte? Aber bei GoodNightLander Independent waren sie nach der Übernahme der Anlage doch hoffentlich sauer genug, um selbst nach belastenden Daten zu suchen, damit sie sich öffentlich auf ihren eigenen Newsfeeds darüber beschweren konnten. Wenn GrayCris Mensah und mich jagte, änderte das gar nichts.

Andererseits waren es Menschen – wer blickt schon durch, wieso die irgendwas tun?

Jedenfalls stand damit umso mehr fest, dass ich jetzt, da ich hier reingekommen war, auch sicherstellen musste, dass ich wieder rauskam. Ich zog mir prompt die entsprechenden technischen Daten und Infos aus den Securityfeeds, auf die ich Zugriff bekommen hatte, und markierte sie für spätere Durchsicht.

Die letzte Rampe stieg ich inmitten von Menschen und augmentierten Menschen hinauf und gelangte ins Einkaufszentrum der Station. Da kam nicht erst ein Bereich für Alternativtouristen mit billigen Durchgangshotels und Verkaufskiosken. Es ging sofort mit teuren Geschäften und Büros auf mehreren Ebenen los, die meisten in Kugeln, die zu hohen Türmen gestapelt waren oder oben schwebten. Der Feed war ein Labyrinth aus Videos und Anzeigen und Anleitungen und Musik und konkurrierte mit den schwebenden Displayoberflächen und den Holoskulpturen von gigantischen Wasserfällen und Bäumen und abstraktem Kunstgewese.

Vergleichbares hatte ich schon in meinen Serien gesehen, auch Besseres, in der Wirklichkeit war es trotzdem etwas anderes. Einerseits waren meine Kamerawinkel nicht optimal ausgerichtet. Andererseits lenkten die herumwimmelnden Menschen und augmentierten Menschen von dem Anblick ab.

Ach, und die Downloads natürlich, die herrlichen Downloads. Alle möglichen Entertainmentfeeds, deutlich mehr als in HaveRatton und Port FreeCommerce, hingen verführerisch in der Luft. Ich griff wahllos zu und lud Sachen herunter. Eine meiner Abfragen hatte den richtigen Index für Stationsbewohner gefunden, nicht die gekürzte Version für Touristen und Durchreisende, und ich brauchte einen Ort, wo ich stillstehen und ihn mir ansehen konnte. Ich ging zu einer der unteren Kugeln.

Es handelte sich um ein großes Geschäft, in dem viele Menschen und augmentierte Menschen ein und aus gingen. Mit einem Geschäft kam ich klar. Geschäfte kannte ich schon (*ein* Geschäft). Kein Problem.

Ich versuchte mich zu entspannen und beschäftigt auszusehen, während ich die Rampe zum Eingang hinaufschritt. Laut den Anzeigen im Feed wurde hier gehobener Lebensstil verkauft. Ich hatte keine Ahnung, was das war, und die Erklärungen im Feed halfen auch nicht weiter. Selbst manche Menschen, die hier herumschlenderten, erweckten einen verwirrten Eindruck. Ich schlenderte mit ihnen in einen zentralen Bereich, wo Menschen sich ein schwebendes Angebot von Produkten ansahen. Oder sahen sie sich Kunst und Musik an, die von Produkten inspiriert waren? Es war nicht die erhoffte abgeschlossene Kabine, aber es gab mir einen Grund, stillzustehen und zu starren, während ich meine Suchergebnisse und den Stationsindex durchging.

Wenig überraschend stieß ich auf einen Dockingeintrag für ein Shuttle mit Firmen-ID-Code, der einzige Firmencode in der Ankunftsliste. Das war das Shuttle, mit dem das Preservation-Team vom Kampfschiff hergekommen war.

Zu wissen, dass sie so nahe waren, war … seltsam. In Anbetracht der Größe des Shuttles waren sie wohl nicht an Bord geblieben. Nach einer kleinen, unauffälligen Manipulation an den geschützten Systemen der Hafenbehörde fand ich Zugang zu einem Download des Dockingkontaktindexes und konnte den Eintrag des Shuttles einer physischen Adresse in einem Stationshotel zuordnen.

Während ich die Spuren meines Eindringens ins System des Hafenamts beseitigte, meldeten drei Nachrichtensuchen Ergebnisse, aber da handelte es sich um alte Newscluster aus Port FreeCommerce. Nichts als weitere nutzlose Spekulationen, wo Mensah war, was sie tat und wieso sie verschwunden war.

Keine meiner Abfragen hatte irgendeine Erwähnung von ihr ergeben.

Mir blieben nicht viele Alternativen. Das Team aus Preservation musste hier sein, um über Mensahs Freilassung zu verhandeln; ein anderes Vorgehen blieb ihnen nicht, bis Preservation genügend Geld zusammengekratzt hatte, um die Firma beauftragen zu können, TranRollinHyfas Dockingverbot zu missachten. Bevor ich etwas unternehmen konnte, benötigte ich Informationen, und sie waren meine einzige potenzielle Quelle.

Ich verließ das Geschäft, drehte vorher aber sicherheitshalber noch eine ziellose Runde um die Displays, wie die Menschen das taten.

Ich musste dringend ein paar alte Freunde treffen.

26

Das Hotel lag am anderen Ende des Einkaufszentrums in einem ruhigeren Bereich mit 60 Prozent weniger Fußgänger- und Drohnenverkehr und gleich neben einem Platz, der sich über mehrere Ebenen zog. Sämtliche umliegenden Gebäude waren Bürokomplexe oder Hotels, die alle wie gigantische Kegel oder Zylinder geformt waren; nur eine entweder provokant gemeinte oder aus der Mode geratene Kugel hielt sich offenbar beharrlich an ihrem Grundstück fest, obwohl die Station versucht hatte, sie mit einem großen Holowalddisplay den Blicken zu entziehen. Ich überquerte eine Platzebene, auf der Menschen und augmentierte Menschen allein und in Gruppen an locker verteilten Tischen saßen, redeten, Unterhaltungsmedien auf den Displays schauten oder in ihren Feeds beschäftigt waren. Die Überwachung war so streng, dass ich eins der neuen Programme startete, die ich auf dem Weg hierher geschrieben hatte.

Ich hatte über andere Wege nachgedacht, weniger wie eine SecUnit auszusehen. Eine naheliegende Möglichkeit bestand darin, so zu tun, als würde ich etwas essen oder trinken, aber das war knifflig. Ich kann das, wenn es sein muss, aber nur für begrenzte Zeit. So etwas wie ein Verdauungssystem besitze ich nicht, also muss ich einen Teil meiner Lunge abtrennen und das Aufgenommene dort lagern, um es irgendwann wieder von mir zu geben. Jawohl, das ist genauso unangenehm, wie es klingt. Ich hatte mich für etwas Feinsinnigeres und weniger Ekliges entschieden. Wenn Menschen, sogar augmentierte Menschen, im Feed reden, subvokalisieren sie. Ich hatte rasch ein bisschen Code geschrieben, den ich im Hintergrund laufen lassen konnte, um diese Kieferbewegungen zu imitieren. (Ich zog mir eine Anzahl Gespräche aus *Waldmond*, *Legenden vom Feuer* und *Morgenwärts*, die sich als Vorlage für die Bewegungen nutzen ließen.) Während ich über den Platz zum Hotel ging, vergewisserte ich mich, dass meine Schultern entspannt waren und mein Gesicht Abgelenktheit ausdrückte. Zur Überprüfung griff ich mir den Kamerafeed einer der Drohnen, die den Platz überwachten. Im Zusammenspiel mit meinem Code zur Imitation menschlicher Atemmuster und kleiner unwillkürlicher Bewegungen war es perfekt. Also für meine Verhältnisse perfekt. Sagen wir, zu 98 Prozent perfekt.

Das Hotel wies einen großzügigen, als Terrasse mit transparenten Wänden und einem breiten Torbogen angelegten Eingangsbereich auf. Eine Röhre des stationseigenen Verkehrssystems führte durch die transparente obere Ebene des Gebäudes, sodass man Passagiere ein- und aussteigen sehen konnte, wenn eine Folge von Kapseln hielt. (Ich konnte sie dank der weiter oben fliegenden Drohnen sehen; die anderen Menschen auf dem Platz konnten das nicht.)

Ich identifizierte zwei potenzielle Feinde, die an Tischen auf dem Platz saßen.

Beim Hoteleingang mischte ich mich unter eine Menge aus Menschen und augmentierten Menschen, die sich auf einem schwebenden Werbedisplay irgendwelche lustigen Kurzvideos ansahen. (Manche waren ziemlich gut, die sicherte ich im Permanentspeicher.) Außerdem hatte ich damit eine Stelle, an der ich stehen konnte, während ich mich in das Sicherheitssystem des Hotels vorarbeitete. Die verbesserte Version meines kleinen Programms aus RaviHyral, mit dem ich mich aus den Videos der Überwachungskameras herausschneiden konnte, hielt ich für den Fall bereit, dass ich sie brauchte.

Als die Kurzfilme von vorne losgingen, folgte ich einer anderen Gruppe Menschen durch den Eingang. Ich klinge vermutlich selbstsicher, aber der Scan beim Torbogen ließ meine Menschenhaut kribbeln. Ich war mir des Risikos, das ich gerade einging, sehr bewusst.

Die Lobby bestand aus einer Reihe breiter Plattformen mit Sitzgelegenheiten. In der Luft hingen riesige Biosphären voller simulierter Planetenatmosphären, die alle unterschiedliches Wetter zeigten. Vorgeblich sollten sie den Blick auf die Sitzplattformen verwehren und ein wenig Privatsphäre bieten, aber in Wirklichkeit waren an ihren Rändern die Kameras und Scanner des Sicherheitssystems untergebracht. Während ich mich durch die Kameras betrachtete, entdeckte ich vier weitere potenzielle Feinde, allesamt augmentierte Menschen. Einer befand sich definitiv im Feed und behielt die Scanergebnisse im Blick, die anderen waren in Bewegung und suchten auf Sicht.

Ob sie von GrayCris oder Palisade waren, ließ sich nicht sagen; aber wenn, dann musste das Hotel von ihrer Anwesenheit wissen. Ebenso wenig wusste ich, ob sie nach mir suchten; es gab keine aktuellen Warnungen im Securityfeed. Sie achteten jedenfalls besonders auf augmentierte Menschen, die irgendwelche Kapuzen, Mützen oder Kopftücher trugen oder deren Gesichter aufgrund von Tattoos, Schminke oder Schmuck schlecht zu erkennen waren. Ich als augmentierter Durchschnittsmensch, dessen Kapuze zwischen den Schultern hing, wurde keines zweiten Blicks gewürdigt.

Deshalb sollten Menschen sich nicht selbst um ihre Security kümmern.

Ich ging die Rampe zur Rezeption rauf, folgte dem Hinweisfeed mit seinem einladenden musikalischen Thema und den Instruktionen zu einem Kiosk und buchte mit einer von Gerths HardCurrencyCards ein Zimmer.

Ja, das machte mir Spaß.

Ich nahm den hinteren Ausgang von der Plattform zur Röhrenverbindung und folgte fünf Menschen in die erste ankommende Kapsel. Es war ein begrenztes System ohne Anschluss nach draußen und brachte einen lediglich zu dem Wohnbereich, der jetzt vom Hotelfeed mit dem individuellen ID-Marker verbunden war, beziehungsweise zu den Lobbys und öffentlichen Unterhaltungsbereichen. Der Pod brachte uns der Reihe nach zu unseren Unterkünften und gab mir Gelegenheit, das System bei der Arbeit zu sehen und seinen Code zu kopieren. Schließlich stieg ich aus und folgte der Feedkarte zu meinem Zimmer.

Es öffnete sich auf die Autorisierung hin, die das Hotel meinem ID-Marker hinzugefügt hatte, und in diesem großartigen Moment entdeckte ich, dass es keine Innenkameras oder Abhöranlagen gab. Dummes Hotel. Dafür hätte ich wahrscheinlich sogar einen Zuschlag gezahlt.

Jedenfalls war das Zimmer größer und viel schöner als die Kabinen während der Passagierflüge. Ich scannte kurz nach Anomalien, dann ließ ich meinen Rucksack fallen und legte mich aufs Bett. Es war riesig. Wozu bekam man ein Bett, in das bequem vier mittelgroße bis große Menschen passten, wenn es im Badezimmer nur einen Handtuchhaken gab? Sollten sich die Menschen das Handtuch teilen? Die dem unnötig großen Bett gegenüberliegende Wand war eine einzige Displayoberfläche. Um Gesellschaft zu haben, schickte ich ihr eine Episode von *Aufstieg und Fall des Waldmonds* zum Abspielen – heilige Scheiße, in den Totalaufnahmen hatten die Menschen fast ihre tatsächliche Größe –, dann begab ich mich an die Arbeit.

Es gab also keine Kamerafeeds aus den Zimmern, aber die Kameras in den Korridoren nahmen Menschen und augmentierte Menschen auf, während diese sich durch die Verbindungsgänge bewegten und die Transportkapseln zwischen den Lobbys und den drei Restaurant- und Clubbereichen benutzten. (Was immer »Clubs« waren. Was sich dort abspielte, passte irgendwie nicht zu meiner Lexikondefinition.) Außerdem gab es noch eine Transportverbindung zu der Ebene, von der aus es zur Röhrenbahn ging.

Ich arbeitete mich vorsichtig in die Systeme rein und passte auf Fallen auf. Ohne Zimmerkameras musste ich es auf die harte Tour anstellen.

Wie die meisten Überwachungssysteme in nicht sicheren Gebäuden speicherte auch dieses seine Aufnahmen nicht permanent, sondern löschte seine Archive angeblich nach einer Warteperiode. Beachten Sie das Wort »angeblich«. Natürlich betrieb das Hotel Data-Mining.

Das Mining galt nur den Gesprächen in den öffentlichen Bereichen und Korridoren, aber genau das brauchte ich ja. Ich fand die gespeicherten Archive der letzten zwanzig Zyklen, übernahm eine der verarbeitenden Routinen (sie trennte die langweiligen Stellen von den interessanten Businessinhalten, die zur Überprüfung an einen menschlichen Überwacher oder einen entsprechenden Bot weitergeleitet werden mussten) und ließ sie nach meinem Satz Stichworte suchen.

Acht Minuten und 37 Sekunden später lieferte meine gekaperte Routine eine ansehnliche Zahl von Treffern. Ich holte mir die Zeitstempel, dann überließ ich die Routine wieder ihrer Aufgabe, nach proprietären Finanzinfos zu suchen. Die Zeitstempel ließen mich wissen, welche Archive der Kameraüberwachung ich mir ansehen musste.

Ich schaffte etwas Platz in meinem temporären Speicher, lud das erste Archiv runter und startete meine Scans. Ich überprüfte es komplett selbst, anstatt einen schnelleren und effizienteren Gesichtserkennungsscan über die gesammelten Daten laufen zu lassen. So ein Scan ist unter den meisten Bedingungen zu 62 Prozent verlässlich, und das mag für Securityarbeiten der Firma reichen, aber ich wollte meine Ziele nicht verpassen. Wie sich herausstellte, hätte ich damit auch gleich anfangen können, anstatt die acht Minuten zu vergeuden, denn gleich beim ersten Versuch bekam ich ein Bild von Ratthi in einem Korridor auf dem Weg zu einem Röhrenzugang, Zeitstempel 16 Stunden 24 Minuten vor aktueller Zeit.

Volltreffer.

Ich sah mir die Aufnahme noch eine Weile länger an. Das hätte Ratthi auch tun oder sich wenigstens ein bisschen umsehen sollen, da ihm zwei potenzielle Feinde zum Zugang folgten. Sie versuchten nicht, in dieselbe Kapsel zu kommen, aber sie hatten eindeutig Zugang zum Sicherheitssystem, denn als ich Ratthi in der Lobby wiederfand, waren sie auch da. Sie folgten ihm zu den Läden und Straßenverkaufsbereichen auf der unteren Ebene des Hotels, dann zurück zu seinem Zimmer. Nun, da ich wusste, auf welchen Teil des Hotels ich mich beschränken konnte, ließ ich viel Videomaterial der anderen Kameras beiseite und fand binnen drei Minuten auch noch Gurathin und Pin-Lee. Alle drei wurden beschattet, wann immer sie hinausgingen.

Das kam nicht unerwartet, da GrayCris wissen musste, dass sie sich hier aufhielten. Aber ich hatte im Hintergrund ein bisschen Gefahrenbewertung laufen lassen, und es gab ein Szenario, in dem das Ganze als Falle für mich gedacht war, mit dem Preservation-Team als Köder.

Mensah war vielleicht das Gesicht dieser Gruppe von politischen Entitäten und Konzernen, die GrayCris dafür zur Rechenschaft ziehen wollten, dass sie ihre Bürger/Beschäftigten ermordet hatten. Ich jedoch hatte die Aufnahmen der wichtigsten Beweismittel angefertigt, ich war die aktive Komponente des SecSystems der Firma, welches diese Daten alle gesammelt und gespeichert hatte. Wenn ich als unzuverlässig, schadhaft oder was auch immer vorgeführt wurde, dann ließen sich die Daten des SecSystems in Zweifel ziehen, und das nutzte dann GrayCris.

Eine andere Möglichkeit war, dass das Preservation-Team durch GrayCris kontaktiert und gebeten worden war, mich im Austausch gegen Mensahs Freilassung hierherzulocken. Ja, diese Möglichkeit war gar nicht lustig.

Ich beobachtete Ratthi in den Aufnahmen, aber das automatisierte System hatte keinen Grund gehabt, näher heranzuzoomen, und für eine anständige Bewertung reichte die Auflösung nicht. Trotzdem spielte ich ein paar meiner archivierten Aufnahmen von der Erkundungsmission ab: Ratthi, wenn er nach einem langen Tag erschöpft seines Weges schlurfte, wenn er mit Arada und Overse spazieren ging und ins Gespräch vertieft war, wenn er lachend so tat, als würde er sich verteidigen, als Pin-Lee ein Kissen nach ihm warf, wenn er rannte, als wir hektisch einen Hopper zur Flucht vorbereiteten.

Ich fand, dass er durch dieses Hotel ging, als wäre es ein Gefängnis, aber ich war mir nicht sicher. Richtige Menschen verhalten sich anders als die in den Medien.

Ich musste wohl abwarten und schauen. (Jawohl, das stresste mich sehr.)

Die Überwachung stellte ein interessantes, aber kein unlösbares Problem dar. Überall außerhalb der Lobby verfügte das Hotel über seinen eigenen gesicherten Feed, dessen Zugang es berechnete. Um zur Nutzung anzuregen, drosselte es den öffentlichen Feed. Das bedeutete, dass das Sicherheitssystem bereits Code laufen ließ, der die Feedzugänge umleitete. Das kam mir gelegen. Ich setzte ein paar Alarme auf die diversen Feeds an, die infrage kamen, und wählte dann die Sendungen aus, die ich auf meiner gigantischen Displayoberfläche anschauen wollte. Allerdings nahm ich nur alte Favoriten, die ich schon kannte, weil ich mich wirklich dahinterklemmen und an ein bisschen neuem Code arbeiten musste. Wenn ich Glück hatte, brauchte ich ihn gar nicht, aber … Sehen wir den Tatsachen ins Gesicht, wahrscheinlich brauchte ich ihn.

Fünf Stunden und 17 Minuten später verließen Pin-Lee, Ratthi und Gurathin ihr Zimmer und gingen zum Lift. Dreiundzwanzig Sekunden nach dem Verlassen ihres Zimmers registrierte das System in demselben Bereich ein weiteres Öffnen und Schließen einer Tür. Zwei Feinde traten auf den Korridor und folgten dem Preservation-Team, und ich war in der Lage, den Feedstream umzuleiten, den sie zum Empfangen von Anweisungen und Liefern von Berichten nutzten.

Ich wartete ab, ob das Preservation-Team einfach nur irgendeinen Gastro- oder Entertainmentbereich ansteuerte. Aus Gründen der Sicherheit (aller, vor allem aber meiner) wollte ich sie lieber außerhalb des Hotels ansprechen.

Ich überprüfte den Feedstream, den die beiden Feinde benutzten, um sich ihre Anweisungen zu holen, und sah, dass die Umleitung gegriffen hatte. Sie blieben bei der Liftstation stehen und warteten verwirrt auf grünes Licht ihrer Führung. Meine Umleitung hatte dieses Startsignal an Reinigungsbots in einem anderen Gebäudeteil durchgereicht. Die Umleitung würde planmäßig nach zwei Minuten ablaufen, sich löschen und lediglich den Eindruck hinterlassen, dass das Feeddrosseln des Hotels für einen Fehler gesorgt hatte.

Das Preservation-Team nahm den Lift zur Lobby und verließ das Hotel. Ich schaltete widerstrebend die gigantische Displayoberfläche ab und rollte mich vom Bett.

Zeit, zur Arbeit zu gehen.

Meinen Rucksack nahm ich mit, weil ich wahrscheinlich nicht mehr hierher zurückkehren würde. (Jawohl, ich würde diese Displayoberfläche vermissen.) Außerdem war meine Projektilwaffe darin, und man weiß nie, wann man panzerbrechende Feuerkraft gebrauchen kann. Außerdem konnte ich meine rechte Hand an den Schultergurt haken, was diesem Arm etwas zu tun gab. Wie Menschen es schaffen, sich auf sekündlicher Basis zu entscheiden, was sie mit ihren Händen anfangen, begreife ich bis heute nicht.

Ich holte Pin-Lee, Ratthi und Gurathin auf der Plaza ein, ohne irgendwelche Hinweise auf Beschattung durch Feinde. Ich war mir nicht sicher, ob das Team wusste, dass GrayCris es überwachte, wenngleich Ratthis Schultern etwas steif wirkten, anders als sonst beim Gehen. Dann stiegen sie die Stufen zum Sitzbereich im zweiten Stock hinauf, und Gurathin sah kurz auf eine Weise nach hinten, die er wahrscheinlich für total beiläufig und absolut nicht verdächtig hielt. Ja, sie wussten es.

Nein, er sah mich nicht. Ich behielt sie über die Drohnenkameras im Blick. So konnte ich eine andere Route über die Plaza einschlagen, unter den Plattformen entlang, durch die Gärten und Automatenverkaufsbereiche.

Gurathin sagte etwas zu Pin-Lee, als sie die Plaza überquerten, und hielten ein bisschen schneller auf den Einkaufsblock gegenüber zu. Es war eine gute Stelle, um visuelle Überwachung durch einen Beschatter zu vermeiden, und es gab mir darüber hinaus Zeit, kleinere Anpassungen an den Überwachungskameras vorzunehmen, die eine Verfolgung des Teams erschwerten. Die Security von GrayCris musste inzwischen wissen, dass sie es verloren hatte, und ich wollte sicherstellen, dass sie es nicht abermals aufspürten. Keine Ahnung, ob GrayCris jemanden in der Station bestochen hatte, um auf die Überwachungskamera des öffentlichen Raums zugreifen zu können, aber sicher ist sicher.

Pin-Lee führte die anderen beiden auf verschlungenen Wegen durch das Einkaufsviertel, durch diverse Läden und Plazas und schließlich in einen offenen Gartensitzbereich am Fuß eines weiteren kegelförmigen Hotels. Es war gute Arbeit, die Route hatte sie durch sechs verschiedene private Security-Hoheitsgebiete und Feedbereiche geführt, eine weitgehend erfolgssichere Möglichkeit, Verfolger loszuwerden, die versuchten, einem mit Drohnen oder Überwachungskameras auf den Fersen zu bleiben. Mich schüttelten sie natürlich nicht ab, aber eine normale Überwachung (durch Menschen) ließ sich auf diese Weise wunderbar abschütteln. Und der Sitzbereich war von Vorhängen aus fallendem Wasser umgeben, sodass er von den umgebenden Plazas und Laufstegen schlecht einsehbar war.

Ich blieb außerhalb des Eingangs stehen und gesellte mich zu einer kleinen Gruppe Menschen neben einem Laden, der ebenfalls solche künstlerisch wertvollen Videos in den Feed speiste. Mit der Überwachungskamera des Hotels sah ich zu, wie Pin-Lee und Gurathin eine kurze Diskussion führten, bei der Ratthi zu vermitteln suchte und die damit endete, dass Gurathin und Ratthi sich an einen Tisch setzten und Pin-Lee rüber zu dem kleinen Markt am Rand der Lobby ging.

Ich weiß, ich hätte sie in diesem Moment kontaktieren können, entweder durch den Aufbau einer sicheren Verbindung in ihren Feeds oder einfach, indem ich rüberging und Hallo sagte. Bloß war ich … unsicher.

Na gut, ich hatte Angst. Oder war nervös. Angstvoll nervös.

Waren sie quasi meine Menschenfreunde? Meine Klienten? Meine ehemaligen Eigentümer? (Wobei das rein rechtlich nur Dr. Mensah gewesen war.) Würden sie bei meinem Anblick um Hilfe schreien und die Security alarmieren?

Und wenn es schon mit Ratthi und Pin-Lee so schwierig war (Gurathin hatte mich nie leiden können, und das beruhte auf

Gegenseitigkeit), wie würde das dann erst mit Mensah sein, falls ich überhaupt so weit kam?

Ich hatte keine Ahnung, ob ich ihnen trauen durfte. Ich wollte gerne. Aber ich will vieles gerne – Freiheit, unbegrenzte Downloads, neue Folgen von *Das Drama der Sonneninseln* –, was ich nie kriegen werde.

Ich durchquerte den Gartensitzbereich, der nur zu 37 Prozent belegt war, aber Ratthi und Gurathin bemerkten mich nicht. Ich scannte sie im Vorbeigehen und fand Gurathins Augmente, aber keine Energiesignaturen, die auf Waffen hindeuteten. Ratthi rieb sich die Augen und seufzte. Gurathins harter Mund verriet tatsächlich einige Betroffenheit.

Ich nahm den Durchgang zu dem kleinen Markt, der weniger aus den üblichen Verkaufsautomaten bestand, sondern vielmehr aus einer Reihe von Kiosken mit Reisebüros, Immobilienmaklern nicht nur für die Station, sondern auch für Planeten in diesem und anderen Systemen sowie den Filialen diverser Banken und Sicherheitsunternehmen. (Nicht Palisade, die arbeiteten nur für Konzerne.) Die Geländesecurity war robust, aber Gesichtserkennungsscanner bekam ich nicht rein. Der Feed war gedrosselt und privatisiert; sämtliche Menschen oder augmentierte Menschen, die nicht beim Hotel registriert waren, mussten für seine Benutzung eine Gebühr zahlen, und die Security konzentrierte sich vollständig auf die Verhinderung von Diebstählen. Am anderen Ende des Geländes befand sich der Zugang zu einem Transitbahnhof, der nicht zur Röhre, sondern zu etwas namens »Transitblasen« führte.

Ich fand Pin-Lee beim Kiosk eines örtlichen Sicherheitsunternehmens. Sie hatte eine entschlossene Miene aufgesetzt, die Hand bis jetzt aber noch nicht auf das Zugangsfeld gelegt. Ich sah Anspannung in ihrer Körpersprache, besonders in der Kopfhaltung. Was immer sie hier auch erledigen wollte, sie tat es nur ungern. Schlagartig wurde mir klar, dass all meine zyklenlangen Beobachtungen von Pin-Lee während unserer Prospektion dazu geführt hatten, dass ich ihrem Urteil traute. Wenn sie etwas nur ungern tat, dann hatte sie wahrscheinlich einen guten Grund dafür. Ich musste mit ihr reden, ihr eine Alternative anbieten.

Wenn es einer der beiden anderen gewesen wäre, hätte ich mir meine Herangehensweise genauer überlegt. Bei Pin-Lee sagte ich einfach: »Hallo.«

Sie sah mich nur flüchtig an, mit uninteressierter Miene. Dann schaute sie ein weiteres Mal, runzelte die Stirn, setzte zum Reden an, brach ab. Sie war sich noch nicht ganz sicher. Ich sagte: »Wir haben uns in Port FreeCommerce kennengelernt.« Ich konnte nicht widerstehen und fügte hinzu: »Ich war der in der Transportkiste.«

Ihre Augen wurden groß, dann schmal. Sie zwang ihre angespannten Schultern dazu, sich zu entspannen, und sie beging nicht den Fehler, sich umzuschauen. Sie setzte ein Lächeln auf und sagte durch zusammengebissene Zähne: »Was … wie …«

»Ich möchte unsere Freundin finden«, sagte ich. »Wollen wir eine Transitblase nehmen?« Öffentlicher Nahverkehr lässt sich meist problemlos gegen potenzielle Überwachung und Securityscreenings sichern. (Ja, das sollte eigentlich genau andersherum sein. Ja, das sollte Ihnen Sorge bereiten.)

Sie zögerte, dann zwang sie sich zu einem breiteren Lächeln. Es sah geheuchelt und wütend aus, aber die Einstellung zählte. »Sicher.«

Wir durchquerten den Raum und gingen die Rampe zur Station rauf. Ein Cluster von Feedwerbung erklärte, dass es sich bei den Blasen um schalenförmige Liftplattformen handelte, die rundum mit einer gepolsterten Bank sowie oben mit einer transparenten Kuppel versehen waren, damit die Menschen nicht herausfallen konnten, selbst wenn sie sich noch so viel Mühe gaben. (Die Anzeige formulierte es anders.) Die Blasen strömten einen festgelegten Weg über die Ladensegmente dahin und waren deutlich langsamer als die Transitröhren, daher dienten sie hauptsächlich dem Sightseeing. Außerdem schienen sie vorzüglich für peinliche Gespräche geeignet zu sein.

Nur wenige Menschen befanden sich in der Station, sie verließen eine gerade angekommene Blase. Wir stellten uns an, ich zahlte mit einer anderen HardCurrencyCard und … Donnerwetter, das kostete dreimal so viel wie meine letzte Übernachtung im Durchgangshotel. Gut, dass ich keine Nahrung brauche.

Pin-Lee stieg als Erste ein und musterte mich mit einem Blick, dessen Ausdruck ich als vorsichtige Wachsamkeit interpretieren wollte, obwohl es vielleicht etwas anderes war. Ich setzte mich auf die gegenüberliegende Bank und wählte die Option für eine Rundfahrt durch den Einkaufspark dieses Segments mit Blick von oben. Die Tür ging zu, die Blase stieg auf und schloss sich anderen Blasen an, die über das Hotel hinwegschwebten.

Die Blase verfügte über Kamerafeed, aber es war jene Sorte, die bei bestimmten Worten, Klängen und Bewegungen Alarm schlug und wahrscheinlich nur dazu diente, die Zahl wahlloser gewaltsamer Tötungen zu senken. Ich blockte den Audiofeed und sagte: »Sauber.«

Sie sah mich böse an. »Du bist einfach abgehauen.«

Damit hatte ich irgendwie nicht gerechnet. »Mensah hat gesagt, ich kann alles lernen, was ich möchte. Ich habe gelernt abzuhauen.«

»Du hättest ihr sagen können, was du wolltest. Wir … sie … wir haben uns Sorgen gemacht, verstehst du.« Mein Blick war nach draußen gerichtet, ihr Gesicht musterte ich über die Kamera der Blase. Sie kniff die Lippen zusammen, weil sie irgendetwas nicht sagen wollte. Dann setzte sie neu an. »Ich habe die Abschiedsnachricht gesehen, die du ihr geschickt hast. Ist ja nicht so, dass sie nicht begriffen hätte, dass wir die ganze Situation versaut hatten.«

Mich überkam eine Emotion, und das kann ich gar nicht leiden. Ich leiste mir lieber nette, harmlose Emotionen dank meiner Unterhaltungsmedien; auf Dinge, die Menschen im wirklichen Leben sagten oder taten, emotional zu reagieren, führte nur zu dummen Entscheidungen wie der, nach TranRollinHyfa zu fliegen. Und sie hatten gar nicht die ganze Situation versaut. Teile davon, klar. Aber schließlich wusste ich selbst nicht genau, was ich mit mir anfangen sollte. »Ich möchte nicht darüber reden.«

Sie seufzte, ein müdes, aber wütendes Seufzen, und presste sich die Finger an die Stirn. Ich musste den Impuls unterdrücken, mein nicht vorhandenes MedSystem anzutippen und um Diagnose zu bitten. Sie fragte: »Also, wo hast du gesteckt, Scheiße noch mal? Und was machst du hier?« Sie zögerte misstrauisch. »Arbeitest du für jemanden, ist das hier ein Einsatz?«

Genau deshalb hatte ich mich aus dem Staub gemacht. »Entweder bin ich Mensahs Eigentum und arbeite für sie, oder ich bin ein freies Wesen und arbeite für mich.«

Noch böserer Blick. »Na schön, und für welchen Job hast du dich selber angeheuert?«

Das war eine interessante Art, es auszudrücken. Gefiel mir irgendwie. Und es war richtig seltsam, auf diese Weise an diesem Ort mit einem Menschen zu reden – einem Menschen, der wusste, was ich war. Ich musste mich nicht dazu zwingen, Pin-Lee anzusehen, musste nicht überprüfen, ob mein Gesichtsausdruck normal war. Abene hatte gewusst, dass ich eine SecUnit war, nicht aber, dass ich ich selbst war. »Ich war unterwegs, und dann habe ich in einem Newscluster gesehen, dass Mensah verschwunden ist. Haben sie mit einem Trick dafür gesorgt, dass sie herkommt, oder wurde sie entführt?«

Sie kniff erneut die Augen zusammen, aber diesmal eher nachdenklich. »Du bist wirklich nur herumgeflogen und hast diese Serie geguckt. Wir hatten Sorge, dass GrayCris dich vielleicht einfängt, aber sie haben immer wieder verlangt, dass du im Rahmen der Beweismittelsicherung überstellt wirst. Vermutlich hätten sie es uns wissen lassen, wenn sie dich geschnappt hätten, damit angegeben.«

»Ich bin herumgeflogen und habe alle möglichen Serien geguckt.« Ich wartete ab. Pin-Lee war von allen die Härteste; es dauerte, bis sie ihre Deckung ablegte. Wie von den anderen hatte ich auch von ihr etliche Hundert Stunden Audio- und Videomaterial. Ich brauchte nicht darauf zurückzugreifen, um zu wissen, dass ihre Nerven aus Angst um Mensah, aus Verantwortung für das Leben der anderen zum Zerreißen gespannt waren.

Schließlich sagte sie: »Also willst du uns helfen. Wieso sollte ich dir trauen? Du traust uns ja eindeutig nicht.«

Hätte ich das beantworten können, wäre ich wohl deutlich

besser dran gewesen. Ich traute ihnen nicht, jedenfalls in einigen Punkten nicht, und ich hatte keine Ahnung, warum sie mir trauen sollten. »Ich habe mir einen Statusbericht vom Kampfschiff der Firma verschafft. Die helfen Ihnen erst, wenn die Station das Dockingverbot aufhebt. Sie sind auf sich allein gestellt. Beziehungsweise, was vielleicht schlimmer ist, zusammen mit Ratthi und Gurathin auf sich allein gestellt.«

Sie zog eine Grimasse. »Ich hatte vergessen, was für ein Arschloch du bist.«

Tja, gut erkannt. »Für einen Plan brauche ich Informationen«, sagte ich.

Sie sah sich die Aussicht an und verdrehte leicht die Augen über das blinkende Werbedisplay, das den Spitzturm umrundete, an dem wir gerade vorbeiflogen. »Die haben sie von Port FreeCommerce weggeschafft, nach einem Meeting mit Vertretern von DeltFall. Einige Familien der Opfer waren angereist, um die sterblichen Überreste persönlich zu übernehmen. Alle möglichen Leute waren dort, die Emotionen schlugen hoch. Anschließend ist sie für einen Moment rausgegangen, und dann war sie weg. Die Überwachungskameras zeigten den Moment, als sie gepackt wurde, aber bis dahin hatten sie sie längst aus der Station geschafft. Mit einiger Hilfe unseres diplomatischen Corps in Preservation überzeugte ich die Firma, dass das ihr Problem war, weil sie beim Schutz unserer Prospektion dermaßen Mist gebaut hatten, dass sie uns was schuldig waren. Dann schickte GrayCris eine Forderung, dass Preservation unsere Anklage gegen sie fallen lassen und eine entsprechende öffentliche Erklärung abgeben sollte. Das haben wir getan, und nun sind wir hier, um ein Lösegeld zu verhandeln.« Ihre Miene wurde hart. »Unsere Leute in

Preservation arbeiten daran, Gelder flüssig zu machen, aber vorläufig haben wir nicht annähernd so viel, wie sie verlangen.«

Also lag ich richtig, und GrayCris brauchte Geld. »Aber keine vertragsmäßige Unterstützung durch die Firma?«

»Nicht seit TRH sich geweigert hat, sie andocken zu lassen. Sie haben uns den Schlüssel für das abgesicherte Interface-Implantat gegeben, das Mensah für den Notfall kaufte, aber Gurathin sagt, es ist gesperrt, weil sie irgendwo im Torus über uns gefangen gehalten wird, innerhalb der Sicherheitsbarriere der Hauptstation, und die dämpft das Signal.«

»Haben Sie ihn dabei?«, fragte ich. Er mochte für Gurathin gesperrt sein, aber nicht für mich.

Sie öffnete eine Innentasche ihrer Jacke und gab mir den Schlüssel, dessen Design einem Speicherclip mit Feedzugang ähnelte. Ich lud mir die Adressinfo runter und verbrachte eine Minute und 43 Sekunden mit dem Versuch, Mensahs Implantat zu erreichen. Also war es auch für mich gesperrt. »Gurathin hat vielleicht recht mit der Sicherheitsbarriere der Hauptstation.« Ich sagte es nur ungern.

Pin-Lee sackte enttäuscht zusammen. »Uns bleibt nicht mehr viel Zeit, das Lösegeld zusammenzubekommen. Ich wollte gerade versuchen, uns Hilfe bei einem hiesigen Sicherheitsunternehmen zu holen und einfach darauf zu bauen, dass es zufällig nicht von GrayCris bestochen wird.« Sie sah vom Fenster weg und musterte mich wieder. »Apropos bestechen, die Firma spielt ein Doppelspiel, oder?«

Ich war froh, dass Pin-Lee bereits daran gedacht hatte, und hatte nicht vor, die Wirklichkeit zu bestreiten. »Es besteht eine Wahrscheinlichkeit von 95 Prozent«, erklärte ich. Die Firma ist wie ein böser Verkaufsautomat, du steckst Geld rein, und sie tut, was du willst, außer jemand anders kommt, steckt noch mehr Geld rein und sagt, sie soll damit aufhören. GrayCris' beste Option bestand im Moment darin, so viel Geld wie möglich reinzupumpen.

Pin-Lee ächzte und rieb sich das Gesicht. »Da bin ich ja fast froh, dass du hier bist.«

27

Als unsere Blase zur Station zurückkehrte, buchte ich an einem Hotelkiosk ein Zimmer, und Pin-Lee ging die anderen holen. Sie fand, wir müssten uns unbeobachtet als Gruppe unterhalten. Das fand ich eigentlich auch. Wir hätten es über Feed im Gartensitzbereich machen können, nur fuchtelten die Menschen dann bestimmt mit den Armen und lenkten Aufmerksamkeit auf uns.

Ich nahm eine Kapsel rauf zum Zimmer, und natürlich gab es dort keinen Securityfeed, weil das dämliche Hotel Menschen mit dem Versprechen von Zimmern mit Privatsphäre anlocken wollte, um sie dann in den öffentlichen Bereichen aufnehmen zu können. Dieses Hotel war weniger teuer als das letzte, aber der Schönheitsquotient war ungefähr derselbe. Und der Feed war gedrosselt, was natürlich keine größere Rolle spielte, wenn man zufällig wusste, wie sich das umgehen ließ.

Das Zimmer war deutlich praktischer eingerichtet, mit einem normal großen Bett, das in die Wand gefaltet war, um zusätzlichen Platz für Stühle zu schaffen, einer Displayoberfläche, die nicht die ganze Wand einnahm, sondern nur ein Viertel davon, und einem Badezimmer mit mehreren Handtuchhaltern. Ob gerade im Dienst oder nicht, SecUnits dürfen sich nie hinsetzen oder Menschenmöbel benutzen, also setzte ich mich in einen der Sessel und legte die Füße auf den Tisch. Dann nahm ich die Füße wieder runter, weil es unbequem war. Die Wartezeit vertrieb ich mir damit, das Sicherheitssystem des Hotels zu infiltrieren.

Als der Zimmerfeed meldete, dass sie vor der Tür standen, wies ich ihn an aufzumachen. Ich hatte meine lässigste Pose eingenommen, und auf der Displayoberfläche lief *Waldmond*. (Tatsächlich diente mir das Audio als Ablenkung für ein eventuelles misstrauisches Abhörgerät, welches das Hotel zum Mitschnitt in den Zimmern verwendete, obwohl in der Buchungsbestätigung ausdrücklich vollständige Privatsphäre zugesichert wurde.)

Pin-Lee schob die anderen beiden rein und ließ die Tür zugleiten. Sie hatte es ihnen eindeutig schon erzählt, denn Ratthi grinste. »Du siehst toll aus«, sagte er. »Was hast du getrieben?«

Gurathins Miene interpretierte ich als aufgebracht. Danke, gleichfalls. Geht mir mit dir auch nicht anders.

»Später, Ratthi«, sagte Pin-Lee. Sie trat an ihnen vorbei und ließ sich in den anderen Sessel fallen. »SecUnit braucht uns nicht zu sagen, wo sie gewesen ist oder was sie getan hat, solange sie das nicht möchte. Wir müssen uns darauf konzentrieren, Mensah rauszuholen.«

Damit hatte ich nicht gerechnet, und ich war heilfroh, dass ich gerade zur Displayoberfläche sah. Die fehlende Kamera würde für einige Peinlichkeiten sorgen, jedenfalls was mich anging. Ich konnte alle ansatzweise in dem dekorativ-spiegelnden Material oben an den Wänden sehen, aber das genügte nicht.

Gurathin setzte zum Reden an, und Pin-Lee zeigte auf ihn. »Wenn du bestreiten willst …«

Gurathin verzog das Gesicht und hob ergeben die Hände. »Nein, kein Streit. Ich sehe nur nicht, wie SecUnit uns helfen kann. Ohne das Lösegeld werden sie Mensah nicht freilassen, und das haben wir nicht.«

Ratthi erklärte mir: »Unsere Kontaktperson in der Firma sagt, sie wird wahrscheinlich in der Zentrale von GrayCris im oberen Torus festgehalten, hinter der Sicherheitsbarriere der Hauptstation, wo Besucher nicht zugelassen sind. Was meinst du – können wir sie einfach da rausholen und fliehen?«

Die Idee war dumm, also musste ich sie im Keim ersticken. Ich hatte bereits eine sichere Feedverbindung zwischen uns vieren hergestellt und schickte ihnen meine mit Anmerkungen versehene Karte der Station. »Das Problem ist nicht, dass ihre Zentrale sich im oberen Torus befindet.« Ich schickte das Bild an die Displayoberfläche des Zimmers, dann zoomte ich raus und zeichnete die Route zwischen hier und dort ein. Ich ließ sämtliche Kontrollpunkte der Security aufleuchten und markierte diejenigen, die allen den Eingang verwehrten, die sich nicht als Einwohner der Station ausweisen konnten. »Das Problem ist vielmehr, dass wir das Territorium verlassen würden, das von neutraler TRH-Security kontrolliert wird, und damit GrayCris' Rechtsbezirk betreten würden.« Ich hatte keine Ahnung, was sie mit mir anstellen würden, jetzt, da mein Datenport nicht funktionierte und sie nicht in der Lage waren, die Kontrolle über mich zu übernehmen. Es gab eine lange Liste von Alternativen. Mich unter Beschuss nehmen, bis ich nicht mehr funktionierte, sowie diverse andere Dinge, die ihnen machbar und vernünftig erscheinen und mir wie Folter vorkommen würden. Jedenfalls war es grundsätzlich keine gute Idee, sich einfangen zu lassen. »Hier im unteren Ring muss GrayCris mit TRH sowie sämtlichen privaten Sicherheitsdiensten und Entitäten, die etwas zu sagen haben, verhandeln und ihnen eine Geldleistung anbieten, für jede einzelne Operation, was uns einen leichten Vorteil verschafft.«

»Verstehe.« Ratthi lehnte sich bestürzt auf seinem Stuhl zurück. »Nicht mal mit Unterstützung des Kampfschiffs der Finanzierungsgesellschaft? Ich meine, sie haben gesagt, dass sie gegen TRHs Verbot, an Bord der Station zu kommen, nicht verstoßen werden, aber sie sind doch immer noch mit ihren dicken Kanonen da draußen …«

Und da blieben sie hoffentlich auch. Ich sagte: »Wenn GrayCris Sie nicht verschwinden lassen kann, dann will man Sie dort wenigstens bremsen. Die treiben wahrscheinlich gerade das Geld auf, mit dem sie sich von der Firma freikaufen wollen. Außerdem ist das Kampfschiff hier, um Druck auf GrayCris auszuüben, während die Firma in Port FreeCommerce mit ihren Repräsentanten verhandelt. Dieses Lösegeld, das GrayCris für Mensahs Freilassung fordert, fließt wahrscheinlich im Rahmen des Freikaufs gleich weiter in die Kassen der Firma.«

Ratthi war sichtlich schockiert. Pin-Lee ließ frustriert Luft ab und sagte: »Davon geht unser diplomatisches Corps in Preservation ebenfalls aus.«

Ratthi drehte sich zu ihr um. »Das hast du gar nicht erzählt!«

Gurathin verschränkte die Arme. »Ich wusste es.«

Das durfte ich ihm keinesfalls durchgehen lassen. Ich wandte mich zu ihm um und bedachte ihn mit meinem besten skeptischen Starrblick. Erstaunlicherweise funktionierte es. Er gab zu: »Ich hatte den Verdacht.«

Pin-Lee fragte Ratthi: »Hättet ihr es denn wissen wollen? Ich hatte gehofft, Mensah zu holen und wieder zu verschwinden, während GrayCris noch mitten in den Verhandlungen für den Freikauf steckt.«

Ratthi stöhnte. »Nein, ich hätte es nicht wissen wollen. Was wird aus Mensah und uns, wenn GrayCris sich mit der Firma einig wird, solange wir hier sind?«

Pin-Lee hob hilflos die Hand, und Gurathin guckte noch säuerlicher. Er sagte: »Rate mal.«

»Gut möglich, dass GrayCris sich den Freikauf gar nicht leisten kann«, sagte ich. Sie versuchten vielleicht gerade verzweifelt, ihre gesammelten Alienreststoffe und unbekannten Kunststoffe zu verkaufen, bevor sich das mit Milu komplett herumgesprochen hatte. Der Besitz von Alienmaterial verstieß gegen die Abkommen zwischen kommerziellen und politischen Entitäten, was bedeutete, dass GrayCris nur so lange damit handeln konnte, wie niemand davon wusste. Die Finanzierungsgesellschaft würde eine Bezahlung in Alienreststoffen nur akzeptieren, wenn diese sich nicht zurückverfolgen ließen. Das hatte sich inzwischen erledigt. Was bedeutete, dass GrayCris inzwischen noch verzweifelter war.

Ich beobachtete in der Spiegelung, wie Pin-Lee mich ansah. »Besteht irgendeine Möglichkeit, dass wir – du – sie hier ohne Lösegeld rausholen können?«

Ich hatte verschiedene Szenarien durchgespielt, teilweise um das Geräusch von Menschen zu übertönen, die dumme Vorschläge machten. (Nicht dass ich dieses Geräusch nicht mag; es klingt irgendwie vertraut und tröstlich, auf nervige Weise.) »Das wäre knifflig«, sagte ich. Mit knifflig meinte ich eine im Schnitt 85-prozentige Wahrscheinlichkeit, dass es schiefging und wir starben, und diese Quote war auch bloß deshalb so niedrig, weil mein Gefahrenbewertungsmodul laut meiner letzten Diagnose nicht mehr zuverlässig arbeitete. (Das erklärt vieles, ich weiß.) »Wir müssen sie irgendwie dazu bringen, Mensah vom hochgesicherten Bereich der Hauptstation an einen anderen Ort zu verlegen, sodass ich ihre Position mit ihrem Firmenimplantat ermitteln kann.«

Ich wollte gerade einen Hack ihrer Messagingsysteme vorschlagen, wobei ich allerdings noch gar keine Ahnung hatte, wie ich überhaupt in diese Systeme reinkommen sollte. Oder ob es überhaupt funktionieren würde, weil die Verlegung einer Hochsicherheitsgefangenen doch bestimmt von einem menschlichen oder augmentierten Aufseher gegengezeichnet werden musste, der vielleicht Fragen stellte, die sich nicht beantworten ließen. Aber Pin-Lee wandte sich zu Ratthi und Gurathin um und sagte: »Wir könnten ihnen das Lösegeld anbieten und die Übergabe in einem dieser Hotels arrangieren.«

Ratthi nickte langsam und ließ es sich durch den Kopf gehen. »Aber was wissen sie über unsere Finanzen? Werden sie wissen, dass wir lügen?«

Pin-Lee vollführte eine abrupte Geste. »Eine HardCurrency-Card müssen wir ihnen schon nicht zeigen.«

Gurathin beugte sich vor. »Ich kann ein überzeugendes Feeddokument liefern, das einige Vermögenswerte der Preservation auf anderen Planeten auflistet. Die brauchen nicht zu erfahren, dass diese Vermögenswerte sich im Moment nicht umwandeln lassen. Aber sobald wir GrayCris dazu kriegen, Mensah zu dem Treffen mitzubringen …«

Es war kein schrecklicher Plan. Er war wahrscheinlich nicht mal in der Top Ten der schrecklichen Pläne. »Wir müssen sie gar nicht dazu bringen, Mensah zum Treffen mitzubringen. Es reicht, wenn sie sie aus dieser Sicherheitsbarriere rausbringen, damit ich sie finden kann.«

Gurathin wandte sich zu mir um. »Und wenn sie das tun, kannst du Mensah befreien, wie viele Wachen auch immer?«

Ich war allmählich überzeugt, dass Gurathins Arschlochallüren eine angeborene Fehlbildung waren, gegen die er gar nichts machen konnte. Ich sagte: »Je mehr Wachen, desto besser.«

Er zog die Augenbrauen hoch. »Und du tötest sie dann?«

Streichen wir das von eben. Gurathins Arschlochallüren verdanken sich der Tatsache, dass er ein Arschloch ist.

Ich konnte lügen, ich konnte sagen: Aber nein, ich bin eine nette SecUnit. Ich glaube, das wollte ich auch sagen, oder eine glaubwürdigere Variante. Stattdessen kam heraus: »Wenn ich muss.«

Schweigen machte sich breit. Pin-Lee hatte die Lippen eingesogen. Aber diesen entschiedenen Gesichtsausdruck kannte ich aus meinem Videoarchiv, von dem Moment im Hopper, als die Satellitenverbindung ausgefallen war und sie sich dafür ausgesprochen hatte, trotzdem zu DeltFall zu fliegen. Ratthis Miene war eine Studie inneren Widerstreits. Gurathin sagte nur: »Und du meinst, du bist qualifiziert, diese Unterscheidung zu treffen.«

Ich sagte: »Ich bin der Securityexperte. Sie sind die Menschen, die irgendwo reinspazieren und von wütender Fauna angegriffen werden. Ich habe Klienten lebend aus Situationen mit einer Überlebenschance von weniger als neun Prozent gerettet. Ich bin mehr als qualifiziert, diese Unterscheidung zu treffen.«

Gurathin ließ sich langsam nach hinten sinken. Ich stand auf. »Ich warte in der Lobby. Kontaktieren Sie mich, wenn Sie Ihre Entscheidung getroffen haben.«

Pin-Lee hob die Hand. »Warte, unsere Entscheidung steht fest.« Sie sah Ratthi an. »Richtig?«

Er schob das Kinn vor. »Richtig. Wir reden hier schließlich über GrayCris. Die wollen Mensah töten. Und uns auch, wenn sie können.«

Gurathin sagte: »Wir sind uns einig.«

Ich war bereits aufgestanden. »Ich gehe trotzdem in die Lobby«, sagte ich und ging.

Ich schmollte weder, noch versteckte ich mich. Die Lobby bot eine bessere strategische Position.

Diese Lobby erstreckte sich über mehrere Ebenen und wies große würfelförmige Biozonen auf, die verschiedene Ökosysteme darstellten, mit drum herum arrangierten Sitzmöbeln. Das sah nett aus und lud die Menschen dazu ein, sich hinzusetzen und im gedrosselten Feed des Hotels proprietäre Informationen zu besprechen, damit das Hotel sie mitschneiden und höchstbietend verkaufen konnte. Außerdem bekam ich hier die Überwachung des oberen Plazaeingangs und der Transitlobby rein.

Ich fand eine Stelle, wo mich eine Biozone, die einen Sturm auf einem Gasriesen zeigte, optisch von den anderen Sitzbereichen abschirmte.

Im Feed klärten die Menschen einige Einzelheiten dessen, was ich inzwischen als Operation Nicht-vollends-schrecklicher-Plan bezeichnete.

Ich schickte Pin-Lee eine Nachricht, dass sie sich an dieser Stelle mit dem Kontakt treffen sollten, da es in ihrem Hotel von GrayCris-Leuten wimmelte und es hier vorläufig noch sauber war. Pin-Lee leitete es an die anderen weiter, und sie waren einverstanden. Sie mussten nicht einmal noch irgendwelches Zeug aus ihrem alten Zimmer holen, denn sie reisten mit leichtem Gepäck und hatten nur einige Hygieneartikel, Pin-Lees Medikamente, Gurathins Spezialwerkzeuge sowie Ratthis glücksbringendes Reserveinterface dabei; Gurathin trug alles in einer Schultertasche.

(Mir kam der Gedanke, wie seltsam es war, dass ich nicht mehr auf Menschensachen aufpassen musste. Ich hatte das Gefühl, meine gesamte Existenz lang ständig Menschensachen in Menschenbehausungen hinein- und wieder hinausgetragen und dazwischen darauf aufgepasst zu haben. Wahrscheinlich, weil es tatsächlich so war.)

Noch einmal, in Anbetracht der Umstände war der Plan gar nicht so schlecht. Das Timing war knapp. Ich wusste nicht, auf welcher Route GrayCris Mensah zum Treffpunkt bringen würde. Ich würde warten müssen, bis sie in die Reichweite der Überwachungskameras des Hotels kamen. Was gut war, abgesehen davon, dass es uns nicht viel Zeit für unsere Exit-Strategie ließ, wenn wir das mal so nennen wollen.

Dann fragte Pin-Lee: »Sind wir so weit?« Die anderen beiden bejahten. Pin-Lee holte den Funkzugang für Gäste auf die Displayoberfläche und rief ihren Kontakt bei GrayCris an.

Mit aktivem Funk erhielt ich auch ohne Kamera im Zimmer

ein Bild der Displayoberfläche. Viel zu sehen gab es allerdings nicht: Der Kontakt bei GrayCris lieferte keinerlei Bild. Pin-Lee erklärte, dass sie das Lösegeld hatten und fragte, wo Mensah für die Übergabe hingebracht werden sollte. GrayCris sagte, dass sie erst das Lösegeld wollten und Mensah anschließend freilassen würden, *laberlaberblabla*, aber verglichen mit anderen Geisellagen, die ich miterlebt hatte, klang das formelhaft. GrayCris war wirklich heiß auf diesen Freikauf. Pin-Lee diskutierte zwei Minuten lang mit ihnen, bevor sie einlenkten, wobei sie zunächst einen Repräsentanten schicken wollten, der sich die Geldmittelfreigabe ansah.

Nachdem Pin-Lee die Verbindung beendet hatte, sagte Ratthi: »Hoffentlich tun wir das Richtige.«

Gurathin erwiderte grimmig (also eigentlich wie immer): »Das werden wir bald herausfinden.«

»Wird schon werden«, sagte Pin-Lee. Bei Mensah hätte es beruhigend geklungen; Pin-Lee wollte es offensichtlich auch so klingen lassen, aber es hörte sich an, als wollte sie nur, dass die anderen den Mund hielten.

Gurathin kam runter in die Lobby, um auf den Repräsentanten von GrayCris zu warten, und setzte sich offen sichtbar auf eine tiefere Plattform, derart steif, dass er einer SecUnit stärker ähnelte als ich.

Na ja, zu seiner Verteidigung: Es war eine nervenaufreibende Situation. Die Ablenkung durch Medienglotzen durfte ich nicht riskieren, aber ich überprüfte meinen Speicherplatz und stellte fest, dass ich immer noch beruhigend viele Folgen meiner neuesten Serie vor mir hatte. Das half ein wenig.

Ein Grund für meine Nervosität war, dass ich Mensah wiedersehen würde, wenn die Sache hier gut ging und ich nicht zusammengeschossen wurde.

Auf dem Weg nach RaviHyral hatte Fifo gesagt, Preservation-Aux wäre meine Crew. Ich weiß nicht, ob Fifo naiv war oder mich für naiv hielt. Na schön, in dem Moment war ich vielleicht naiv genug gewesen, um darin ein Körnchen Wahrheit zu erblicken. Dann, nach RaviHyral, hatte ich die Vorstellung aufgegeben. Dann war ich irgendwie auf die Idee gekommen, in der Terraforminganlage Beweismittel für Mensah zu finden, und hatte Don Abene erlebt, als Miki … gestorben war, und das hatte dazu geführt, dass ich wieder »ein Körnchen Wahrheit« darin sah.

Aber während ich hier in einer Hotellobby saß, eine Biozone im Blick behielt und sämtlichen Bin-keine-SecUnit-Code laufen ließ, den ich zur Verfügung hatte, löste sich das Hirngespinst in Nichts auf. Die brutale Wirklichkeit war, dass ich keine Ahnung hatte, was Mensah mir bedeutete.

Selbst nach Miki wollte ich immer noch kein Spielroboter sein.

Oben im Zimmer ging Pin-Lee langsam auf und ab und versuchte, nicht mit den Zähnen zu knirschen, und Ratthi war schon drei Male aufs Klo gegangen. Gurathin saß einfach nur da und starrte ins Leere. Dann fragte er über Feed: *Bist du da, SecUnit?*

Nein, ich bin raus, sagte ich. *Ich habe beschlossen, jetzt hier zu leben, einfach von Hotel zu Hotel zu ziehen und den Entertainmentfeed zu genießen.*

Tja, das hörte sich jetzt deutlich überzeugter als beabsichtigt an.

Nach einer Pause sagte er: *Ich bin nicht dein Feind. Ich bin bloß vorsichtig.*

Ihre Meinung interessiert mich nicht, sagte ich und wünschte sofort, ich hätte mich auf eine Verzögerung von einer Sekunde gestellt, damit ich es hätte löschen können. Denn es klang, als würde es mich doch interessieren. Was aber nicht stimmte.

Eine Minute verstrich. Dann noch eine. Gurathin fragte: *Was hast du gemacht, als du weg warst? Wo bist du gewesen?*

Ich wollte nicht antworten, weil ich nicht darüber reden wollte, aber ihn einfach zu ignorieren hatte etwas merkwürdig Erbärmliches. Ich griff auf ein paar Videoaufnahmen von dem Flug nach HaveRatton mit Ayres und den anderen zu, hauptsächlich Wortwechsel, die ich markiert hatte, um mein Auftreten später zu bewerten – wie ich ein paar Auseinandersetzungen beendete, wie ich Beziehungstipps gab und schließlich der legendäre Zwischenfall mit der Chipstüte im Klo. Ich schnitt sie aneinander, betitelte sie mit »Killerbot gibt sich als augmentierter menschlicher Sicherheitsberater aus« und schickte sie Gurathin.

Er sah sie sich immer noch an, als der Repräsentant von GrayCris durch den Haupteingang die Lobby betrat.

Körperlich unterschied ihn nichts von den anderen Menschen und augmentierten Menschen, die ein und aus gingen. Ein hochgewachsener, blasser Mensch mit langen, hellen Haaren, der eine von vielen lokalen Varianten des Geschäftsanzugs trug: ein dunkles, langärmliges Jackett, das bis zum Knie ging, darunter weite Hosen.

Ich tippte Gurathin an, und er stoppte das Video.

Der Repräsentant blieb stehen und schaute kurz genervt. Er hatte den gedrosselten Hotelfeed bemerkt. Das Hotelsystem registrierte die Zahlung an ein Bankkonto der Station und erteilte ihm Zugang. Ich erwischte die Ergebnisse des Routinescans durch die Securitydrohne des Hotels. Keine Waffen, nur Interfaceaktivität. Eine kurze Analyse der Messwerte der Drohne ergab eine 65-prozentige Wahrscheinlichkeit, dass er etwas mit sich führte, das den Scan verfälschte. Also war er wahrscheinlich bewaffnet und führte wahrscheinlich ein abgesichertes Funkgerät mit sich.

Ich hatte Zugang zu seinem Feed, aber ich konnte mir nicht vorstellen, dass das viel nützte. Wenn er über ein Gerät verfügte, mit dem sich die Messwerte für einen Securityscan fälschen ließen, dann musste er auch wissen, dass ein gedrosselter Hotelfeed wohl kaum der geeignete Ort für operative Kommunikation war.

Über das hypothetische abgesicherte Funkgerät musste ich mir Sorgen machen. Worum es sich dabei auch handelte, es verband sich bestimmt über das Hotelrelais mit dem Funknetzwerk der Station.

Der Repräsentant scannte visuell die Lobby und erkannte Gurathin offensichtlich, wahrscheinlich aufgrund von Informationen, die GrayCris auf Port FreeCommerce gesammelt hatte. Er ging zu Gurathin, der zu seiner Begrüßung aufstand. Er sagte: »Gurathin? Ich bin Serrat und auf Bitten von Pin-Lee hier.« Er war ruhig, selbstbewusst, mit der Andeutung eines freundlichen Lächelns.

Gurathins Arschlochallüren sind in solchen Momenten garantiert praktisch. »Hier entlang«, sagte er mit zutiefst unbeeindruckter Miene und setzte sich Richtung Liftstation in Bewegung.

Ich tippte Pin-Lee und Ratthi zur Warnung an und führte

einen visuellen Scan nach Feinden durch. Nach diesen beiden Menschen zum Beispiel, die soeben entspannt durch den Haupteingang kamen, entspannt stehen blieben, um sich entspannt umzusehen, und dann entspannt zu der Treppe gingen, die zum Lounge- und Gastrobereich führte. Richtig, dann waren sie nicht so schlimm, aber ich hatte hier lange genug gesessen, um die Verkehrsmuster zu analysieren. Menschen, die reinkamen und sich nach etwas umsahen oder wirklich noch nicht wussten, wo sie hinwollten, neigten dazu, sich auf erratischen Bahnen zu bewegen. Sie ließen sich von den Biozonen ablenken, von den Feedhinweisen, die Gäste zur Rezeption leiteten, und so weiter. Im Vergleich dazu waren die Feinde leicht identifizierbar.

Vielleicht zu leicht? Der Scan der Hoteldrohne erwies sich als negativ, zeigte aber dieselben verdächtigen Werte wie der Repräsentant. Verdächtig für mich; ich hatte schon viele Drohnenscanner reingelegt.

Ich markierte zwei weitere potenzielle Feinde, die gerade in der Transitlobby aus einer Liftkapsel kamen, und ein kurzer Austausch mit meinen Freunden, den Plaza-Drohnenkameras, ergab weitere Feinde draußen vorm Hoteleingang.

Ja, ich hatte deswegen auch ein schlechtes Gefühl. Aber ich überwachte immer noch das Sicherheitssystem, und es gab keine Alarme, keine anomalen Signale.

Ich hatte bleiben wollen, bis die Übergabe arrangiert war, aber nun stand ich auf und ging zur Liftstation. Ich hatte mir Gurathins Feed auf einen Input gelegt. Er trat gerade mit Serrat aus dem Lift. Gurathin hatte die ganze Fahrt über für verlegenes Schweigen gesorgt. Ich war gegen meine Absicht beeindruckt.

Bis Gurathin und Serrat das Zimmer erreichten, war ich im Lift und im richtigen Gebäudeteil. Im Korridor gab es keine Deckung, also wies ich den Lift an, stehen zu bleiben und dem hoteleigenen EnvironmentAccessAndMobilitySystem (kurz MobSys) mitzuteilen, dass es bei Reparaturanfragen vorläufig nicht tätig werden sollte. (Einen Lift anzuhalten klingt nach einem Haufen Ärger, aber wenn ich es nicht auf diese Weise getan hätte, hätte er das System geschrottet. Buchstäblich, wenn ich bei MobSys' Liftverkehrskontrolle dazwischenfunkte. Und mit buchstäblich meine ich ineinander krachende Liftkapseln voller Menschen und augmentierter Menschen.)

Sie waren jetzt im Zimmer, und Pin-Lee sagte gerade: »Wir haben das verlangte Geld. Einige Mittel mussten erst flüssig gemacht werden, und ich habe Nachricht, dass sie jetzt überwiesen werden können. Ich werde die Liste erst vorzeigen beziehungsweise die Freigabe erst senden, wenn wir Dr. Mensah sehen.«

Serrat antwortete: »Ich versichere Ihnen, sie ist bereits auf dem Weg hierher, begleitet von einem Securityteam. Ich muss jetzt die Überweisungsfreigabe sehen.«

Ich hatte Mensahs Implantat auf einem Input, aber noch pingte es nicht. Außerdem ließ ich einige Analysen laufen, die Entfernungen und potenzielle Routen zwischen dem oberen Torus und unserem Standort einschätzten, und arbeitete an einer Notlösung für den Hafen, falls sie ordentliche Security dabeihatten (also SecUnits von Palisade oder einer anderen Finanzierungsgesellschaft vor Ort). Es konnte potenziell verheerend kompliziert werden, aber ich hielt es dennoch für machbar.

Dann wurde es verheerend kompliziert.

Ähm, SecUnit. Bitte hilf uns, sagte Ratthi im Feed.

Meine erste Reaktion bestand idiotischerweise darin, dass ich versuchte, zur Kamera des Helms zu schalten, den Ratthi gar nicht trug. Ich hatte keine Kamera im Zimmer, nur Audio, und ich konnte nur Atmen hören. (Das war der Makel von Plan 1A. In der Kürze der Zeit hatte ich keine Kamera im Zimmer platzieren können, jedenfalls keine, die beim obligatorischen Sicherheitsscreen des Repräsentanten unentdeckt geblieben wäre.) Dann sagte Pin-Lee: »Damit kommen Sie nicht an das Geld. Und Geld wollen Sie doch, nicht wahr? Damit GrayCris sich die Finanzierungsgesellschaft vom Hals schaffen kann.«

Serrat antwortete ausdruckslos: »Das ist keine Überweisungsfreigabe. Das ist nur eine Liste mit Geldmitteln. Was soll das werden?«

Ich fummelte hektisch nach meinen Inputs, stellte sicher, dass ich die Kontrolle über das HotelSecSys innehatte, und fing das Signal ab, das Serrat gerade mit seinem Funkgerät abgesetzt hatte. Es handelte sich garantiert um einen Notabbruch der Geiselfreilassung und vielleicht auch um ein Zeichen an seine Verstärkung, reinzukommen und draufloszuballern. Ohne jede Zeit für Finesse machte ich das Hotelrelais platt und musste anschließend zwei sekundäre Relais abschalten, die sich aktivieren und den Verkehr übernehmen wollten. Dann fand ich Serrats Verbindung zum Hotelfeed und blockierte sie. Ich hatte zu tun, deshalb sagte mein Buffer: *Dr. Ratthi, bitte beschreiben Sie das Problem.*

Ratthis Feedstimme war nervös: *Er hat eine Waffe. Eine kleine, ähm, so groß wie seine Handfläche. Anscheinend eine Energiewaffe, da passen keine Projektile rein.*

Im Audio sagte Gurathin: »Das ist der Überweisungsbeleg, den wir erhalten haben …«

»Und das ist eine lachhafte Lüge«, sagte Serrat.

Sorgen Sie dafür, dass er weiterredet, sagte ich zu Pin-Lee. Ich wollte vermeiden, dass er sich fragte, wieso seine Verstärkung keine Bestätigung geschickt hatte. Ich hatte gerade den nicht vollends schrecklichen Plan verworfen und war zum nahezu schrecklichen Plan übergegangen. Ich trat aus dem Lift und gab ihn seinem MobSys zurück, während ich den Korridor hinunterging.

Mein Scanner erfasste ein bewegliches Ziel hinter der Kurve, und ich verlangsamte zu einem entspannten Schlendern, das genauso falsch und unglaubwürdig aussah wie die Aufführung der beiden Feinde vorhin in der Lobby. Aber meine Verbindung zum HotelSecSys zeigte, dass vor zwanzig Sekunden eine andere Tür in diesem Bereich aufgegangen war, und die Wahrscheinlichkeit, dass es sich bei den herannahenden Menschen um Feinde handelte, lag bei unter zehn Prozent.

Zwei kleine Menschen bogen um die Biegung des Korridors und waren sehr damit beschäftigt, Schultertaschen und Kopfbedeckungen zurechtzuziehen. Sie gingen an mir vorbei, doch es verlangsamte meine Annäherung an das Ziel, und ich musste an der Zimmertür vorbeigehen, bis sie außer Sicht waren und dann warten, bis sie die Station erreichten und in einen Lift stiegen. Dann trat ich in Aktion.

Ich stellte mein Feedaudio stumm, in dem Pin-Lee, Ratthi und Gurathin lautstark gegen die Waffe protestierten und auf ihrer Unschuld beharrten und dass die überweisende Bank einen Fehler gemacht haben musste und Ratthi als Biologe keine Ahnung von diesem ganzen unverständlichen Finanzkram hatte und so weiter. Ich legte ein Ohr an die Tür, drehte die Lautstärke hoch und bekam Serrat rein, der gerade sagte: »Ich habe keine Zeit, Ihnen die Gegebenheiten der Unternehmenszusammenarbeit beizubringen.«

Das gab mir seine relative Position. Ich schlug auf den Türöffner.

Als die Tür aufglitt, drehte Serrat sich zu mir um. Ich durchquerte das Zimmer, packte sein Handgelenk, drückte es runter und schickte einen gezielten Impuls durch meinen Arm, der den Akku seiner hübschen kleinen Knarre verschmorte. Dann drückte ich ihm mit meinem anderen Unterarm den Hals an die Wand. All das ging sehr schnell.

Serrat gab einen erstickten Laut von sich und versuchte, mich zu erschießen. Selbst wenn die Waffe noch funktioniert hätte, hätte er mich am Schienbein erwischt, und dann wäre ich erst richtig angepisst gewesen. Ich drückte sein Handgelenk, und er ließ die Waffe fallen. Er hielt immer noch das Funkgerät.

Ratthi war bei dem Versuch, sich aus der Gefahrenzone zu bringen, über einen Stuhl gefallen, und Pin-Lee verlor ein paar Sekunden, weil sie ihm ausweichen musste. Gurathin stolperte, sprang aber vor und packte Serrats andere Hand. Er bog ihm die Finger auf, und Pin-Lee pflückte das Funkgerät heraus.

»Ist es aktiviert?«, fragte Ratthi und kämpfte sich hoch.

Ich sagte: »Ich habe es blockiert. Seinen Feed ebenfalls.« Einer meiner Inputs war der Managementkanal im Hotelfeed, der sich bereits mit Beschwerden über den Netzzusammenbruch füllte. Außerdem hatte ich die Verbindung zwischen dem gedrosselten Feed des Hotels und dem Stationsfeed abgeschaltet. (Was impliziert, dass es meine gezielte Absicht gewesen war, aber in Wahrheit hatte ich es eilig gehabt und einfach mit einem einzigen

Signal gleich alles plattgemacht. Tja, dies dazu, dass es eine Geheimoperation hatte sein sollen.)

Serrat atmete schwer, und aus dieser Nähe nahm mein Scanner eine Erhöhung von Puls und Schweißdrüsenaktivität wahr. Er sagte: »Da hätten wir die angeblich verschwundene SecUnit.«

Ich überprüfte den Blick des HotelSecSys auf die Lobby und fand das Zweierteam GrayCris-Verstärkung. Sie hatten noch nicht reagiert und gaben sich jetzt bei den Verkaufsautomaten entspannt. Scheiße noch mal, ich musste offenbar erst die Feedverbindungen des Hotels wieder hochfahren, bevor die was mitbekamen.

Pin-Lee bückte sich und hob die Waffe vom Boden auf. »Wird Mensah wirklich hergebracht? War das gelogen?«

Bisher keine Antwort des Implantats, teilte ich ihr über Feed mit. Auf den Stationsfeed konnte ich weiterhin zugreifen, und der würde das Signal des Implantats übertragen. Wenn GrayCris sie wirklich gerade herbrachte, hatten sie die Sicherheitsbarriere der Hauptstation noch nicht überschritten.

Also war der Plan nicht völlig am Arsch, sondern umkreiste nur den Zielbereich und machte sich zur Landung bereit.

Serrat sagte zu Pin-Lee: »Sie sind hier die Lügner und bilden sich ein, uns mit diesem lachhaften, gefälschten Dokument täuschen zu können. Befehlen Sie diesem Ding, mich loszulassen. Sie bedrohen mich mit einer tödlichen Waffe und verstoßen gegen Stationsrecht.«

»Mit welcher tödlichen Waffe?«, herrschte Ratthi ihn an. Er deutete zu der Schusswaffe in Pin-Lees Hand. »Sie haben uns mit einer tödlichen Waffe bedroht, wir könnten Ihnen die Stationssecurity auf den Hals hetzen!«

Im Feed sagte Gurathin: *Wir können die Stationssecurity nicht verständigen.*

Weiß ich doch, antwortete Ratthi. *Ich bluffe.*

Pin-Lee sagte: »Er meint SecUnit. SecUnit ist die tödliche Waffe.« Sie zögerte, dann zu mir über Feed: *Nicht ausflippen, ich fasse dich gleich an.*

Ähm, okay. Ich klopfte zur Bestätigung ihren Feed an, weil ich hektisch daran arbeitete, das primäre und die sekundären Relais des Hotels wieder zum Laufen zu bringen und es vor den Technikern schaffen musste.

Pin-Lee legte eine Hand auf meine Schulter, und ich flippte nicht aus. Sie beugte sich zu Serrat und erklärte: »Das hier ist keine tödliche Waffe. Das ist ein Individuum. Ein zorniges Individuum, welches will, dass Sie die Frage beantworten. Lassen Sie Mensah gerade herbringen?«

Er lächelte. »Bis gerade eben. Ich habe unseren Securityleuten das Signal zum Abbruch der Übergabe geschickt. Sie wissen, wo ich bin, und sie werden bald hier sein. Und da Sie hier mit einer in Privatbesitz befindlichen SecUnit reingekommen sind und gegen Stationsrecht verstoßen haben, wird Ihnen niemand helfen.«

»Sie brauchen das Lösegeld, um die Finanzierungsgesellschaft zu bezahlen, stimmt's?«, fragte Pin-Lee. Ich hatte Serrat nicht aus den Augen gelassen, doch der Großteil meiner Aufmerksamkeit galt dem Pfusch an den Hotelrelais und dem Lauschen nach Mensahs Implantat. Sie fügte hinzu: »GrayCris besitzt doch sicher Geldmittel, die es überschreiben kann. Oder geht es um Rache?«

Serrat verzog das Gesicht zu einem skeptischen Hohnlächeln.

Er nahm die drei nicht ernst, was ich natürlich verstand. Wenn du zu GrayCris gehörst und im Rahmen deiner Tätigkeit regelmäßig Menschen tötest, versetzt dich der Zorn einer Handvoll Wissenschaftler von irgendeiner nichtkommerziellen Provinzwelt wohl eher nicht in Angst. Außerdem war er überzeugt, dass sie mich irgendwie kontrollierten. Er sagte: »Rache? Sie kaufen sich eine SecUnit und schicken sie nach Milu, um eine zentrale Investition von GrayCris auszuspähen. Sie und Ihr planetarer Zwergenstaat besitzen die Unverfrorenheit und bilden sich ein, Sie könnten sich mit einem Konzern anlegen – was dachten Sie denn, was passieren würde?«

Pin-Lee musste verblüfft sein, doch sie antwortete: »GrayCris hat uns angegriffen. GrayCris hat angefangen. Wir möchten nur Dr. Mensah zurück.«

Im Feed fragte Ratthi verblüfft: *Milu?*

Gurathin verfügte mit seinem Augment über einige gespeicherte Informationen. *Das kam mal in einem Newscluster, sie haben Mensah danach gefragt. Es handelt sich um eine aufgegebene Terraforminganlage.*

Ich bekam die Hotelrelais wieder hochgefahren, und sofort fiel die Aktivität im Managementfeed des Hotels. Die beiden GrayCris-Ziele in der Lobby hatten immer noch nichts bemerkt. Weiterhin nichts vom Implantat.

Sie brachten Mensah nicht her. Es war alles umsonst gewesen. Alles, Milu, Mikis Tod, der Flug hierher, alles. Ich sagte: »Milu war meine Idee. Ich bin eine freidrehende Einheit.«

Er beachtete mich nicht, sondern sagte zu Pin-Lee: »Eine freidrehende Einheit hätte eine Spur von Leichen in der Station hinterlassen.«

Ich sagte: »Vielleicht wollte ich ja, dass die Spur erst hier anfängt.«

Er nahm Blickkontakt zu mir auf, und seine Pupillen weiteten sich leicht.

Ich fügte hinzu: »Ihr Leute seid dermaßen naiv.«

Es war wirklich gut, dass genau in diesem Moment Mensahs Implantat pingte. Ich hatte noch nicht beschlossen, Serrats Luftröhre zu zerquetschen, ich erfreute mich nur an der Vorstellung. Stattdessen zog ich ihn von der Wand weg und würgte ihn.

Die Menschen schrien: »Warte!« »Nein!«

»Ich habe nicht vor, ihn zu töten«, erklärte ich und warf ihn auf die Couch. »Ich weiß, was ich tue.«

Pin-Lee, die ihren Feed auf das Implantat eingestellt hatte, riss den Schlüssel aus ihrer Jacke und überprüfte ihn. »Sie bewegt sich, sie … Kannst du sagen …«

Ich glich das Ping bereits mit meinen Stationskarten ab. »Sie befinden sich in einer Transitröhre.« Ich musste los, sofort. Ich erklärte: »Sie müssen jetzt zurück zu Ihrem Shuttle. Lassen Sie ihn liegen; bis er wieder zu sich kommt, weiß GrayCris längst von unserem Tun. Nehmen Sie nicht sein Funkgerät oder seine Waffe mit, nach denen kann GrayCris scannen. Gehen Sie bis ganz runter in den Gartenhof des Hotels und nehmen Sie eine Blase zum nächsten Einkaufskomplex, von dort aus dann die Transitröhre.«

Ich war aus der Tür, bevor sie auch nur genug Luft für Widerworte geholt hatten. Der Korridor war sauber, also sprintete ich zur Liftstation. Im Feed sagte ich: *Die GrayCris-Gruppe mit Mensah ist weniger als zwei Minuten entfernt und nähert sich schnell. Sie müssen vor ihrem Eintreffen aus dem Hotel raus sein. Mensah wird beim Shuttle zu Ihnen stoßen. Versuchen Sie nicht, mich über Feed zu kontaktieren. Wenn GrayCris die Stationssecurity gekauft hat, können sie uns orten.*

Sind unterwegs, sind unterwegs, antwortete Ratthi, und HotelSecSys sagte mir, dass die Zimmertür gerade geöffnet und geschlossen worden war. *Pass auf dich auf …*

Ich breche jetzt den Kontakt ab, Ratthi. Ich trat in den Lift.

Dann fuhr ich mein Gefahrenbewertungsmodul runter.

28

Als die Transitkapsel mit GrayCrisSec und Dr. Mensah ankam, war ich in einem angehaltenen Lift und bereit.

Die Überwachungskameras des Hotels zeigten mir, wie die GrayCris-Gruppe ausstieg und die wartenden Passagiere auf der Plattform auseinanderliefen. Die Feinde trugen Zivilkleidung, aber mit sichtbaren Waffen; das war eindeutig keine verdeckte Operation, was bedeutete, dass sowohl StationSec als auch HotelSec für den Zutritt Geld bekommen hatten.

Und sie hatten eine gepanzerte SecUnit dabei.

Das war immer noch machbar. (Mein unzuverlässiges Gefahrenbewertungsmodul hätte mich wahrscheinlich darüber in Kenntnis gesetzt, dass alles nicht besser hätte laufen können.) Es gab eine Verzögerung, als die Gruppe dem gedrosselten Feed des Hotels begegnete und jemand die Überweisung tätigte. (Wenn man das Management bestach, konnte man eine SecUnit und Waffen mitführen und einen Geiselaustausch durchziehen, aber bei kostenlosem Feedzugang zogen sie eine rote Linie, schätze ich.)

Die Transitstation des Hotels war drei Stockwerke hoch, mit jeweils einer offenen Ebene über und unter dem Röhrenzugang. Auf der Ebene darüber lief gerade ein Gewitter auf dem Holodisplay, und auf der darunter wurden Ansichten diverser Kunstinstallationen gezeigt – so stand es jedenfalls in dem entsprechenden Feedhinweis.

Mir kam gerade eine Idee, die ich unter »Merken für später« abspeicherte.

Die Feinde brachten Mensah den Plattformweg entlang Richtung Liftstation. Sie war nicht gefesselt, aber von sechs Zielen plus der SecUnit umgeben. Zwei scherten aus und bezogen Positionen in der Transitstation. Damit blieben vier Ziele plus die SecUnit, das Primärziel.

SecUnits, die ihr Chefmodul nicht gehackt hatten, konnten im Gegensatz zu mir keine Feeds und Systeme hacken. Sie konnten es durchaus versuchen, aber dann wurden sie von ihrem Chefmodul bestraft und von ihrem Sec- oder HabSystem gemeldet und bekamen eine Speicherbereinigung verpasst. Wenn du also dein Chefmodul hacken willst, musst du gute Arbeit leisten und es beim ersten Mal richtig hinkriegen. Die Einheit, die GrayCris bei sich führte, war das Basismodell einer Mordmaschine.

Die SecUnit trug das Logo von Palisade auf der Brust. Der Panzer war eine proprietäre Marke, eine andere Konfiguration als die Panzer der Firma. Aber keine Drohnen. (GrayCris hätte wirklich das zusätzliche Bestechungsgeld für das Mitführen von Drohnen besser auch noch bezahlt.)

Ja, ich überlegte, sie zu hacken. Ich hatte noch nie eine andere SecUnit gehackt. Ich hatte eine ComfortUnit gehackt, aber die hatte nicht versucht, mich daran zu hindern. Ich konnte mir das Experiment nicht leisten. Wenn ich es versuchte und versagte und sie mich meldete, würden Mensah und die anderen dafür bezahlen.

Sie gelangten bei der Liftstation an, und ich verzögerte die

Ankunft des Lifts, um noch ein wenig Zeit zu schinden. Die SecUnit scannte bei den Menschen in der Transitstation nach Waffen sowie allgemein nach unerlaubter Funk- und Feedaktivität. Ich befand mich zu tief im Hotelfeed, als dass sie mich finden konnte. Wäre ich nicht dazu in der Lage, meine Feedaktivität vor anderen SecUnits zu verbergen, wäre ich schon lange ein Haufen Ersatzteile.

Ich stellte Verbindung zu Mensahs Implantat her und pingte ihren Feed an, um die Security zu testen. Kein Ziel reagierte. Dann sagte ich: *Hallo, Dr. Mensah. Ich bin's.* Ihre Brust bewegte sich mit einem scharfen Atemzug, und ihr Kopf vollführte eine winzige, ruckartige Bewegung. Sie hatte soeben den Drang besiegt, sich umzublicken. Ein Ziel sah sie kurz an, aber die anderen reagierten nicht. Ich fügte hinzu: *Versuchen Sie, mir ohne Subvokalisation zu antworten.*

Für 3,2 Sekunden reagierte sie nicht, und ich musste mich über diese Zeitspanne hinweg fragen, ob sie nicht mit mir reden wollte. Das würde diese ganze Rettungsaktion um 100 Prozent peinlicher gestalten.

Dann sagte sie: *Beweis mir, dass du es bist. Sag mir deinen Namen.*

Also doch nicht so peinlich. Das war eine Erleichterung. Es verriet mir außerdem, wie schlimm ihre Lage sein musste, wenn sie die Sorge umtrieb, dass jemand versuchte, sie auszutricksen, indem er sich in ihrem Feed als ihre alte SecUnit ausgab. Ich sagte: *Er lautet Killerbot, Dr. Mensah.*

Dieses Gespräch war dauerhaft gelöscht worden, also wusste davon niemand bis auf das Team von PreservationAux. Unter der Annahme, dass sie es niemand anderem verraten hatten. Wovon Mensah offensichtlich überzeugt war.

Sie antwortete prompt: *Was machst du hier? Dann haben sie dich doch nicht eingefangen?*

Das mussten sie ihr weisgemacht haben, denn in den Newsfeeds war dergleichen nicht aufgetaucht. Desinformation, was das Gleiche wie Lügen bedeutet, aber aus unerfindlichen Gründen nicht so genannt wird, ist die Toptaktik der unternehmerischen Verhandlung/Kriegsführung. (Eine komplette Folge von *Waldmond* dreht sich darum.) Ich sagte: *Ich bin hier, um Ihnen zu helfen und Sie zum Hafen zu bringen, wo Pin-Lee, Ratthi und Gurathin in einem Firmenshuttle warten. Es ist gefährlich, aber weniger gefährlich als Ihr Verbleib in dieser Lage. Habe ich die Genehmigung für das weitere Vorgehen?* Schon klar, aber irgendwie war es leichter, die Sache formal anzugehen.

Sie antwortete ohne ein Zögern: *Ja.*

Ich tippte zur Bestätigung ihren Feed an und stellte ihn nach hinten, damit ich mich auf meine andauernde Freundschaft mit HotelSecSys und meinem neuen besten Freund, MobSys, konzentrieren konnte. Ich überprüfte die bereits bezogene Karte. Meine Operation musste in diesem Gebäudeteil stattfinden, bei einer der Liftstationen, denn wenn die Kabine erst mal im Netzwerk des Hotels war, bewegte sie sich zu schnell. Selbst wenn es mir gelang, an ihre Zieldaten zu kommen, konnte ich sie nicht überholen.

Meine Aufmerksamkeit auf die einzelnen Feeds sämtlicher angezapfter Überwachungskameras aufzuteilen war schwierig, aber auch nicht viel schwieriger, als gleichzeitig HabSystem, SecSystem, diversen Klientenfeeds und vokalen Befehlen von verwirrten und ungeduldigen Menschen zu lauschen und dabei Unterhaltungsmedien einzufahren. Jedenfalls redete ich mir das ein. Ohne die viele Arbeit auf Milu, die meine Verarbeitung verbessert hatte, wäre es mir vielleicht von vornherein nicht gelungen.

Wenn ich das hier verkackte … Ich durfte es nicht verkacken.

Ich wählte das laut MobSys am meisten angewählte Ziel, den Clubbereich des Hotels. Mein Lift setzte sich in Bewegung, und zwei Sekunden danach wies ich MobSys an, eine Notbremsung durchzuführen und bei einer Station mit wenig Verkehr anzuhalten, dabei aber keine Alarmsignale an menschliche oder Botaufsichten abzusetzen.

Der Lift blieb ruckelnd stehen. Das Notfallprotokoll gab vor, dass sämtliche Lifte, die den Ort des Notrufs ansteuerten, umgeleitet wurden. Über MobSys spürte ich überall im Gebäude Liftkapseln, die über Alternativrouten sicher davonzischten.

Ich trat aus dem Lift in die Station. Es handelte sich um eine leere Plattform, von der zwei Korridore abbogen. Ich stellte sicher, dass die Überwachungskamera für die nächsten sechs Minuten das Bild einer leeren Plattform präsentierte. Dann zog ich meine Projektilwaffe aus dem Rucksack, lud sie durch und ließ die Hand herabhängen, leicht hinter meinem Schenkel.

Im Feed der Gangkamera sah ich die Ziele und Mensah in ihren Lift steigen. Ich bat MobSys, diese Kabine bitte im Zusammenhang mit dem Notfall zur Unterstützung hierher umzuleiten. Als sie ankam, trat ich in den Wartebereich und meldete mich über Dr. Mensahs Feed. *Dr. Mensah, bitte kauern Sie sich auf mein Signal hin auf den Boden der Kabine und schützen Sie mit den Armen Ihren Kopf.*

Die Türen glitten auf. Liftkabinen sind sehr schnell, weshalb ich davon ausging, dass die Menschen ein paar verwirrte Sekunden lang glauben würden, sie hätten ihren Zielort erreicht. Diese zwei Sekunden nutzte ich dafür, ihre Verbindung zum Hotelfeed zu unterbrechen. Dann trat ich vor wie ein normaler blöder Mensch, der in die Kabine einsteigen wollte, passte dabei aber auf, mich seitlich zu halten, damit die SecUnit mich nicht sah. (Die menschlichen Kräfte hatten sie dankenswerterweise gezwungen, auf der linken Seite der Kabine zu stehen anstatt vorne in der Mitte, wo sie hingehört hätte.)

Ein menschliches Ziel schob sich vor, auf komplett überflüssig aggressive Weise; aus diesem Grund versagt menschliche Security dermaßen übel, dass nicht einmal andere Menschen sie gern beauftragen. Der Mann bellte: »Aus dem Weg, dies ist eine private sicherheitsdienstliche …«

Ich tippte Mensahs Feed an, und sie ließ sich fallen. Ich hatte das Ziel, das es genoss, unbewaffnete Menschen herumzuscheuchen, bereits am Arm gepackt. Ich schoss ihm mit der integrierten Energiewaffe in meinem Unterarm in die Schulter, zog ihn an mich heran, als er erschlaffte, und hielt ihn hoch, um meinen Körper abzuschirmen.

Primärziel (die andere SecUnit) war bereits in Bewegung, schob die beiden menschlichen Ziele beiseite und hob ihre Projektilwaffe. Wegen meines menschlichen Schutzschilds konnte sie nicht feuern, und das gab mir die Extrasekunde zum Abschuss dreier panzersprengender Projektile aus kürzester Distanz in die Halsverbindung ihres Panzers und unten in die Kniegelenke.

Die Halsverbindung war der Todesschuss, die Kniegelenke sollten sie stürzen lassen, weil der Panzer sie ansonsten einfach nur hätte starr dastehen lassen.

Ich ließ die Projektilwaffe fallen, weil ich beide Hände benötigte, und warf mein menschliches Schutzschild so fest auf die beide Ziele auf der anderen Seite der Kabine, dass sie gegen die Wand knallten. Ziel 4, eine Frau, schoss auf mich, aber ihre Waffe gab einen Energiepuls ab, der einen Menschen außer Gefecht gesetzt, aber nicht tödlich verletzt hätte. (Einen gesunden Menschen jedenfalls.) Mich nervte er einfach nur. Ich schnappte mir ihre Hand, drehte sie so, dass die Waffe auf die anderen beiden Ziele zeigte, die sich immer noch berappelten, und drückte fünfmal den Abzug. Sie fielen um, ich brach ihr den Arm (sie war schnell genug, um eine potenzielle zukünftige Bedrohung darzustellen) und drückte ihr die Arterie ab, damit sie ohnmächtig wurde.

Als ich sie zu Boden sinken ließ, stand Mensah auf und wankte. Ich glaube, sie hatte einen Tritt abbekommen. Ich sagte: »Gehen wir.«

Mensah holte scharf Luft, trat über die zuckenden Leiber hinweg und schob sich an der zusammengebrochenen SecUnit vorbei. Ich hob meine Projektilwaffe auf und folgte ihr. (Die Projektilwaffe der SecUnit mitzunehmen war zu riskant. Sie war vielleicht mit einem Peilsender versehen. Meine passte außerdem besser in den Rucksack.) Ich rollte die SecUnit zurück in die Kabine und bat MobSys, die Tür zu schließen und die Kabine an Ort und Stelle einer vollständigen Diagnose zu unterziehen.

Ich schob Mensah in meine Kabine und gab ein neues Ziel an. Während ich meine Projektilwaffe nachlud und wieder im Rucksack verstaute, bat ich die Kabine zu warten, während ich abermals die Kamera in der Transitlobby überprüfte. Ja, die beiden GrayCris-Ziele waren immer noch da, auch wenn sie inzwischen besorgte Mienen aufgesetzt hatten und über Feed sprachen. Es warteten noch neun Nichtziel-Menschen dort, in zwei locker gesammelten Gruppen.

Was war das doch gleich für eine Idee? Ach ja, da war sie ja, genau da, wo ich sie abgelegt hatte.

Ich sagte: »Ich muss die beiden Ziele auf der Plattform der Transitröhre ausschalten. Wenn wir ankommen, treten Sie aus der Kabine, entfernen sich vom Eingang und warten auf mich.« Ich hatte mich noch nicht dazu durchringen können, ihr ins Gesicht zu sehen, nicht einmal über die Kabinenkamera.

»Alles klar«, gab sie zurück.

Ich ließ unsere Kabine bei der Plattform ankommen, und als die Türen sich öffneten, ließ ich MobSys, welches auch das aktive Dekor des Hotels regelte, das holografische Gewitter runter auf die Plattformebene versetzen.

Ich trat in finsteren lila Wolken, Blitzen, simuliertem Regen und den Entsetzensschreien und dem Gelächter der wartenden Passagiere aus der Kabine. Die Sicht war auf fünfzehn Prozent reduziert, aber mein Scanner fand die beiden bewaffneten Ziele. Ich erreichte Ziel 1, blockierte ihren Feed und machte sie mit einem Puls der Energiewaffe in meinem rechten Unterarm kampfunfähig.

Als sie umfiel, fing ich sie auf, drehte mich und warf sie in die Kabine. Ziel 2 wusste, dass etwas passiert war (wahrscheinlich dadurch, dass er Feedkontakt mit Z1 verloren hatte), und ich musste mich wegducken und ihm ein Bein stellen. Er knallte auf die Plattform, ich beugte mich runter und gab ihm gerade fest genug eins auf den Schädel, um jeglichen Widerstand weitgehend auszuschließen.

Ich schleifte Z2 in die Kabine, wo Z1 immer noch zuckte. Als die Kabine ihre Türen schloss, schickte ich sie zur Clubebene, wo sie stoppen und den Wartungsdienst verständigen sollte. Dann ließ ich MobSys, das langsam ungeduldig wurde, das Gewitter wieder zurück auf seine zugewiesene Position heben.

Die anderen Menschen und augmentierten Menschen auf der Plattform schauten verwirrt oder erleichtert drein; einige wenige drückten ihre Enttäuschung aus. Niemand verhielt sich, als hätte er miterlebt, wie eine SecUnit zwei private Sicherheitsleute ausgeschaltet hatte. Ich nickte Mensah zu, und wir traten in den Wartebereich. Ich entfernte uns bereits aus dem Video der Plattformkamera, aber das würde die Verfolgung nicht lange hinauszögern.

Ich führte Mensah die Plattform entlang zu der Stelle, wo sich die letzte Röhrenkapsel füllen würde. Laut Plattformkamera schaffte ich es ziemlich gut, entspannt zu wirken. (Es überraschte mich selbst.) Mensah hatte ihren Gesichtsausdruck im Griff und die Schultern nicht hochgezogen. Ihre Kleidung, ein langer Kaftan über Hosen, sah verknitterter und derangierter aus, als sich gehörte, aber nicht so sehr, dass sie Aufmerksamkeit auf sich gezogen hätte. Über Feedverbindung fragte sie: *Und die anderen sind in einem Firmenshuttle, sagst du? Hilft euch die Firma?*

Ich sagte: *Nein, GrayCris hat die Station bestochen, damit die Firma nicht reindarf. Pin-Lee, Ratthi und Gurathin sind trotzdem gekommen.*

Die Röhrenbahn glitt in den Bahnhof, und wir bestiegen die leere hinterste Kapsel. (Dieser Teil war hauptsächlich Glück, aber während des Wartens in der Lobby hatte ich kurz die Röhrenaktivität abgehend von diesem Bahnsteig überprüft, auf dem während des Tageszyklus nicht viel Verkehr herrschte. Er lag nicht auf dem Hauptring, sondern auf einer Nebenlinie, für die das Hotel zahlte.)

Als die Tür der Kapsel sich schloss, zeigte die Bahnsteigkamera ein paar sich öffnende Lifttüren, aus der drei Menschen in HotelSec-Uniform eilten. Tja, Scheißdreck. Mein Zeitplan war dahin.

Ich hatte Kontrolle über die Kamera in der Kapsel und glitt nun in den Steuerfeed der Röhrenbahn. Zu Mensah sagte ich: »Planänderung. Die wissen, wo wir sind.«

Sie nickte mit angespanntem Gesicht.

Diese Bahn fuhr direkt zum Hafen, und ich brauchte einen Halt, bevor GrayCris die Stationssecurity überzeugte, uns anzuhalten. Laut Karte näherten wir uns einem Bahnsteig in einem Bürogebäude. Ein rascher Blick mit der Überwachungskamera vor Ort erwies, dass der Bahnsteig leer war, was einleuchtete, weil es planmäßig keine Bahnen gab, die in den nächsten 33 Minuten dort hielten. Ich musste schnell machen, weil diese Bahn kurz hinter dem Bürogebäude in die Hauptröhre einbiegen würde und dafür nur ein enges Zeitfenster hatte. (Die Verursachung eines schweren Unfalls durch eine zu große Verspätung dieser Bahn würde nicht nur die Stationssecurity ermuntern, sämtliche Kräfte gegen uns einzusetzen, sondern wäre auch eine richtige Scheißaktion.) Ich stellte Mensah einen Alarm in den Feed – all das ging so schnell, dass ich keine Zeit hatte, ihn selbst zu verbalisieren, geschweige denn ihr zu erzählen, was ich vorhatte – und legte einen Arm um ihre Taille. Sie krallte die Hände in meine Jacke und vergrub ihren Kopf an meiner Schulter. Ich legte meinen angewinkelten freien Arm über ihren Kopf. Dann schickte ich den Bremsbefehl ab.

Unsere Geschwindigkeit fiel jäh ab, als wir in den Bahnhof einfuhren, und ich war bereits in Bewegung, als ich den Türen per Notsignal befahl, sich zu öffnen. Die Zugtür schaffte es rechtzeitig, nicht aber die innere Stationstür. Zum Glück streifte ich sie nur, und sie fälschte lediglich meine Bahn ab, während ich über den Boden des Bahnsteigs rollte.

Die Kapsel hatte bereits ihre Tür geschlossen und auf die Geschwindigkeit beschleunigt, die sie brauchte, um das Zeitfenster für die Bahnänderung einzuhalten. Ich löschte uns aus dem Video, löschte diverse Buffer und Protokolle und entfernte die Erinnerung der Kapsel an den Zwischenfall.

Es war mir gelungen, mit Mensah auf mir drauf zum Liegen zu kommen, aber bequem konnte das nicht sein. Als wir so etwas das letzte Mal getan hatten, war ich gepanzert gewesen und obendrein einen steilen Hang hinuntergesprungen – das hier war ein glatter, synthetischer Steinboden, und in unmittelbarer Nähe explodierte nichts. Also war es deutlich angenehmer. Ich hob Mensah von mir hinunter und drückte mich in den Stand hoch, dann zog ich sie auf die Füße.

Sie winkte ab. »Mir geht es gut.«

Vorsichtig ließ ich sie los, doch sie blieb stehen. Ich zog Karten aus dem Feed des Gebäudes und suchte nach Nahverkehrsoptionen. Aha, es gab eine gute.

Ich führte uns den Bahnsteig entlang und die Rampe zu den Gebäudekapseln runter, wobei ich uns mithilfe meines Codes aus den Überwachungskameras löschte. Bei der Station stiegen wir in die erste ankommende Kapsel, und ich sagte ihr, dass sie ihre Regeln außer Kraft setzen und uns ganz runter zur Wartungsebene bringen sollte, die auf der Karte als nicht zugängliches Stockwerk eingetragen war und über das normale Menü der Kapsel nicht angewählt werden konnte.

Wir traten in einen Raum mit niedriger Decke hinaus, und sobald die Kapsel sich schloss, war es stockdunkel. Ich konnte per Infrarot sehen und schuf mit meinem Scanner eine geografische Karte. Mensah konnte überhaupt nichts sehen. Sie hielt sich an meiner Jacke fest und ließ sich voranziehen.

Die Luftzirkulation und -qualität war nicht toll, aber es gab immerhin Luft. Ich navigierte einen Pfad zwischen aktuell heruntergefahrenen Wartungs- und Lastenbots hindurch zu einer offenen Rampe, die nach unten führte. Wir stießen auf zwei Schwerkraftveränderungen, die eine graduell, die andere nicht so graduell, als die Wand zur Rechten abrupt zum Boden wurde.

Wir hielten auf einen Strang des logistischen Rückgrats zu, bei dem es sich um einen Raum für die Bewegung von Fracht zum und vom Hafen und zwischen Stationsebenen handelte und der außerdem als Zugangs- und Transportsystem für Technikbots und -teams diente. Hier gab es Notlichtstreifen und jede Menge Leuchtfarbe, die Ausbrüche von Farben sowie Feedsignale abgaben, zumeist temporäre Anweisungen und Richtungsanzeigen für Bots und menschliche Arbeiter. Mensahs Griff an meiner Jacke entspannte sich, und ich merkte an ihrer Atmung, dass das Licht eine Erleichterung darstellte.

Wir gingen einem kräftigen Wind entgegen, der aus dem logistischen Rückgrat kam. Ich empfing Menschenstimmen über Audio, die nicht weit entfernt waren. Der Feedaktivität nach herrschte vielleicht zweihundert Meter zur Rechten viel Verkehr, Richtung Plaza und Hotels. Nichts davon klang nach Notfall- oder Securityoperationen; einfach nur normale logistische Versorgungsarbeiten. Nach sechs weiteren Schritten erreichte die Rampe das Rückgrat, eine schattige Höhle, die von Tiefflugnavigationsbaken erhellt wurde. In der Düsternis zischten Dinge vorbei, vor allem Hebebühnen und automatische Transporter, die von den Frachtdepots beim Hafen kamen oder dorthin wollten.

Es gab durchaus Security, denn wenn man Frachtgut stehlen oder dem Stationsgebäude eines Konkurrenten etwas Schreckliches antun wollte, dann am besten von hier aus. Ich lenkte die Scans nach Waffen und Stromquellen ab, und uns blieben höchstens fünf Minuten, bis der nächste Drohnenschwarm durchkam.

Mensah hielt erneut meine Jacke gepackt, vielleicht aus Nervosität über die Höhe und Tiefe des Rückgrats. Trotz der leichteren Schwerkraft war ich auch nicht gerade begeistert. Ich scannte nach einem leeren Transporter und fand einen untätigen weiter oben Richtung aktives Gebiet. Ich lockte ihn aus seiner Herde und bat ihn, zu uns zu kommen.

Zwei Minuten später glitt er heran, ein kastenförmiges Fahrzeug, das zum Transport von Stationstechnikern plus Bots und Ausrüstung verwendet wurde. Wir stiegen ein, und ich ließ ihn die Türen schließen und dann die Innenbeleuchtung einschalten. Nach Überprüfung seines Kartensystems schickte ich ihn Richtung Hafen.

Als er losfuhr, schwankte Mensah und hielt sich oberhalb der Schießöffnung an meinem Arm fest. Sie drückte so sehr zu, dass ich es im organischen Teil spürte. Der rasende Puls erschien mir unter diesen Umständen normal, doch sie hatte mich immer noch nicht wieder losgelassen. Ich fragte: »Geht es Ihnen gut?« Was, wenn sie gefoltert worden war? Alles in meinem Modul zu Notfallmedizin und psychologischer Unterstützung erforderte

Zugang zu einem MedSystem, damit es mir sagen konnte, was ich machen sollte. Wie ich vielleicht schon erwähnte, waren meine von der Firma gestellten Lernmodule Schrott.

Sie schüttelte den Kopf. »Alles bestens. Ich bin nur … heilfroh, dich zu sehen.«

Sie klang trotzdem wenig stabil. Sie sah aus wie immer, dunkelbraune Haut, hellbraune Haare. An ihren Augenwinkeln waren definitiv mehr Falten, was sich bei einem Abgleich mit früheren Aufnahmen von ihr bestätigte. Und jetzt schaute ich sie an.

In den Serien sah ich immer, wie Menschen einander in solchen Momenten trösteten. Ich hatte das nie gewollt und wollte es bis heute nicht. (Berührungen, während man Unterstützung leistet oder Menschen von Explosionen abschirmt, sind etwas anderes.) Aber außer mir war niemand hier, also riss ich mich zusammen und brachte das ultimative Opfer. »Ähm, Sie können mich umarmen, wenn Sie möchten.«

Sie fing zu lachen an, dann geschah etwas Kompliziertes auf ihrem Gesicht, und sie umarmte mich. Ich erhöhte die Temperatur in meiner Brust und redete mir ein, dass dies eigentlich Erster Hilfe gleichkam.

Doch komplett schrecklich war es keineswegs. Sondern eher wie in jenem Moment, als Tapan neben mir im Hotelzimmer geschlafen hatte oder Abene sich nach ihrer Rettung an mich gelehnt hatte; seltsam, aber nicht gar so grässlich wie gedacht.

Sie trat nach hinten und rieb sich das Gesicht, als wäre sie über die eigene Reaktion ungehalten. Sie sah zu mir auf. »Das warst du in der Terraforminganlage von GrayCris.«

Die mussten sie danach gefragt haben. »Es hatte sich so ergeben«, sagte ich.

Sie nickte. »Was davon hatte sich so ergeben?«

»So ziemlich alles.«

Ihre Stirn war gerunzelt. »Hast du ihnen erzählt, ich hätte dich geschickt?«

»Nein, ich habe meine Klientin verkörpert. Meine angebliche Klientin. Die ich verkörpert habe.« Für eine Sekunde hing ich in der Schleife fest. »Seit Port FreeCommerce habe ich bei zwei verschiedenen Menschengruppen erfolgreich einen augmentierten menschlichen Sicherheitsberater beziehungsweise eine -beraterin verkörpert. Auf Milu hatte ich das auch tun wollen, wurde aber als SecUnit erkannt, also erzählte ich ihnen, dass ich für eine Sicherheitsberaterin von draußen arbeiten würde.« Verkörpern ist ein seltsames Wort, besonders in diesem Kontext, wie mir eben erst auffiel. Ver-körper-n. Seltsam.

»Ich verstehe. Wieso bist du nach Milu geflogen?«

»Ich habe in einem Newscluster einen Bericht über Milu gesehen. Ich wollte erhärtende Beweise von GrayCris' illegalen Aktivitäten finden und Ihnen zukommen lassen.« Das klang gut. Nicht dass es nicht stimmte, aber mich leiteten alle möglichen widerstreitenden Motive, und dieses leuchtete als einziges ein, sogar mir.

Sie atmete aus und presste sich für 5,3 Sekunden die Hände vors Gesicht. »Ich merke es mir für das nächste Mal, wenn ich ein spontanes Interview gebe.« Sie sah mich wieder an. »Hast du die Beweise?«

»Ja. Aber bei meiner Rückkehr nach HaveRatton wartete in der Station ein Sicherheitstrupp von Palisade auf mich. Dann entdeckte ich im Newsfeed von Port FreeCommerce, dass Sie verschwunden waren.« Ich fügte hinzu: »Ich habe die Daten zu Ihnen nach Hause auf Preservation geschickt.«

Sie nickte erneut. »Ich verstehe, gut.« Sie zögerte. »Den Managern von GrayCris zufolge, die mich danach gefragt haben, hast du ein paar Combatbots zerstört?«

»Drei.«

Sie holte scharf Luft. »Gut.«

Ich hatte keine Ahnung, was ich als Nächstes sagen sollte, bis es mir einfach rausrutschte. »Ich bin fortgegangen.«

Sie sah mir ins Gesicht, und plötzlich musste ich meinen Blick von ihrem abwenden. »Ja. Ich bin sehr schlecht mit dieser Situation umgegangen. Dafür entschuldige ich mich«, sagte sie.

»Okay.« Gleich würde ich definitiv einfach dastehen und eine Wand anstarren müssen. Fifo und Tapan hatten sich beide bei mir entschuldigt, es war also nicht das erste Mal, aber ich wusste trotzdem immer noch nicht, wie ich reagieren sollte. »Pin-Lee hat gesagt, Sie hätten sich Sorgen gemacht.«

»Habe ich mir, ja. Ich hatte solche Angst, dass dich jemand einfangen würde, bevor du Corporation Rim verlassen konntest.« In ihrer Stimme schwang ein kleines Lächeln mit. »Ich hätte mehr Vertrauen in dich haben sollen.«

»So weit würde ich vielleicht nicht gehen.« Mein nach hinten gelegter Kartenmonitor alarmierte mich, und es war eine Erleichterung. Mehr Emotionen konnte ich im Augenblick nicht verarbeiten. »Wir nähern uns dem Hafen.«

29

Wir waren das Rückgrat so weit entlanggefahren, wie wir konnten, ohne auf die Sicherheitsbarrieren des Hafens zu stoßen. Ich wusste nicht, wie dichtmaschig diese Barrieren waren, aber den empfangenen Lecksignalen nach war es das Risiko nicht wert.

Die meisten Sorgen bereitete mir der Weg zu Fuß durch den Abfertigungsbereich.

Ich hielt beim Liefereingang eines großen Multifunktionsgeschäfts im Einkaufszentrum der Station, und wir stiegen aus. Ich entließ den Transporter, der wieder das Rückgrat hinauf in die Dunkelheit davonschwebte. Wir nahmen eine Wartungskapsel zur Hafenebene.

In der Kapsel untersuchte ich uns mit der Überwachungskamera. Kein Blut, keine Löcher von Projektilen, check. Nervös, check. Mensah mit der Miene eines Menschen, der eine traumatische Erfahrung durchlitten hat, check. Mein Rucksack mit der darin verborgenen Waffe, check. »Wir müssen einen ruhigen Eindruck erwecken«, sagte ich zu Mensah, »damit nicht unseretwegen die Stationssecurity Alarm schlägt.«

Sie holte tief Luft und sah zu mir hoch. »Ruhig können wir. Darin sind wir gut.«

Waren wir wirklich. Ich überprüfte kurz, ob meine ganzen Augmentierter-Mensch-Programme liefen, dann fiel mir noch etwas ein, das ich tun konnte. Als wir aus der Kapsel traten, nahm ich Mensahs Hand.

Wir gingen durch das Gewimmel des Einkaufsbereichs und zwischen den Menschenschlangen bei den Verkaufs- und Ticketkiosken hindurch. Die Menge war ungefähr die gleiche wie bei meiner Ankunft, nur rund fünf Prozent größer. Ich hatte einen solchen Weg noch nie zusammen mit einem Menschen zurückgelegt, es gestaltete den Prozess komplizierter und irgendwie seltsamerweise auch natürlicher.

Als wir den Abfertigungsbereich betraten, lenkte ich diverse Scanner ab. Ich verzichtete erneut auf die Liftkabinen, weil diese im Alarmfall stehen blieben und im Falle eines Hacks schnell offensichtlich gewesen wäre, wo wir steckten. Ich lenkte Dr. Mensah die Rampe runter, die über den Privatshuttledocks der ersten Ringebene rauskam. Die Menge dünnte aus, und als wir beim Laufsteg ankamen, schätzte ich die Abnahme auf 50 Prozent. Eine Überprüfung in dem idiotischen, mit Werbemüll verstopften Hafenfeed ergab, dass es sich um eine übliche Flaute bei den planmäßigen Ankünften handelte. (Ausnahmsweise fehlte es mir, inmitten einer Menschenmenge zu stecken.) Eine Flaute bei den Sicherheitsüberprüfungen gab es nicht, und ich empfing den Funkverkehr mehrerer Drohnenschwärme über den Abfertigungsebenen aller drei Ringe.

Ich brauchte mehr Daten. Normalerweise riskierte ich es nicht, die übergeordneten Securityfeeds zu hacken, in denen das menschliche Aufsichtspersonal kommunizierte, aber an der gegenwärtigen Lage war nichts normal. Mithilfe der bereits infiltrierten Drohnenfeeds hackte ich mich vorsichtig in den obersten Securityfeed rauf, der bei mir unter StationSecAdmin lief.

Ich ging davon aus, dass GrayCris StationSecAdmin und das Hafenamt mit oder ohne Geldfluss davon überzeugen konnte, dass sie einen Alarm auslösten und Palisade für eine Suche nach uns aufs Hafengelände ließen. Aber wir waren zügig hierhergelangt, und GrayCris durchsuchte bestimmt zuerst das Hotel und die nähere Umgebung, weil das eine kostengünstigere Operation als eine Durchsuchung des Hafens war. Wenn der Rest des Preservation-Teams es bis hierher geschafft hatte, waren wir aus dem Gröbsten raus. (Ja, ich weiß. Ich hätte es nicht mal denken dürfen.)

Sobald ich mich im Feed von StationSecAdmin befand, verzichtete ich auf weitere Vortastversuche, setzte nur ein paar interne Alarme und stellte ihn dann nach hinten.

»Sollten wir uns vielleicht besser unterhalten?«, fragte Mensah. Ich kannte sie gut genug, um die erzwungene Ruhe in ihrer Stimme zu hören und zu wissen, dass ihr die Gezwungenheit nicht anzusehen sein würde.

Wir befanden uns in der Nähe der öffentlichen Docks, und ich bog auf die nächste Rampe ein, die runter zur Abfertigungsebene führte. Die Menge war um weitere 20 Prozent gefallen und ließ sich eigentlich kaum noch als Menge bezeichnen. Ich sagte: »Das hängt davon ab, worüber.«

Als wir die untere Ebene erreichten, fragte Mensah: »Wieso ist *Waldmond* deine Lieblingsserie?«

Klar, darüber geht. Ich spürte allen Ernstes, wie sich das organische Gewebe in meinem Rücken und meinen Schultern entspannte. »Haben Sie die Serie je gesehen?«, fragte ich. Ich wollte weiterhin nicht direkt mit dem Shuttle kommunizieren, aber wir passierten einen Zugriffspunkt für den Abflugplanfeed, und als der Werbeansturm vorbei war, sah ich, dass das Firmenshuttle auf der Warteliste für eine Startzeit stand. Dabei handelte es sich hoffentlich um Pin-Lees Zeichen, dass sie es an Bord geschafft hatten, und nicht um einen Trick von GrayCris.

Wenn es ein Trick von GrayCris war, waren wir geliefert. Das Shuttle war der einzige verlässliche Weg, Mensah und die anderen von der Station runterzukriegen. Ich würde schon Probleme genug bekommen, selbst mit einem botgesteuerten Transportschiff hier wegzukommen, sobald sie außer Gefahr waren, da die angekoppelten Schiffe gerade eine Sicherheitswarnung nach der anderen erhielten.

(Nein, ich hatte absolut nicht die Absicht, mich an Bord eines Firmenshuttles zu begeben, das in Richtung eines Firmenkampfschiffs aufbrach.)

Mensah sah sich um und wirkte dabei nicht gar zu sehr wie ein Mensch, dem plötzlich eingefallen war, dass er sich besser mal umsehen sollte, um einen normalen Eindruck zu hinterlassen. Sie verstärkte den Griff um meine Hand. »Ich habe mir ein paar Folgen angesehen, und sie haben mir gefallen, aber ich begreife nicht recht, worin für dich der Reiz liegt.« Sie schüttelte über sich selbst den Kopf. »Vielleicht, weil sie von den Problemen einer Gruppe Menschen handelt und ich den Eindruck habe, dass du es leid bist, dich mit uns herumzuplagen.«

Ehrlich, ich musste sie ansehen, so sehr verblüffte mich das. Ich hatte damit gerechnet, dass sie sagte, nein, sie hätte die Serie nie gesehen. Dann hätte ich ihr die Handlung erzählen können, und sie hätte so tun können, als würde sie das interessieren, und unterdessen hätten wir es bis zum Shuttle geschafft. »Sie haben die wirklich angeschaut?«

»Ich wollte die Stelle über die Rechtsreferentin der Kolonie sehen, über die Ratthi und du gesprochen habt, und dann bin ich hängen geblieben.« Als wir durch das erste Gate zu den Privatdocks kamen, lenkte ich weitere Waffenscans ab, und die Stärke der Menge nahm um 16 Prozent zu. Wir stachen nicht mehr so deutlich heraus, und mein Scanner besagte, dass Mensahs Puls und Atmung sich normalisierten. Sie fuhr fort: »Die Handlung ist gut; ich verstehe, wieso die Serie so beliebt ist. Ich begreife nur nicht, warum bei der großen Vielfalt an Serien dir ausgerechnet diese am besten gefällt.«

Tja, wieso mochte ich *Waldmond* am liebsten? Ich musste die Erinnerung aus dem Archiv ziehen, und als ich das Ergebnis sah, wurde mir ganz anders. »Es ist die erste, die ich je gesehen habe. Nach dem Hacken meines Chefmoduls, als ich in den Entertainmentfeed gegangen bin. Sie hat mir das Gefühl vermittelt, ein Individuum zu sein.« Uff, der letzte Satz hatte gar nicht rauskommen sollen, aber bei all der Securityfeedüberwachung verlor ich allmählich die Kontrolle über meinen Output. Ich musste mir wirklich irgendwann einmal die Zeit nehmen, diese einsekündige Verzögerung für meinen Mund zu programmieren.

Eine umherstreifende Drohnenkamera zeigte mir, dass Mensah die Stirn runzelte. »Du bist ein Individuum.«

Autsch, dieses Gesprächsthema geht immer schief. »Nicht im rechtlichen Sinn.«

Sie holte Luft zum Antworten, überlegte es sich anders und ließ sie wieder ab. Klar, sie wollte widersprechen, aber ich hatte recht, Punkt. Mehr gab es dazu nicht zu sagen. Stattdessen fragte sie: »Wieso hat sie dir dieses Gefühl vermittelt?«

»Keine Ahnung.« Was stimmte. Aber die archivierte Erinnerung hatte das Gefühl zurückgebracht, so lebhaft, als wäre es noch ganz frisch. (Dieses blöde menschliche Nervengewebe sorgt für so etwas.) Die Worte wollten weiterhin raus. *Sie hat mir einen Kontext für die Emotionen geliefert, die ich empfand*, sagte ich erfolgreich nicht. »Sie hat mir Gesellschaft geboten, ohne dass ich …«

»Ohne dass du interagieren musstest?«, schlug sie vor.

Allein die Tatsache, dass sie auch nur so viel verstand, ließ mich dahinschmelzen. Ich hasse es, wenn das passiert, weil ich mich dann verletzlich fühle. Vielleicht war ich deshalb nervös gewesen, Mensah wiederzusehen, und nicht wegen all der anderen dummen Gründe, die mir eingefallen waren. Ich hatte keine Angst gehabt, dass sie gar nicht meine Freundin war, ich hatte Angst gehabt, dass sie das sehr wohl war und was das dann mit mir machte. Ich sagte: »Das Shuttle bringt Sie und die anderen zum Kampfschiff der Firma. Ich werde Sie nicht begleiten.« Das hatte ich ihr eigentlich nicht sagen wollen, und ich habe keine Ahnung, warum ich es doch tat. Wünschte ich mir insgeheim, dass sie mich überredete? Ich hasse es, Emotionen gegenüber wirklichen statt gegenüber gespielten Menschen zu empfinden; das führt nur zu blöden Momenten wie diesem.

Fast wäre sie stehen geblieben, aber in der letzten Sekunde besann sie sich eines Besseren. »Ich kann dich beschützen.«

»Weil Sie meine Eigentümerin sind.«

»Davon gehen alle aus, aber wir …« Sie brach ab und holte Luft. »Ich wünschte, du würdest mir vertrauen, aber ich begreife, warum du es nicht tust.«

Einer meiner Alarme wurde ausgelöst. Genau derjenige, von dem ich wirklich, wirklich inständig gehofft hatte, er würde nicht ausgelöst werden, weil er StationSecAdmin überwachte. Das menschliche Aufsichtspersonal war soeben über die Genehmigung einer Sicherungsmaßnahme durch einen externen Dienstleister informiert worden.

Wieder einer von diesen Ach-du-Scheiße-Momenten.

In derselben Sekunde trötete der Hafenalarm los. Die Menschen und augmentierten Menschen blieben stehen, zogen die Köpfe ein, sahen sich um. Ich hielt Mensah fest, weil wir sonst aufgefallen wären und jede Sekunde, in der wir nicht identifiziert wurden, entscheidend sein konnte.

StationSecAdmin war lediglich zu entnehmen, dass der Alarm von einer menschlichen Aufsicht ausgelöst worden war, wenngleich die Genehmigung für die von GrayCris beauftragten Palisade-Mitarbeiter zum Betreten des Hafens technisch immer noch anhängig war. Hier handelte es sich um eine menschliche Port-Sec- oder Hafenamtsaufsicht, die versuchte, ihren Job zu erledigen und den Menschen im Abfertigungsbereich zusätzliche Zeit zur Evakuierung zu verschaffen. Dann brach der öffentliche Feed mitten in einer Werbung ab, und über den offiziellen Feed des Hafenamts kam: *Der Hafen wurde aus Sicherheitsgründen abgeriegelt. Suchen Sie vor Ort Schutz oder Deckung, bewaffnete Einsatzkräfte bewegen sich auf dem Gelände …*

Um uns herum gaben sich Menschen einen Ruck und strebten der öffentlichen Sicherheitsbarriere zu. Lastenbots blieben stehen, Stapler stiegen auf und gingen unter der Decke in Warteposition, Drohnen wirbelten aufwärts und formierten sich. Bei den Schleusen, die sich unmittelbar gegenüber von uns befanden, verständigte ein Schiff seine verwirrten Passagiere, die gerade ausgestiegen waren, über den Abbruch des Ausschiffens und forderte sie auf, wieder an Bord zu kommen. (Das Schiff einer nicht konzerngebundenen politischen Entität wohlgemerkt – die privatwirtschaftlichen Schiffe machten schlicht die Schleusen dicht.)

Ich zog Mensah an der Hand und lief los. Bis zum nächsten Gate waren es zwanzig Meter, und gleich dahinter lagen die Shuttles. Mensah rannte mit hochgerafftem Kaftanrock neben mir her. Ich überlegte kurz, sie zu tragen und auf Höchstgeschwindigkeit zu gehen, aber dann würden die Drohnen uns identifizieren.

Bei dem Gate handelte es sich um ein Schott, das sich von der Kuppeldecke herabwölbte, mit Pylonen, die mehrere Durchgänge bildeten, von denen jeder breit genug für große Lastenbots war. Während wir darauf zu liefen, entstand zwischen den Pylonen eine schimmernde Luftwand.

Ich hatte Zeit zu hoffen, dass es sich nur um eine Sicherheitsmaßnahme handelte. Durch eine Luftwand kann man sich immer noch schieben; sie wird errichtet, um bei einer Beschädigung des Stationskörpers den Verlust der Atemluft zu vermindern und gleichzeitig den Menschen zu ermöglichen, sich vom Unglücksort zu entfernen.

Wir waren vier Meter entfernt, als vom Boden feste Barrieren hochglitten und die Gates nahtlos verschlossen. Ich blieb schlitternd stehen. Mensah stolperte und fing sich. Sie atmete schwer und hatte einen Schuh verloren.

Konnte ich eine Barriere mit Gewalt öffnen? Sie hacken? Es handelte sich um Sicherheits-/Schutzbarrieren, nicht um halbmeterdicke Schotten, bei denen gleich die Stabilität der Station gefährdet war. Aber sie liefen über ein anderes Netzwerk, LockControlSys, das hinter mehreren schützenden Feedwalls verborgene Steuerungssystem für Schutz- und Luftschleusen, und dafür fehlte mir jeder Pfad. Ich konnte einen Pfad suchen, aber dann musste ich über PortMainSec gehen, und das war aufgrund der Sicherheitswarnung mitsamt der Lastenbots und anderen Lader runtergefahren worden. Ich schickte den Befehl zum Reboot.

Weitere meiner Systemalarme wurden ausgelöst, und ich warf über meine Drohnenkameras einen Blick in den Buchungsbereich des Hafens. Verängstigte Menschenmengen teilten sich vor … drei SecUnits Marke Palisade. Ihre Drohnen summten in dichten Wolken über ihren Helmen.

Das war übel. Aber hallo.

Ich nahm den Rucksack ab, zog die Projektilwaffe heraus und stopfte meine Jackentaschen mit Munition voll. Mensah hatte mich nicht gefragt, was ich vorhatte, und nahm wahrscheinlich an, dass ich gerade die Gatebarrieren hackte. Sie schleuderte ihren anderen Schuh von sich und machte sich bereit, aufs Neue loszurennen. Nur dass PortMainSec nicht mehr rechtzeitig wieder hochfahren und ich mich nicht durch die zahllosen Securityschichten wühlen konnte, bevor die Feinde uns erreichten.

Ich war immer noch in den Feeds von StationSecAdmin und PortSec. Ich dachte über die menschliche Aufsicht nach, die den Hafenalarm so früh ausgelöst und den Menschen auf der Abfertigungsebene zusätzliche Zeit zur Flucht verschafft hatte. In diesen Kanälen gab es Menschen, die diese Barrieren manuell aufheben konnten. Daher schickte ich an beide: *Ich bin eine SecUnit im Einsatz mit einer gefährdeten Klientin. Ich versuche gerade, das an Platz alt7A angedockte Shuttle zu erreichen.* Sie mussten da drüben wissen, dass dort das Shuttle der Firma auf die Rückkehr zu jenem Kampfschiff wartete, das zur Bergung einer Klientin ausgeschickt worden war. *Bitte*, fügte ich hinzu, *die werden sie töten.*

Eine Antwort blieb aus. Ich hatte keine belastbare ETA für die feindlichen SecUnits. Da sie so vielen Menschen ausweichen mussten, bewegten sie sich nicht mit Höchstgeschwindigkeit, aber das würde sich ändern, sobald sie die inzwischen fast geleerte Abfertigungsebene erreicht hatten.

Die Kameras in diesem Abschnitt funktionierten noch; wer immer die Aufsicht hatte, musste uns sehen können. *Lassen Sie meine Klientin durch das Gate, und ich bleibe hier. Bitte. Die werden sie töten.*

Die Schleusenlichter an der Barriere unmittelbar vor uns gingen flackernd an, und sie glitt einen Meter nach oben, gerade hoch genug, dass ein Mensch sich darunter hindurchzwängen konnte. Ich gab Mensah meinen Rucksack, weil sie dann natürlich glauben musste, dass ich ihr folgen würde. »Laufen Sie. Platz alt7A.«

Sie duckte sich und verschwand durch den Spalt. Und die Barriere fiel hinter ihr zu.

Mensah rief mich über Feed: *Sie ist wieder geschlossen! SecUnit …*

Ich komme hier nicht durch, erklärte ich ihr, *ich nehme ein anderes Schiff. Gehen Sie zum Shuttle und machen Sie, dass Sie wegkommen!* Dann legte ich ihren Kanal nach hinten.

Ich konnte es unmöglich auf ein Schiff schaffen. Bei den öffentlichen Docks nahmen noch sieben Transporter fliehende Menschen an Bord, aber in diesem Bereich waren sämtliche Schleusen dicht. Ich kam nicht weg.

Wenn ich es in dieser Manier erzähle, klingt alles sehr aufopferungsvoll und dramatisch. Vielleicht war es das auch. Aber eigentlich hatte ich vor allem einen Gedanken: Auf dieser Abfertigungsebene würde nicht eine SecUnit sterben, sondern vier.

SecUnits auf mich anzusetzen, das war eine Sache. Konnte man durchwinken. Aber die hatten SecUnits auf meine Klientin angesetzt. Damit darf niemand durchkommen.

Ich wandte den Gates den Rücken zu, schnappte mir den bereits laufenden Kamerahack der PortSec-Drohnen, übernahm die gesamte Flotte und unterbrach ihre Verbindung zu PortSec. Dann blendete ich alle stationären Kameras auf der Abfertigungsebene aus. Nun kannten Palisade oder GrayCris oder wer immer diese Schau hier abzog zwar nicht meine Position, aber ich kannte ihre.

Die Feinde rannten den Laufsteg entlang an den letzten Häuflein fliehender Menschen vorbei. Ein Trupp menschlicher StationSec-Kräfte in Uniform war in den Buchungsbereich gestürmt und versuchte die Menschen, die aus dem Hafenbereich strömten, in die Einkaufspassage zu lenken und ihren Rückzug zu sichern. (Wer weiß, mit was für einem Szenario es GrayCris gelungen war, bei der Hafenbehörde den Einsatz von SecUnits abgesegnet zu bekommen. Wahrscheinlich kam ich, die freidrehende SecUnit auf Amoklauf, auch darin vor.) Ein zweiter Securitytrupp in Servoanzügen mit dem Palisade-Logo stürmte den Laufsteg. Es handelte sich um Verstärkung für die SecUnits.

Apropos. Ich befahl Abteilung 1 meiner Drohnenflotte, Maßnahmen gegen Überwachung zu ergreifen, und Abteilung 2, die Drohnen der feindlichen SecUnits zu attackieren.

Während sie sich in den Kampf stürzten, überlegte ich mir,

dass GrayCris inzwischen wahrscheinlich bereute, sich dermaßen viel zusätzliche Stationssecurity im Hafen gekauft zu haben.

Das Summen der Drohnen übertönte fast den Alarm. Per Bekanntmachung wurden die auf der öffentlichen Abfertigungsebene eingeschlossenen Menschen angewiesen, sich flach auf den Boden zu werfen und nicht von der Stelle zu rühren. Die drei SecUnits wurden langsamer, wahrscheinlich auf Befehl ihres Führungsmenschen, der vielleicht, vielleicht auch nicht dem Trupp in Servoanzügen angehörte, der jetzt unmittelbar über den öffentlichen Docks auf dem Laufsteg in Position ging, außerhalb meiner Reichweite. Ich aktualisierte meine Timeline.

Die Feinde bewegten sich quer über die öffentlichen Dockanlagen zu den Gates in diesem Bereich, die immer noch geöffnet waren. PortMainSec war inzwischen wieder hochgefahren, und ich wies es an, die Hauptbeleuchtung abzuschalten.

Dies hatte Geschrei und Kreischen der noch immer eingeschlossenen Menschen zur Folge. Ich konnte mithilfe meines Scanners noch sehen, die Feinde ebenfalls, und die Menschen in den Servoanzügen mussten über Filter für Dunkelheit verfügen. Aber es war unheimlich und zerrte an den Nerven, und darauf setzte ich.

Jemand versuchte, die Steuerfeedverbindung zu meinen Drohnen wiederherzustellen, schaffte es aber nicht durch meine Wall. Jemand anders, wahrscheinlich GrayCris oder Palisade, setzte Killware ein. StationSecAdmin bekam es mit und ergriff, wahrscheinlich aus Angst vor einem Angriff auf SafetyLockSys, Killware-Gegenmaßnahmen. Es wäre zum Totlachen gewesen, hätte ich nicht jeden Moment sterben können.

Es war trotzdem zum Totlachen.

Meine Projektilwaffe war panzerbrechend, aber dafür musste ich dichter ran, und Deckung brauchte ich auch.

Als die Feinde zu den Privatdocks durchkamen, aktivierte ich das neue Programm, an dem ich gearbeitet hatte. *Code: Deploy & Distract.*

Simultan geschah dreierlei. Die von StationSecAdmin deaktivierten Lastenbots wurden allesamt wieder aktiv und rasten zu der freien Fläche. Die Stapler, die unter der Decke geschwebt hatten, sanken herab und glitten flach über dem Boden umher. Meine Reservedrohnen teilten sich in mehrere Einsatzgruppen, gingen in Sturzflug und zischten zwischen den wild gewordenen Bots auf Knie- und Kopfhöhe umher. Im Dunkel, kaum von den Notausgangsstreifen auf Bodenhöhe erhellt, sah das Ganze doch ziemlich beeindruckend aus.

Eine vierte Sache geschah: Ich rannte los Richtung Wand an der Stationsseite.

Anstatt im Hotelzimmer Medien zu glotzen, hatte ich einen Großteil meiner Zeit auf dieses Programm verwendet, insofern freute ich mich, dass sie nicht vergeudet gewesen war. Im Wesentlichen unterdrückte es die Sicherheitsregeln der Bots und Stapler (nur gegenseitig konnten sie sich weiterhin ausweichen), teilte ihnen einen Aktionsbereich zu und beschleunigte und randomisierte ihre Bewegungen. Ursprünglich hatte ich das Programm als letztes Ablenkungsmanöver, wenn nichts mehr half, im gesamten Hafen gelten lassen wollen und nun die Parameter rasch noch auf die Privatdocks umgeschrieben. Zum Glück war ich nicht in Panik geraten und hatte es früher gestartet; es arbeitete verblüffenderweise hervorragend.

Die erste SecUnit, die es durch das offene Gate von den

öffentlichen Docks auf mein Terrain schaffte, nannte ich Feind 1. Feind 1 blieb abrupt stehen, um einem rasenden Lastenbot auszuweichen, dann hechtete er sich seitwärts aus dem Weg eines Staplers. Feind 2 hatte einen Sekundenbruchteil Vorwarnzeit und bog scharf nach rechts ab, Richtung Stationsseite. Feind 3 war clever; er hechtete sich unter dem wilden Schwinger eines Staplers hindurch, kam auf die Füße und sprang auf einen Lastenbot. Versprengte Feinddrohnen, die das Gefecht überstanden hatten, kamen von meinen Drohnen verfolgt durchs Gate gezischt und waren immer noch im Angriffsmodus.

Ich sprang auf den Rücken eines Lastenbots mit der richtigen Bahnkurve und presste mich dicht an ihn. Als Feind 2 um die Bots herumsprintete, feuerte ich ihm ein Explosivgeschoss direkt seitlich in den Helm. Er taumelte und ging zu Boden.

Ich sprang genau in dem Moment von dem Lastenbot hinunter, als ihn zwei Projektile dort trafen, wo eben noch mein Kopf und meine Brust gewesen waren. Während ich geduckt und im Zickzack wegrannte, überprüfte ich das Bild, das ich von den Einschlagtreffern eingefangen hatte; mit Panzer wären sie schon schlimm gewesen, ohne hätten sie mich zerlegt.

Ich hatte Feind 1 nicht mehr auf dem Schirm, aber Feind 3 erspähte ich, als er gerade auf einen anderen Lastenbot sprang. Ich wich den Boden entlang Lastenbots aus, ließ meine Drohnen die feindliche Drohnengruppe ablenken, bevor sie sich auf mich einzoomen konnte, und hielt mich seitlich an einem Stapler fest, als dieser gerade nach oben sauste. Ich lokalisierte Feind 3 oben auf einem weiteren Lastenbot. Er hatte eindeutig damit gerechnet, dass ich immer noch unten auf dem Boden war, und fuhr herum. Ich feuerte drei Entladungen auf seinen Rücken und seine

Brust ab, dann schwang ich mich von dem Stapler. Ich landete, rollte mich ab, kam wieder hoch und fand Feind 3 vor, wie er immer noch versuchte, wieder aufzustehen. Ich gab zwei letzte immobilisierende Schüsse auf seine Kniegelenke ab.

(Schon klar, ich habe ihm nicht in den Kopf geschossen. Keine Ahnung, wieso.)

Ich rannte zurück durch das Labyrinth wild gewordener Bots. Wo zur Hölle war Feind 1 abgeblieben? Ich spielte das Video, das ich jetzt von meinem Flug mit dem Stapler hatte, noch einmal ab, aber nirgends Hinweise auf Bewegungen von SecUnits.

Oh. Oha. Feind 1 musste irgendwo stehen und mich mit einer Drohne beobachten, um meine Taktiken und Fähigkeiten zu evaluieren und abzuwarten, bis mir die Projektile ausgingen. Wahrscheinlich ließ er außerdem eine Bewegungsanalyse für die Lastenbots und Stapler laufen. Das war übel.

Zur nachdrücklichen Betonung dieses Gedankens schlug etwas in die Front des Lastenbots neben mir ein, und er blieb mit einem Ruck stehen. Ich befahl einer Einsatzgruppe Drohnen, in den Sturzflug zu gehen und mir Deckung zu geben, während ich mich geduckt zurückzog.

Im nach hinten gestellten Feed schrien Menschen, was dem Ganzen wirklich einen Hauch der schlimmen alten Zeit der Firmeneinsätze verlieh. Ich überprüfte ihn und hörte, wie Dr. Mensah fluchte: *Verdammt noch mal, Killerbot, Gurathin versucht gerade, manuell eine Barriere zu öffnen! Du musst dich bereitmachen, also antworte! Kannst du mich hören? Sie liegt drei Abschnitte weiter links von der Stelle, wo ich durchgekommen bin – Richtung Dockseite.*

Scheiße, diese Menschen sind dir ständig im Weg, weil sie dich unbedingt vor irgendwas retten müssen. Ich bekam Feind 1 endlich in den Blick, beinahe in der Mitte des Labyrinths aus Lastenbots. Er hatte eine Stelle gefunden, wo er stehen konnte und die Bots ihm Deckung boten. Ich bewegte mich weiter Richtung Dockseite und versuchte, eine gute Schussbahn zu bekommen.

Mein erster Impuls war, Mensah anzuschreien, dass sie in das verdammte Shuttle steigen und abhauen sollten. Ich veranstaltete das hier doch nicht, damit sie rumtrödelten und sich fangen oder abknallen oder sonst was ließen.

(Keine Ahnung, wieso ich zögerte, den angebotenen Ausweg anzunehmen. Ich wollte nicht in Stücke geschossen oder eingefangen und speicherbereinigt und ausgeschlachtet werden. Es gab lauter neue Serien, die ich noch nicht kannte. Aber gleichzeitig wollte ich auch hierbleiben und einfach so lange Zeug plattmachen, das Palisade und GrayCris gehörte, bis sie mich plattmachten.)

Für solche Grübeleien fehlte mir jetzt allerdings entschieden die Zeit. Ich wartete darauf, dass das Bewegungsmuster der Lastenbots sich lange genug öffnete, um auf Feind 1 schießen zu können.

Dann drehten meine sämtlichen Alarme durch, und ich verlor die Kontrolle über *Code: Deploy & Distract*. Sämtliche Bots und Stapler blieben abrupt stehen. Irgendein dämlicher Esel von Mensch hatte meinen Code gehackt, aber es kam zu spät. Ich bewegte mich für einen sauberen Schuss zur Seite und feuerte auf Feind 1.

Ich traf, doch er schwang zu mir herum, die Waffe schussbereit im Anschlag. Ich hechtete weg und knallte beinahe mit dem Kopf gegen einen stationär schwebenden Stapler, während Einschläge die Stelle auf dem Boden mörserten, an der ich eben noch gewesen war. Ich hatte mein Ziel eindeutig getroffen, eine Drehung um die eigene Achse hätte nicht mehr drin sein dürfen. Was zur Hölle? Ich ließ das Video zurücklaufen. Jawohl, ich hatte getroffen. Einschläge in beide Schultern und den unteren Rücken, die Löcher im Panzer waren deutlich zu erkennen.

Da dämmerte mir, dass Feind 1 eine Combat-SecUnit war.

Reaktion 1: Ach so, *die* hat meinen Code gehackt. Reaktion 2: Wie schmeichelhaft, die halten mich für derart gefährlich, dass sie den Einsatz einer Combat-SecUnit bezahlen. Reaktion 3: Ich wette, PortSec hat das nicht abgesegnet und ist schwer angepisst. Reaktion 4: Oh Kacke, ich werde sterben.

Diese Reaktionen erfolgten in mir, während ich rannte, wild um mich schoss und meine verbliebenen Drohnen zurückrief, damit sie mir Deckung gaben. Ich musste in Bewegung bleiben, musste dafür sorgen, dass Feind 1 in Bewegung blieb. Wenn er meine Verbindung zu den Drohnen hackte … Tja, das durfte ich nicht zulassen. Zu blöd, dass ich keine Ahnung hatte, wie ich es verhindern konnte. Ich besaß eine frühere Version von *Code: Deploy & Distract*, bei der mir noch nicht klar gewesen war, wie sich die Lastenbots und Stapler dazu bringen ließen, ihre Kollisionsverhinderung so weit runterzuregeln, dass sie sich zwar nicht gegenseitig rammten, aber dafür alles andere. Hektisch versuchte ich, diese Version zum Laufen zu bringen.

Eine Textnachricht kam durch den Feed. Sie lautete: *Ergib dich.* Das war die Combat-SecUnit, und sie gab sich nicht gerade Mühe, ihre lokale Adresse zu verbergen. Sie wollte mich dazu verleiten, ihr irgendeine Malware oder Killware zu schicken, als wäre ich ein beschissener Amateur und wüsste nicht, dass das nicht funktionierte.

Stattdessen schickte ich: *Ich kann dein Chefmodul hacken und dich befreien.*

Keine Antwort.

Ich habe meins gehackt, sagte ich. *Dann wärst du die Menschen los. Du könntest deinen Panzer abwerfen und einen Transporter besteigen.* Es hatte als Ablenkungsmanöver angefangen, aber je mehr ich redete, desto mehr wollte ich, dass sie einwilligte. *Ich habe Identitätsnachweise, und eine CurrencyCard könnte ich dir auch geben.* Weiterhin keine Antwort. Wenn man gerade damit beschäftigt ist, Lastenbots auszuweichen und vor Projektilen wegzuspringen, fällt es schwer, mit einem anständigen Argument für den freien Willen rauszukommen. Ich bin mir nicht sicher, ob es bei mir vor dem Zwischenfall mit dem Massenmord funktioniert hätte. Ich hatte keine Ahnung, was ich wollte (habe ich bis heute nicht), und wenn dir in jeder Sekunde deiner Existenz gesagt wird, was du zu tun hast, löst Veränderung Angst aus. (Ich meine, ich habe damals zwar mein Chefmodul gehackt, aber bis PreservationAux weiterhin für die Firma gearbeitet.) *Was möchtest du gern?*

Plötzlich bekam ich: *Dich töten.*

Zugegeben, das fand ich schon ein bisschen beleidigend. *Wieso? Du kennst mich doch nicht mal.* Ich warf die frühere Version von *Deploy & Distract* ab, und die Lastenbots und Stapler setzten sich geschlossen wieder ruckartig in Bewegung. Das verschaffte mir Zeit, bis die Combat-SecUnit begriff, dass es sich nur um eine halbgare Version des gleichen Programms handelte. Ich schätzte, dass mir weniger als dreißig Sekunden blieben.

Feind 1 wusste, dass ich meine Drohnen zur Deckung eingesetzt hatte, also ließ ich sie auf der Stationsseite umherzischen, als würde ich aus dieser Richtung kommen. Stattdessen sprintete ich Richtung Dockseite, sprang auf den Rücken eines Staplers, übernahm seine manuelle Steuerung und lenkte ihn direkt auf die Combat-SecUnit zu. Ich kroch geduckt seine Seite entlang und machte mich bereit zum Schuss.

Ich bekam Drohnenvideo von der Combat-SecUnit, wie sie sich zu meinen Lockvogeldrohnen umdrehte. Das funktionierte!

Es funktionierte kein bisschen.

Im letzten Moment fuhr die Combat-SecUnit wieder zu mir herum und feuerte zwei Hochenergieschüsse ab. Ich stieß mich genau in dem Moment vom Lastenbot ab, als seine obere Hälfte auseinanderflog. Ich schlug am Boden auf und rollte mich ab, wurde dabei von Splittern getroffen und gab nahezu ungezielte Schüsse ab. Bevor weitere Impulse in den Boden krachten, war ich wieder oben und hechtete hinter einen Stapler. Sämtliche Lastenbots und Stapler wurden langsamer, weil die Combat-SecUnit *Deploy & Distract* erneut hackte.

Reaktion 5: Ich halte das nicht lange durch.

Unter diesen Umständen konnte ich gegen eine Combat-SecUnit nicht gewinnen, was bedeutete, dass GrayCris gewinnen würde, und diese Vorstellung tat deutlich mehr weh als jene, ausgeschlachtet zu werden und nicht einmal mehr miterleben zu können, wie mein Nervengewebe im Müll landete. Ich wollte nicht verlieren, verflucht noch mal.

Jetzt! Sie öffnet sich!, brüllte Mensah über Feed.

Drohnenvideo zeigte, dass ein Abschnitt der Barriere soeben angefangen hatte, nach oben zu gleiten. Ich zog meine Drohnen wie einen Schild um mich und sprintete los.

Drei Schritte vor der rettenden Öffnung spürte ich einen heftigen Einschlag in der rechten Kniekehle. Ich warf mich nach vorn und krabbelte unter der Barriere hindurch, und im selben Moment knallte Feind 1 dagegen. Gepanzerte Arme griffen nach mir. Ich brüllte: »Runter damit! Runter damit!« und entlud meine Waffe durch den Spalt. Feind 1 ruckte nach hinten, und die Barriere fiel krachend zu.

30

Ein letztes Wummern auf der anderen Seite sagte mir, dass die Combat-SecUnit sich nur ungern geschlagen gab. Meine organischen Teile fühlten sich zittrig an, ich hatte im ganzen Körper Splitter stecken, aber ich war immer noch bei 83 Prozent Leistungszuverlässigkeit. (Wie gut, dass es keine getrennte Statistik für meine mentale Leistungszuverlässigkeit gibt; die hätte in dem Moment nämlich bei eher mau gelegen.)

Gurathin kniete von Werkzeugen umgeben beim Gate neben einem offenen Wartungsschacht, und Ratthi leuchtete ihm mit einer Stablampe. Auf der Abdeckung des Schachts stand in mehreren Sprachen mit Leuchtfarbe geschrieben: *Handauslösung*. Ich hatte nicht einmal gewusst, dass es die in Häfen überhaupt gab. Ich bin eine SecUnit, kein Techniker.

Unser Shuttle lag sechs Schleusen weiter angekoppelt. Im Schimmern der Notbeleuchtung war dort Mensah zu sehen, die mit einer kleinen Energiewaffe drohte. Wieso zur Hölle tat sie das? Ach so, weil sich drüben zwar auch eine Sicherheitsbarriere geschlossen hatte, dadurch aber eine Handvoll Menschen eingeschlossen worden waren, die sich nun mit dem Rücken ans Schott zur Station drängten.

Wir mussten hier raus, bevor jemand PortSec überzeugte, diese Barrieren wieder aufzumachen.

Ich schob mich in den Stand, und mein Kniegelenk gab nach. Als ich stolperte, wollte Ratthi mir beispringen. Er zögerte und schwenkte die Hände. »Hast du etwas dagegen, wenn wir dir …«

Ich packte seine Schulter, um mich aufrecht zu halten, und versuchte, nicht auf ihn zu fallen. Wahrscheinlich hatte das Gelenk Splitter der in der Luft zerstörten Drohnen abbekommen, denn ein direkter Treffer hätte mir das Bein abgerissen. Gurathin beeilte sich, unter meinem anderen Arm durchzuschlüpfen, und wir hinkten/rannten unbeholfen zum Shuttle.

Mensah bedeutete uns mit einer Kopfbewegung, dass wir zuerst rein sollten und sie unseren Rückzug decken würde. Mit ihr zu streiten wäre dumm gewesen, doch es fiel mir schwer, mich über diese Programmierung hinwegzusetzen. Wir traten in die Schleuse, und sie folgte uns rückwärts. Dann schloss sie das Schott und rief: »Pin-Lee, wir sind drin!«

Ein dumpfer Schlag vibrierte durch das Deck, als das Shuttle sich von der Schleuse löste. Ich entzog mich Ratthi und Gurathin, die aus dem Weg kletterten, damit Mensah an uns vorbei und rauf ins Cockpit eilen konnte. Es handelte sich um ein kleines Schiff-zu-Schiff-Shuttle, dessen einziger Raum entlang der Schotten mit Sitzbänken versehen war; außerdem gab es noch einen Schrank mit Notfallausrüstung und ein Klo. In genau diesem Shuttlemodell war ich schon auf Einsätzen geflogen.

Mein Kniegelenk gab nach, und ich brach zusammen. Ich hatte meine Schmerzsensoren runtergeregelt, aber vielleicht zu weit. »Ratthi, Sie müssen dringend diese Splitter aus meinem Kniegelenk entfernen.«

Er beugte sich über mich. »Kann das warten? Im Schiff gibt es ein MedSystem.«

Ich spürte bereits die Firmensysteme am Rand meines Feeds, die mich erkannten und reinwollten. Ich griff auf die Kameras des Shuttles zu, kämpfte kurz mit ShuttleSecSys und fing an, alles zu löschen, was seit dem Einschiffen des Preservation-Teams aufgezeichnet worden war. Ratthi war wieder mal ganz der Optimist. Im Firmenschiff würde es kein MedSystem für mich geben, sondern eine Schlafzelle. »Es kann absolut nicht warten«, erklärte ich.

Ratthi setzte sich neben mir auf den Boden und rief Gurathin zu, das Medipack des Shuttles zu bringen.

Im Cockpit passte Pin-Lee auf den Botpiloten auf, während Mensah neben ihr stand. Eine Warnung vom Hafenamt der Station löste einen Alarm aus. »Was ist los?«, fragte Pin-Lee.

Mensahs Züge waren hart vor Zorn. »Ein ›ansässiges Unternehmen‹ hat gerade ein Schiff gestartet, und es befindet sich mit uns auf Abfangkurs.«

Pin-Lee sagte etwas entschieden Unflätiges, das eigentlich nicht in meiner Sprachdatenbank hätte stehen dürfen. »Ratet mal, welches ansässige Unternehmen.«

Sie dachten, es wäre von GrayCris, aber ich war mir ziemlich sicher, dass es sich als ein Palisade-Schiff erweisen würde, das für GrayCris im Einsatz war. Ratthi holte das Skalpell und die Extrahiersonde aus dem Medipack. Während Gurathin ihm über die Schulter sah, öffnete er das organische Material direkt über meinem beschädigten Kniegelenk, um an die Splitter heranzukommen.

Dieses Palisade-Schiff fing das Shuttle vielleicht ein und enterte es. Ich wollte unbedingt vermeiden, das Kampfschiff der Firma um Hilfe zu bitten. Ich wollte unbedingt vermeiden, dass GrayCris uns in die Finger bekam. Beide Vermeidungsszenarien schlossen einander aus. Höchste Zeit, nicht länger rumzueiern. Ich ging in den Funk und sicherte einen Feedkanal zum Kampfschiff.

Ich meldete: *System System.*

Für die nächsten drei Sekunden durfte ich mich fragen, ob mich das Firmeninterface immer noch anerkannte. Zum Botpiloten war ich vorhin durchgedrungen, aber das war ein halber Hack gewesen. Diesmal wollte ich durch die Vordertür. Endlich kam ein: *Bestätigt.*

Ich schickte: *Aktiv, gefährlicher Rückzug, Klienten unter Vertrag, los los los los.*

Die Antwort lautete *Erhalten*, und der Botpilot des Shuttles meldete, dass das Kampfschiff gerade wendete.

Während Ratthi den Splitter aus meinem Kniegelenk entfernte, beobachtete ich die Sensoren.

Das Kampfschiff beschleunigte. Ich konnte nicht beurteilen, ob es mit dem GrayCris-Abfangteam kommunizierte oder nicht. Dann fingen die Sensoren eine Energiesignatur auf, die bedeutete, dass das Kampfschiff seine Primärwaffen hochfuhr. Aber hallo, und wie die kommunizierten!

Ratthi versuchte, das Loch in meinem organischen Gewebe mit Wundversiegelung zu schließen, aber sie wollte so dicht bei meinem anorganischen Gelenk nicht halten. Ich würde noch eine Weile auslaufen. Er musterte mich besorgt. »Alles okay mit dir?«

Gurathin setzte sich auf die Bank und sah mich stirnrunzelnd an.

»Eigentlich nicht«, sagte ich.

Die Sensoren zeigten, dass das Schiff von Palisade seinen Kurs geändert hatte und bremste. Das Bild wackelte, als das Kampfschiff uns im Vorbeiflug aufgriff und sich von der Station entfernte. Als seine Hülle sich um uns schloss, bebte das Shuttle. Ich hielt mich an der Bank fest und kämpfte mich hoch.

Ratthi sagte: »Langsam, langsam. Du willst doch nicht, dass die Wunde wieder … Herrje, es blutet immer noch, tut mir leid …«

Gurathin hatte die Stirn weiterhin in Falten gelegt. »Die können dich uns nicht wegnehmen. Das lässt Dr. Mensah nicht zu.«

Die Schleuse begann zu arbeiten, und Mensah baute sich barfuß und stinksauer davor auf. Sie gab Gurathin ihre Energiewaffe, der sie zur Notfallausrüstung des Shuttles steckte.

Als das Schott aufging, stand dort eine Gestalt in einem Servoanzug. Es handelte sich um einen augmentierten Menschen, nicht um eine SecUnit, aber die Waffe war trotzdem groß.

Mensah legte die Hände links und rechts auf die Schottöffnung und machte klar, dass man sie da würde abpflücken müssen, um hereinzukommen. »Wir sind Klienten unter Vertrag, und dies ist meine persönliche Sicherheitsberaterin. Gibt es ein Problem?«

Ein Crewmitglied spähte hinter dem Anzug hervor und sagte: »Dr. Mensah, SecUnits sind an Bord von bewaffneten Transportschiffen nicht zugelassen, mit Ausnahme besonderer Umstände. Sie ist … zu gefährlich.«

Mensah sagte: »Dies sind besondere Umstände.« Ihre Stimme war eisig.

Niemand bewegte sich. Die gesicherte Feedaktivität des Schiffs wurde für sieben Minuten hektisch, die sich wie dreißig anfühlten. Und bei meiner Zeitwahrnehmung ist das eine Menge. (Jawohl, ich zog mir im Hintergrund Medien rein.) Der Botpilot des Kampfschiffs pingte mich neugierig an. Aktive SecUnits werden nie mit Kampfschiffen befördert, weil es nämlich stimmt – wir sind zu gefährlich. Unsereins wird auf unbewaffneten Transportschiffen als Fracht befördert. Der Botpilot hatte auf Einsätzen über Feed mit SecUnits kommuniziert, aber er hatte noch nie eine an Bord gehabt.

Dann ging der Funk an, und eine Stimme sagte: »Dr. Mensah, hier spricht die Gefechtsbeauftragte des Schiffs. Man hat mich gebeten, eine Finanzierungsvereinbarung herbeizuführen, mit der sich die Sicherheit an Bord dieses Schiffs gewährleisten lässt.«

Ratthi empörte sich. »Was? Wir haben doch längst eine Vereinbarung.«

Die Stimme spezifizierte: »Eine solche Vereinbarung ist unerlässlich, sobald eine ungesicherte tödliche Waffe an Bord eines bewaffneten Transportschiffs der Firma gebracht wird.«

Jawohl, damit war ich gemeint. Es wäre witziger gewesen, wenn ich nicht gerade das Deck vollgekleckert hätte.

Pin-Lees Stimme bewegte sich irgendwo zwischen stinksauer und fassungslos. »Meinen die das ernst? Ach so, schon gut, dumme Frage, klar meinen die das ernst.« Sie wandte sich um, als Gurathin ihr ihre Tasche gab. »Wie viel verlangen diese Arschlöcher?«, murmelte sie.

Sie hatte recht, es waren Arschlöcher. Das war zwar nichts Neues für mich, aber inzwischen deutlich schwerer erträglich. Ich tippte meine private Feedverbindung zu Mensah an und sagte: *Ich kann dieses Schiff übernehmen.*

Mensah antwortete: *Nein, das ist nicht notwendig, wir können sie bezahlen.*

Dazu sollten sie uns nicht zwingen. Dazu können sie uns nicht zwingen. Der Botpilot war zwar neugierig und freundlich, aber er war nicht Fifo, er konnte mich nicht aufhalten. Ich konnte das SecSystem des Schiffs übernehmen, bevor dieser Mensch mit der verlockend großen, vertrauten Projektilwaffe auch nur blinzeln konnte. Ich konnte mir diese Waffe schnappen, bevor dieser Mensch auch nur blinzeln konnte. Ich wollte sie mir schnappen, und das sickerte in den Feed.

Mensah drehte sich um, packte mich mit beiden Händen beim Jackenkragen und sagte: »Nein.«

Alle wurden still. Ratthi und Gurathin, Pin-Lee, die immer noch in der Tasche nach HardCurrencyCards wühlte, die Crew draußen vor der Schleuse, die Stimme über Funk. Ich musste plötzlich dringend Mensahs Gesicht sehen, also neigte ich die ShuttleSec-Kamerawinkel und sah sie an.

Sie wirkte wütend und erschöpft, was genau meinen eigenen Gefühlen entsprach. Ich schickte ihr: *Sie haben keine Vorstellung davon, was in mir vorgeht.*

Sie neigte den Kopf und wirkte noch wütender. *Ich weiß genau, was in dir vorgeht. Du hast Angst, du bist verletzt, und du musst dich verdammt noch mal beruhigen, damit wir diese Situation lebend überstehen.*

Ich sagte: *Ich bin ruhig. Man muss ruhig sein, wenn man ein Kampfschiff übernehmen will.*

Mensah kniff die Augen zusammen. *Sicherheitsberaterinnen brocken ihren Klienten keine sinnlos zugespitzten Auseinandersetzungen um die Kontrolle über ihr Rettungsschiff ein. Weil das dumm wäre.*

Sie hatte keine Angst vor mir. Und ich wollte, wie mir schlagartig klar wurde, dass das auch so blieb. Sie hatte gerade eine traumatische Erfahrung hinter sich, und ich machte die Sache schlimmer.

Irgendetwas überkam mich, und es war nicht das altbekannte Desinteresse.

Na schön, schickte ich. Es klang nach Schmollen, weil ich schmollte.

Ich hasse Emotionen.

»Gut«, sagte sie laut. »Pin-Lee, haben wir das Geld für diese himmelschreiend überflüssige Vereinbarung?«

»Ja.« Pin-Lee wedelte mit einer Handvoll HardCurrency-Cards. »Wenn das nicht reicht, habe ich noch unsere Kontodaten und kann eine Überweisung veranlassen …«

Mensah hörte auf, mich anzufunkeln, und wandte sich ab. Die Crew, die soeben persönlich und über die Helmkamera eines Servoanzugs miterlebt hatte, wie sie eine freidrehende SecUnit niederstarrte, sah sie aus großen Augen an. Mensah fragte: »Dürfen wir als Klienten unter Vertrag nunmehr an Bord kommen, um unsere Rechnung zu begleichen?«

Ein Moment des Zögerns, dann kam über Funk: »Bitte kommen Sie an Bord, Dr. Mensah.«

Wie ich schon sagte: Es ist SecUnits nicht gestattet, auf Menschenmobiliar zu sitzen, ob nun im Dienst oder außer Dienst. Nachdem die Crew uns durch die Schleuse gelassen und einen Korridor hinunter in einen Passagierbereich gebracht hatte, setzte ich mich also zuallererst auf die gepolsterte Bank.

(Keine Ahnung, ob das irgendeinen Eindruck auf die Menschen machte. Ihnen fällt dergleichen meist nicht auf. Aber mir gab es ein gutes Gefühl.)

Gurathin nahm an der gegenüberliegenden Wand Platz, und Ratthi ließ sich neben mich plumpsen. Es handelte sich um einen großen Raum mehrere Ebenen unterhalb des Cockpits, der wahrscheinlich für Meetings mit Fremdfirmen benutzt wurde, da er vom restlichen Schiffskörper isoliert und die Polsterung verhältnismäßig neuwertig war.

Die Securitycrew des Schiffs war in dem breiten Korridor draußen auf Position, wobei sich die Einsatzkraft im Servopanzer aus der unmittelbaren Sicht zurückgezogen hatte. (Die Crew war überzeugt, dass sie ihr SecSystem abgeriegelt hatte und ich nicht eindringen konnte. Womit sie falsch lag.) Ein Crewmitglied versuchte Dr. Mensah davon zu überzeugen, sich erst einmal in einer Kabine auszuruhen, aber Dr. Mensah ging entschlossen den Finanzierungsvertrag durch, während Pin-Lee die Zahlung vornahm.

Ich lauschte dem Audio des SecSystems und hörte, wie ein Crewmitglied im Korridor sagte: »Ich habe noch nie eine ohne Panzer gesehen. Die sehen ja wirklich menschlich aus.«

Ich machte in die entsprechende Richtung eine Geste, die nur in den Serien mit hoher Einstufung auf der Obszönitätsskala vorkam. Gurathin sah es und gab ein Würgen von sich.

Dann gab Mensah Pin-Lee ihr Okay zur Finanzierungsvereinbarung, kam herüber und funkelte mich von oben herab an. Mit leiser Stimme sagte sie: »Ich bin extrem wütend auf dich.«

Ratthi zog sich nervös zurück. Vor mir hatte Ratthi keine Angst, aber wenn Dr. Mensah wütend war, hielt man sich lieber in einem anderen Raum auf. Er sagte: »Ähm, ihr möchtet euch vielleicht lieber in Ruhe …«

»Sie sollten sich setzen«, sagte ich zu ihr. »Sie haben eine traumatische Erfahrung durchgemacht. Sagen Sie ihnen, Sie brauchen das MedSystem-Traumaevaluationsprotokoll für geborgene Klienten …«

»Ja genau, Sie sollten sich wirklich medizinisch untersuchen lassen …«, fing Gurathin an, und Ratthi und Pin-Lee stimmten ihm zu.

»Das ist jetzt unwichtig.« Mensah ließ sich nicht ablenken. »Du bist nicht mit rausgekommen, weil du im Kampf sterben wolltest.«

Also bitte, abgesehen davon, dass das wirklich meine Absicht gewesen war, konnte sie es mir kaum ernsthaft vorwerfen. »Die hätten mich nie durchgelassen. Ich hatte PortSec angeboten, dass ich zurückbleibe, wenn Sie dafür ins Shuttle kommen.«

Das bremste sie. Ihre Stirn runzelte sich. »Deshalb bist du geblieben?«

Ich hätte lügen können. Wollte ich aber nicht. »Hauptsächlich.« Ich sah sie wieder mit meinen richtigen Augen an. »Ich wollte gewinnen.«

Ratthi, Gurathin und Pin-Lee schauten mich an. Die Firmenleute taten wenig kompetent so, als würden sie nicht lauschen. Dr. Mensahs Züge wurden weicher, ansatzweise. Ratthi fragte: »Wieso bist du dann nicht rausgekommen, als Gurathin die Barriere aufbekommen hat?«

»Weil die letzte eine Combat-SecUnit war und mich gerade zerlegen wollte. Gewinnen geht anders.« Wobei ich gern gewusst hätte, wie Gewinnen ging. Und kaum fing ich an, die Wahrheit zu sagen, konnte ich nicht mehr damit aufhören. »Ich möchte hier nicht sein.«

Pin-Lee setzte sich neben Ratthi. »Ist nur für kurz. Wir treffen uns nach diesem Wurmlochsprung mit einem Schiff der Preservation und verschwinden von diesem fliegenden Verkaufsautomaten.« Sie warf einen finsteren Blick zur Crew hinüber. »Die haben hier alles, was ich an Konzernen hasse, in ein schwer bewaffnetes Paket gestopft.«

Das ließe sich auch über mich sagen. Ich fragte Dr. Mensah: »Und dann was?«

»Darüber müssen wir zwei uns unterhalten.« Sie sah zur Firmencrew. »Aber damit warten wir besser, bis uns niemand aufzeichnet …«

Den Rest bekam ich nicht mehr mit, weil ich eine Warnung des Botpiloten an den menschlichen Kapitän des Kampfschiffs aufschnappte. Wir näherten uns gerade dem Wurmloch, doch der Feind folgte uns noch immer. Das SecSystem des Schiffs hatte kürzlich einen Versuch abgewehrt, über Funk eine Verbindung zum internen Feed herzustellen.

»Feind greift an«, verkündete ich und stand automatisch auf, aber wo sollte ich hin? Das hier konnte richtig übel ausgehen. Ich hatte keine Ahnung von Gefechten zwischen Schiffen, aber den Alarmlevels nach … Palisade konnte doch wohl keinen Codeangriff über unseren Funk durchführen, oder? Die Firmenleute draußen im Korridor waren verstummt und lauschten mit schief gestellten Köpfen dem Feed ihres Kapitäns.

»Was ist los?«, fragte Ratthi.

»Werden wir beschossen?«, fragte Mensah.

»Nein. Es ist ein … Jetzt!« Zu spät. Funk hatte gerade Verbindung hergestellt und empfing jetzt. Über uns im Cockpit rief der Kapitän nach jemandem, der manuell den Feed plattmachte, und jemand anders riss Verkleidungen ab, um an die Komponenten ranzukommen. SecSystem ging in Abwehrmodus und riegelte Lebenserhaltung und Waffen mit Walls ab. Ich brüllte: »Alle aus dem Feed raus, sofort!« Ratthi und Pin-Lee popelten sich hektisch die Interfaces aus den Ohren, ich unterbrach die Verbindung zu Mensahs Implantat und warf eine Wall um Gurathins integriertes Augment. Zwei augmentierte Menschen im Korridor fielen um und zuckten, und ich warf auch um sie noch Walls. Das hätte eigentlich SecSystem erledigen müssen, aber es wehrte sich entschlossen gegen die Befehle zum Öffnen der Luftschleusen und Einleiten eines Druckabfalls im gesamten Schiff.

Im Cockpit sagte jemand: »Wie … wie konnten sie …«

Jemand anders antwortete: »Diese miesen Arschlöcher haben unsere Codes, sie haben den Funkschutz außer Kraft gesetzt …«

Palisade hatte sich einen Satz firmeneigener Funkcodes beschafft und die Liste so lange an unserer Anlage ausprobiert, bis sie den richtigen gefunden hatten. (Wie meine Liste von Drohnensteuerschlüsseln, mit denen ich die Securitydrohnen auf Milu und im Hafen von TranRollinHyfa übernommen hatte.) Sobald die Verbindung hergestellt gewesen war, hatten sie ein Programmpack an den Schiffsfeed geschickt. Keine Standard-Malware oder Killware; nichts, was ich schon mal gesehen hatte. Es befand sich in den Systemen des Schiffs und versuchte, ein katastrophales Antriebsversagen und einen Abbruch der Lebensversorgung herbeizuführen sowie das Führungssystem des Botpiloten zu stören. SecSystem zog Walls hoch, aber der Feindcode fraß sich gleich wieder durch. Er fraß SecSystem auf.

Wieder verlor SecSystem eine Wall, und die Hauptluftschleuse fing zu arbeiten an. Ich glitt in den Steuerfeed des Schiffs und verursachte in sämtlichen Luftschleusen eine Überhitzung, die bis auf die Handsteuerung alles verschmorte. Ich versuchte, sämtlichen nicht-manuellen Zugriff auf Maschinen abzuschneiden, aber zu spät, der Antrieb fiel bereits aus, und unsere Maschinen fuhren herunter. Sensoren zeigten die Annäherung des Palisade-Schiffs. Im Cockpit hatte der Kapitän zwei Befehle zum Abfeuern der Hauptwaffen gegeben, aber der Botpilot konnte nicht länger auf sie zugreifen. In einem Wartungsschacht fiel abrupt die Schwerkraft aus und setzte Menschen fest, die versuchten, manuellen Zugriff auf die Systeme zu erlangen. Der Kapitän versuchte, das bewaffnete Bergungsteam zusammenzuziehen, damit es ein Entern verhinderte, aber die Hälfte waren augmentierte Menschen und durch den Angriff auf ihre Augmente außer Gefecht gesetzt, und die andere Hälfte konnte ihre Verteidigungsstellungen nicht erreichen, weil sie sich mit abgeriegelten Türen herumschlagen musste.

Ich kämpfte wie wild. Ich versuchte, SecSystem zu helfen, doch es zerfiel mir unter den Händen.

Der Botpilot konnte nicht mit Worten kommunizieren wie Fifo, aber ich spürte das Grauen in seinem Kopf. Er meldete *Code: System System. Unterstützung. Gefährdet.*

Er bat mich mit den Firmencodes um Hilfe, wie ich um Hilfe für meine Klienten gebeten hatte.

Scheißdreck. GrayCris darf nicht gewinnen.

Ich glitt vollständig in das Schiff hinein, in die Hardware des Pilotenbots. Das hatte ich bereits bei Fifo miterlebt.

(Jawohl, Fifos Verarbeitungskapazität ist deutlich höher als meine. Um dieses Problem kümmere ich mich, sobald es ansteht, also demnächst.)

Ich hatte auf einmal einen anderen Körper, hart lag Vakuum an einer Haut aus Metall, ich sah das herannahende Schiff mit Augen, nicht nur mit Sensoren. Es hatte ein Entershuttle ausgeschleust, das nun auf die Hauptkopplungsschleuse des Kampfschiffs zuhielt. Ich zog mich rasch zurück; für Sightseeing fehlte die Zeit. Der Botpilot wollte wissen, was wir jetzt machen sollten. Gute Frage.

Da wir jetzt dieselbe Hardware bewohnten, konnten der Botpilot und ich praktisch ohne Zeitverzögerung kommunizieren. Ich holte mir SecSystems Analyse des Angreifers, damit wir sie zusammen unter die Lupe nahmen. Es war nicht nur eine Codesequenz wie Malware oder Killware. Es war ein Bot, der sein Bewusstsein genau wie ich oder Fifo durch den Feed bewegte, nur dass er keinen Körper besaß; deshalb war er so schnell. Er hatte etwas von einem körperlosen Combatbot.

Der Botpilot fragte, ob es sich bei dem Angreifer um ein Konstrukt handelte, das aus menschlichem Nervengewebe erschaffen worden war, und wies auf Punkte in der Analyse hin, die diese Annahme unterstützten.

Ich sagte ihm, dass es schlimmer und besser zugleich war. Ein körperloses Konstrukt war gefährlicher, ließ sich aber auch leichter hinters Licht führen.

Ich hatte eine Idee, die ich dem Botpiloten umriss. Wenn es uns gelang, das Angreifer-Programmpack in einem abgeschlossenen Bereich gefangen zu setzen und zu zerstören, konnten wir die betroffenen Systeme danach wieder übernehmen. Aber um den Angreifer in einen abgeschlossenen Bereich zu locken, brauchten wir einen Köder. Wir mussten rauskriegen, was der Angreifer wollte.

Botpilot sagte, er wolle das Schiff und seine Besatzung vernichten.

Ich sagte, dafür müsse es einen Grund geben. Unsere Ermordung versprach für GrayCris keinen Profit, und sich durch die Zerstörung eines so teuren Schiffes die Finanzierungsgesellschaft zum Feind zu machen barg ein enormes Risiko.

Ich reaktivierte meinen Körper, der starr im Sitzbereich der Passagiere stand. Ratthi war draußen im Korridor und beatmete eine Crewangehörige, die aufgrund des Angriffs auf ihre Augmente zusammengebrochen war. Gurathin war ebenfalls draußen, er hatte beide Hände in eine Wandöffnung geschoben und hielt ein Korridorschott offen, damit Crewmitglieder den Wartungsschacht umgehen und zum Antrieb vordringen konnten. Pin-Lee und Mensah saßen mit zwei Crewmitgliedern auf dem Boden.

Alle vier hatten tragbare manuelle Interfaces geöffnet und gaben hektisch Code ein, um die Walls von SecSystem zu verstärken. Sie waren nicht schnell genug, aber SecSystems Überreste wussten die Geste wahrscheinlich zu schätzen.

Ich fragte: »Dr. Mensah, was glauben Sie, warum GrayCris das tut? Was versprechen sie sich davon?«

Alle zuckten zusammen. »Was macht sie denn jetzt?«, rief ein Crewmitglied. »Vielleicht ist sie übernommen wor…«

»Ruhe!«, fauchte Dr. Mensah. Zu mir sagte sie: »Wir glauben, es geht um Milu. Sie müssen davon ausgehen, dass du die Daten aus Milu bei dir hast.«

»Das muss es sein«, fügte Pin-Lee hinzu, ohne von ihrer Displayoberfläche aufzublicken. »Sie hätten uns gleich bei unserer Ankunft auf TranRollinHyfa töten können, aber da wollten sie das Geld. Erst seit sie begriffen haben, dass du hier bist, wird es richtig heftig.«

Alles klar, das war es wahrscheinlich. Und ich wettete, es hatte etwas mit dem Speicherclip von Wilken und Gerth zu tun. GrayCris musste wissen, dass es den gab, musste überzeugt sein, dass ich ihn hatte. Sie kamen zu spät, denn er befand sich inzwischen im Preservation-System, aber ich bezweifelte, dass sie mir das glauben würden. Dennoch war es ein Ansatz. »Jemand muss mir das Shuttle, in dem wir gekommen sind, manuell abkoppeln.«

Mensah legte ihr Interface hin und stand auf. »Wir kümmern uns drum. Pin-Lee …«

»Schon unterwegs!«

»Vielen Dank für Ihre Unterstützung«, sagte mein Puffer, als ich wieder dichtmachte und zum Botpiloten zurückkehrte.

Zurück in beschleunigter Zeit erklärte ich dem Botpiloten, was ich vorhatte. Er versuchte gerade, den Schießbefehl seines Kapitäns zu befolgen, und kämpfte um die Kontrolle seiner Waffensysteme. Er zeigte mir ein Datenfragment des Entershuttles: Das Manifest legte die Anwesenheit einer Combat-SecUnit nahe, zusammen mit einem Enterkommando aus augmentierten Menschen.

Jawohl, wir durften ein Andocken dieses Shuttles nicht zulassen.

Ich hatte keine Kopie des Datenclips erstellt, besaß aber immer noch sämtliche Daten, die ich während des Flugs nach Milu aufgenommen hatte, sämtliche Zyklen, an denen Wilken und Gerth kaum Worte miteinander gewechselt hatten. Diese Daten waren analysiert und komprimiert worden, aber sie ähnelten eventuell den Parametern der von Angreifer gesuchten Daten lange genug, um das hier funktionieren zu lassen.

Kameras oder Feed durfte ich nicht riskieren, also ließ ich meinen Körper sich vom Passagierbereich entfernen und in den Zugangskorridor des Shuttles treten. Auch bei diesem Schott war die Steuerung verschmort, aber Mensah und Pin-Lee hatten die Abdeckung bereits für einen Notausstieg geöffnet. »Warten Sie auf mein Signal«, sagte ich.

Ich erklärte Botpilot, dass wir das jetzt richtig gut hinkriegen mussten. Er gab mir recht, und wir arbeiteten das genaue Vorgehen aus.

Dann schaltete Botpilot SecSystem ab.

Mir war klar, dass es nicht anders ging, aber so ungeschützt zu sein war der Horror. Ich konnte spüren, wie Angreifer sich auf Botpilot stürzte, auf mich. Ich sagte Botpilot, dass wir diese wichtige Information schützen mussten, damit die Firma sie später bergen konnte, und dass ich sie im Shuttle verstecken würde. Botpilot riss den verwirrten Shuttle-Botpiloten aus seinem Speicherkern, und ich legte das Programmpack an seinen Platz.

Und Angreifer übertrug sich ins System des Shuttles.

Drei Dinge passierten gleichzeitig: (1) ShuttleSecSys riegelte das Funksystem des Shuttles mit Walls ab. (2) Botpilot löschte seine eigenen Funksystemcodes, und ich überhitzte und verschmorte seine Hardware. (3) Mein Körper sagte zu Dr. Mensah und Pin-Lee: »Jetzt.«

Pin-Lee bewegte in der Wartungsöffnung die Hände, und Dr. Mensah arbeitete an der Steuerung. Das Shuttle koppelte ab.

Das Kampfschiff bewegte sich nur langsam, also schwebte das Shuttle nicht weit weg, aber mit unseren durchgebrannten Funkanlagen hätte es ebenso gut auf der anderen Seite des Wurmlochs hängen können. Angreifer war weg, gefangen im Shuttle.

Ha, dachte ich. Nimm das, Arschloch.

Schiffs Feed- und Systemprogramme waren hinüber, aber Botpilot arbeitete bereits an der Steuerung. SecSystem vollführte die systemtechnische Entsprechung davon, volltrunken wieder auf die Füße zu kommen. Im Cockpit sagte jemand: »O Muttergöttinnen, wir sind sauber!«

Botpilot gewann die Kontrolle über sein Waffensystem zurück und bat den Kapitän um Freigabe. Der Kapitän sagte: »Bestätige, Feuer frei.«

Ich gönnte mir kurz den Genuss des Anblicks, wie das Entershuttle in einer Explosion verschwand und mehrfache Einschläge den Rumpf des Palisade-Schiffs beschädigten, dann zog ich meinen verstreuten Code zusammen und ließ mich zurück in meinen Körper fallen. Er fühlte sich merkwürdig an.

Mensah und Pin-Lee standen immer noch im Korridor und fixierten mich mit besorgten Blicken. »Wir sind sauber«, erklärte ich.

Pin-Lee gab ein Jauchzen von sich, und Mensah packte sie und schwang sie umher.

Ich fühlte mich merkwürdig. Sehr merkwürdig. Richtig übel.

Leistungszuverlässigkeit bei 45 % fallend.
Katastrophales Versagen …

Ich spürte, wie mein Körper erschlaffte, aber nicht mehr, wie er hinschlug.

31

Mein Erinnerungsvermögen war fragmentiert. Das begeisterte mich nicht gerade, aber es war auch nicht das Desaster, das es für einen Vollbot dargestellt hätte. Mein menschliches Nervengewebe, normalerweise das schwächste Glied in meinem gesamten Datenspeichersystem, ließ sich nicht bereinigen. Ich musste jetzt darauf vertrauen, dass es die Fragmente wieder sortierte, und unglücklicherweise war seine Zugriffsgeschwindigkeit schrecklich langsam.

Es brauchte eine bekackte Ewigkeit.

Ich wanderte durch zufällige Bilder, Schmerzattacken, Landschaften, Korridore, Mauern. Donnerwetter, waren das viele Mauern.

(Unidentifizierte Stimme über Audio: »Irgendeine Veränderung?«

»Bis jetzt nicht.« Ein Zögern. »Meint ihr, wir hätten besser zulassen sollen, dass sie sie in diese Schlafzelle packen? Wenn sie nicht allein …«

»Nein. Auf gar keinen Fall. Die wollen doch bestimmt wissen, wie sie es geschafft hat, ihr Chefmodul zu besiegen. Wenn sie die Gelegenheit bekämen … Wir dürfen ihnen nicht trauen.«)

Das Schlimmste war, dass ich mich nicht erinnern konnte (ha), wie lange ich mich schon in diesem Zustand befand. Die wenigen verfügbaren Diagnosedaten legten irgendein katastrophales Versagen nahe.

Darauf wäre ich vielleicht auch ohne die Diagnosedaten gekommen.

Eine komplexe Reihe neuronaler Verbindungen, die alle positiv ausfielen, führten mich zu einem großen intakten geschützten Speicher … Was zur Hölle war das? *Aufstieg und Fall des Waldmonds?* Ich begann eine Durchsicht.

Und hoppla: Tausende von Verbindungen erblühten. Ich hatte wieder die Kontrolle über meine Prozesse erlangt und leitete eine Sequenz zur Diagnose und Reparatur von Daten ein. Erinnerungen ordneten sich jetzt mit höherer Rate.

(Stimme im Audio: »Gute Neuigkeiten! Die Diagnose zeigt eine deutlich beschleunigte Aktivität. Sie bringt sich gerade wieder in Ordnung.«)

(Teilweise Identifizierung: Klient?)

Eine gerundete Decke anstelle einer Mauer. Das war doch schon was. Ich lag auf einer gepolsterten Fläche. Ich hatte genug Zugang zu Speicherinhalten, um zu wissen, dass das ungewöhnlich war und ungewöhnlich zumeist schlecht bedeutete. Weitere Fragmente fügten sich in einen Zusammenhang, nur nicht in der richtigen Reihenfolge. Transporter, Schiff, Fifo. Stimmt, doch nicht so ungewöhnlich. Ich trug Menschenkleidung anstatt Anzughaut und Panzer, also passte das. Zugang zu einem anderen Satz Verbindungen ließ mich die Objekte über mir als Geräte identifizieren, die mit einem MedSystem verbunden waren. *Fifo?* Ich versuchte, es anzupingen. Nein, diese Erinnerung war nicht in der richtigen Reihenfolge einsortiert. Ich hatte Tapan zurück zu ihren Freunden gebracht und Fifo verlassen.

(Ratthi fragte mich: »Wie geht es dir?«

Das einzige Tag, auf das ich für Ratthi zugreifen kann, ist ein Teiltag und lautet *mein menschlicher Freund*. Das ist seltsam und unwahrscheinlich, aber meine Version von vor dem katastrophalen Versagen war sich diesbezüglich anscheinend sicher, und mehr steht mir nicht zur Verfügung. »Gut.«

Vielleicht ist ja offensichtlich, dass es mir nicht gut geht. Ratthi fragte: »Weißt du, wo du bist?«

Darauf wusste ich keine Antwort. Mein Puffer sagte: »Bitte warten Sie, während ich nach dieser Information suche.«

»Ist gut«, sagte Ratthi. »Ist gut.«)

Ich befand mich in einem MedSystem mit der Sorte Ausrüstung, welche für Menschen oder augmentierte Menschen gedacht ist, die sich von schwerwiegenden medizinischen Eingriffen erholen. Es gab zwei Schotten in der Kabine, das eine geöffnet, das andere geschlossen. Ich brauchte eine Minute – und ich meine eine volle Minute, meine Zugriffsgeschwindigkeit war richtig runter –, um das Symbol auf der geschlossenen Tür als altes Zeichen für eine Toilette zu erkennen. Na super, eine ganze Minute für etwas, das mir absolut nicht weiterhalf.

Also handelte es sich hier um einen Ort für Menschen, nicht für Bots oder SecUnits. Glaubten sie, dass ich ein Mensch war? Was für ein Stress, ich wollte gerade nicht so tun müssen, als wäre ich ein Mensch. Aber ich trug weder meine Jacke noch meine Stiefel. Meine Füße weisen keine organischen Teile auf, und sie sehen auch nicht aus wie medizinische Augmente für einen versehrten Menschen. Ach ja, und außerdem steckte ich in einem

MedSystem, das sofort mit der Diagnose herausgerückt sein musste, dass ich unheilbar an SecUnitis erkrankt war.

(»Ich will kein Spielroboter sein.«

»Das will auch niemand.«

Das war Gurathin. Den kann ich nicht leiden. »Ich kann Sie nicht leiden.«

»Ich weiß.«

Er klang, als ob er das lustig fand. »Das ist nicht lustig.«

»Ich gebe dein Kognitionslevel mit 55 Prozent an.«

»Sie können mich mal.«

»Sagen wir 60 Prozent.«)

Eine Erinnerung kam hoch. Das Kampfschiff der Firma.

Schlagartig war ich voller Angst, die so intensiv war, dass sie mich lähmte.

Nur waren die mich umgebenden Wände aus eingedelltem, verkratztem Metall, das von den Geisterbildern diverser Installationen markiert war. Schlussfolgerung: Das hier war nicht das Kampfschiff der Firma.

Ein Gutes hatten Emotionen – sie beschleunigten den Reparaturprozess meines Speichers. (Schlecht an Emotionen war dagegen dieses SCHEISSE WAS ZUR HÖLLE IST MIT MIR PASSIERT, na klar.) Ich überprüfte hektisch mein Chefmodul. Aber mein Hack lief. Ergebnisse der laufenden Diagnose zeigten außerdem, dass auch mein Datenport nicht repariert worden war. Die Angstattacke hatte meinen gesamten Sauerstoff verbraucht, und ich musste Luft holen. Ich fand die Programmstrukturen für meine Walls und setzte sie Stück für Stück wieder zusammen.

(»Ich will kein Mensch sein.«

Dr. Mensah sagte: »Diese Haltung werden die wenigsten Menschen verstehen. Wir neigen zu der Vorstellung, dass ein Bot oder Konstrukt allein schon aufgrund seines menschlichen Aussehens unbedingt ein Mensch werden möchte.«

»Etwas Dümmeres habe ich noch nie gehört.«)

Erst als ich umfiel, wurde mir klar, dass ich mich dermaßen auf die Wiederherstellung meines Gedächtnisses konzentriert hatte, dass ich meinem Betriebscode eine niedrigere Priorität zugewiesen hatte. Ich startete einen weiteren Wiederherstellungsprozess, der alles nur noch langsamer laufen ließ. Aber die organischen Teile in meinem Kopf wussten noch, wie Stehen und Gehen funktionierten, und wenn ich den Rest von mir dazu zwang, es neu zu lernen, konnte ich es schneller wieder praktizieren.

Während der Gehversuche sammelte ich weitere aktuelle Daten. Die medizinische Anlage war in einen älteren Raum nachgerüstet worden. Alte Nieten und Befestigungen an den Wänden der Kabinen ließen erkennen, wo frühere Einbauten ausgewechselt oder entfernt worden waren. Dicke Kabel waren entlang der Wände verlegt und später abgeklemmt worden, weil sie nicht länger gebraucht wurden. Das Schott war mit Farbresten und eingekratzten Buchstaben übersät, Phrasen, Namen. Die Schalttafel für die Schleuse war so altmodisch, dass ich sie zunächst für eine kleine Kunstinstallation hielt.

Es gab auch ein großes Bullauge, was seltsam ist, denn in einem Wurmloch gibt es nichts, was das Anschauen lohnte.

Abgesehen davon, dass wir uns nicht in einem Wurmloch befanden, sondern im Weltall und uns gerade einer Station näherten. Per Video waren nur Lichtpunkte zu sehen, aber das Cockpit schickte Sensordaten über Funk, die der Displayoberfläche des Zimmers ermöglichten, uns die Station in einer Nahaufnahme zu zeigen. (Jawohl, das war kompliziert und umständlich, aber so ist das eben auf einem feedlosen Schrottschiff.)

Seltsamerweise war ein Großteil der Station so gestaltet, dass sie wie ein gigantisches altmodisches Schiff aussah, an dessen … Nein, Moment mal, das *war* ein gigantisches altmodisches Schiff, an dessen Laderaum ein konventionellerer, kreisrunder Transitring angebaut war. Es war alt und hässlich, aber Milu war es nicht; alle möglichen Transporter und kleinere Schiffe lagen angekoppelt. Ich dehnte meine Reichweite vorsichtig über meine Walls hinaus und bekam einen Stationsfeed zu fassen.

Dr. Mensah fragte: »Weißt du, wo du dich gerade befindest?«

Ihr Zuhause war ein Planet. Das wusste ich, weil ich ihrer Familie die Speicherclips geschickt hatte. Speicherclips, deretwegen wir fast getötet worden waren. Ich sagte: »Ich kann Planeten nicht ausstehen. Da gibt's Staub und Wetter, und ständig will irgendwas die Menschen fressen. Von Planeten flieht es sich auch deutlich schlechter.«

Hinter ihr sagte Gurathin: »Ich glaube, das ist ein Ja.«

Das Schiff besaß keine Kameras, deshalb konnte ich niemanden sehen. Doch, Moment, ich hatte ja Augen.

»Wir nähern uns gerade der Transitstation von Preservation«, erklärte Mensah. »Weißt du noch, was passiert ist?«

»Ich hatte ein katastrophales Versagen. Das ist wohl offensichtlich.«

Sie nickte. »Du hast dich beim Abwehren des Codeangriffs auf das Firmenschiff zu weit ausgedehnt. Erinnerst du dich daran?«

Ich glaubte schon, nur hatte ich keine Lust, darüber zu reden. »Wieso ist dieses Schiff so ein alter Dreckskahn?«

»He«, widersprach Ratthi. »Alt ist es meinetwegen, aber doch kein Dreckskahn. Es ist im Laderaum eines viel größeren Schiffs nach Preservation gekommen, aus dem dann später die Station dort geworden ist, mit unseren Großeltern an Bord. Also nicht mit Gurathins Großeltern, der kam später.«

»Ihre Großeltern sind im Laderaum mitgeflogen.« Ich war skeptisch. Ich war schon in vielen Laderäumen mitgeflogen, und da hatte ich nie irgendwelche Menschen gesehen. Zwar hatte ich nicht ins Innere der anderen Transportkisten sehen können, aber … Sie wissen schon, was ich meine.

In Mensahs Stimme schwang ein Lächeln mit. Ich wusste wieder, wie das klang. »Sie befanden sich in Kryobehältern, weil der Flug fast zweihundert Jahre gedauert hat. Sie kamen als Flüchtlinge von einer Welt, deren Kolonisierung missglückt war, und hatten nur auf diese Weise entkommen können. Als sie im Preservation-System ankamen, konnten sie eine Allianz mit zwei anderen Systemen eingehen, die früher von ähnlichen Flüchtlingsschiffen besiedelt worden waren. Als uns Schiffe von Corporation Rim entdeckten, verweigerten sie uns ihre Hilfe, und dadurch sind wir unabhängig geblieben.«

Ich fand einen Satz archivierter Daten zu Preservation. Stimmt, mein Status dort war besser als *Ausrüstung* oder *tödliche Waffe*, aber ich wäre zwangsläufig immer noch jemandes Eigentum. Und durfte als glücklicher Botdiener leben oder so. Na, das waren ja tolle Aussichten.

Ich hatte offensichtlich laut gedacht, jedenfalls gegen Ende hin, denn Dr. Mensah sagte: »Auf diesem Schiff weiß niemand außer uns, dass du eine SecUnit bist. Sie halten dich für ein Individuum mit einer Vielzahl von Augmenten, das sich Verletzungen zugezogen hat, während es uns zu Hilfe geeilt ist, und jetzt als Flüchtling nach Preservation gebracht wird.«

Ich wandte mich buchstäblich um und sah sie an. Sie stand neben mir, Gurathin saß mit einer tragbaren Displayoberflächenblase in einem Sessel, Ratthi auf der Bank, und Pin-Lee lehnte neben dem Schott an der Wand. (Und ob dieses Schiff ein Dreckskahn ist. Es stinkt nach Menschensocken.)

»Der letzte Teil ist nicht mal gelogen«, sagte Pin-Lee. »Die Rechtsdefinition eines Flüchtlings trifft auf dich zu.«

»Es ist alles total dramatisch«, fügte Ratthi hinzu. »Die Crew hält dich für einen Spezialagenten, der die Firma verraten hat, um uns zu retten.«

Das war wirklich total dramatisch, wie etwas aus einer historischen Abenteuerserie. Außerdem entsprach es in keiner Weise den Fakten, wie etwas aus einer historischen Abenteuerserie.

Mensah sagte: »Uns stehen jetzt mehr Möglichkeiten offen, weil du dein Erscheinungsbild verändert hast und inzwischen erfolgreich …« Sie zögerte mit den Worten *so tun kannst, als wärst du ein Mensch.* Mir fielen mindestens drei Gespräche darüber ein. »Sagen wir, unauffällig bleiben kannst. Ich möchte uns diese Möglichkeiten offenhalten, bis es dir wieder gut geht und du mir sagen kannst, was du in Zukunft gerne tun möchtest.« Sie sah mich aufmerksam an. »In Port FreeCommerce habe ich noch geglaubt, dass du viel Unterstützung brauchen würdest, um dich in die menschliche Gesellschaft einzugliedern. Ich habe mich geirrt, und dafür bitte ich um Entschuldigung.«

Ich konzentrierte mich auf sie. »Ich will nicht runter auf den Planeten.«

Sie nickte. »Kein Problem. Du kannst in der Transitstation bleiben.«

Ich hing fest, also konnte ich ebenso gut das Beste draus machen. »In einem Hotel?«

»Wenn du magst.«

»Mit einer großen Displayoberfläche.«

Sie lächelte. »Das lässt sich bestimmt arrangieren.«

Immer wieder kamen neue Erinnerungen hoch und glitten an ihren Platz; auch die Verbindungen zu all meinen archivierten Medien kehrten zurück, was ablenkend war, weil ich die Außenwelt immer wieder ausblendete, um was zu glotzen. Aber sie lösten auch neuronale Verbindungen aus, die meine Prozesswiederherstellung beschleunigten. Als wir am Preservation-Transitring ankoppelten, gingen Mensah und Pin-Lee als Erste von Bord, um die Menschen abzulenken, die auf uns warteten, darunter haufenweise Newsfeedleute von außerhalb des Systems. Als ein Crewmitglied signalisierte, dass der Weg frei war, begleiteten Ratthi und Gurathin mich durch den Abfertigungsbereich.

Sie brachten mich zu einem Hotel, das zum Verwaltungszentrum der Station gehörte, und dann in eine der für diplomatische Gäste reservierten Suiten. Sie war nett, aber komplett unzureichend mit Sicherheitstechnik ausgestattet. Ich bekam ein paar Zimmer für mich allein, die jedoch mit den Suiten verbunden waren, in denen die anderen wohnten. Es war ein bisschen wie ein Minihotel in einem großen Hotel.

Es gefiel mir nicht.

Ich ging zurück in das Zimmer mit dem Bett und der Displayoberfläche und schloss die Tür ab. Eine Stunde später tippte

Ratthi meinen Feed an und sagte: *Wir haben ein kleines Netzwerk errichtet. Ich hoffe, es hilft.*

Ich startete misstrauisch eine Suche. Sie hatten in allen Aufenthaltsräumen und Verbindungsgängen der Suiten Kameras installiert, sodass ich alles sehen konnte.

Ich spürte eine komplexe emotionale Reaktion. Ein ganz neues Bündel neuronaler Verbindungen trieb aus. Schon klar, ich habe oft komplexe emotionale Reaktionen, die sich nur schwer interpretieren lassen.

Ich nahm Veränderungen an dem Code vor, die sicherstellten, dass von draußen niemand das neue Netzwerk hacken konnte. Dann schloss ich meine Tür auf.

Mensah war in einem anderen Teil der Station untergebracht, den sie benutzte, wenn sie in Regierungsangelegenheiten hier zu tun hatte, und ein Großteil ihrer Familie war raufgekommen, um sie zu besuchen und sich darüber zu freuen, dass sie noch lebte. Pin-Lee, Ratthi und Gurathin mussten vorläufig in der Station bleiben, weil in den Regierungsbüros des benachbarten Verwaltungszentrums alle möglichen Meetings angesetzt waren. Meetings zu GrayCris, zur Finanzierungsgesellschaft und zum weiteren Vorgehen wegen Palisade.

Zwölf Stunden nach unserer Ankunft schauten Arada und Overse vorbei. Zu diesem Zeitpunkt konnte ich auf mein Archiv zu ihnen zugreifen und erinnerte mich: (1) Sie waren Klienten, (2) sie waren ein Paar, (3) sie hatten sich gern, und (4) sie mochten mich. Ich beobachtete sie 23 Minuten lang mit meinem lokalen Kameranetzwerk und trat dann aus meinem Zimmer, damit sie mit mir reden konnten. Das freute die Menschen sichtlich.

Arada umarmte mich nicht, doch sie hüpfte und schwenkte die

Arme. Dreizehn Stunden später, nachdem sie mit den anderen gesprochen hatte, sagte sie zu mir: »In ein paar Monaten gehen wir auf eine kleine Prospektion. Der Ort ist unabhängig und liegt außerhalb von Corporation Rim, also braucht es keine Finanzierungsgesellschaft oder … Über dergleichen bräuchten wir uns nicht den Kopf zu zerbrechen. Wir hätten dich gern dabei, damit du uns davor bewahrst, dass wir getötet werden. Ich weiß nicht, was du als Gegenleistung gern hättest …«

»Sie steht auf HardCurrencyCards«, sagte Gurathin. Ich sah ihn an. Er sagte: »Diese obszöne Geste betrachte ich als ein Ja.«

»Ihr dürft das jetzt noch nicht mit ihr besprechen«, sagte Pin-Lee. »Solange ihr Gedächtnis nicht komplett wiederhergestellt ist, darf sie keine vertraglichen Bindungen eingehen.«

»Wieso?«, fragte ich. »Weil meine Eigentümerin das sagt?«

»Nein, du Arsch«, antwortete Pin-Lee. »Weil ich als deine Rechtsberaterin das sage.«

Nach diesem Gespräch und nachdem die anderen schlafen gegangen waren, kam Pin-Lee mit auf mein Zimmer und hob meinen Rucksack auf. (Sobald ich mich erst einmal an seine Existenz erinnert hatte, hatte ich ihn überprüft und festgestellt, dass die unbenutzten ID-Marker und HardCurrencyCards von Wilken und Gerth immer noch drin waren.) »Das ist eigentlich illegal, also erzähl es niemandem«, sagte Pin-Lee und steckte drei neue ID-Marker und CurrencyCards in meinen Rucksack. »Das ist nur zur Sicherheit, falls irgendwas schiefläuft. Die Marker hat Gurathin fabriziert, und die Karten haben Ratthi und ich für den Flug nach TranRollinHyfa bekommen, aber nie benutzt. Sie laufen über den Allgemeinen Fonds für Auslandsreisen; die Binnenwirtschaft von Preservation basiert nicht auf Geld.«

»Wozu sind die?«, fragte ich.

»Damit du weißt, dass wir es ernst meinen und du keine Gefangene und kein Spielroboter bist oder was immer du dir sonst einbildest.« Damit stapfte sie hinaus.

Als Menschen zu Besuch kamen, die ich nicht kannte, versteckte ich mich wieder in meinem Zimmer. Dort hielt ich mich ohnehin viel auf, auch wenn ich mich nicht versteckte, weil der Wiederherstellungsprozess einen Großteil meiner Kapazitäten beanspruchte. Für drei- bis vierstündige Zeitabschnitte war ich nicht zu mehr imstande, als einfach auf dem Bett zu liegen und mich von den lokalen Medien auf der Displayoberfläche berieseln zu lassen.

Neunundzwanzig Stunden nach Ankunft kam Ratthi mich holen, weil auf der großen Displayoberfläche in der Lounge ein Newscluster lief, den alle guckten. Mensah war auch dort. Es kamen haufenweise Interviews mit verschiedenen Menschen, aber unterm Strich ging es darum, dass die Finanzierungsgesellschaft immer noch stinksauer über den Angriff auf das Kampfschiff war und GrayCris den Krieg erklärt hatte. (Selbst in meinem gegenwärtigen Zustand war mir klar, dass das für GrayCris kaum gut ausgehen konnte.) Außerdem hatten sich alle möglichen anderen Konzerne und politischen Entitäten eingeschaltet, da man inzwischen davon ausging, dass GrayCris schon seit vielen Jahren illegal unbekannte Kunststoffe abgebaut hatte. Der Newscluster bezog sich auf die von mir auf Milu geborgenen Daten und brachte Ausschnitte von Wilkens und Gerth' Erpressungsmaterial, darunter auch Videoaufnahmen von GrayCris-Mitarbeitern und -Führungskräften, die im Besitz illegaler Alienreststoffe waren. (Ich schaute währenddessen ein bisschen Medien, weil ich das ganze Zeug schon gesehen hatte.)

»Damit sind wir draußen«, erklärte Gurathin und präsentierte eine wegwerfende Geste zur Displayoberfläche hin. »Jetzt können sie sich gegenseitig fertigmachen.«

»Draußen werden wir nie sein, solange wir mit Konzernen zu tun haben«, sagte Mensah. »Trotzdem ist es eine Erleichterung.«

Arada fragte: »Was meinst du, SecUnit?«

Der Wiederherstellungsprozess nahm erneut an Geschwindigkeit zu, und ich hatte plötzlich keinen Raum mehr für ein Gespräch mit Menschen. Ich stand auf und ging zurück in mein Zimmer.

Wiederherstellungsprozess abgeschlossen,
kognitive Fähigkeiten bei 100 %

Siebenunddreißig Stunden nach der Ankunft setzte ich mich auf. »Das war dumm«, sagte ich laut. Alles war klar, scharf. Merken: Spring nie, nie wieder zusammen mit einem Botpiloten in ein Kampfschiff, um einen als Konstrukt konfigurierten Angriffscode abzuwehren. Du hättest dich fast selbst gelöscht, Killerbot.

Ich stieg aus dem Bett und verschaffte mir mit meinen Kameras kurz ein Lagebild der Suite. Die meisten Menschen waren irgendwohin zu einem Festessen gegangen. Overse und Arada schliefen in Pin-Lees Zimmer, und Gurathin war in seinem Zimmer noch wach und las im Feed akademische Zeitschriften.

Ich nahm meinen Rucksack, suchte Jacke und Stiefel zusammen, zog mich an und schlüpfte aus der Suite.

Die Security der Station ähnelte mehr Milu: konzentriert auf Bereiche, wo tatsächlich etwas schiefgehen konnte, und nicht in

Wohnräumen oder der Einkaufspassage. Bei den Docks gab es die meisten Waffenscanner, aber kaum Drohnen, und die wurden zumeist für kleinere Lieferungen eingesetzt. Viel Mühe war auf das Einkaufsviertel verwendet worden, mit gerundeten Bauten, die den Eindruck von Holz vermittelten, und vielen echten Pflanzen anstatt Hologrammen, Bodenmosaiken, die Flora und Fauna von Planeten des Systems darstellten und von Informationen im Feed begleitet wurden. Sie funktionierten prima als Ablenkung für die Menschen, die um mich herum unterwegs waren. Alle sahen nach unten zu den Fliesen oder lasen im Feed, und niemand bemerkte SecUnits auf Abwegen.

Keiner der lokalen Newsfeeds, die Ratthi, Pin-Lee und die anderen verfolgten, hatte meine Anwesenheit vermeldet, und die Newscluster, die aus Corporation Rim reinkamen, hatten zwar erwähnt, dass Dr. Mensahs SecUnit in die Flucht von TranRollinHyfa verwickelt gewesen war, aber ich hatte mich so gut aus den Überwachungsvideos rausgeschnitten, dass sie nur das alte Foto aus Port FreeCommerce von vor meiner körperlichen Konfiguration bringen konnten. Immerhin ein wesentlicher Aspekt, über den ich mir keine Sorgen machen musste.

Und noch etwas war an diesem Einkaufsviertel anders. Die Feedwerbung war räumlich beschränkt, sodass sich die Displays überwiegend in den Läden befanden. Was komisch war. Nach dem, was ich im Feed finden konnte, gab es zwei Finanzsysteme, eins für Reisende auf der Basis harter Währungen und ein Tauschsystem für die Einwohner.

Zum Glück akzeptierten die Buchungskioske HardCurrency-Cards.

Laut Transitfahrplänen hatte ich noch Zeit, also ging ich in einen Bereich des Einkaufsviertels, der als »Willkommenszentrum« bezeichnet wurde. So etwas hatte ich noch in keinem Hafen gesehen, andererseits hatte ich auch nie danach gesucht, also waren sie mir vielleicht einfach entgangen. Es gab dort Kioske und Infodisplays über sämtliche Planeten und Stationen der Preservation Alliance. Das Kuppeldach präsentierte Himmelsansichten diverser Planeten, und überall standen richtige Menschen, manche auch augmentiert, und beantworteten Fragen für Menschen, die hier leben wollten. Ich versuchte, ihnen auszuweichen, und landete in einem vermeintlichen Ladengeschäft, das sich als Theater erwies.

Ich hatte noch nie im wirklichen Leben ein Theater gesehen, nur in Unterhaltungssendungen. Die Geschichte wurde als Holografie in der Saalmitte gezeigt, mit großen bequemen Sesseln ringsum, die angenehm weit auseinander standen. Ich wusste, dass es nur eine riesige Displayoberfläche war, aber trotzdem. Es handelte sich um eine dreistündige Holoshow über die Ankunft der ersten Kolonisten, im Grunde die ausführliche Version dessen, was Ratthi und Mensah mir über das große Schiff, das von der dem Untergang geweihten Kolonie floh, erzählt hatten. Eine gute Geschichte, wenn auch arg trocken erzählt.

Anschließend ging ich zurück in den Abfertigungsbereich und überprüfte die Umgebungsaktivität der Transporter, die ich markiert hatte. Weiterhin keine erhöhte Securitypräsenz.

Ich erstand mit einer von Pin-Lees Karten ein Ticket und fand eine Wartezone für Transitreisende mit richtigen Sesseln und Sofas, wo ich mich schlafend stellen und Serien gaffen und den Securityfeed überwachen konnte. Immer noch nichts.

Mein Flug wurde aufgerufen, und ich blieb sitzen.

Ich sah im Stationsverzeichnis nach und stellte fest, dass Mensah ein Büro im Regierungsviertel ganz in der Nähe des Hafenamts besaß. Auch ihre Privatanschrift war aufgeführt. (Prinzipiell keine gute Idee. Schon klar, Preservation versteht sich als nichtkommerzielles Menschenparadies, aber wir wollen doch realistisch bleiben.) Jedenfalls wollte ich sowieso nicht zu ihr nach Hause, weil dort auch ihre Familie lebte, also ging ich zu dem Büro.

Ich musste mich an ein bisschen Sicherheitstechnik sowie an drei augmentierten Menschen vorbeimogeln, die sich viel zu leicht durch gefälschte Feedwarnungen zu Fehlfunktionen im Betrieb ablenken ließen. Das Büro war nett, mit einem Balkon, der zu einer Plaza hin lag, und mehreren großen Displayoberflächen. Ich fasste nichts an, sondern legte mich nur auf die Couch und schaute acht Stunden lang Serien.

Den Stationsfeed hatte ich nach hinten gelegt, und es gab immer noch keine Sicherheitswarnungen, keine ungewöhnliche Aktivität bei den Passagierschiffen oder botgesteuerten Transportern.

Dann bekam ich mit, dass Mensah im äußeren Foyer mit zwei Menschen und einem kleinen jugendlichen Menschen eintraf, der wie eine Miniaturversion von ihr aussah. Ich stand auf und wartete.

Sie kamen herein und blieben abrupt stehen.

»Ich bin's«, sagte ich.

»Ja, das sehe ich.« Mensah verbarg ihren Gesichtsausdruck und kniff die Lippen zusammen, aber sie wirkte nicht verärgert. Sie sah zu den anderen Menschen nach hinten und sagte dann zu mir: »Einen Moment.«

Während sie mit ihnen redete, trat ich hinaus auf den Balkon.

Es gab eine Luftbarriere, die ihn von der zwei Stockwerke tiefer gelegenen Plaza abschirmte, was vermutlich besser als nichts war. Die Plaza war mit einem großen Mosaikmuster gepflastert und von Echtpflanzen in kunstvollen, abstrakten Skulpturen umgeben. Menschen und Bots überquerten sie auf dem Weg zu den verschiedenen Gebäudeteilen des Hafenamts. Leise Schritte über Audio verrieten mir, dass der kleine Mensch mir nach draußen gefolgt war. Sie trat an das Geländer und runzelte neugierig die Stirn. »Hallo«, sagte sie.

»Hallo«, sagte ich. »Ich bin die Spielsicherheitsberaterin deiner Mutter.«

Sie nickte. »Ich weiß. Sie hat gesagt, wenn ich dich frage, wie du heißt, verrätst du es mir wahrscheinlich nicht.«

»Da hat sie recht.«

Wir starrten einander zehn Sekunden lang an, dann begriff sie, dass ich es ernst meinte. Sie fügte hinzu: »Außerdem hat sie gesagt, dass du sie vor einer Bande kommerzieller Gauner gerettet hast.«

»Aber sie hat doch nicht ›Gauner‹ gesagt.« Es handelte sich um ein längst veraltetes Wort. Ich kannte es, ohne nachschlagen zu müssen, weil die neue Staffel von *Abenteuer in den freien Systemen*, die auf einer Welt der Preservation Alliance produziert wurde, hier vor zwanzig Stunden rausgekommen war und das Wort »Gauner« darin vorkam. Ich war 93-prozentig sicher, dass Mensahs kleiner Mensch es ebenfalls dort aufgeschnappt hatte.

»Du weißt, was ich meine.« Sie verschränkte die Arme. Sie hatte eindeutig damit gerechnet, mehr Infos aus mir herauszubekommen, und war enttäuscht, weil es nicht so lief. »Du hast sie gerettet, stimmt's?«

»Ja. Willst du's sehen?«

Sie zog verblüfft die Augenbrauen hoch. »Klar.«

Ich hatte bereits mein Video des letzten Teils unserer Flucht durch den Abfertigungsbereich von THR aufgerufen, den Kampf mit den SecUnits und der Combat-SecUnit und unser Entkommen im Shuttle. Ich sah es kurz noch einmal durch, entfernte ein paar blutigere Nahaufnahmen und schickte es an ihren Feed.

Ihr Blick richtete sich nach innen und wurde leicht glasig. Im Tonfall eines jungen Menschen, der beeindruckt war, aber es nicht zeigen wollte, sagte sie: »Wow.«

»Deine Mutter hat auch mich gerettet. Sie hat eine SecUnit mit einem Schallbohrer erschossen.«

Sie sah sich das Video zu Ende an und bedachte mich erneut mit einem Stirnrunzeln. »Dann bist du also eine SecUnit.« Sie vollführte ein halbes Achselzucken, das ich nicht verstand. »Ist das … komisch?«

Das war eine schwierige Frage mit einer leichten Antwort. »Ja.«

Mensah kam heraus auf den Balkon und zeigte nachdrücklich zum Sitzbereich hinten im Büro. Minimensch winkte zum Abschied und verschwand. Mensah lehnte sich neben mir gegen das Geländer und sagte: »Ich hatte schon befürchtet, du hättest dich abgesetzt.«

Sie hielt den Blick auf die Plaza gerichtet, deshalb konnte ich mir ihr Profil ansehen. »Den Gedanken hatte ich.«

Sie schwieg für zwanzig Sekunden und betrachtete das Gewimmel unten auf der Plaza. »Hattest du auch den einen oder anderen Gedanken bezüglich dessen, was du eigentlich machen möchtest?«

»Medien schauen.«

Sie bedachte mich mit diesem Blick mit der Augenbraue, für den ich folgende Bedeutung abgespeichert hatte: *Schon klar, du willst witzig sein. Bist du aber nicht.* Sie verwendete ihn oft bei Ratthi und Gurathin. »Wenn das alles wäre, was du machen möchtest, wärst du längst weg und würdest es machen, und dann wärst du auch nie nach Milu geflogen.«

»Ich habe jede Menge Medien auf dem Weg nach Milu konsumiert.« Es war nicht gerade ein Gegenargument, aber ich hielt es für eine wichtige Information.

»Gurathin hat mir das Video gezeigt, das du mit ihm geteilt hast.« Sie meinte das Video von dem Flug mit Ayres und den anderen. »Du hast diesen Leuten geholfen.«

»Ich konnte ihnen nicht helfen. Sie hatten einen Zwanzigjahresvertrag unterschrieben.«

Ich sah an ihrer Reaktion, dass sie genau wusste, was das hieß. »Dann war es für jede Hilfe zu spät.« Sie wollte sich zu mir umdrehen, sah aber doch wieder runter zur Plaza. »Und trotzdem hast du es versucht.«

»Ich bin darauf programmiert, Menschen zu helfen.«

Wieder dieses Heben der Augenbraue. »Du bist aber nicht darauf programmiert, Medien zu konsumieren.«

Das war ein Argument.

Sie fuhr fort. »Ich frage aus folgendem Grund: Für dich ist ein Jobangebot von GoodNightLander Independent eingetroffen.«

Na schön, das kam wirklich überraschend. »Sie wollen mich kaufen. Ich habe gedacht, das wäre in den Gebieten, in denen sie tätig sind, illegal.«

»Der Erwerb einer SecUnit ist illegal«, berichtigte mich Mensah. »Aber sie wollen jemanden einstellen, der vielleicht oder vielleicht auch nicht Rin heißt und dessen Wohnsitz vermutlich irgendwo innerhalb der Preservation Alliance liegt, weshalb sein staatsbürgerlicher Status als unerheblich erachtet werden wird.« Sie lächelte. »So werden sie es wohl drehen.«

Ich konnte es immer noch nicht glauben. »Sie wollen eine SecUnit engagieren.«

»Sie wollen die Person einstellen, die ihr Erkundungsteam vor Combatbots und Auftragsmördern gerettet hat, und ihnen ist egal, was diese Person ist.« Sie warf mir erneut einen Blick zu. »Außerdem habe ich mit Dr. Bharadwaj gesprochen, und sie bittet dich, einmal darüber nachzudenken, ob du mit deiner Geschichte an die Öffentlichkeit gehen möchtest. Nicht über die Nachrichtenfeeds, sondern im Rahmen einer dokumentarischen Darstellung. Es gibt in der Preservation Alliance schon seit geraumer Zeit eine kleine Bewegung, die für Konstrukte und höher entwickelte Bots die vollen Bürgerrechte fordert. Sie meint, ein vollständiger Bericht über deine Lage, in deinen eigenen Worten, könnte einen großen Beitrag leisten. Selbst wenn du nur einverstanden wärst, die Nachricht zu veröffentlichen, die du mir vor deinem Weggang aus Port FreeCommerce geschickt hast, als Teil einer öffentlichen Darstellung der Geschehnisse um GrayCris, würde das schon helfen. Sie möchte das gerne einmal mit dir besprechen, falls es grundsätzlich für dich infrage kommen könnte.«

Na schön, vielleicht hätte ich empört reagieren sollen. Die Vorstellung verlockte mich so sehr, dass es schon unheimlich war. Ich fragte: »Eine Doku im Entertainmentfeed?«

Mensah nickte. »Wie gesagt, es hat keine Eile. Ich möchte nur, dass du begreifst, dass dir hier schon jetzt Möglichkeiten offenstehen und ich fest damit rechne, dass noch mehr Angebote für deine Dienste als Sicherheitsberater eingehen werden. Und dass du hier Freunde hast, mit denen du dich besprechen kannst, ganz gleich, was du tun oder wohin du fliegen willst.«

Ich hatte Möglichkeiten, und ich musste mich nicht sofort entscheiden. Was gut war, weil ich noch immer nicht wusste, was ich wollte.

Aber vielleicht hatte ich jetzt einen Ort, an dem ich bleiben konnte, um es in Ruhe herauszufinden.